Die menschliche Nervenorganisation und die soziale Frage

Teil 1:
Ein anthropologisch-anthroposophisches Gespräch

Herausgegeben von Wolfgang Schad

mit Beiträgen von
Bruno Sandkühler, Irene Buchanan,
Hans-Jürgen Scheurle, Gerhard Gutland,
Ernst-Michael Kranich, Otto Wolff,
Leendert F.C. Mees, Georg von Arnim,
Wolfgang Schad

Verlag Freies Geistesleben

Die Deutsche Bibliothek – CIP-Einheitsaufnahme

Die menschliche Nervenorganisation und die soziale Frage /
hrsg. von Wolfgang Schad. – Stuttgart: Verlag Freies Geistesleben.

ISBN 3-7725-0969-X

NE: Schad, Wolfgang [Hrsg.]

Teil 1: Ein anthropologisch-anthroposophisches Gespräch /
Mit Beitr. von Bruno Sandkühler ... – 1992
(Beiträge zur Anthroposophie; 6)

ISBN 3-7725-0406-X

NE: Sandkühler, Bruno; GT

Einband unter Verwendung des Gemäldes «Samenkorn»
von Hermann Kirchner

Druck: Greiserdruck, Rastatt

Inhalt

Vorwort

Dieses Werk erscheint in zwei zusammengehörigen Bänden. Der erste Band enthält zu dem Gesamtthema neu verfaßte Beiträge von neun Autoren aus dem Bereich der anthroposophisch erweiterten Medizin, Heilpädagogik und Pädagogik. Der zweite Band, als dokumentarischer Anhang, umfaßt alle bisher gedruckten Äußerungen Rudolf Steiners zu dem von ihm aufgeworfenen Problem der «motorischen Nerven» (mit einer Einleitung von Prof. Dr. H. Hensel und Dr. H.-J. Scheurle), zwei darauf eingehende Arbeiten des Biologen Dr. Hermann Poppelbaum (1932, 1950) und eine ausführlichere Arbeit des Neurologen Dr. Gerhard Kienle (1950).

Das Thema behandelt ein zentrales Problem des menschlichen Selbstverständnisses und damit zugleich der sozialen Dimension. Denn Selbsterkenntnis und soziales Vermögen hängen im Leben unmittelbar zusammen. Dem anthropologischen und anthroposophischen Verständnis des Menschseins möchte so dieses Gespräch dienen.

Rudolf Steiner hat von 1910 bis 1923 in insgesamt über 30 Vorträgen und einer konzentrierten, essayhaften Skizze in seinem Buch *Von Seelenrätseln* (1917) herausgestellt, daß insbesondere die Vorstellung von sogenannten motorischen Nerven in der landläufigen Interpretation als den bewegungsverursachenden Organen ein gewichtiges Hemmnis zum Verständnis des Menschen und seines Weltbezuges darstellt. Ein halbes Jahrhundert ist inzwischen an dieser Fragestellung gearbeitet worden, und so erscheint es angebracht, heute eine Zwischenbilanz zu ziehen. Dabei muß gesagt werden, daß hier nicht die Absicht vorliegt, die endgültige Lösung anzubieten. Das ist zu oft zu früh geäußert worden. Das Anliegen ist in erster Linie, den heutigen Stand der Diskussion ansichtig zu machen.

Anfang des Jahres 1976 fand in Stuttgart zu diesem Thema ein Wissenschaftsgespräch statt, zu dem vom Rudolf-Steiner-Fonds für wissenschaftliche Forschung/Nürnberg und von der Arbeitsgemeinschaft anthroposophischer Ärzte/Stuttgart eingeladen worden war. Die Hauptbeiträge hielten Prof. Dr. Herbert Hensel/Marburg, Privatdozent Dr. Gerhard Kienle/Herdecke und Prof. Dr. Johannes Rohen/Erlangen. Damit war ein Boden gewonnen, aus dem eine Reihe der für diesen Band neu geschriebenen Beiträge hervorging. Ein nächster wichtiger Schritt war die im Auftrag von Prof. Hensel von Dr. Hans-Jürgen Scheurle durchgeführte Zusammenstellung aller Äußerungen Rudolf Steiners «Zur Frage der motorischen und sensitiven Nerven» (Privatdruck Marburg 1979). Damit war überhaupt erstmals der Umfang des anthroposophischen Ansatzes voll ersichtlich geworden. Sie werden im dokumentarischen Anhangsband im vollen Wortlaut gebracht. Herrn Dr. Scheurle sei für sein Einverständnis dazu ebenso gedankt wie der Rudolf-Steiner-Nachlaßverwaltung in Dornach/Schweiz für die freundliche Genehmigung des Abdruckes der zitierten Wortlaute Rudolf Steiners im ersten wie im zweiten Band. Zu danken ist auch Frau Lotte Poppelbaum und Frau Dr. Gisela Kienle † für ihre Bereitwilligkeit, dem Abdruck der wichtigen Beiträge im dokumentarischen Band zuzustimmen. Gerne hätten wir auch den frühen Artikel von Dr. Friedrich Husemann «Zur Frage der ‹motorischen Nerven›» darin aufgenommen, der die Diskussion um das Thema 1921 eröffnete. Doch wurde der Abdruck nicht gestattet.

Der Leser findet in beiden Bänden die wichtigsten heute verfügbaren Äußerungen zum Problem der «motorischen Nerven». Er wird dabei bemerken, daß manche Unterschiede nicht nur im methodischen Vorgehen, sondern auch in den Lösungsvorschlägen vorhanden sind. Er wird auf durchaus divergente Ansichten stoßen. Jede Wissenschaftskultur lebt vom Gespräch der Unterschiede wie der Gemeinsamkeiten. Der Herausgeber hat versucht, zum Schluß eine ihm sinnvoll erscheinende Zusammenfassung zu formulieren.

Herbert Hensel hatte sich noch nach Beginn seiner letzten Krankheit bereit erklärt, einen Beitrag für diesen Band zu schreiben. Schmerzlich vermissen wir, daß es dazu nicht mehr kommen konnte. Dem Gedenken an ihn sei dieses Buch gewidmet.

Wolfgang Schad

Motto

«*Der Leib als Ganzes*, nicht bloß die in ihm eingeschlossene Nerventätigkeit ist physische Grundlage des Seelenlebens. Und wie das letztere für das gewöhnliche Bewußtsein sich umschreiben läßt durch Vorstellen, Fühlen und Wollen, so das leibliche Leben durch Nerventätigkeit, rhythmisches Geschehen und Stoffwechselvorgänge. – Sogleich entsteht da die Frage: wie ordnen sich in den Organismus ein auf der einen Seite die eigentliche Sinneswahrnehmung, in welche die Nerventätigkeit nur ausläuft, und wie die Bewegungsfähigkeit auf der andern Seite, in welche das Wollen mündet? Unbefangene Beobachtung zeigt, daß beides nicht in demselben Sinne zum Organismus gehört wie Nerventätigkeit, rhythmisches Geschehen und Stoffwechselvorgänge. Was im Sinn geschieht ist etwas, das gar nicht unmittelbar dem Organismus angehört. In die Sinne erstreckt sich die Außenwelt wie in Golfen hinein in das Wesen des Organismus. Indem die Seele das im Sinne vor sich gehende Geschehen umspannt, nimmt sie nicht an einem inneren organischen Geschehen teil, sondern an der Fortsetzung des äußeren Geschehens in den Organismus hinein. (Ich habe diese Verhältnisse erkenntniskritisch in einem Vortrag für den Bologner Philosophen-Kongreß des Jahres 191 1 erörtert.) – Und in einem Bewegungsvorgang hat man es physisch auch nicht mit etwas zu tun, dessen Wesenhaftes innerhalb des Organismus liegt, sondern mit einer Wirksamkeit des Organismus in den Gleichgewichts- und Kräfteverhältnissen, in die der Organismus gegenüber der Außenwelt hineingestellt ist. Innerhalb des Organismus ist dem Wollen nur ein Stoffwechselvorgang zuzueignen; aber das durch diesen Vorgang ausgelöste Geschehen ist zugleich ein Wesenhaftes innerhalb der Gleichgewichts- und Kräfteverhältnisse der Außenwelt; und die Seele übergreift, indem sie sich wollend betätigt, den Bereich des Organismus und lebt mit ihrem Tun das Geschehen der Außenwelt mit. Eine große Verwirrung hat für die Betrachtung aller dieser Dinge die Gliederung der Nerven in Empfindungs- und motorische Nerven angerichtet. So fest verankert diese Gliederung in den gegenwärtigen physiologischen Vorstellungen erscheint: sie ist nicht in der unbefangenen Beobachtung begründet. Was die Physiologie vorbringt auf Grund der Zerschneidung der Nerven, oder der krankhaften Ausschaltung gewisser Nerven beweist *nicht* was auf Grundlage des Versuches oder der Erfahrung sich ergibt, sondern etwas ganz anderes. Es beweist, daß der Unterschied gar nicht besteht, den man zwischen Empfindungs- und motorischen Nerven annimmt. Beide Nervenarten sind vielmehr *wesensgleich*.»

Rudolf Steiner in «Von Seelenrätseln» 1917

Der Mensch wird immer mehr Mensch,
indem er Ausdruck der Welt wird;
er findet sich,
indem er sich nicht *sucht*,
sondern in Liebe sich wollend der Welt verbindet.

Rudolf Steiner
in «Anthroposophische
Leitsätze», 16. Nov. 1924

BRUNO SANDKÜHLER

Zur Geschichte der Begriffe «motorische» und «sensitive» Nerven

1. Die Kenntnis verschiedener Nervenarten in der griechischen und römischen Antike

Wissenschaftsgeschichte ist immer Bewußtseinsgeschichte. Aus der Art, die Welt anzuschauen, entspringen die entsprechenden Fragestellungen. Dies hatte wohl auch Rudolf Steiner im Auge, als er das Modell der leiblichen Reizleitung über sensitive Nerven zum Gehirn und über motorische Nerven vom Gehirn zu den Muskeln historisch in Verbindung brachte zur Erfindung der Telegraphie.[1] Die Unterscheidung der beiden Nervenarten als seelisch polar besetzte – empfindungsvermittelnde und bewegungsvermittelnde – lehnte er ab.

Wie kam es zu dieser Anschauung?[2] Wir können die Kenntnis der verschiedenen Nervenarten zurückverfolgen bis in die griechische Zeit, d.h. bis zu einer Epoche, in der in der Erforschung der Welt der Lebewesen ganz allgemein die Beobachtung des Physischen eine größere Rolle zu spielen beginnt. Da die Grundlagen der älteren griechischen Physiologie in der historischen Entwicklung immer wieder anklingen, soll mit einer kurzen Darstellung ihrer Hauptlinien begonnen werden.

Der römische Enzyklopädist *Celsus*[3] weist auf *Hippokrates* als denjenigen, der erstmalig Medizin und Philosophie trennte. Wir können damit unsere Untersuchung im 5. Jahrhundert v. Chr. ansetzen, an der Nahtstelle, wo innerhalb der bisherigen religiösen Verwurzelung die äußeren Erscheinungen stärker ins Blickfeld treten.

Die Physiologie geht in dieser Zeit noch selbstverständlich davon aus, daß jede Krankheit eine göttliche und eine menschliche Ursache hat, daß jeder Naturtatsache (*physis*) eine Kraft (*dynamis*) zugrundeliegt. Fassen wir die Naturtatsache als statisches Element, so steht ihr die Kraft als dynamisches gegenüber. Diese fundamentale Polarität können wir durch die Jahrhunderte verfolgen: tritt die Naturseite auf, so ist Wahrnehmung (*aisthesis*) möglich, während die Kräfteseite nur unvollkommen als Bewegung (*kinesis*) erfaßt werden kann.[4] In der Lehre des *Empedokles* von den vier Elementen ist diese Auffassung differenziert dargestellt, indem zwischen das «geistnächste» bewegliche Feuerelement und das statische, materienächste Erdelement noch Wind (*pneuma*) und Wasser (*hydor*) als Übergangselemente eingeschaltet sind.

Wenn oben von einer «Nahtstelle» gesprochen wurde, so ist das auch so zu verstehen, daß alle diese Begriffe gewissermaßen zwei Gesichter haben – ein göttlich-geistiges und ein materielles; so kann «Pneuma» sowohl als der bewegte Luftstrom in der Natur, wie auch als die in aller Bewegung wirkende göttliche Kraft angeschaut werden. Bis ins fünfte vorchristliche Jahrhundert ist Medizin in erster Linie dem religiösen Bereich zugehörig, dann beginnt ein kontinuierlicher Übergangsprozeß in die Naturwissenschaft. Doch wissen wir aus Zitaten, daß bereits um 500 v. Chr. *Alkmaeon* von Kroton den Sehnerv präparierte und die Verbindung zwischen Auge und Gehirn feststellte.

Für unser Problem müssen vor allem drei griechische Ansätze dieses 5. Jahrhunderts erwähnt werden: die Lehre *Demokrits* von den «Seelenatomen», die auf bestimmten Bahnen durch den Körper fließen, und die des *Hippokrates*, bei der eine allgemeine, übergeordnete Lebenskraft mit der Luft eingeatmet und im Herzen umgewandelt wird in spezielle Lebensluft (*pneuma zootikon*), aus der wiederum im Gehirn «psychische Luft» wird (*pneuma psychikon*). Diese wird vom Zentralsinn (*hegemonikon*) durch die hohlen Nerven in die Muskeln geleitet, füllt deren Hohlräume und bewirkt durch die Anschwellung eine Muskelkontraktion. Kernstück dieser Theorie ist das tatsächliche Strömen feinster Pneumata und die Bedeutung des Gehirns für Denken, Fühlen und Bewegung. Stehen wir hier Ansätzen gegenüber, die zwangsläufig zu Beobachtung und Experiment führen, so setzt die Philosophische Medizin bei den vier Elementen ein und erläutert unabhängig von der äußeren Beobachtung die Sinnesempfindung als ein Herabdämpfen des Wärmeelements, dessen Organ im Herzen gesehen wird. Als Vertreter dieser Auffassung sieht Aristoteles den Ursprung von Empfindung und Bewegung im Herzen und spricht dem Gehirn eine unmittelbare Mitwirkung ab: dessen Funktion sei die eines kühlwäßrigen Ausgleichsorgans und somit nur mittelbar an Empfindungen und Bewegungen beteiligt.[5] Wie zu erwarten, spielt für Aristoteles und die auf ihn zurückgehende Komponente der mittelalterlichen Medizin der Unterschied zwischen sensitiven und motorischen Nerven keine Rolle.

In der hippokratischen Nachfolge und in Alexandria dagegen kommt einer solchen Unterscheidung schon früh zentrale Bedeutung zu. Sie tritt zum ersten Mal nachweislich bei *Herophilos* auf, einem in Ägypten wirkenden Zeitgenossen des Aristoteles; er benutzt jedoch die beiden Begriffe «motorisch» (*kinetikon*) und «sensitiv» (*aisthetikon*) noch nicht mit Bezug auf eine Leitungsrichtung, sondern bezeichnet tatsächliche Eigenschaften, indem er z.B. die Ansicht vertritt, daß bestimmte «sensitive» Nerven ohne Vermittlung von Sinnesorganen empfindungsfähig seien. Diesen Hinweis finden wir bei zwei Ärzten des 1./2. Jahrhunderts n.Chr.: bei dem Alexandriner *Rufus von Ephesus* und bei *Galen*; die Werke des Herophilos selbst sind nicht erhalten. Die beiden späteren Ärzte zitieren außerdem noch *Erasistratos*, und hier steht nun eindeutig fest, daß motorische und sensitive Nerven nach ihrer Funktion unterschieden werden.[6] Dies geschieht auch bei Rufus und Galen selbst. Nach eigenem Bekunden hat dieser letztere beide Nervenarten selbst präpariert[7] und auch Vivisektionen vorgenommen.[8] So stellte er zum Beispiel den Bau des Auges dar, beschreibt den Sehnerv in seinem Verlauf bis zum Eintritt ins Auge, den wunderbaren Anblick in bewegten Worten schildernd, und fügt hinzu: «Ein anderer Strang jedoch, härter und kleiner, dient der Bewegung der Augenmuskeln.»[9] An anderer Stelle heißt es zur Frage der Lähmungserscheinungen: «Sind sowohl die Nerven der Empfindung als auch die der Bewegung betroffen, so spricht man von Apoplexie.»[10]

Aufgrund seiner anatomischen und physiologischen Befunde hat Galen die «Strömungstheorie» der Nervenfunktionen in scharfsinniger Weise weiterentwickelt; sie blieb – mit den noch zu erwähnenden Unterbrechungen im Mittelalter – bis ins 18. Jahrhundert gültig, also bis zum Aufkommen der Erforschung neuroelektrischer Phänomene. Galen bildet also einen vorläufigen Endpunkt der Erforschung der Nerven. So wird auch hier, ebenso wie in Technik, Kunst und Religion, der tiefe weltgeschichtliche Einschnitt zwischen dem Zerfall des römischen Reiches und dem Beginn der christlichen Kultur sichtbar.

Wir erkennen im Rückblick, wie sich das Interesse von einem Miterleben der im Menschen wirkenden Kräfte auf das gedankliche Erfassen und endlich auf die experimentelle Untersuchung verlagert hatte.

2. *Die Weiterentwicklung in der Scholastik der Araber und des christlichen Mittelalters*

In den folgenden nachchristlichen Jahrhunderten stehen an den bedeutendsten medizinischen Forschungsstätten andere Probleme und Methoden im Vordergrund: In Gondischapur[11] werden Gedankengänge des Aristoteles weiterentwickelt, in Alexandria hingegen tritt eine Reaktion gegen die sezierende Wissenschaftlichkeit ein. Man beschäftigt sich vornehmlich mit der Frage, ob sich die Teile des Körpers entwickelt haben oder unmittelbar für ihren jeweiligen Zweck von der göttlichen Vorsehung geschaffen wurden.

Im späten 8. Jahrhundert tritt Bagdad als neues Zentrum der Wissenschaft hervor, in das alle bisherigen Ströme einfließen und wo der Grundstein für die Scholastik der Araber und des christlichen Mittelalters gelegt wird. Der Kalif al-Ma'mûn, Sohn des Harun al-Raschid, gründet dort um 820 das «Haus der Weisheit», an dem *Hunain ibn Ishaq* mit neunzig Mitarbeitern Galen, Aristoteles und andere griechische Schriftsteller übersetzt.[12] Im Umkreis al-Ma'mûns entwickelt sich eine intensive Diskussion um Willensfreiheit, um den Gegensatz von Entwicklung und Erschaffenheit und andere zentrale Themen, in die auch die medizinische Forschung eingebettet wird. Die oben angedeutete Verbindung der medizinischen Akademie von Gondischapur mit Bagdad geht auf Djibril (*Gabriel*) *Bocht Jeschu* zurück, der als Leibarzt Harun al-Raschids endgültig nach Bagdad übersiedelte, nachdem sein Vater und sein Großvater, Leiter des Hospitals von Gondischapur, von den Kalifen wiederholt zu Rat gezogen worden waren. Gabriel war wie sein Zeitgenosse Hunain ibn Ishaq nestorianischer Christ. Die Überlieferung legt ihm die Aussage in den Mund, seine medizinische Kunst beruhe darauf, daß er «Heißes kühlen und Kühles erwärmen, Trockenes feucht machen und das Feuchte trocknen» könne, d.h. in der Tradition der Vierelementenlehre stehe. Dieselbe Quelle zeigt auch, daß er offenbar das Fließen feiner Substanzen innerhalb der Nerven annahm.[13] Mehrmals wird Gabriel Bocht Jeschu als hervorragender Galen-Kenner genannt.

Bewußtseinsgeschichtlich ist für diese Ärzte eine Verbindung von exakter Beobachtung, zunehmendem Einsatz therapeutischer Substanzen und Berücksichtigung seelischer und geistiger Kräfte kennzeichnend. Die Frage der Nerven ist insbesondere für die hochentwikkelte Augenheilkunde von Bedeutung, in der Hunain Berühmtheit erlangt hatte. Durch ihn ist auch jene Theorie des Sehens überliefert, die einen vom Auge ausgehenden aktiven «Sehstrahl» annimmt – eine Auffassung, die schon Plato ausspricht und die sich dann das lateinische Mittelalter zu eigen gemacht hat.[14]

Von Bagdad, und speziell durch die Familie Bocht Jeschu, setzt sich die Entwicklung fort zu den beiden berühmtesten arabischen Wissenschaftlern, *Avicenna* und *Averroes*; während dieser in unserem Zusammenhang vor allem für seine Bewegungstheorie von fundamentaler Bedeutung ist, liefert jener uns eindeutige Aussagen zum physiologischen und anatomischen Aspekt.

Der «Fürst» Abu Ali ibn Sina (980 - 1037; «Avicenna» ist die latinisierte Namensform) hatte in seinem bewegten Leben das ganze Wissen des arabischen, persischen und griechischen Kulturraums gesammelt und den medizinischen Teil desselben in seinem monumentalen *Kanon der Medizin* zusammengestellt. In der ersten Hälfte des 12. Jahrhunderts wurde das Werk von Gerhard von Cremona in Toledo ins Lateinische übersetzt und bildete seitdem in zahlreichen Handschriften und über dreißig Druckausgaben die Grundlage aller medizinischen Studien des Abendlandes.

Das erste Buch dieses Werkes enthält ein Kapitel «Allgemeines über die Nerven». Dort schreibt Avicenna: «Es entspringen nämlich die Nerven, welche die Wahrnehmung herbeiführen, aus dem vorderen Teil des Gehirns ... und die meisten derer, die Bewegung verleihen, aus dem rückwärtigen Teil.»[15] Wie aus einer Nennung Galens im selben Kapitel hervorgeht, kannte Avicenna dessen Werke, von deren Übersetzung in Bagdad wir bereits sprachen; von weiteren Quellen Avicennas für diesen Bereich wissen wir nichts. Seine Aussagen geben zwar sehr detaillierte anatomische Beschreibungen, bleiben aber für den physiologischen Bereich mehr im Allgemeinen, obwohl laufend davon gesprochen wird, daß die Nerven Wahrnehmung und Bewegung «geben». Ein gewisser Hinweis ist vielleicht in den Ausführungen zu sehen, in denen Nerven beschrieben werden, die zu den Muskeln führen, und andere, die in der Haut enden. Erwähnenswert ist auch ein Satz, in dem gesagt wird, daß manchmal Empfindung und Bewegung durch dieselben Nerven übermittelt werden, manchmal jedoch durch verschiedene.[16] Und an anderer Stelle wird ausgeführt, daß die der Bewegung dienenden Nerven härter sein müßten als die der Empfindung zugehörigen, denn der Schöpfer habe sie jeweils ihrer Bestimmung entsprechend gestaltet.[17] Schließlich darf nicht unerwähnt bleiben, daß Avicenna die Nerven noch nach Wesen (*essentia*) und zusätzlicher Aufgabe (*accidens*) unterscheidet: ihre wesentliche Aufgabe bestehe darin, zwischen Gehirn und Gliedern Empfindung und Bewegung zu übermitteln; darüber hinaus hätten sie das Fleisch zu stärken und den Körper zu kräftigen, da sie ja auch die Organe bedienten, denen Empfindungsfähigkeit fehlte.[18] Avicennas Anschauung geht ausdrücklich von der zielbestimmten Geschaffenheit der Lebewesen aus. Sein Augenmerk richtet sich daher auf den sichtbaren Befund und betrachtet die unsichtbaren Kräfte nur insofern, als sie gegenwärtig im Körper wirken.

Als einen ganz andersartigen Ansatz innerhalb der arabischen Wissenschaft haben wir schon Averroes erwähnt (in arabischer Namensform Mohammed ibn Achmed ibn Ruschd, 1126 - 1198), der mit Aristoteles von der Entwicklung der Lebewesen ausgeht und sich für die Kräfte interessiert, die dabei wirksam waren und sind. Seine Fragestellung entspricht daher weitgehend der Rudolf Steiners zu dieser Sache, indem er auch die Täuschungsmöglichkeiten erkennt, die der Augenschein mit sich bringt, und daher zu den verborgenen Ursachen vorzudringen sucht. Die experimentell begründeten Aussagen Galens überzeugen ihn nicht, sondern er bezeichnet sie als logisch falsch. Unter Berufung auf Aristoteles und die Elementenlehre sieht er die Aufgabe der «kalten» Nerven in der Temperierung der inneren Wärme, wodurch die Sinnesempfindung möglich wird. Die Behauptung der Ärzte, daß der Muskel von Nerven bewegt werde, bezeichnet er rundheraus als falsch[19] und setzt dagegen seine eigene: Bewegung hat ihren Ursprung in einem Willensimpuls, der über die Vorstellung und mittels des Wärmeelements direkt auf den Muskel wirkt.[20] Averroes stimmt auch in diesem Ergebnis überraschend mit Rudolf Steiner überein, der immer wieder den direkten Zusammenhang von Wille und Bewegung beschrieben hat.[21] Ebenso ist es für Averroes unerheblich, daß man zwei Nervenarten unterscheiden kann, und er unterscheidet daher die Funktion der Nerven für die Wahrnehmung; wenn er hier Aristoteles berichtigt, dann zeigt sich daran, daß er diesem nicht blind folgt und daß er seiner Sache sicher ist.[22]

Daß die Auffassung des Averroes nicht ohne weiteres aus Aristoteles folgt, zeigen aber die lateinischen Scholastiker des 13. Jahrhunderts. Zwar berufen sie sich auf Aristoteles in der Frage der Funktion des Herzens und des Gehirns im Empfindungsvorgang, gehen aber dem Ursprung der Bewegungsimpulse nicht weiter nach.[23] So hängt ihre Ansicht über die Nerven vor allem von der Erklärung der Hirnfunktion ab. Als einer der ersten Scholastiker, die sich mit dem Thema befaßten, zeigt *Alfred von Sareshel*, daß das durchblutete Herz voller Leben und Empfindung ist, das Gehirn dagegen nicht,[24] und er folgert: «Die Nerven sind Werkzeuge des Empfindens und Bewegens; sie gehen zu allen empfindenden Teilen des Körpers hin.»[25] «Das Gehirn ist der Ort der Pneumata und der beseelt-lebendigen Kräfte; von ihm entspringen die allgemeinen und speziellen motorischen und sensitiven Nerven...., die rein sensitiven äußerst dünn, die rein motorischen dicker, die beiden Wirkungen dienenden von mittlerer Größe.»[26] Dieser letzte Ausdruck zeigt, daß auch hier eine direkte Kraftleitung angenommen wird: Da die motorischen Nerven einer stärkeren Beanspruchung ausgesetzt sind, müssen sie dicker sein.

Deutlich wird diese Begründung in der weit verbreiteten Enzyclopädie des *Bartholomaeus Anglicus* um 1250 ausgesprochen,[27] der aber im übrigen unter Berufung auf *Constantinus Africanus* im Gehirn das Zentrum des Empfindens und Bewegens sieht.

Mit *Albertus Magnus* tritt ein kritischer Forscher auf, der sich mit den einschlägigen Anschauungen von Plato über Galen bis zu den Arabern auseinandersetzt und dann eindeutig (*«absque omni ambiguitate»*) im Herzen das Zentralorgan sieht, nachdem er die organbildenden Kräfte mit logischer Argumentation dargestellt und dabei den Begriff einer Zentralkraft herausgearbeitet hat.[28] Dieser sorgfältig begründeten Auffassung seines Lehrers schließt sich auch *Thomas von Aquin* an. Daß die Scholastik im ganzen weniger auf anatomische Befunde schaut als auf die jeweils wirkenden Kräfte, wird an der Wende zum 14. Jahrhundert in der zusammenfassenden Darstellung des Thomasschülers und Dante-Zeitgenossen *Aegidius von Rom* deutlich sichtbar.

Mit den Ärzteschulen in Bologna und Montpellier kündigt sich eine neue Epoche an, in der das überlieferte und gedanklich durchgearbeitete Wissen kritisch gesichtet wird, z.B. von dem Florentiner *Dino del Garbo* in seinem an der Universität Bologna entstandenen Avicenna-Kommentar. Ein Jahrhundert später kann der Pariser Professor und königliche Leibarzt *Jacobus de Partibus* um 1440, wiederum in einem Avicenna-Kommentar, fünf Lehrmeinungen über Herz, Gehirn und Nerven ausführlich diskutieren.[29] Obwohl auch er über Kräfte und Wahrnehmungstheorien spricht, ist nun der anatomische Befund ausschlaggebend: «Die äußere Empfindungs- und Bewegungskraft geht vom Gehirn aus zum Rückenmark und den Nerven, gleich der Verzweigung von der Wurzel in den Stamm und die Äste, oder von der Quelle in die Bäche und den Fluß.»[30] Das entsprechende Bild Galens haben wir bereits kennengelernt; das Ende des römischen Experimentierens wird von der beginnenden Neuzeit wieder aufgegriffen und weitergeführt.

3. Die Hinwendung zum Experimentieren in der Neuzeit

An dem Wendepunkt zur Neuzeit plante der geniale *Giovanni Pico della Mirandola* 1486 eine wissenschaftliche Bestandsaufnahme in Rom in Form einer Erörterung mit den berühmtesten Gelehrten seiner Zeit. Im Programm für diesen von der römischen Kirche verhinderten Kongreß weist Giovanni die Lokalisation der Wahrnehmung im Herzen den Philosophen zu, diejenige im Gehirn den Ärzten, d.h. er erkennt klar, daß es hier nicht um ein Entweder-Oder geht, sondern um zwei Seiten einer Sache, die vom jeweiligen Standpunkt aus beide ihre Gültigkeit haben. Er sieht die Einzelsinne und den Zentralsinn als Einheit und betont unter Berufung auf das hermetische Schrifttum den Ursprung der Bewegung im unkörperlichen Bereich: «Das Bewegte ist körperlich, das Bewegende unkörperlich.»[31]

Auf solchen Grundlagen beginnt Leonardo da Vinci seine Forschungen in einer Verbindung von künstlerischer Gesamtschau und exakter anatomischer Beobachtung an menschlichen Leichnamen. Er fußt einerseits auf den alten Autoritäten, erweitert seinen Horizont aber ständig durch eigene Beobachtungen und Intuitionen. Auf vielen seiner anatomischen Zeichnungen befaßt er sich mit Muskeln und Nerven, wobei er Avicenna und Galen zitiert, aber vor allem die Ergebnisse eigenen Präparierens verarbeitet.[32] Er unterscheidet dabei regelmäßig zwischen sensitiven und motorischen Nerven.[33] Für ihn sind Bewegung, Gewicht, Perkussion u.a. geistige Kräfte, die von einem Zentralsinn als Sitz der Seele befehligt werden und in die physisch-mechanische Wirksamkeit treten. Dieser Zentralsinn (*«senso comune»*) befindet sich in der «Hirnkammer», während das aus der Strömung entstandene Herz keine Wahrnehmungsaufgaben hat. Vom vollzogenen Urteil aus sieht Leonardo, den oben erwähnten Gedanken des Averroes in ein Bild fassend, eine physiologische Befehlskette, wie vom Fürsten über den Feldherrn und Hauptmann zu den Soldaten – d.h. zu den Sehnen und Muskeln. Da aber ein Befehl eine Übersicht voraussetzt, müssen zuerst die Sinne die Empfindung an den Zentralsinn übermitteln; dazu dienen die sensorischen Nerven, während die Befehle über die motorischen oder «reversiven» Nerven gehen. Die Übermittlung wird offenbar konkret als Strom im Hohlraum der Nerven gedacht, wobei Leonardo auch von «Lebensgeistern» spricht. Die hier wieder einsetzende materielle Erforschung der körperlichen Vorgänge ist bei ihm noch von Bewunderung und Ehrfurcht getragen, die sich in kurzen Betrachtungen inmitten der scharf beobachteten Befunde äußern. Nach Leonardo werden solche Töne seltener. Der weitere Weg führt über die erste öffentliche «Anatomie», die *Andreas Vesalius* 1540 in Bologna an einer menschlichen Leiche vornahm, über *Volcher Coiter*, der erstmals graue und weiße Spinalsubstanz sowie vordere und hintere Nervenwurzeln unterscheidet, zu einer immer stärkeren Einengung des Blickes auf «objektive» Befunde und zur konsequenten Mechanisierung der Sinnes- und Bewegungstheorien. Die Dissertation des Franzosen *J. Th. Dufay* zeigt 1749 als Ergebnis einer von der Aufklärung geprägten materialistischen Beobachtungswissenschaft in aller Deutlichkeit die Loslösung von Wille und Urteil.[34] Von hier aus führt ein konsequenter Weg über Galvani und Volta zu Du Bois-Reymond und dem «Telegraphenmodell», mit dem sich Steiner auseinandersetzt.

Biographische Hinweise

Ägidius Romanus, geb. vor der Mitte des 12. Jahrhunderts in Rom, Gelehrter des Augustiner-Eremitenordens, Schüler und Kritiker des Thomas von Aquin, Erzbischof von Bourges, Erzieher Philipps des Schönen. Einflußreicher Theologe; Mitwirkung am Konzil von Vienne (Vernichtung des Templerordens).
Seine zahlreichen Schriften behandeln alle wichtigen Themen der Scholastik, sein medizinisches Werk *De formatione corporis humani in utero* (Über die Bildung des menschlichen Körpers im Mutterleib) verarbeitet Ansichten von Aristoteles, Avicenna, Averroes, Galen nach scholastisch-logischer Methode, ohne äußere Beobachtung.

Albertus Magnus (Albert von Köln), geb. vor 1200 in Lauingen/Donau, gest. 1280 in Köln. Seit seiner Jugend im Dominikanerorden, Studium und Lehrtätigkeit an verschiedenen Ordensschulen in Deutschland und Paris; Mitbegründer der Universität Köln; Tätigkeit am Papsthof und beim Konzil von Lyon. 1931 heiliggesprochen. – Umfassende naturwissenschaftliche Forschungen neben seiner theologischen Tätigkeit, wobei die früheren Werke kritisch überprüft und durch eigene Beobachtungen ergänzt werden. Im theologischen Bereich im Einklang mit seinem Schüler Thomas von Aquin, den er überlebt. Zahlreiche naturwissenschaftliche Schriften, Bibel- und Aristoteleskommentare.

Alderotti, Taddeo, geb. in Florenz um 1223, lehrte Medizin in Bologna, wo er 1303 starb. Von Dante als «Hippokratist» bezeichnet (*Convivio* I,10,10; *Divina Commedia*, Par. XII,83); kommentierte Avicenna und verfaßte eigene medizinische Werke.

Alfredus Anglicus (Alfred v. Sareshel), wirkte um 1200. Übersetzung der (Aristoteles zugeschriebenen) Schrift des Nikolaus von Damaskus über die Pflanzen aus dem Arabischen; in seinem Werk *De motu cordis* (Über die Bewegung des Herzens) führt er die aristotelische Lehre von der Seele als geistiger Form des Leibes in die Scholastik ein (vor 1217).

Alkmaeon von Kroton, um 500 v.Chr., Pythagoras-Schüler. Hauptwerk *Über die Natur.* Studiert die Sinnesorgane, stellt Verbindung Auge-Gehirn fest, führt vielleicht selbst Augenoperationen durch. Aristoteles zitiert seine Polaritätenaufstellung (*Metaphysik* 986a 27).

Averroes (Muhammed ibn Ahmed ibn Ruschd), geb. 1126 in Cordoba, gest. 1198. Kadi (Richter) und fürstlicher Leibarzt in Marrakesch, umfassender Gelehrter. Sein medizinisches Hauptwerk *Kulliyet-et-Tibb* (Gesamtheit der Medizin, lat. *Colliget*) wurde zu einem der wichtigsten scholastischen Lehrbücher. Aristoteles-Kenner (Beiname «Kommentator»). Seine Schrift *Zusam-*

menhang von Philosophie und Religion entfachte die erbitterte Diskussion um die «doppelte Wahrheit».

AVICENNA (Al Husein ibn Abdallah ibn Sina), geb. 980 in Turkmenien, gest. 1037 auf einem Feldzug. Reiste seit seinem 20. Lebensjahr durch die islamische Welt, Aufstieg zur Wesirswürde (Beiname «der Fürst»), Jahre im Kerker. Über 150 Schriften fassen das gesamte Wissen der Zeit zusammen. Medizinisches Hauptwerk *Qanun fil-Tibb* (Grundwissen der Medizin, lat. *Canon*) maßgeblich für das Medizinstudium auch in Europa bis weit in die Neuzeit.

BARTHOLOMAEUS ANGLICUS, geb. in England Ende 12. Jahrhundert, Notar des Erzbischofs von Bremen, Lehrer am Franziskanerkolleg in Paris, Lektor in Magdeburg. Sein Lexikon *De proprietatibus rerum* (Von der Eigenschaft der Dinge) verarbeitet das Grundwissen der Zeit nach Sachgruppen in alphabetischer Ordnung; bis 1500 über 20 Druckauflagen, zahlreiche Handschriften.

BAHTIŠU, Ärztefamilie in Gondischapur und Bagdad (auch Jeschu und andere Schreibweisen); siehe auch Gabriel B.

CELSUS, AULUS CORNELIUS, Anfang 1. Jahrhundert n. Chr. Verfaßte eine Encyklopädie der Wissenschaften, von der nur der medizinische Teil erhalten ist, der wichtige Angaben über frühere Ärzte enthält. Celsus spielte in der Renaissance eine große Rolle als Vorbild für wissenschaftliches Latein.

COITER, VOLCHER, geb. 1534 in Groningen, gest. 1590. Studien in Italien und Montpellier, Stadtarzt in Nürnberg, Militärarzt. Bedeutende anatomisch-physiologische Forschungen.

CONSTANTINUS AFRICANUS, 11. Jahrhundert n. Chr. Aus Nordafrika stammend, sammelte er auf Reisen das arabische und griechische Wissen, das er durch seine lateinischen Übersetzungen in die Schule von Salerno einbrachte.

DEMOKRIT VON ABDERA, um 460 v. Chr., Lehrzeit bei persischen Priestern, Reisen in Ägypten u.a.; pythagoräischer Lehrer, dem die Zeitgenossen den Beinamen «Sophia» (Weisheit) gaben.

DINO DEL GARBO, geb. 2. Hälfte des 13. Jahrhunderts, lehrte Medizin in Bologna, Siena, Padua und Florenz, gest. 1327. Beziehung zu König Robert von Neapel, von vielen Fürsten konsultiert, Freund des jungen Petrarca. Kommentare zu Hippokrates, Galen, Avicenna.

DESPARS, JACQUES (= Jacobus de Partibus), geb. Ende 14. Jahrhundert, gest. 1465 in Tournai. Leibarzt Karls VII. u.a. Fürsten, Professor in Paris (als Universitätsvertreter beim Konzil von Konstanz), Zusammenfassung früheren Wissens. Hauptwerk: Avicenna-Ausgabe mit Kommentar, in dem verschiedene Lehrmeinungen systematisch aufgeführt sind (*Explanatio in Avicennae…*), entstanden 1432-1453, gedruckt 1498 in London.

Du Bois-Reymond, Emil, geb. 1818 in Berlin, gest. 1896. Zahllose Arbeiten, besonders zur Muskel- und Nervenphysiologie, wodurch er der neuroelektrischen Theorie zum Durchbruch verhalf und zur führenden Autorität auf diesem Gebiet wurde.

Dufay, J.Th., Studium in Montpellier, wo er 1749 als Schüler von François Boissier de Sauvages promovierte. Auszüge aus seiner Dissertation in Übersetzung bei Karl Rothschuh, *Physiologie – Der Wandel ihrer Konzepte, Probleme und Methoden vom 16. bis 19. Jahrhundert*, Freiburg/München 1968 (*Orbis Academicus*, Bd.II, 15), Seite 180 ff.

Empedokles, ca. 493-433 v. Chr. in Agrigent. Vielseitiger Gelehrter und Philosoph der orphisch-pythagoräischen Richtung, wegen seines Eintretens für Demokratie verbannt. Lehre vom sphärischen All mit den vier Elementen als «Wurzeln», in dem die Kräfte der Zuneigung und Auseinandersetzung wirken. Gründer der sizilianischen Ärzteschule.

Erasistratos von Keos, um 300 v. Chr. lebte am Hof von Seleukos Nikator, wo ihm das Wissen des syrisch-babylonisch-persischen Großreiches zugänglich war; lehrte wohl zuletzt auf Samos. Seine Schule befaßte sich im Anschluß an Herophilos besonders mit Blutkreislauf, Anatomie und Neurologie.

Gabriel ibn Bocht Jeschu, wirkte um 800, gest. 827. Leibarzt mehrerer Abbasiden-Kalifen in Bagdad und Merw. Sein Großvater Girgis war Leiter des Hospitals von Gondischapur und wurde vom Kalifen al-Mansur nach Bagdad berufen. Die Ärztefamilie Bocht Jeschu ist in Bagdad bis ins 11./12. Jahrhundert nachweisbar (siehe H. H. Schöffler, *Die Akademie von Gondischapur*, Stuttgart 1979, S.93 f. mit weiteren Literaturhinweisen).

Galen aus Pergamon, um 129-199 n. Chr. Gladiatorenarzt, Leibarzt des Kaisers Marc Aurel. Experimentelle Forschungen, besonders auf neurologischem Gebiet aus der Vier-Säfte-Lehre heraus. Monotheist und Theologe (Natur wirkt auf bestimmte Ziele hin). Ihm zufolge ist Medizin immer individuell, also generell nie voll faßbar.

Galvani, Luigi, geb. 1737 in Bologna, gest. 1798. Theologe und Mediziner, entdeckt 1789 elektrische Phänomene an Froschnerven, die er weiter erforscht. *De viribus electricitatis in motu musculorum commentarius* (Erläuterung der elektrischen Kräfte bei der Muskelbewegung), Bologna 1791 (deutsch: Prag 1793) als bahnbrechendes Werk der elektrischen Nerventheorien.

Giovanni Pico, Graf von Mirandola und Fürst von Concordia; geb. 1463, gest. 1494 in Florenz. Studierte in Italien und Frankreich, veröffentlichte 1486 in Rom seine 900 Thesen als Versuch einer wissenschaftlichen Gesamtschau;

daraufhin der Ketzerei angeklagt, mit Auflagen freigesprochen. Lebte zuletzt am Hof von Lorenzo de Medici in Florenz.

Herophilos von Chalcedon, vor 300 v. Chr., studierte in Alexandria zu Beginn der dortigen Schule, dann eigene Schule in Pergamon. Vor allem anatomische und neurologische Forschungen (Gehirn und Auge), Pulslehre, Arzneimittellehre.

Hippokrates von kos, «Vater der Heilkunde», geb. um 400, gest. um 359 v. Chr., gehörte in die priesterliche Traditionslinie der Asklepiaden, die ihre Abstammung und Heilkunst auf Asklepios zurückführten. Ausgedehnte Reisen. Erste Nachrichten von Forschungen auf Grund eigener Operationen. Prinzip der Heilkunst als Unterstützung der natürlichen Heilkräfte. Die zahlreichen Schriften unter seinem Namen sind nur zum Teil authentisch (gesammelt im *Corpus hippocraticum*).

Hunain ibn Ishaq (latinisiert: Johannitius), geb. 808, gest. 877. Studium in Gondischapur (oder in Bagdad in der Tradition von Gondischapur), im hellenistischen Bereich (Kleinasien?) und in Basra. Arabischer Humanist, Arzt (bes. Augenarzt), Übersetzer und Kommentator von großem Einfluß. Nestorianischer Christ.

Jacobus de Partibus, siehe Despars, Jacques

Rhazes (Muhammad ibn Zakkarija ar-Razi), geb. 850 in Rai bei Teheran. Leiter des neugegründeten Hospitals von Bagdad, verarbeitet das gesamte Wissen seiner Zeit und ergänzt es durch eigene Forschungen. Hauptwerk *Al-Hawi* wurde 1279 ins Lateinische übersetzt (*Liber continens* = Dies Buch enthält...) und bald weit verbreitet; es gibt zu allen behandelten medizinischen Fragen zunächst jeweils den Stand des Wissens, dann Rhazes' eigene Ansicht.

Rufus von Ephesus, im 2. Jahrhundert in Alexandria tätig, seine Werke nur fragmentarisch erhalten (Anatomie, Pulslehre, Handbuch der Krankheitsbeschreibung).

Thomas von Aquin («Doctor angelicus»), geb. um 1225 bei Neapel, gest. 1274 in Fossanova. Mit fünf Jahren Eintritt in die Benediktinerabtei Montecassino, gegen den Willen der Familie Übertritt zum Dominikanerorden, Studium in Neapel, Rom, Paris und (als Schüler Alberts des Großen) in Köln. Seit 1252 eigene Lehrtätigkeit in Paris und Italien, 1272 Universitätsgründung Neapel. 1323 heiliggesprochen. – Das in der *Summa Theologica* und der *Summa contra gentiles* zusammengefaßte Lehrgebäude war bis vor kurzem für alle katholischen Seminare verbindlich. Seine naturwissenschaftlichen Ansichten sind vor allem in den Kommentaren zu den entsprechenden aristotelischen Schriften enthalten. Im Gegensatz zu Albert dem Großen spielt bei Thomas die Beobachtung äußerer Sachverhalte kaum eine Rolle.

Vesalius, Andreas, gab. 1514 in Brüssel, gest. 1564 in Zante. Spezialisierte sich früh als Anatom, Professur in Padua ab 1537, Herausgabe zahlreicher älterer Werke (Rhazes u.a.), Autor eines auf eigenen Forschungen basierenden reich illustrierten anatomischen Werkes: *De humani corporis fabrica libri septem* (Über den Bau des menschlichen Körpers), Basel 1543 und zahlreiche Auflagen. Begründung der modernen Anatomie.

Volta, Alessandro, geb. 1745 in Como, gest. 1827. Erforschte schon mit 17 Jahren elektrische Phänomene, wenig später erste Publikationen; seit 1779 Professor in Padua. Untersuchungen zur Körperelektrizität in Auseinandersetzung mit Galvani-Anhängern.

Anmerkungen und Quellennachweise

1 Siehe im dokumentarischen Anhangsband den Vortrag vom 21.4.1920, Gesamtausgabe Bibl.-Nr. 301.
2 Vergleiche dazu auch das Werk von Edwin Clarke: *The Human Brain und Spinal Cord; a historical study illustrated by writings from Antiquity to the Twentieth Century.* Berkeley/Los Angeles 1968.
3 Siehe bei diesen und allen weiteren kursiv gesetzten historischen Namen die vorstehenden biographischen Hinweise.
4 Das Begriffspaar wird auch bei Aristoteles zum Ausgangspunkt der Betrachtung aller Lebewesen: *De Anima* I, C II, 403 b und an vielen anderen Stellen: Animatum igitur ab inanimato in duobus maxime diferre videtur – motu et sensu. (Das Beseelte unterscheidet sich vom Unbeseelten anscheinend vor allem in zweifacher Hinsicht – durch Bewegung und Empfindung.)
5 Aristoteles, *De partibus Animalium* II, 7, 652 b; das Gehirn wird als Organ der Empfindung ausdrücklich abgelehnt in den anschließenden Ausführungen (656 a). Weitere Belege in derselben Schrift, 686 a und in *De sensu et sensato*, 438 b, 25 ff.
6 Rufus, *Oeuvres*, ed. Dahrenberg/Ruelle, Paris 1879, Neudruck Amsterdam 1963, S. 184 - 185:
Νεῦρόν ἐστιν ἁπλοῦν σῶμα καὶ ϖεπυκνωμένον, ϖροαιρετικῆς κινήσεως αἴτιον, δυσαίσθητον κατὰ τὴν διαίρεσιν. Κατὰ μὲν οὖν τὸν Ἐρασίστρατον καὶ Ἡρόφιλον, αισθητικὰ νεῦρα εστιν. κατὰ δὲ Ἀσκληπιάδην οὐδὲ ὅλως. Κατὰ μὲν οὖν τὸν Ἐρασίστρατον δισσων ὄντων τῶν νεύρων αἰσθητικῶν καὶ κινήτικῶν, τῶν μὲν αισθητικῶν ἃ κεκοίλανται ἀρχὰς εὗροις αν ἐν μήνιγξι, τῶν δὲ κινητικῶν ἐν ἐγκεφάλω καὶ ϖαρεγκεφαλίδι.
(Der Nerv ist ein einfacher, dichter Körper, Quelle der bewußten Bewegung, gegenüber einem Schnitt aber empfindungslos. Nach Erasistratos und Herophilos gibt es sensitive Nerven, nach Asclepiades nicht. Auch lehrt Erasistra-

tos, daß es zwei Arten von Nerven gebe, die der Bewegung und die der Wahrnehmung; letztere sind hohl, man sieht ihren Ursprung in den Meningen, die der Bewegung entspringen im Enkephalon und Parenkephalon.)

7 Galen, Peri neuron anatomes (Über Nervenpräparation), in: *Opera omnia*, ed. Kühn, Bd. 2, Leipzig 1921 und reprogr. Nachdruck Graz 1964, S. 831 ff.

8 Galen, Über die Lehren von Hippokrates und Plato, in: *Opera omnia*, Bd. 5, S. 604:

εἰ δὲ κὐπὶ τῶν ζώντων ζώων ἐπεποίητο τὴν πεῖραν, ἣν ἡμεῖς ὀυχ απαξ οὐδὲ δὶς, ἀλλὰ πάνυ πολλάκις ἐποιησάμεθα, βεβαίως ἂν ἔγνω τὴν μὲν σκληρὰν κὰι παχεῖαν μήνιγγα σκέπης ἕνεκεν γεγενημένην ἐγκεψάλου

(Hätte er [d.h. Erasistratos] an lebenden Wesen Experimente vorgenommen, was wir nicht ein- oder zweimal, sondern sehr häufig getan haben, so hätte er sichere Kenntnis...)

9 Galen, a.a.O. S. 832-833:

Κεφ. γ́. ῾Ετέρα δ᾽ ἐφεξῆς ἐοτι συζυγία τοῖς κινουσι τοὺς ὀφθαλμοὺς μυσὶ διανεμομένη, σκληροτέρα τε καὶ μικροτέρα πολλῷ τῆς προειρημένης

10 Galen, Über die erkrankten Regionen, in: *Opera omnia*, Bd. 8, S. 208:

πάντων μὲν οὖν ἅμα τῶν νείρων ἀπολεσάντων αισθησίν τε καὶ κίνησιν, ἀποπληξία τὸ πάθος ὀνομάζεται

Ähnliche Ausführungen auch in seinem Werk über die Muskelbewegung (*De motu musculorum*, Paris 1528): Quantum enim superius est incisionis continuum cerebro, id quidem conservabit principii vires. Omne autem quid inferius est, neque sensum neque motum ulli prebere poterit. Nervi itaque rivorum in morem a cerebro ceu ex quodam fonte deducant musculis vires. Frei übersetzt: Ist der Einschnitt unterhalb des Gehirns, so bewahrt der dorthin führende Strang die Kräfte des Ursprungs; alles unterhalb Liegende kann aber weiterhin weder Empfindung noch Bewegung vermitteln. Die Nerven bringen also in der Art von Flüssen, vom Gehirn als einer Quelle aus, den Muskeln die Kräfte. Vgl. auch Bd. 2, S. 96 und 125.

11 Heinz Herbert Schöffler, *Die Akademie von Gondischapur. Aristoteles auf dem Wege in den Orient*, Stuttgart 1979.

12 Hunain ibn Ishaq: *Encyklopädie des Islam*, Leiden 1908, Bd. I, S. 62; über die syrischen und arabischen Galen-Übersetzungen: Ausg. und Übersetzung von G. Bergsträsser, Leipzig 1925 (*Abhandl. für die Kunde des Morgenlandes*, Bd. 17, Nr. 2); *Lexikon der Arabischen Welt*, Stuttgart 1972, S. 437; siehe auch Anm. 11, S. 92 ff. Zu dem Kreis von Bagdad gehörte auch *Rhazes*, der über sein *Liber continens* starken Einfluß auf die scholastische Medizin ausübte.

13 Ibn al-Qifti, nach R. Hau, «Gondeschapur...» in: *Gesnerus 36* (1979): 101f. und Anm. 19.

14 Platon: *Timaios* 45 b,c; und Dominicus Gundissalinus, *De divisione philosophiae*, in: *Beiträge zur Geschichte der Philosophie und Theologie des Mittelalters 4,3*: S. 257 mit weiteren Quellenangaben (Adelard von Bath, Alanus de Insulis u.a.).

15 Avicenna, *Canon Medicinae*, Ausg. Lugdunum 1498 (Exemplar der Württembergischen Landesbibliothek, Incun. 2214), Bd. 1, Text unter Hinzuziehung der Handschrift Clm 278 der Bayerischen Staatsbibliothek München, fol. 15 ff.: Plurimi namque eorum, qui sensum tribuunt, ab antecessione oriuntur cerebri... et plurimi illorum qui motum prebent, a postremo oriuntur cerebri. (Die meisten derjenigen, die die Empfindung bringen, entspringen im vorderen Teil des Gehirns..., die meisten jener, die die Bewegung geben, im rückwärtigen. Liber 1, fen 1, doctrina 5, summa 3, cap. 1, Sermo universalis de nervis = Allgemeines über die Nerven).
Dieselben anatomischen Angaben auch wieder bei Averroes im 8. Kapitel des *Colliget* (siehe Anm. 18).
16 Nach Auszügen in englischer Übersetzung bei O. Cameron Gruner, *Avicenna*, New York 1970, S. 94 ff. (Ziff. 129).
17 Avicenna, Quelle wie oben, Anmerkung 15: Creator enim de eorum munitione sollicitus, aliter ipsos munivit quam alios nervos. (Der Schöpfer, auf ihre Stärkung bedacht, hat sie daher anders ausgerüstet als die übrigen Nerven.)
18 Iuvamentarum nervorum alia sunt qui sunt secundum essentiam, alia qui sunt per accidens...; secundum essentiam est quod cerebrum eis mediantibus omnibus aliis membris iuvamentum prestat, dando eis sensum et motum. Secundum quod est per accidens, est ad hoc ut caro corroberetur et corpus fortior fiat (in dem in Anm. 15 zitierten Avicenna-Kapitel; Clm 278, fol 15 vb).
19 Averroes, *Colliget*, Ausg. Venedig 1553, fol. 16 ra (Kap. XVIII): Et quando opinantur medici quod motus musculi sit a nervo, opinantur falsum... (Und wenn die Ärzte meinen, die Bewegung der Muskeln sei durch den Nerv [verursacht], so meinen sie Falsches.)
20 Averroes, *Colliget*, wie Anm. 17, fol. 15 vb - 16r: Qui movet primo animal, non est corpus, sed virtus est animae, et quod hoc sit de necessitate in musculo. Et haec virtus est virtus voluntaria, quam praecedit imaginativa vel aestimativa, et confirmatio consilii. (Was ein Lebewesen zuerst bewegt, ist nicht der Körper, sondern eine Seelenkraft; das muß sich notwendigerweise im Muskel abspielen, und diese Kraft ist die Willenskraft, der die Vorstellung oder Urteilskraft sowie die Entschlußbestätigung vorausgeht.)
Etwas weiter: Ergo remanet, ut sit musculus primum instrumentum quod movetur a calore naturali. (So bleibt, daß der Muskel das erste Werkzeug ist, das von der Lebenswärme bewegt wird.)
21 Als Beispiel sei der Vortrag vom 15.3.1917 genannt: ... alles, was sich im menschlichen Leib bewegen kann, hängt in seiner Bewegung selbst mit Stoffwechselvorgängen zusammen. Und auf die Stoffwechselvorgänge wirkt der Wille unmittelbar. Der Nerv ist nur da, um sie wahrzunehmen. (*Geist und Stoff, Leben und Tod*, Gesamtausgabe Bibl.-Nr. 66, S. 138; siehe auch den dokumentarischen Anhangsband.)
 22 In seinem *De Animalibus* habe Aristoteles die Nerven noch nicht gekannt;

nur deshalb hielt er das Fleisch für das Organ der Empfindung. Averroes, *Kommentar zu Aristoteles' De Anima II*, 108, 422 b.

23 Wahrscheinlich könnte man bei genauerer Überprüfung dazu noch weiteres finden. So gibt es im jüdisch-scholastischen Bereich einen Beleg im Traktat «Fons vitae» (Ibn Gabirol?): *Voluntas animae movet corpus* (Der Wille der Seele bewegt den Körper). Ausgabe Cl. Baeumker, *Beiträge zur Geschichte der Philosophie des Mittelalters 1* (1892) 2-4.

24 Alfred von Sareshel (Alfredus Anglicus), *De motu cordis*, ed. Baeumker, *Beiträge zur Geschichte der Philosophie des Mittelalters 23*: 1-2: Cor igitur vegetabile est et sentit, quia vitae et sensus actuale principium est; cerebrum vero insensibile, quia sensibilitatis potentiale principium est. (Das Herz ist also den Wachstumskräften zugeordnet und empfindet, da es der wirkende Ursprung des Lebens und der Empfindung ist. Das Gehirn dagegen ist empfindungslos, da es der Möglichkeitsursprung der Empfindung ist). Cap. XIV, 13.

25 *De motu cordis*, Cap. XVI, 4: Nervi vero instrumenta sunt sentiendi et motus; hi ergo ad omnes totius corporis partes sensibiles directi sunt...

26 *De motu cordis*, Cap. XVI, 9: Cerebrum autem spiritum et zoticarum virtutum domicilium est. Ab eo enim nervi exorti ad sensum et motum tam particulares quam universales per totam corporis substantiam directi sunt. Et horum trina est partitio: primi sensitivi tantum, et hi subtilissimi; consequenter motivi tantum, et hi grossiores; quidam utrumque tenent effectum, et hi medii in quantitate sunt (vgl. auch Cap. II, 4).

27 Bartholomaeus Anglicus, *Liber de proprietatibus rerum*. 5, 60: Nervi ... exeuntes a prora cerebri sunt mollissimi, quia sensum portant aliis membris; procedentes vero a puppi sunt duri, ut motum possint pati, quia mollia veloci motu cito rumpuntur. (Die von der Rückseite des Gehirns ausgehenden Nerven sind äußerst weich, da sie den übrigen Gliedern die Empfindung bringen; die von der Vorderseite hervorgehenden sind hart, um die Bewegung aushalten zu können, da die weichen durch die schnelle Bewegung rasch reißen würden.)

28 Albertus Magnus, *De Animalibus*, Ausg. Venedig 1495 (nach dem Exemplar der Württembergischen Landesbibliothek, Inc. fol. 547), fol. 47rb.

29 Avicenna, *Canon medicinae cum commento Jacobi de Partibus*, Lugdunum 1498, Bd. 1, Kommentar zu Fen 1, doctrina 5, summa 3.

30 Jacobus de Partibus, wie Anm. 29: ... tota vis sensitiva et motiva exterior derivat a cerebro in nucha et nervos modo derivationis a radice in truncum et ramos, vel a fonte in fluvium et rivulos.

31 Giovanni Pico della Mirandola, *Heptaplus*, Ausg. Genf 1973 (S. 60): Sicut quilibet philosophus habet dicere quod virtutes sensitive sunt in corde, ita quilibet medicus habet dicere quod sit in cerebro. (So wie jeder Philosoph zu sagen pflegt, die Empfindungskräfte seien im Herzen, so pflegt jeder Arzt zu sagen, sie lägen im Gehirn.) Und (S. 50): Motum corporeum, movens incorporeum.

32 Die verstreuten Notizen Leonardos zu diesem Thema finden sich gehäuft im Codex Windsor (Keele/Pedretti, Bd. I, 1920; besonders deutlich fol 39r: Le corde perforate portano il chomandamento essentimento alli membri ofitiali, le quali chorde entrate infra i muscoli e lacierti comandano a quelli il mouimento; queli obedicano ettale obedjentia si mette in atto collo schonfiare impero chel gonfiare rachorta le loro lungeze... (Die hohlen Stränge bringen Befehl und Wahrnehmung zu den ausführenden Gliedern und befehlen nach ihrem Eintritt in die Muskeln und Bänder diesen die Bewegung; diese gehorchen, und solcher Gehorsam setzt sich in Anschwellung um, weil das Anschwellen ihre Länge verkürzt...) Leonardos eigenwillige Orthographie wurde im Zitat belassen.
Zu seinen Quellen: In Leonardos Bücherverzeichnis im Codex Madrid II, fol. 2-3 finden sich diverse medizinische Werke: die scholastische Encyklopädie Arnolds von Sachsen, die arabische Quellen verarbeitet, Galens *De natura humana* (das von Constantinus Africanus im 11. Jahrhundert aus dem Arabischen übersetzt worden war), eine anonyme Anatomie und ein anonymes arabisches medizinisches Werk.

33 Leonardo da Vinci, *Tagebücher und Aufzeichnungen*, Leipzig 1941, S. 41 ff. Weitere Stellen in italienischer Originalfassung mit Übersetzungen im Codex. Windsor (siehe Anm. 32), fol. 40r, 57r, 63r, 67r, 104r, 114r, 115r. «Reversiv» für «motorisch»: 59r, 63r und ausführlich 105r und 113r.

34 J. Th. Dufay, *An fluidum nerveum sit fluidum electricum?* Tentamen physiologicum praeside Franciscus de Sauvages, 1749. Montpellier 1750.

(Übersetzung der lateinischen und italienischen Belegstellen vom Verfasser, bei griechischen Texten nach der lateinischen Parallelübersetzung.)

IRENE BUCHANAN

Geschichtlicher Abriß der Duplizitätstheorie von der Renaissance bis zur Gegenwart

1. Einleitung

Im Werk Rudolf Steiners, insbesondere in seinen zum Großteil stenographisch festgehaltenen Vorträgen, bildet die gängige Lehrmeinung seiner Zeit, der Wille sei im Gehirn lokalisiert und die Nerven seien in sensorische und motorische unterteilt, eine der exponiertesten Zielscheiben seiner wissenschaftlichen Kritik.

Die Lokalisation des Willens im Gehirn wird von ihm abgelehnt; stattdessen soll der Wille im Stoffwechsel des Muskels bei der Bewegung eingreifen. Die Unterteilung der Nerven in einerseits die Bewegung auslösende motorische Nerven und andererseits die Wahrnehmung weiterleitende sensible Nerven wird abgewiesen; alle Nerven sollen der Wahrnehmung dienen, die sogenannten motorischen der Bewegungswahrnehmung. Allerdings wird akzeptiert, daß Eindrücke von der Peripherie zum Zentralorgan hin geleitet werden und auch vom Zentralorgan (Rückenmark und Gehirn) zur Peripherie Erregungsleitung stattfindet, so daß die Existenz von afferenter und efferenter Erregungsleitung nicht bestritten wird. Unterbrechungen im Nervenleitungssystem – wir würden heute von synaptischen Übergängen sprechen – machen es möglich, daß die seelisch-geistigen Wesensglieder des Menschen eingreifen können.

Das Zustandekommen der Bewegung, besonders auch der willentlichen Bewegung, hat seit dem Altertum Interesse geweckt: Wie ist es möglich, daß eine Nervenverletzung die Wirkung des Wollens nicht mehr zum Muskel gelangen läßt?

Im folgenden möchte ich versuchen, die geschichtliche Entwicklung der naturwissenschaftlichen Vorstellungen darüber, welche Funktionen Nervensytem und Wille für das Zustandekommen der Bewegung haben, zu schildern. Der geschichtliche Zeitraum, der hier betrachtet werden soll, erstreckt sich vom Beginn des 16. Jahrhunderts bis in die Gegenwart, so daß auch neuere Forschungsergebnisse dargestellt werden sollen, die zur Zeit Rudolf Steiners noch nicht bekannt waren. Neben der Darstellung, wie es zu der Unterteilung in motorische und sensorische Nerven und der Lokalisation des Willens im Gehirn gekommen ist, möchte ich etwas näher auf die Geschichte der Neuronenlehre, die Entdeckung der Neurotransmitter und der Sinnesorgane der Bewegungswahrnehmung und schließlich auch auf die funktionellen Unterschiede der Fasern und Spinalnerven und ihrer Wurzeln am Rückenmark eingehen, weil gerade die Ergebnisse der neurologischen Forschung unseres Jahrhunderts die Ansichten Rudolf Steiners – zumindest in einigen Punkten – unterstützen und – in anderen – Prüfungsmöglichkeiten liefern, die aufgegriffen werden könnten.

2. *Die älteren Theorien*

Zu Beginn der Neuzeit dominieren immer noch die Ansichten Galens (um 130-199 n. Chr.), die er in einem großen Gesamtsystem der Medizin so überzeugend dargelegt hatte, daß sie nahezu 1500 Jahre unangefochten blieben. Auch nach Einsetzen des Humanismus im 16. Jahrhundert, der neuen freien Wissenschaft, sind Galens Vorstellungen noch richtungsweisend für die Forschungsziele und Modellvorstellungen. Daher möchte ich Galens Anschauungen, die das Nervensystem betreffen, etwas ausführlicher darstellen.

Galens Interesse galt einerseits der Kenntnis anatomischer Strukturen, die er sich bei Tiersektionen erwarb, andererseits den Inhalten der inneren Zwischenräume und Innenräume der Organe. Für alle Empfindungen, Bewegungen, Wünsche und Gedanken wurden Körpersäfte (*Humores*) verantwortlich gemacht. Die Aufgabe der Organe war es, diese Säfte herzustellen oder zu verwandeln. In einer solchen Stoffumwandlungstheorie verknüpfte er die verschiedenen Organsysteme. Seiner Ansicht nach wird das Blut in der Leber gebildet und trägt den *Spiritus naturalis* in sich, der durch die Arterien zum Herzen gelangt, sich dort unter Mitwirkung der eingeborenen Wärme (*Calor innatus*) zum *Spiritus vitalis* wandelt und vom Herzen über den arteriellen Blutstrom zum Gehirn gelangt, wo er über die *Pia mater* in die Gehirnsubstanz eindringt. Einige Gefäße gelangen in der Tiefe des Gehirns in den Raum der Gehirnventrikel, der mit einem dichten Gefäßnetz ausgekleidet ist, dem *Plexus chorioideus.* Er hat die Aufgabe, das mit *Spiritus vitalis* angereicherte Blut zu reinigen und aus ihm eine feine luftähnliche Substanz zu erzeugen, die dann als *Pneuma psychicon* oder *Spiritus animalis* die Gehirnhöhlen erfüllt. Aus dem Gehirn und dem damit zusammenhängenden Rückenmark gehen dann die Nerven ab. Sie enthalten feinste, makroskopisch nicht sichtbare Kanäle, die die Wege für die Verteilung des *Spiritus animalis* darstellen. Der Wille drückt nun durch pulsierende Kontraktionen des Gehirns den *Spiritus animalis* aus den Gehirnventrikeln, die gewissermaßen Pneumabehälter sind, in die feinen Nervenröhrchen hinein. An der Ursprungsstelle des Muskels verzweigen sich die Nerven und vereinigen sich an der Ansatzstelle wieder. Durch den *Spiritus animalis* wird nun die Muskelmasse zwischen Ursprungs- und Ansatzstelle zusammengepreßt. Galen studierte auch die Folgen von Nervendurchschneidungen und ließ aufgrund seiner Befunde die härteren Bewegungsnerven aus dem Rückenmark entspringen, die weicheren Empfindungsnerven aus dem Gehirn und diejenigen mittlerer Eigenschaften aus der Gegend des Kopfmarkes.

Diese Pneuma- oder Spirituslehre hat in ihren Grundzügen für das abendländische Denken ihre Geltung bis in das 17. Jahrhundert bewahrt. Mit ihr ließen sich eine Reihe bekannter Phänomene erklären, etwa die Empfindungsstörungen und motorischen Lähmungen, die bei der Durchschneidung von Nerven auftreten, oder die Störung der Seelenfunktionen bei Gehirnverletzungen.

Andreas Vesalius (1514-1564), Anatom in Padua, prüfte Galens Angaben erstmals systematisch nach und stellte anatomische Irrtümer sachlich richtig. Vesalius machte schon 1543 kritische Anmerkungen über die Existenz von Kanälen in den Nerven, zumal im Sehnerv; er blieb aber bei der Auffassung, daß das Gehirn den *Spiritus animalis* zur Sinneswahrnehmung und Bewegung durch die Nerven wie über dünne Seile (*Funicula*) kontinuierlich verteilt. So finden sich Galens Lehren vom Nervensystem im ersten Lehrbuch der Physiologie *Universa medica* (1581) von Jean Fernel (1497-1558) noch in besonders systematischer Weise und nur mit geringen Abweichungen dargestellt: Der *Spiritus animalis* strömt unablässig langsam in feinen Kanälen durch die Nerven und kräftigt Muskeln und Nerven ständig. Der Wille aber

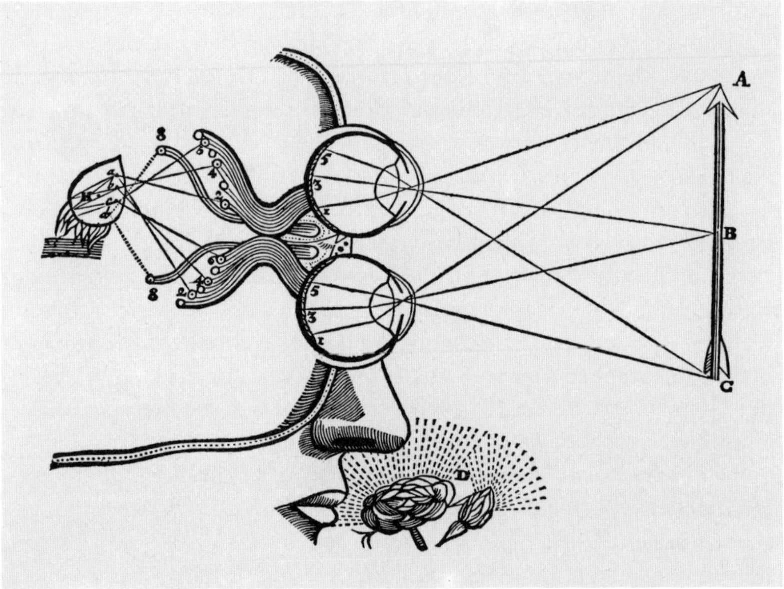

Abbildung 1: Die Koordinierung der Sinne ist nach Descartes' Ansicht ein mechanischer und neurologischer Prozeß. In der Abbildung aus L'Homme (Descartes 1664) geht der visuelle Reiz vom Pfeil aus zur koordinierenden Zirbeldrüse (H), die Sitz der Seele ist, hin und verhindert so, daß sich die Aufmerksamkeit dem Duft der Blume zuwendet (nach Crombie 1971).

veranlaßt über den *Spiritus* die plötzlichen Bewegungen der Muskeln. Erste mechanistische Vorstellung der Regulierung des Spiritusstromes im Gehirn werden von Fernel geäußert. Wenn sich das Gehirn zusammenzieht, drückt es den *Spiritus* in die hinteren Gehirnhöhlen, in die Nerven und die Sinnesorgane hinein. Wenn es sich erweitert, zieht es den *Spiritus* und Luft über das Nasendach heran, die Zirbeldrüse gleitet herab und verschließt den Rückweg von der vierten Kleinhirnkammer in die dritte Kammer.

Diese mechanistische neuzeitliche Denkweise wird nun von René Descartes (1596-1650) in konsequenter Weise auf physiologische Probleme angewandt. Descartes war davon überzeugt, daß in der Mathematik der Schlüssel zu einer Universaltheorie der gesamten Wissenschaft läge. Daraus folgte für ihn, daß der Körper eine Maschine ist, die von einem Kontrollzentrum gesteuert wird. Im Gehirn mit seinem bilateralen Bau stellte für Descartes die einfach vorhandene Zirbeldrüse dieses Kontrollzentrum dar. Hier wird der Sitz der Seele angenommen. Er sieht jedoch noch in einer ätherisch-luftigen Materie, eben dem *Spiritus*, den Vermittler zwischen Körper und Seele. Als bewegendes Prinzip für die Entstehung und Verteilung des *Spiritus* wird die Wärme des menschlichen Körpers von ihm angenommen (Abb. 1).

Auch in seinen mechanistischen Vorstellungen läßt er sich von den Ansichten Galens leiten. Der *Spiritus animalis* fließt seiner Ansicht nach aus dem Gehirn über die Nerven in die Muskeln, dehnt sie aus und läßt so den Gliedern Bewegung zukommen. Sinneseindrükke werden ebenfalls durch den *Spiritus animalis* über die Nerven zur Seele getragen. Um dieser doppelten Funktion der Nerven gerecht zu werden, nimmt er eine bestimmte Struktur an. So findet sich in seinem Werk *Tractatus de homine* (1662) die erste graphische Darstellung der Nervenstruktur (Abb. 2).

Der Bau der Nervenstränge wird so dargestellt, daß viele kleine Röhren, die mit dem Gehirn einzeln in Verbindung stehen, von einer Haut umgeben sind. Die feinen Röhren enthalten einen Markfaden aus Gehirnsubstanz; er dient der Sinneswahrnehmung. Zur Übermittlung der motorischen Wirkung dient der Spaltraum zwischen den Markfäden und der Röhrchenwandung;

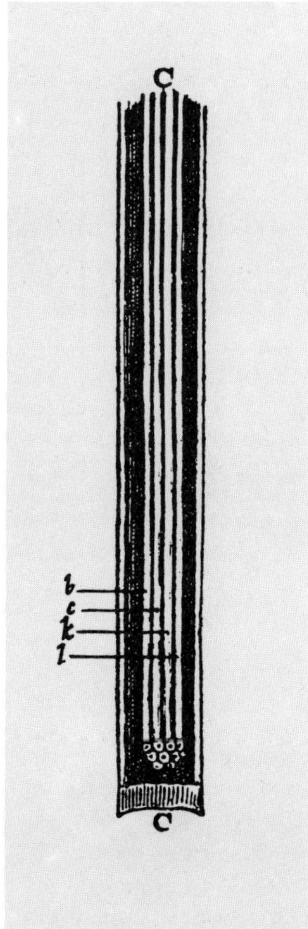

Abbildung 2: Die erste graphische Darstellung der Nervenstruktur im Werk von René Descartes: Tractatus de homine. Figures et latinitate donatus a Florentio Schnyl, Leiden 1662; S. 19; Fig. VI; b, c, k, l sind Nervenröhrchen, die einen Markfaden enthalten (nach Rothschuh 1969, S. 116).

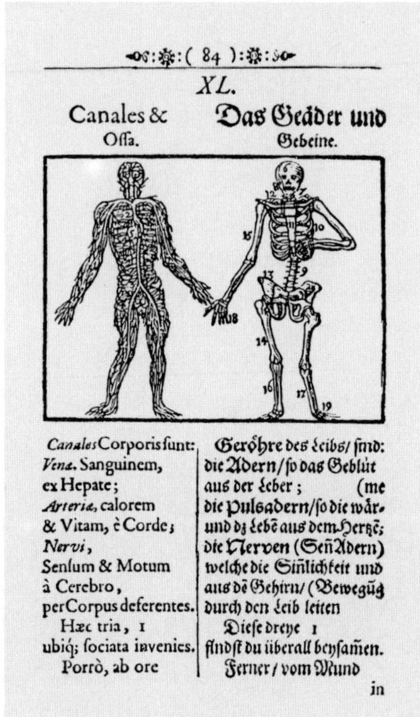

(84)

XL.

Canales & Ossa. | Das Geäder und Gebeine.

Canales Corporis sunt:
Venæ, Sanguinem,
ex Hepate;
Arteriæ, calorem
& Vitam, è Corde;
Nervi,
Sensum & Motum
à Cerebro,
per Corpus deferentes.
Hæc tria, 1
ubiq; sociata invenies.
Porrò, ab ore

Geröhre des Leibs/ sind:
die Adern/ so das Geblüt
aus der Leber; (me
die Pulsadern/ so die wär-
und dz Lebē aus dem Hertzē;
die Nerven (Señ Adern)
welche die Siñlichkeit und
aus dē Gehirn/ (Bewegūg
durch den Leib leiten
Diese dreye 1
findst du überall beysamen.
Ferner/ vom Mund
in

Abbildung 3: Der Adern- und der Knochenmensch im Orbis sensualium pictus des Johann Amos Comenius, Nürnberg 1658. Die Nerven werden als die «Geröhre» bezeichnet, «welche die Sinnlichkeit und Bewegung aus dem Gehirn durch den Leib leiten.»

hier liegt das Gangsystem, in welchem der *Spiritus animalis* vom Gehirn zu den Muskeln fließen kann. Damit der Zustrom in richtiger Weise vonstatten gehen kann, nimmt Descartes ein Klappensystem an, wodurch Agonisten und Antagonisten alternierend aufgebläht werden können.

Popularisiert im breiten Ausmaße wurde die Zweinerventheorie durch den *Orbis Pictus* des Johann Amos Comenius, nach dem selbst Goethe noch das Lesen lernte (Abb. 3).

Im frühen 17. Jahrhundert werden in der Suche nach den Ursachen der Phänomene des Lebens in Holland und England die chemischen, in Italien und Frankreich die mathematischen und physikalischen Grundlagen betont.

In England war zu Beginn des 17. Jahrhunderts das Erscheinen von William Gilberts Buch *De Magnete* (1600) ein bedeutendes Ereignis für die gesamte Wissenschaft. Gilbert war Arzt von Elisabeth I. und Zeitgenosse von Shakespeare und Bacon. Er forderte die Anwendung empirischer Methoden und die experimentelle Überprüfung alter Theorien und Lehrmeinungen in einer Zeit, in der die wissenschaftliche Welt sich großenteils mit Klassifizierung aufgrund qualitativer Unterschiede befaßte. Francis Bacon brachte die wissenschaftliche Methode einen Schritt in der Richtung weiter, daß er die Beobachtung als Grundlage der Induktion, den Eingriff in Bestehendes über das Experiment und die Verifikation von Behauptungen (Hypothesen) forderte (Bacon 1620). Harvey wandte als erster Bacons Methode bei der Untersuchung des Blutkreislaufs an. In bezug auf das Nervensystem hingegen konnten nicht so rasch Fortschritte erzielt werden.

Zweifel an der Existenz und Wirkungsweise jenes *Spiritus* sind im Schrifttum der Jahre 1650 bis 1700 überall spürbar (Rothschuh 1969). Unter den ersten war Thomas Willis, Professor in Cambridge. Er beschrieb erstmals vollständig die prinzipiellen anatomischen Elemente des Gehörs richtig (Willis 1672). Den *Spiritus* der Nerven faßte er teils als lichtartige Materie (inspiriert vom «Leuchten» der Tieraugen im Dunkeln), teils als flüssige Partikel auf. Hinsichtlich der Muskelkontraktion schlug er eine chemische Abwandlung der Aufblähungstheorie vor, die wenig später durch Versuche von Francis Glisson widerlegt wurde (Glisson 1677). Glisson wies experimentell nach, daß das Volumen des Muskels bei der Kontraktion ab- und nicht zunimmt. Trotz der Versuche von Glisson beherrschte noch lange die Aufblähungstheorie die Muskelphysiologie. Muskeln wurden weiterhin als passive Strukturen, die wie Ballone durch Nervenflüssigkeit (den *Succus nervosus*) oder gasartigen *Spiritus* aufgeblasen werden, angesehen. Borelli, Befürworter des *Succus nervosus*, schloß eine gasartige Konsistenz des *Spiritus* aus, indem er ein zappelndes Tier in Wasser tauchte und seine Muskeln aufschlitzte, wobei er keine Blasenbildung beobachten konnte, obwohl das Tier weiterhin kräftig zappelte (Borelli 1680). Borelli war Mitglied einer Gruppe experimentell arbeitender Wissenschaftler, die sich in der *Accademia del Cimento* unter dem Patronat der Medici-Brüder in Florenz zusammengefunden hatten. Von dieser kleinen wissenschaftlichen Gesellschaft, die nur eine Dekade lang existierte, gingen wesentliche naturwissenschaftliche Impulse aus. Sie ist typisch für die Gruppen von Wissenschaftlern, die sich unabhängig von den traditionellen Universitäten bildeten.

Die erste mikroskopische Strukturanalyse des Nervensystems führte Malpighi (1628 - 1694) in Italien durch. Seine Autorität war in damaliger Zeit aufgrund seiner zahlreichen hervorragenden Untersuchungen unbestritten. Wohl auf der Suche nach dem Bildungsort des *Succus nervosus* fiel er einem folgenschweren Irrtum zum Opfer. Er interpretierte die mikroskopisch sichtbaren Strukturen der Gehirnrinde als Drüsengewebe, aus dem die Nerven hervorgehen sollten und in welchem der *Succus nervosus* abgesondert würde (Malpighi 1665).

Die Nervensaft-Hypothese war ein erster Versuch, dem *Spiritus animalis* ein materielles Substrat zu unterlegen. Ihr konsequentester Vertreter war J. G. von Berger (1659-1736), Mediziner in Wittenberg. Er diskutiert die damals bekannten Einwände und kommt zu dem Schluß, «daß überhaupt kein Grund vorhanden ist, weswegen wir die Dinge, wenn es nicht nötig ist, vervielfachen und außer der Nervenlymphe irgendeinen *Spiritus animalis*, einen Ableger des *Spiritus vitalis*, ... zur Erklärung der Sinnestätigkeit und Muskelbewegung heranziehen sollten». (Berger 1702, S. 285, zitiert nach Rothschuh 1969).

Ein Zeitgenosse von Berger, F. Hoffmann (1660-1742), Kliniker in Halle, sieht in der Nervenflüssigkeit nur ein *primum impulsum*; er vermutet, daß den Fasern selbst die Fähigkeit zur Kontraktion innewohne und die Muskelkraft von der Struktur der Muskelfasern, welche sich selbst verkürzen können, sowie vom Zufluß der Nervenflüssigkeit und des Blutes abhänge. Aber es gab auch andere Auffassungen. Georg Ernst Stahl (1660-1734) warf sämtliche Bemühungen um die Deutung der Nervenverrichtungen über Bord: «Ohne mich durch zu viele Faseleien älterer und neuerer Zeit irre machen zu lassen, bin ich nach allen bisherigen Untersuchungen berechtigt, dasjenige, welches nicht nur mit Bewußtsein anschaut, Begriffe bildet, urteilt und schließt, sondern auch das, was bewußtlos erfolgt, indem es den Körper dem Willen gemäß bewegt, vernünftige Seele zu nennen und ihm das Vermögen beizulegen, die Muskelbewegungen sowohl anzufangen als auch zu lenken. Es ist also unmittelbar die Seele, welche die Bewegung des Körpers hervorbringen, anfangen und verursachen kann. Man braucht also kaum anzunehmen, daß durch die Nervenkanäle irgend etwas Hypothetisches fließt, was zu den Muskeln gelangt und die Bewegung veranlaßt» (Stahl 1802, zitiert nach Rothschuh 1969, der sich auf die Ausgabe von Wendelin Ruf, 1802, beruft).

Dieser Ansatz von G. E. Stahl fand bei vielen seiner Zeitgenossen Beifall, er wurde aber von späteren Physiologen nicht wieder aufgegriffen und weiterverfolgt.

3. Die neueren Theorien

Gegen Mitte des 18. Jahrhunderts beginnen sich die experimentellen Arbeiten am Nervensystem in drei Richtungen zu kanalisieren: Man bemühte sich
a) um die Aufklärung der Physiologie der peripheren Nerven und ihre Unterscheidung von den Muskeln;
b) die Funktionen des Rückenmarks zu erkennen und Ideen über seine Reflextätigkeit zu entwickeln;
c) um zunehmendes Wissen über das Gehirn als neurale Struktur, unabhängig vom Dogma vom Gehirn als Sitz der Seele.

Albrecht von Haller (1708-1777) ist es, der das berühmteste Lehrbuch der Physiologie des 18. Jahrhunderts schreibt (*Elementa physiologiae corporis humani,* 8 Bde. 1757-1765). Von ihm geht ein neuer Impuls zur Bearbeitung und Deutung der Nervenfunktionen aus. Er wendet bei seinen Tierexperimenten systematisch mechanische, chemische und elektrische Reize an und untersucht die Reaktion einzelner Organe und Gewebe des lebenden tierischen Körpers, und er experimentiert auch am Menschen. Er fand zweierlei Reizantworten, die er als Irritabilität und Sensibilität bezeichnete. Seine Definitionen der Begriffe waren folgende:

Er nennt jene Teile des menschlichen Körpers irritabel, die sich auf Berührung hin verkürzen. Den Begriff der Irritabilität hatte schon Francis Glisson 1677 eingeführt. Dieser gestand die Irritabilität ganz allgemein allen Fasern des Körpers zu. Irritabilität – wörtlich Reizbarkeit – ist das Vermögen, Reize zu empfangen und zu beantworten; in diesem allgemeinen Sinn wurde der Begriff von ihm in die Physiologie eingeführt.

Haller nennt jene Teile des Körpers sensibel, welche auf Reizung hin den Eindruck an die Seele weiter vermitteln, oder bei Tieren, wo die

Existenz der Seele unklar war, diejenigen Körperteile sensibel, bei deren Reizung das Tier mit Schmerzäußerung oder Unruhe reagiert (Haller 1752).

Man hat anfänglich behauptet, alle weißen Gewebe wären empfindlich (sensibel), und zählte hierzu die Aponeurosen, Sehnen, fibrösen Gebilde, Nerven usw. Haller und seine Schule haben durch Beobachtung und Ausschluß zeigen können, daß die Empfindlichkeit allein auf die Nerven beschränkt ist. Haller wandte seine Dichotomie der Irritabilität und Sensibilität auf verschiedene Nerventypen an und bemerkte, daß nach seiner Definition nicht alle Nerven irritabel sind; er nähert sich so der Unterscheidung von motorischen und sensorischen Nerven.

Bei der Irritabilität legte Haller das Gewicht einseitig auf die Fähigkeit, mit einer Kontraktion auf einen Reiz zu antworten; dadurch wird die Reizbarkeit mit der Kontraktilität unentwirrbar vermischt. Mit dem Begriff der Sensibilität hatte Haller die Empfindlichkeit des psychischen Erlebens und die physiologische Erregbarkeit der Nervenfaser gleichartig bezeichnet.

Die Ergebnisse Hallers waren für seine Zeitgenossen eine große Anregung für die Auffassung vom Lebendigen. Er glaubte, spezifische Eigenschaften, «Kräfte» oder «Vermögen» lebendiger Organismen entdeckt zu haben, und man ging nun auf die Suche nach neuen vitalen Grundkräften. An Haller knüpfen mindestens drei verschiedene Forschungsrichtungen, eine physiologische, eine vitalistische und eine klinische an (Rothschuh 1969, S. 164 ff). Gemeinsam ist allen, daß man von den mechanischen Interpretationen in Maschinenanalogien abkam und die vitalen Kräfte des Organismus nun zu erforschen versuchte.

Mit der Analyse, was Irritabilität und Sensibilität im einzelnen bedeutet, befaßte sich die physiologische Forschungsrichtung in der zweiten Hälfte des 18. Jahrhunderts. Für die begriffliche Klärung kommt besonders Johann August Unzer (1725- 813) eine entscheidende Bedeutung zu. Er hat gegenüber Haller klar zum Ausdruck gebracht, daß die Nerven selbst eine eigene Reizbarkeit besitzen, die nicht mit der Irritabilität, d.h. der Kontraktilität, die nur den Muskeln zukommt, identisch ist. Sie ist aber auch nicht mit der Sensibilität identisch, die Haller jenen Teilen zuschreibt, deren Reizung eine Empfindung hervorruft. Die Nervensensibilität ist von der Empfindung als einem Seelenvermögen zu trennen. Jeder Nerv ist danach reizempfindlich, und was wir heute mit Nervenerregbarkeit bezeichnen, wird von Unzer als «Nervenkraft» bezeichnet. Die tierischen Bewegungen der Muskeln werden immer von den Nerven bedingt, sei es nun mit oder ohne Beteiligung von Gehirn und Vorstellungskraft (Unzer 1771). Einige Jahre später führt Christoph Ludwig Hoffmann die Begriffsklärung weiter (Hoffmann 1779) und trennt die Empfindbarkeit der Sinnesorgane von der Agilität oder Mobilität der Muskeln. Reizbar sind beide, aber beim Sinnesorgan ist die Reaktion eine Empfindung, beim Muskel eine Bewegung.

Christoph Heinrich Pfaff (1773-1852) unterscheidet endlich 1795 die Irritabilität (die Reizempfindlichkeit von Nerv und Muskel) von der Kontraktilität oder dem Verkürzungsvermögen des Muskels.

Mit dem Bau verbesserter Mikroskope wurde erneut die noch immer offene Frage nach dem hohlen oder soliden Bau der Nervenfasern angegangen. In Ermangelung geeigneter Fixations- und Färbeverfahren waren die Ergebnisse zunächst nicht eindeutig, bis es schließlich Felice Montana 1787 gelang, den Bau der Nervenfasern bei 700facher Vergrößerung richtig als durchsichtige homogene und einfache Zylinder zu beschreiben.

So war die Situation am Anfang des 19. Jahrhunderts, als Galvani gerade seine Entdeckung der tierischen Elektrizität verkündet hatte (Galvani 1791). Mechanik und Hydromechanik waren in der Nervenlehre unfruchtbar geblieben. Schon um die Mitte des 18. Jahrhunderts glaubte man, daß Zusammenhänge zwischen elektrischen Erscheinungen und gewissen Lebensprozessen bestünden, doch erst gegen Ende des Jahrhunderts wurde dies zur Gewißheit. Galvani schildert 1791 seine Versuche mit der damals schon üblichen elektrischen Reizung von Geweben. Er glaubte, an Froschschenkeln bei Berührung mit Metallen tierische Elektrizität entdeckt zu haben. Alessandro Volta (1745-1827) wies jedoch nach, daß hier eine besondere Art anorganischer Elektrizität entsteht (Volta 1800). Aus der Kontroverse zwischen Volta und Galvani, die großes wissenschaftliches Interesse erweckte, entwickelten sich zwei bedeutende Wissensgebiete. Das eine war die Aufhellung der elektrischen Eigenschaften von Muskel und Nerv, welche zur Entdeckung des Aktionspotentials der Nerven durch Du Bois-Reymond führte, das andere war die Entwicklung der elektrischen Batterie noch durch Volta selbst.

Im Anschluß an Galvani und Volta folgte die Zeit des Galvanismus, in der weitgehende Spekulationen über den Galvanismus als Grundlage aller organischen Erscheinungen angestellt wurden, so daß Magendie in seiner Vorlesung über die physikalischen Erscheinungen des Lebens sagt: «Zuerst hat man nun die Elektrizität herangezogen, um alle organischen Erscheinungen zu erklären» (Magendie 1837, Bd. 2, S. 37).

Nach der begrifflichen Klärung galt nun das Hauptinteresse der neurologischen Forschung zu Beginn des 19. Jahrhunderts der Lokalisation der cerebralen Funktionen und der speziellen Funktionen der cranialen und spinalen Nerven. Man suchte nach dem Sitz motorischer und sensorischer Funktionen in den verschiedenen Teilen des Gehirns. Als Methode stand die operative Entfernung einzelner Gehirnteile bei Tieren zur Verfügung. Als berühmtester Vertreter gilt wohl Pierre Flourens (1794-1867), dem es gelang, an Vögeln und Säugern das Cerebellum zu entfernen. Sein Ruhm als Experimentator gründet auf seiner Beobachtung, daß die Exstirpation des Cerebellums den Verlust der koordinierten Bewegung bewirkt. Er erkannte drei funktionelle Regionen des Gehirns, die Cerebralhemisphären, die Medulla und das Cerebellum, denen er global die Funktionen sensorisch, vital, beziehungsweise motorisch zuordnete. Was die Cerebralhemisphären betrifft, sagte er, daß die Tiere, die deren künstliche Entfernung überleben, «Wahrnehmung, Urteilsvermögen, Gedächtnis und Willen» verlieren (Flourens 1824). François Magendie stimmte nicht mit ihm überein, sondern war der Meinung, das Kleinhirn habe die Funktion, das Gleichgewicht aufrecht zu erhalten.

4. Das Bell-Magendiesche Gesetz und seine Relativierung

Um die Funktionen einzelner Nerven zu ergründen und ihren Lauf zu verfolgen, standen als einzige Methoden die Sektion der Nerven, ihre Durchtrennung und Reizung der Stümpfe und schließlich die Beobachtung der Ausfallerscheinungen zur Verfügung.

Mit dem Wissen, daß die Empfindbarkeit allein auf die Nerven beschränkt ist – wie durch Hallers Versuch nachgewiesen –, geht Magendie an seine Versuche über die Innervation heran. Er befaßt sich mit der Natur der Gehirnnerven und beobachtet die Ausfallerschei-

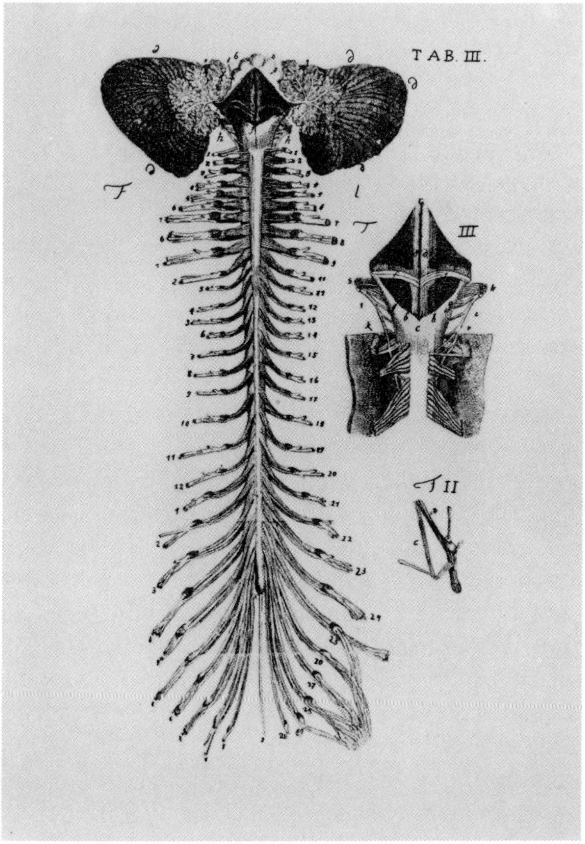

Abbildung 4: Illustration der Spinalwurzeln und ihrer Ganglien aus M. Prochaska: De Structura Nervosum, Prag 1780 - 1784 (nach Brazier 1959).

nungen bei Durchtrennung der Wurzeln der vom Rückenmark (*Spina*) abgehenden Spinalnerven.

Aus anatomischen Untersuchungen war bekannt, daß Nervenfasern das Rückenmark auf beiden Seiten in zwei Faserbündeln verlassen. Entsprechend ihrer Position wurden sie als vordere (ventrale) und hintere (dorsale) Wurzeln bezeichnet (siehe Abb. 4). Die Spinalganglien liegen auf den dorsalen Wurzeln, und die Vereinigung mit den ventralen Wurzeln erfolgt peripher zu diesen Anschwellungen.

Was die Wurzeln der Spinalnerven betrifft, so berichtet Magendie 1822 vor der Akademie der Wissenschaften über seine neuesten Entdeckungen folgendes: Wenn er die hinteren (dorsalen) Wurzeln der Spinalnerven durchschneidet, verschwindet nur die Empfindlichkeit jener Nerven; wenn er die ventralen Wurzeln durchschneidet, fallen die Bewegungen, die die Nerven verursachen, aus. Die Versuche, die Magendie an jungen Hunden durchgeführt hatte, ließen ihn zur Überzeugung kommen, daß die vorderen und hinteren Wurzeln der Spinalnerven verschiedene Funktionen haben, daß nämlich die hinteren Wurzeln besonders für die Sensibilität verantwortlich sind, während die vorderen besonders für die Bewegung bestimmt zu sein scheinen (Magendie 1822).

Was die Nerven als solche betrifft, so unterscheidet Magendie zwei Gattungen. In seinen Vorlesungen über die physikalischen Erscheinungen des Lebens können wir lesen: «Wir bewiesen durch unumstößliche Versuche, daß der Augen- und Gehörnerv am lebenden Tiere zerschnitten, zerrissen, zerquetscht werden kann, ohne daß dieses den geringsten Schmerz verrät.» Bei Kataraktoperationen am Menschen kann die Nadel bis in den Grund des Auges auf die Netzhaut geführt werden, ohne daß Schmerzen verspürt werden. Verletzt man jedoch einen Zweig des fünften Gehirnnervs (*Nervus trigeminus*), zeigt das Tier sofort Schmerzäußerungen. «Diese Tatsachen, welche die Versuche allein entdecken konnten, führten uns zu dem wichtigen Schlusse, daß es zwei Gattungen von Nerven gibt, die einen empfindlich, die anderen unempfindlich» (Magendie 1837, Bd. 2, S. 32-34).

Das Vorhandensein von Ganglien führte bei verschiedenen Forschern zur Vermutung, daß die Nerven, auf denen sie gefunden wurden, spezielle Funktionen ausüben. So war z.B. Bichat (1801) soweit gegangen, alle Ganglien mit derjenigen Nerventätigkeit zu assoziieren, die mit nicht-willentlichen, unbewußten, «organischen» Prozessen zu tun hat. Ebenso legte die Gruppierung der Nervenfasern im Rückenmark zu Säulen oder Bündeln unterschiedliche Funktion nahe.

In einer kleinen Schrift für seine Freunde legte Charles Bell 1811 seine Ansichten dar, daß nämlich die Nerven ihre unterschiedlichen Eigenschaften von daher erhalten, daß sie mit verschiedenen Teilen des Gehirns in Verbindung stehen. Und er fragte sich, ob in einem Strang Nerven verschiedener «Begabung» seien («whether nerves of different endowments were in the same cord, and held together by the same sheath»). Um diese Idee experimentell zu prüfen, schnitt er das hintere Nervenbündel, «the posterior fasciculus», durch und beobachtete, daß keine Verkrampfung der Rückenmuskulatur folgte. Jedoch bei Berührung des vorderen Bündels, «anterior fasciculus», mit einer Messerspitze verkrampften sich die Muskeln des Rückens sofort. Aus diesen Beobachtungen schloß er zu dieser Zeit: «The spinal nerves being double, one having their roots in the spinal marrow, of which a portion comes from the cerebrum and a portion from the cerebellum, they convey the attributes of both grand divisions of the brain to every part, and therefore the distribution of such nerves is simple, one nerve supplying its distinct part.» («Indem die Spinalnerven doppelt sind und jeder seine Wurzeln im Rückenmark hat, wobei ein Teil vom Großhirn und ein Teil vom Kleinhirn kommt, geleiten sie die Attribute beider großen Gehirnbereiche zu jedem Körperteil, und deshalb ist die Verteilung solcher Nerven einfach, indem ein einzelner Nerv seinen bestimmten Anteil liefert.»)

Bell hielt das Cerebrum «as the grand organ by which the mind is united with the body. Into it all the nerves from the external organs of the senses enter; and from it all nerves which are agents of the will pass out.» («...als das große Organ, durch welches der Geist mit dem Körper vereint ist. Hierin endigen alle Nerven aus den externen Sinnesorganen, und von hier aus gehen alle Nerven, die Vermittler des Willens sind, hinaus.») Die unbewußten und nicht willentlichen Nervenfunktionen gingen seiner Ansicht nach vom Cerebellum aus.

In dieser kurzen Schrift Bells findet sich nicht der Vorschlag, daß die hinteren Rückenmarksbündel oder Wurzeln sensorische Funktionen haben, ebenso nicht in seinen klassischen Arbeiten über die 5. und 7. Cranialnerven – dennoch beanspruchte Bell für das Gesetz über die unterschiedlichen Funktionen der Spinal-Nervenwurzeln die Priorität. Von motorischen Nerven spricht Bell in seinen Vorlesungen im Royal College of Physicians: «... as we have proved the anterior column to be the origin of the motor nerves, we may infer the posterior roots are those which render the entire nerve a nerve of sensations.» («...wie wir bewiesen haben, daß die vordere Säule der Ursprung der motorischen Nerven ist, mögen wir schließen, daß die hinteren Wurzeln jene sind, die den Gesamtnerven zu einem Nerven der Sinneswahrnehmung machen.») (Bell 1832).

Aber auch die Notwendigkeit eines Sinnesapparates für den Muskel wurde von Bell erkannt, um dem Gehirn eine Zustandsmeldung des entsprechenden Muskels übermitteln zu können, und er forderte für jeden Muskel zwei Nerven mit verschiedener Funktion (Bell 1826). Endigungen sensorischer Nerven im Muskel wurden jedoch erst Ende des 19. Jahrhunderts entdeckt, als neue Färbetechniken und Degenerationstechniken zur Verfügung standen, auf die später näher eingegangen werden soll.

Johannes Müller in Berlin bestätigte das Bell-Magendiesche Gesetz am Frosch und ging in seinem *Handbuch der Physiologie des Menschen* (1844), das zum physiologischen Standardwerk des 19. Jahrhunderts werden sollte, ausführlich auf die Versuche von Bell und Magendie ein. Johannes Müller teilt in diesem Werk die Nerven in drei Gruppen ein: die Empfindungsnerven, die Bewegungsnerven und die organischen Nerven, deren Eigenschaften und deren «Mechanik des Nervenprinzips» er beschreibt.

Die verschiedene Natur der Wurzeln der Rückenmarksnerven demonstriert Johannes Müller an Hand seiner Versuche an Fröschen, die er bei Vorlesungen und Vorträgen schon häufig vorgeführt hatte. «Man wird sich bei jedem Versuch dieser Art überzeugen, daß auf die mechanische Reizung der hinteren Wurzeln niemals auch nur die entfernteste Spur einer Zuckung in den hinteren Extremitäten erfolgt» (Müller 1844, S. 560). «Die Reizung der abgeschnittenen vorderen Wurzeln durch den Galvanismus bewirkt sogleich die heftigsten Zukkungen, die galvanische Reizung der hinteren Wurzeln bewirkt niemals eine Spur von Zuckung» (S. 561).

Nach der Vereinigung der Primitivfasern der hinteren und vorderen Wurzeln sind die Nerven als solche gemischter Natur, wobei die sensiblen und motorischen Fasern eines Nervs keine Verbindung eingehen und getrennt zu ihren respektiven Teilen verlaufen und selbst keine direkte Wechselwirkung zeigen.

Zur «Mechanik der motorischen Nerven» schreibt Müller: «Die motorische Kraft wirkt in den Nervenfasern nur in der Richtung der zu den Muskeln hingehenden Primitivfasern, oder in der Richtung der Verzweigung der Nerven und niemals rückwärts» (S. 593). Nach Beschreibung aller möglichen Beispiele und weiterer Charakterisierung der Reizung der Primitivfasern faßt er zusammen: «Die Theorie aller dieser Erscheinungen ist offenbar, da die Primitivfasern aller willkürlichen Nerven in den Centraltheilen zuletzt samt und sonders expliciert werden, um dem Einfluß des Willens unterworfen zu werden, so kann man sich die Anfänge aller Nervenfasern willkürlicher Nerven gleichsam wie die Tasten eines Claviers vorstellen, welche der Gedanke spielt oder anschlägt, indem er die Strömung oder Schwingung des Nervenprinzips in einer gewissen Anzahl Primitivfasern, und dadurch Bewegung veranlaßt» (S. 589). In späteren Kapiteln beschreibt Müller das oberste Halsmark, die *Medulla oblongata*, als Sitz des Willenseinflusses und Sitz aller Gefühlsempfindungen. Die «Centralapparate» des Gesichtssinns und Geruchssinns hingegen liegen in den Hemisphären des Großhirns (S. 721).

Neben der willkürlichen Bewegung geht J. Müller auch ausführlich auf die «reflektierten» Bewegungen ein und stellt die Versuche von Marschall Hall zur Klärung der Reflexe dar. Ich möchte hier nicht näher auf die Geschichte der Reflexe eingehen – sie ist bei Brazier (1959) ausführlich dargestellt –, jedoch möchte ich noch ein letztes Zitat von J. Müller anführen, in dem deutlich wird, daß er unter Empfindungsnerven und Bewegungsnerven eigentlich die zentripetal leitenden (afferenten) sensorischen Nervenfasern und die zentrifugal leitenden (efferenten) motorischen Nervenfasern versteht. Er äußert sich zu den Reflexen folgendermaßen: «Wenn Empfindungen, welche durch äußere Reize auf Empfindungsnerven hervorgebracht werden, Bewegungen in anderen Theilen hervorbringen, so geschieht dies niemals durch eine Wechselwirkung der sensiblen und motorischen Fasern eines Nerven selbst, sondern indem er die sensorielle Erregung auf das Gehirn und Rückenmark und von diesen zurück auf motorische Fasern bewirkt» (Müller 1844, S. 610).

Um Johannes Müller gerecht zu werden, sollte man sich vor Augen halten, daß zum Zeitpunkt des Erscheinens seines Handbuchs alle speziellen Nervenendigungen und Sinnesorgane, die der Wahrnehmung der Bewegung und des Muskelzustandes dienen, noch nicht entdeckt waren und die Art der Wechselwirkung der Nerven und Muskeln bei der Kontraktion noch ganz im Dunkeln lag.

Durch Johannes Müllers Autorität gestützt, ist in den folgenden Jahrzehnten das Bell-Magendiesche Gesetz zum Dogma erhoben worden. Frühe Versuche, es zu berichtigen, konnten sich nicht durchsetzen (Arnold 1844). C. Elze geht in seiner Kritik des Bell-Magendieschen Gesetzes auf die wichtigsten Versuche ein, die im Laufe des 19. Jahrhunderts und zu Beginn des 20. Jahrhunderts durchgeführt wur-

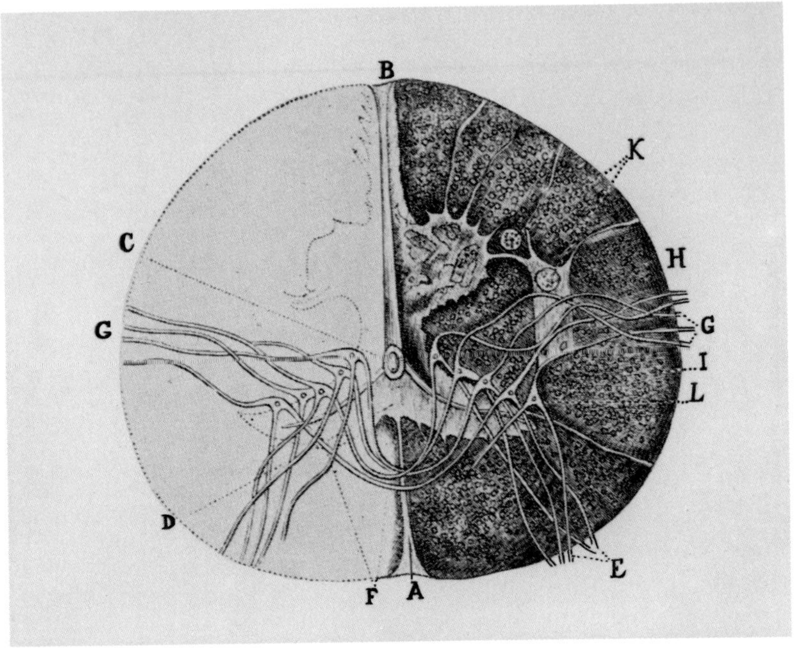

Abbildung 5: Querschnitt durch das Rückenmark. Schema der Verbindungen zwischen vorderen und hinteren Wurzeln der Spinalnerven, wie sie zur Zeit der Reticulartheorie gelehrt wurden (aus C. Bernard, Leçons sur la Physiologie et la Pathologie du Système Nerveux, Paris 1858, nach Brazier 1959).

den, um die Spezifität von Nerven verschiedener Funktionen zu untersuchen und die Frage zu klären, ob es überhaupt rein motorische und rein sensorische Nerven gibt (Elze 1921). Boeke war es gelungen, funktionell verschiedene Zungennerven des Igels zu verheilen. Es kommt dabei zu einer anatomischen Verheilung, und es werden entsprechend dem Zielorgan motorische Endplatten oder Geschmacksbecher ausgebildet, aber wegen der gegensätzlichen Verbindung im Zentralorgan kommt es niemals zu einer funktionellen Heilung (Boeke 1913, 1916).

Ein Querschnitt durch das Rückenmark und die vorderen und hinteren Wurzeln mit den Spinalganglien ist in Abbildung 6 wiedergegeben (aus Elze 1932). Zu dieser Zeit sind außer den typischen Spinal-

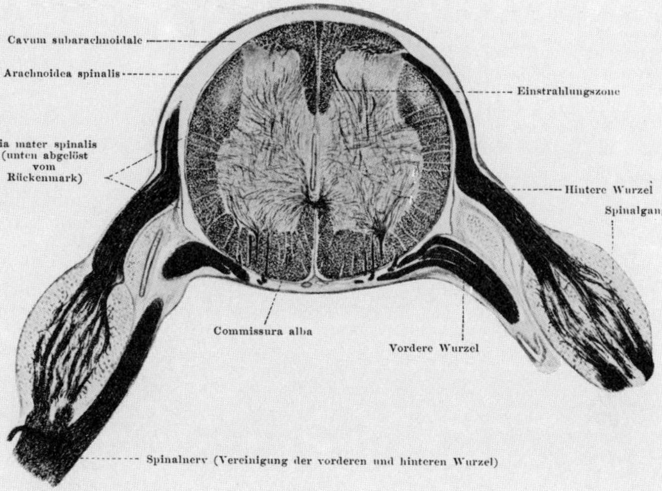

Abbildung 6: Querschnitt durch das Rückenmark, vordere und hintere Wurzeln, Spinalganglien; Sacralmark Hund, Weigerts Mark-Scheidenfärbung (aus Elze 1932, S. 32).

ganglienzellen mit T-förmig verzweigtem Neurit, dessen Teiläste zum Rückenmark bzw. zur Peripherie ziehen, auch verschiedene andere Zellen in den Spinalganglien bekannt, die zum großen Teil dem sympathischen Nervensystem angehören. Elze vermutet, daß manche der Zellen Schaltzellen sind, welche innerhalb des Spinalganglions Leitungsbögen für Gefäßreflexe schließen. In den letzten Jahren konnten auch in den vorderen Wurzeln, die zum großen Teil aus efferenten Fasern der Motorneurone des Vorderhorns bestehen, afferente Fasern nachgewiesen werden, die vor allem Sinneseindrücke der Haut vermitteln (A.G. Brown 1981). Wie man sich heute den Aufbau und die Verzweigung der Spinalnerven und ihrer Äste vorstellt, zeigt das Schema in Abbildung 7 (aus Starck 1982): Sowohl vordere als auch hintere

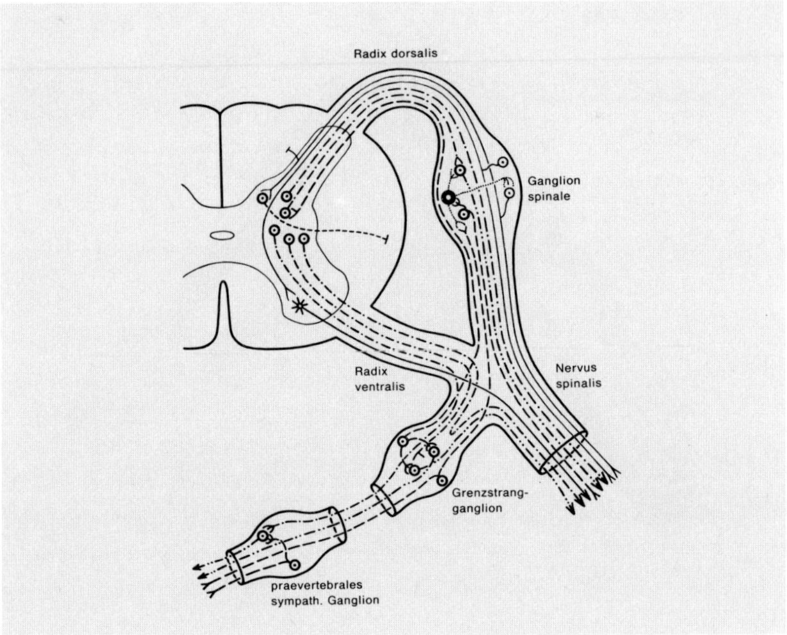

Abbildung 7: Schema der Verzweigung und des neuronalen Aufbaus der Spinalnerven und ihrer Äste beim Menschen. Die Pfeilrichtung zeigt die Leitungsrichtung der Neurone. Ausgezogene Bahn: somatosensible und somatomotorische Neurone. Gestrichelt: viscerosensibles Neuron. Strich-punktiert: präganglionäres visceroefferentes Neuron. Strich-doppelpunktiert: postganglionäres, visceroefferentes Neuron (aus Stark 1982, S. 300).

Spinalnervenwurzeln enthalten afferente wie auch efferente Nervenfasern, so daß das Bell-Magendiesche Gesetz in seiner Gültigkeit relativiert wurde. Es besagt ja, daß die hinteren Wurzeln die sensorischen, die vorderen Wurzeln die motorischen Fasern enthalten.

5. Nervenfusion und Regeneration

Langley und Anderson (1904) führten eine der größten Untersuchungen zur Spezifität der Nervenregeneration aus und gaben einen Überblick über nahezu 100jährige Versuchsliteratur. Sie verknüpften an Katzen sensorische, somatomotorische und autonome prä- und postganglionäre Nervenfasern in verschiedenen Kombinationen. Heute ist man der Auffassung, daß bei allen Nervenfusionen die Reinnervation durch regenerierende Nervenfasern erfolgt, die als Bahnen die Myelinscheide der degenerierenden Fasern benutzen. Im allgemeinen waren Verknüpfungen von cholinergen Nerven, d.h. Zellen mit Acetylcholin als Neurotransmitter, mit Zellen erfolgreich, die zuvor auch durch cholinerge Fasern innerviert waren; andere Verbindungen waren es nicht. An unseren willkürlichen Bewegungen beteiligte, sogenannte somatomotorische Nerven konnten fremde Skelettmuskeln innervieren, präganglionäre autonome Nerven konnten Skelettmuskeln innervieren, und somatomotorische Nerven konnten autonome Ganglien steuern. Aber sensorische Innervation von Muskelfasern oder sympathischen Ganglien funktionierte nicht (Grinnell 1977). Auch die Arbeiten von Paul Weiss zur Bewegungssteuerung an Salamandern (Durchtrennung der Spinalnervenwurzeln, Eingliederung zusätzlich implantierter Gliedmaßen in den Bewegungsablauf, Weiss 1950) werden heute zum Teil in anderem Licht gesehen. Mit stimulierenden Mikroelektroden konnte an verschiedenen Punkten im Ventralhorn des Rückenmarks von Ambystoma so viel Überlappung der Motorneuronenpools verschiedener Muskeln festgestellt werden, daß jede der Spinalwurzeln einige Motoraxone von allen Muskeln einer Extremität enthalten muß (Szekely und Czeh 1967). Wenn Nervenfasern selektiv ihren Weg zu jenen Muskeln fänden, die sie normalerweise innervieren, würde man koordinierte Bewegungen erwarten. Paul Weiss' Beobachtungen, daß Nerven fast zufallsverteilt in eine Extremität einwachsen, daß aber doch eine koordinierte Bewegung resultiert, findet in Marks Hypothese der spezifischen Regeneration eine Erklärung. Es wurde beobachtet, daß an regenerierenden Nervenfasern Synapsen gebildet und ernährt wurden, die aber nicht funktionstüchtig waren. Mark vermutet, daß sie an der neuromuskulären Verbindungsstelle irgendwie abgeschaltet werden und die Funktion allein von den passenden Nervenfasern, die ihren Weg zum passenden Muskel gefunden haben, übernommen wird (Mark 1974). Allerdings können bei Säugetieren noch keine weitreichenden Generalisierungen über synaptische Repression gemacht werden. – Doch kehren wir ins 19. Jahrhundert zurück.

6. Elektrophysiologie im 19. Jahrhundert

Nach Rothschuh (1969) endet die Zeit des Galvanismus 1842, als Matteucci am Froschschenkel die primäre und sekundäre Zuckung als elektrische Phänomene beschreibt. In der Folgezeit macht die instrumentelle physikalische Analyse der Nervenfunktion gute Fortschritte. 1850 gelingt es Hermann von Helmholtz, die Leitungsgeschwindigkeit im Nerv genau zu bestimmen; Johannes Müller hatte dies nur wenige Jahre zuvor noch als unmöglich angesehen.

Nobili und Matteucci konnten in Nerven von Froschpräparaten galvanometrisch einen elektrischen Strom von den Füßen zum Kopf messen. Emil Du Bois-Reymond (1818-1896) war 22 Jahre alt, als ihm Johannes Müller die Aufgabe stellte, nach den Quellen von Nobilis Froschstrom zu suchen. Als er 34 Jahre später seine gesammelten Abhandlungen zur Muskel- und Nervenphysik veröffentlichte, war er immer noch auf der Suche. Trotzdem, nachdem er Methoden und physikalische Meßbedingungen zur Ableitung des Muskel- und Nervenstroms entwickelt hatte, war durch seine Untersuchungen über die tierische Elektrizität die Basis der modernen Elektrophysiologie geschaffen (Du Bois-Reymond 1875, Bd. 1). Er konnte zeigen, daß die Oberfläche des Nervs sich elektrisch relativ positiv, seine verletzte Querschnittsfläche sich relativ negativ verhält; weiterhin beschrieb er den monophasischen Nervenaktionsstrom nach elektrischer Vielfachreizung.

Neben seiner wissenschaftlichen Tätigkeit trat Du Bois-Reymond auch häufig als öffentlicher Redner hervor. In einer Rede «Über die thierische Bewegung» 1851 in Berlin wird deutlich, daß auch für ihn das Gehirn der Sitz des Willens und der Empfindung ist, von dem Elementarfäden (Empfindungsfäden und Bewegungsfäden) ausgehen: «Diese Elementarfäden nun gehen, ohne sich zu verzweigen oder untereinander in Verbindung zu treten, in gleicher Dicke vom Gehirn bis zu dem Punkte des Körpers hin, wo sie enden sollen, und die Verzweigung der Nerven beruht also nur darauf, daß mehrere solche Elementarfäden sich zu einem Bündel, mehrere Bündel sich zu einem Strange sammeln und so fort, bis endlich die erwähnten zuckerschnurdicken Stämme zustandekommen» (Du Bois-Reymond 1851, S. 21). Hierin wird deutlich, daß Du Bois-Reymond zu den Anhängern der Reticulartheorie zu rechnen ist (s. S. 57). Zur Verdeutlichung der Funktion des Nervensystems greift er zu dem Bild der elektrischen Telegraphie, die zu seiner Zeit als Wunder bestaunt wurde. «Denn wie die Centralstation der elektrischen Telegraphen im Postgebäude in der Königstraße durch das riesenhafte Spinngewebe ihrer Kupferdrähte mit den äußersten Grenzen der Monarchie in Verkehr steht, so empfängt auch die Seele in ihrem Bureau, dem Gehirn, durch ihre Telegraphendrähte, die Nerven, unaufhörlich Depeschen von allen Grenzen ihres Reiches des Körpers und theilt nach allen Richtungen Befehle an ihre Beamten, die Muskeln aus» (Du Bois-Reymond 1851, S. 29).

Die Tatsache, daß die Nervenfasern im Körper den Nervenimpuls nur in einer Richtung leiten, aber potentiell ein Leitungsvermögen in beide Richtungen besitzen, ist von Willy Kühne in seinem sogenannten Zweizipfelversuch am *Musculus sartorius* des Frosches bewiesen (Kühne 1859) und durch die Versuche von Langley und Anderson (1906) ergänzt worden.

So konnte man am Ende des 19. Jahrhunderts das Nervensignal beobachten, seinen Lauf verfolgen, seine Geschwindigkeit messen und seine Auswirkungen studieren. (Auf die verschiedenen Theorien der Erregungserzeugung soll hier nicht näher eingegangen werden; Geschichtliches findet sich bei Rothschuh 1969 und Brazier 1959.) Die Fragen nach der Elektrizitätserzeugung im Neuron und der Erregungsübertragung vom Nerven auf den Muskel oder auf ein zweites Neuron zu beantworten, blieb unserem Jahrhundert vorbehalten.

Was die Frage nach der Beteiligung des Willens betrifft, so ist gegen Ende des 19. Jahrhunderts zu bemerken, daß man in den Erklärungsversuchen der Bewegungsvorgänge den Willen für das Zustandekommen der Bewegung nicht mehr als wesentlich erachtet. Dies ist wohl in Zusammenhang mit dem Ausbau der Reflextheorien zu sehen. Theodor Ziehen verzichtete ganz auf das Eingreifen des Willens beim Zustandekommen der Bewegung (Ziehen 1891).

In dieser Zeit objektivierender Erforschung der elektrophysiologischen Phänomene der Nervenleitung in Deutschland und Italien gab es weitere Schwerpunkte in der Erforschung des Nervensystems. Man begann die Funktionen und die mikroskopischen Strukturen der verschiedenen Einheiten des Gesamtnervensystems näher zu analysieren.

7. Anatomie und Physiologie der Neuronen

Die Beziehungen zwischen Rückenmark und peripheren Nerven zum übrigen Zentralnervensystem konnten erst verstanden werden, als die Struktur des Neurons bekannt wurde. Die Zeit der Entdeckungen der Zellstrukturen begann im 19. Jahrhundert aufgrund der Verbesserungen der Lichtmikroskope. Die erste Beschreibung der Nervenzellen lieferte Ehrenberg (1833) für die Spinalganglien des Frosches. Das Sichtbarwerden der Axonzylinder und der Zellkörper half den Physiologen allerdings wenig, die Verbindungen zwischen den Nerven zu verstehen. Erst Purkinje (1837) erkannte, daß die Zelltheorie, die in der Botanik schon lange bekannt war, auch auf die Zoologie angewandt werden könne. Zwei Jahre später legte Theodor Schwann seine mikroskopischen Untersuchungen vor und stellte die allgemeine Zelltheorie in seiner klassischen Monographie für Botanik und Zoologie dar (Schwann 1839). Zur selben Zeit wurden neben markscheidenhaltigen (medullierten) und markscheidenlosen (nicht medullierten) Nervenfasern auch Dendriten und Gliazellen beschrieben.

Ein nächster wichtiger Befund gelang Waller durch die Beobachtungen, daß Axone degenerieren, wenn sie vom Zellkörper getrennt werden (Waller 1850). Die Entdeckung der Osmiumfärbung für degenerierende Myelinscheiden erschloß den Physiologen eine neue Technik, Nervenfasern zu verfolgen (Marchi und Algeri 1885).

Eine morphologische Unterscheidung von Dendriten und Axonen aufgrund ihrer Verzweigungsmuster gab Deiters; über ihre Funktion bestand jedoch noch weitgehende Unklarheit. Deiters konnte ebenfalls zeigen, daß die motorischen Spinalnervenfasern den Vorderhornganglien des Rückenmarks entstammen (Deiters 1865).

In diese Zeit fallen auch die ersten, für unser Thema wichtigen Beschreibungen der Sinnesorgane in Muskeln, Bändern und Gelenkkörpern, die der bewußten und unbewußten Wahrnehmung der Bewegung dienen (Kölliker 1862, Kühne 1863). Das meiste Interesse wurde

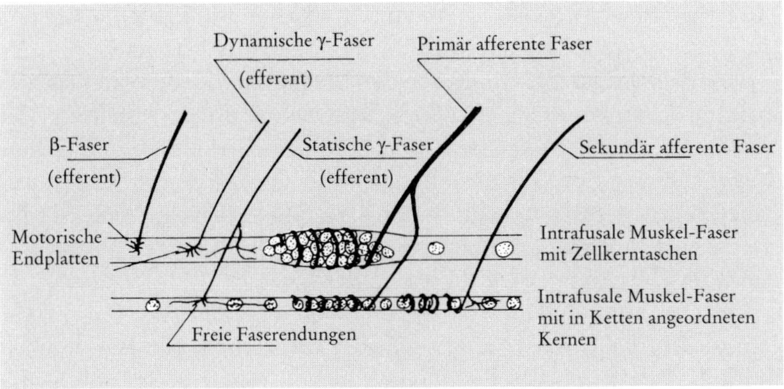

Abbildung 8: Schematische Zeichnung einer Muskelspindel. Gezeigt sind beide Arten der Muskelfasern der Spindel und ihre komplizierte efferente und afferente Innervierung.

dabei bis heute den Muskelspindeln entgegengebracht. Diese enthalten sowohl Nerven- als auch Muskelelemente (Matthews 1972). Sie sind Sinnesorgane für die Bewegungskontrolle, was zuerst von Onanoff (1890) experimentell nachgewiesen und von Sherrington und Ruffini ausführlicher beschrieben wurde. Sherrington (1894) zeigte, daß die Muskelspindeln eine oder mehrere afferente myelinisierte Fasern enthalten. Ruffini (1898) untersuchte die Nervenendigungen innerhalb der Spindel im Detail: Im Inneren jeder Spindel befinden sich eigene (interfugale) quergestreifte Muskelfasern. Deren eigene motorische Endplatten erkannte er aber noch nicht als solche. Die efferente Versorgung der Spindel wurde Ende der 20erJahre endgültig nachgewiesen (Boeke 1927), aber es blieb die Frage offen, ob die motorischen Fasern außerhalb und innerhalb der Spindel in irgendeiner Verbindung zueinander stehen. In den 60er Jahren wurden zwei Arten intrafusaler Muskelfasern entdeckt, die sich in ihrer Feinstruktur unterscheiden. Eine schematische Darstellung der Muskelspindel und ihrer komplizierten Innervierung zeigt Abbildung 8 (aus Stein 1974).

Hier wird deutlich, wie eng efferente und afferente Erregungsleitung für die Bewegungskontrolle aufeinander zu organisiert sind.

Im einzelnen ist aber die Rolle der Muskelzug-Rezeptoren für das Zustandekommen der *bewußten* Wahrnehmung der Stellung der Gliedmaßen noch weitgehend unklar. So verschwindet die subjektive Wahrnehmung der Gelenkstellung, wenn die afferenten Fasern zur nahegelegenen Haut und die Nerven zu den Gelenken lokal paralysiert werden, obwohl die betroffenen Muskeln mit ihren Propriorezeptoren vollständig intakt bleiben (Matthews 1972).

Beim Studium willentlicher Bewegungen wurden in den letzten 100 Jahren drei Faktoren häufig gesondert untersucht: die Bewegungskraft, die Bewegungsgeschwindigkeit und die momentane Stellung der bewegten Gliedmaßen relativ zum Ziel der Bewegung. Für die Erkennung der zugrunde liegenden neurophysiologischen Systeme spielte die Entwicklung von Mikroelektroden seit Beginn der 50er Jahre eine bedeutende Rolle: Diese Elektroden bieten die Möglichkeit, die Aktivität einzelner Neurone des Zentralnervensystems und einzelner efferenter bzw. afferenter Nervenfasern zu messen und sie elektrisch zu charakterisieren (Brock, Coombs und Eccles 1952). Mit der Entwicklung der Elektromyographie, durch die die Muskeltätigkeit erfaßt werden kann, begann man 1966 an gesunden und kranken Menschen den «Impulsverkehr» in den Nerven willentlich bewegter Gliedmaßen bei intaktem Sensorium und Willen zu untersuchen, um somatosensorische und proprioceptive Mechanismen aufzuklären (Vallbo et al. 1979). Durch Experimente an Affen wurde es möglich, die elektrische Erregungsleitung im Gehirn während willentlicher Bewegung durch Dressur von stereotypen Bewegungsmustern zu erforschen (Bava et al. 1983).

Alle Theorien über die Bewegungskontrolle betonen den Informationsfluß über den momentanen Bewegungszustand von der Peripherie sowohl zum Cerebellum (Kleinhirn) und von da zum Cerebrum (Großhirn) als auch vom Cerebrum zum Cerebellum. Wenn der Wille mit in Betracht gezogen wird, so wird jedoch immer noch davon ausgegangen, daß er im Gehirn insbesondere in der Großhirnrinde einwirke. Eccles schreibt: «The outstanding problem in the voluntary control of movement is of course the action across the interface between the selfconscious mind on the one hand and the modules of the cerebral cortex on the other.» («Das herausragende Problem der willentlichen Bewegungskontrolle sind natürlich die Vorgänge an der Schnittstelle zwischen dem selbstbewußten Geist einerseits und den Moduln der Großhirnrinde andererseits.») (Popper and Eccles 1977, S. 276).

Doch kehren wir ein letztes Mal ins 19. Jahrhundert zurück: Weit verbreitet war damals die Ansicht, das Nervensystem sei ein kontinuierliches Reticulum, worin die Zelleiber (Perikarien) der Nervenzellen nur Knoten in der Netzstruktur darstellen (Reticulartheorie, Gerlach 1871). Die Nervenfasern haben in den Knoten ihren Ursprung, verzweigen sich stark und bilden mit anderen Fasern Anastomosen (Verbindungsstücke). Im gleichen Sinne wird auch das Fasernetzwerk, das für die graue Substanz des Gehirns charakteristisch ist, interpretiert (Golgi 1880). Entgegen dieser Vorstellung formulierte Ramon y Cajal gegen Ende des Jahrhunderts die Neuronenlehre: Das Nervensystem besteht aus unabhängigen Zellen, den Neuronen, und es sind keine Anastomosen der Fasern vorhanden; jedes Neuron besitzt eine eigene Zellgrenze (Plasmalemma) und einen Kern; es kommuniziert mit seinen Nachbarzellen durch engen Kontakt. Ramon y Cajal konnte mit Golgis Technik die Nervenzellen durch Silberfärbung sichtbar machen und so nachweisen, daß sowohl Dendriten als auch Axone freie Endigungen besitzen. Golgi und Ramon y Cajal erhielten 1906 den Nobelpreis. Bei seiner Ansprache griff Golgi die Neuronentheorie seines Mitpreisträgers an, was die Heftigkeit der Kontroverse zwischen den Anhängern der Reticulartheorie und der Neuronentheorie charakterisieren mag. Die endgültige Entscheidung zugunsten der Neuronenlehre fiel durch den elektronenmikroskopischen Nachweis von prä- und postsynaptischer Membran und synaptischem Spalt (Palay 1956). Für die Stelle, an der ein Nervenimpuls von einem Neuron auf das andere übertragen wird, führte Sherrington den Begriff der Synapse ein (Foster und Sherrington 1897). Später folgende physiologische und biochemische Untersuchungen haben gezeigt, daß fast überall im Nervensytem die Verbindung zwischen den unabhängigen Neuronen durch chemische Überträgersubstanzen, die sogenannten Transmitter, hergestellt wird; diese werden in enger Abhängigkeit von der Aktivität des Neurons von ihm in den synaptischen Spalt entlassen, durchqueren den Spaltraum und lösen in der Nachbarzelle eine entsprechende Reaktion aus. Der erste Nachweis einer Transmittersekretion gelang Dale, Feldberg und Vogt (1936) an der Nerv-Muskel-Verbindungsstelle sowie Brown und Feldberg (1936) an Synapsen von Sympathikus-Ganglien. In beiden Arbeiten wurde als Transmitter Acetylcholin nachgewiesen. Heute sind auch verschiedene andere Transmittersubstanzen bekannt, die zum Teil die enge Beziehung zwischen dem Hormonsystem und dem Nervensystem verdeutlichen; so ist z.B. Adrenalin sowohl Hormon als auch Neurotransmitter. Eine Übersicht über die wichtigsten heute bekannten Neurotransmitter gibt Hucho (1983).

Die Funktionen der einzelnen Teile des Neurons waren lange Zeit unklar. Es wurde relativ früh erkannt, daß das Axon die Neuralströme vom Zellkörper wegleitet, die Rolle der Dentriten hingegen war lange ungeklärt; ihre Funktion schien nicht spezifisch. Golgi war eine Zeitlang der Meinung, sie dienten der Ernährung der Nervenzellen. Ramon y Cajal erkannte aufgrund seiner zahlreichen Untersuchungen aller Teile des Nervensystems, daß das Neuron funktionell polarisiert sein müsse. Dendriten empfangen demnach afferente Impulse, die sie zum Zellkörper leiten; von dort werden die Impulse durch das Axon efferent vom Zellkörper weggeleitet und auf die Dendriten der Nachbarzelle übertragen. Kurz darauf schließt er auch den Zellkörper als Empfangsapparat mit ein. Von Ramon y Cajal wurde das Prinzip der dynamischen Polarisation zum Gesetz erhoben. Er hatte bereits eine Vorstellung von Konvergenz, Summation und Integration am Neuron, wie wir sie in dem gegenwärtig gültigen Konzept von synaptischen Potentialen und Aktionspotentialen weiterentwickelt und ausformuliert wiederfinden (Eccles 1964 und 1969).

In der neueren Literatur zeigt es sich, daß das Gesetz der dynamischen Polarisation nicht auf alle nervösen Interaktionen anwendbar ist. Es mehren sich die Beispiele von Nervenzellen, in deren verschiedenen morphologischen Teilen sich empfangende, leitende und übertragende Funktionen mischen (Übersicht bei Palay und Chan-Palay 1977). So gibt es Dendriten, die Aktionspotentiale erzeugen können, was nach dem Gesetz der dynamischen Polarisation nur am Axonhügel geschieht. Zudem wurden neue Varietäten der synaptischen Verbindungen zwischen einzelnen Neuronen entdeckt. Es konnten Synapsen zwischen Dendriten eines Neurons und Dendriten eines benachbarten Neurons (dendrodendritische Synapsen) und auch Synapsen zwischen den Axonen benachbarter Neurone beobachtet werden (axon-axonale Synapsen). Dies führte dazu, daß die Neuronenlehre und das Gesetz der dynamischen Polarisation in den letzten Jahren in eine flexiblere Form gebracht und neu formuliert wurden (Shepherd 1972).

Zum Abschluß möchte ich noch einmal auf Rudolf Steiners Hauptangriffspunkte der gängigen Lehrmeinung seiner Zeit zurückkommen und versuchen, den heutigen neurologischen Standpunkt zu umreißen. Was die Annahme einer Lokalisation des Willens im Gehirn betrifft, hat sich wohl kaum etwas in den vergangenen Jahrzehnten geändert. Wenn der Wille für das Zustandekommen von willentlichen Bewegungen mit in Betracht gezogen wird, so geschieht dies in traditioneller Weise, indem das Gehirn als Eingriffsort des Willens angenommen wird.

Was die Unterteilung in sensorische und motorische Nerven betrifft, so hat man wohl gelernt, insgesamt weitaus stärker zu differenzieren, zumal verschiedene Nervenfasern eines Nervs in efferenter oder afferenter Richtung zugleich nebeneinander charakteristische Erregungsmuster leiten und der Nerv auch häufig noch Fasern des vegetativen Nervensystems enthält, die sich elektrophysiologisch wiederum anders verhalten.

Zudem sind die Kenntnisse der subjektiven Wahrnehmung der Bewegung durch Sinnesrorgane der Haut, der Gelenke, der Sehnen und der Muskulatur selbst reich angewachsen. Das äußerst enge Zusammenspiel efferenter und afferenter Erregungsleitung im Muskel ist erkannt worden.

Auf physiologischem Gebiet wurden verschiedene Neurotransmittersubstanzen entdeckt, die die Erregungsleitung an den Synapsen – den Unterbrechungen im Nervenleitungssystem – übernehmen. An dieser Stelle aktiven Stoffwechsels, wo die Reticulartheorie eines «verlöteten» Netzwerkes als Bild des Nervensystems durchbrochen ist, wäre es denkbar, daß die höheren Wesensglieder des Menschen eingreifen können.

Literatur

Arnold, F. (1844): *Über die Verrichtung der Wurzeln der Rückenmarksnerven*, Heidelberg.

Bacon, F. (1620): *Novum organum*, English translation by Kitalien, Oxford 1855.

Bava, A., R. J. Grimm und D. S. Rushmer (1983): Fostigial unit activity during voluntary movements in primates, in: *Brain Research 288*: 371-373.

Bell, C. (1811): *Idea of a new Anatomy of the brain submitted for the observation of his friends.* Privat gedruckt.
– (1826): On the nervous circle which connects the voluntary muscles with the brain, in: *Philosophical Transactions 2*: 172.
– (1832): Lectures on the physiology of the brain and nervous system, reported in: *Ryans med. Surg. Journal 1*: 682 und 752.
– (1832): *The nervous system of the human body,* London 1830, 3. Aufl. Edinburgh 1844, deutsch Romberg, Berlin.

Berger, J. G. von (1702): *Physiologia medica sivede natura humana liber bipartitus*, Wittenberg.

Bernard, C. (1858): *Leçon sur la Physiologie et la Pathologie du Système Nerveux*, Paris.

Bichat, M. F. L. (1801): *Anatomie générale, appliquée à la physiologie et à la médicine*, Paris.

Boeke, J. (1913): Die Regenerationserscheinungen bei der Verheilung von motorischen und rezeptorischen Nervenfasern, in: *Pflügers Archiv für die gesamte Physiologie des Menschen und der Tiere 151*: 57-64.
– (1916): Studien zur Nervenregeneration I, in: *Verhandlung Kön. Akad. van Wetensch. te Amsterdam*, 2. Section Deel XVIII, 1916. II. ebenda, Deel XIX, 1917.
– (1927): Die morphologischen Grundlagen der sympathischen Innervation der quergestreiften Muskelfasern, in: *Zeitschrift für Mikroskopisch-Anatomische Forschung 8*: 561-639.

Borelli, G. A. (1680/81): *De motu animalum*, Rom.

Brazier, M. A. B. (1959): The historical development of neurophysiology, in: *Handbook of Physiology.* Neurophysiology edited by H.W. Magoun, Washington (Sect. 1, Vol. 1: 1-58).

Brock, L. G., J. S. Coombs und J. C. Eccles (1952): The recording of potentials from motoneurons with an intracellular electrode, in: *Journal of Physiology 117*: 431-460, London.

Brooks, V. B. und S. D. Stoney (1971): Motor mechanism: the role of the pyramid system in motor control, in: *Annual Reviews of Physiology 33*: 337-392.

Brown, A. G. (1981): *Organization in the spinal cord. The anatomy and physiology of identified neurons*. Berlin.

Brown, G. L. und W. Feldberg (1936): The acetylcholine metabolism of a sympathetic ganglion, in: *Journal of Physiology 89*: 265-283.

Crombie, A. C. (1971): Early concepts of the senses and the mind, in: *Perception: mechanism and models*, Recordings from Scientific american, Richard Held and Whitman Richards (Hrsg); San Francisco: p. 8-16.

Dale, H. H., W. Feldberg und M. Vogt (1936): Release of acetycholine at voluntary motor nerve buildings, in: *Journal of Physiology 86:* 353-380, London.

Deiters, O. (1865): *Untersuchungen über Gehirn und Rückenmark*, Braunschweig.

Descartes, R. (1662): *Tractatus de homine et de formatione foetus*. Mit Anmerkungen von Lud. de la Forge. Amsterdam. Eine französische Ausgabe erschien 1664 unter dem Titel *L'Homme.*

Du Bois-Reymond, E (1851): *Über thierische Bewegung*, Berlin.
– (1875-1877): *Gesammelte Abhandlungen zur allgemeinen Muskel- und Nervenphysik*, 2 Bde. Leipzig.

Eccles, J. C. (1964): *The Physiology of synapses*, Berlin-Heidelberg-New York.
– (1969): The inhibitory pathways of the central nervous system, *Sherrington Lectures 9*, Liverpool.

Ehrenberg, C. E. (1833): Notwendigkeit einer feineren mechanischen Zerlegung des Gehirns und der Nerven, in: *Annalen für Physik und Chemie 104*: 449.

Elze, C. (1921): Betrachtungen über Boekes «Studien zur Nervenregeneration». Zugleich eine Kritik des Bell-Magendieschen Gesetzes, in: *Die Naturwissenschaften 9*: 487-492.
– (1932): Centrales Nervensystem, in: H. Braus (Hrsg.) *Anatomie des Menschen*, Bd. 3, Berlin.

Fernel, Jean (1581): *Universa medicina*, Edit. IV. Frankfurt.

Flourens, P. (1824): *Recherches experimentales sur les propriétés et les functions du système nerveux dans les animaux vertébrés*. Paris.

Fontana, F. G. F. (1787): *Über das Viperngift*, Berlin.

Foster, M. und C. S. Sherrington (1897): *A textbook of Physiology*, Part III, The central nervous system (7th ed.), London.

Fournier, E., R. Katz und E. Pierrot-Deseilligny (1983): Descending control of reflex pathways in the production of voluntary isolated movements in man, in: *Brain Research* 288: 375-377.

Galen, (1538): *Opera Omnia*, Basel.

Galvani, A. (1791): *Abhandlungen über die Kräfte der Elektrizität bei Muskelbewegung*, Bologna.

Gerlach, J. V. (1872): The spinal cord, in: S. Stricker, *A manual of Histology* (Englische Übersetzung), London.

Gilbert, W. (1600): *De Magnete*, Magnetisque corporibus et de magno magnete tellure; Physiologica nova plurismis et argumentis et experimentis demonstrata, London.

Glisson, F. (1677): *Tractatus de ventricula et intestinis ani praemittitur de naturae liusque tribus facultatibus*, London.

Golgi, C. (1880): Sui nervi die tendini dell'uomo e di altri vertebrati e di un nouvo organo nervoso terminale musculo-tendineo, Nachdruck in: *Opera Omnia*, Vol. 1: 171-198, Mailand 1903.

Grinnell, A. O. (1977): Specifity of neurons and their interconnections, in: *Handbook of Physiology*, Section I: The Nervous System Vol.: 803-853. Bethesda.

Haller, A. v. (1753): *De partibus corporis humani sensibilibus et irritabilibus*, Vortrag vor der Königlichen Gesellschaft in Göttingen 1752, gedruckt Göttingen 1753.
– (1757-1765): *Elementa physiologiae corporis humani*, Lausanne.

Helmholtz, H. v. (1850): Messungen über den zeitlichen Verlauf der Zuckung animalischer Muskeln und die Fortpflanzungsgeschwindigkeit der Reizung in den Nerven, in: *Archiv für Anatomische Physiologie*: S. 277.

Hoffmann, F. (1746): *Fundamenta Physiologiae*, Halle.

Hoffmann, C. L. (1779): *Von der Empfindlichkeit und Reizbarkeit der Theile*, Münster.

Hucho, F. (1983): Neuroreceptoren, in: *Biologie in unserer Zeit 13*: 1-10.

Kölliker, A. (1862): Untersuchungen über die letzten Endigungen der Nerven, in: *Zeitschrift für wissenschaftliche Zoologie 12*: 149-164.

Kühne, W. (1859): Untersuchungen über die Bewegungen und Veränderungen der contractilen Substanz, in: *Archiv für Anatomie und Physiologie*: S. 564 ff.
– (1862): *Über die peripheren Endorgane der motorischen Nerven*, Leipzig.

Langley, J. N. und H. K. Anderson (1904): The union of different kinds of nerve fibres, in: *Journal of Physiology 31*: 365-391.

Magendie, F. (1822): Experiences sur les fonctions des racines des nerves rachidiens, in: *Journal de physiologie expérimentale et de pathologie générale 2*: 276, Paris.
– (1837): *Vorlesungen über die physikalischen Erscheinungen des Lebens*, Übersetzung von Baswitz. Köln.

Malpighi, M. (1665): *De Cerebri Structura*, Dissertatio, Genf.

Marchi, V. und C. Algeri (1885): Sulle degenerazioni discendenti consecutive a lessioni della corteccia cerebrale, in: *Rivista sperimentale di freniatria e medicina legale delle alienazioni mentali, Reggio-Emilia* 2: 492.

Mark, R. F. (1974): *Memory and Nerve Cell connections*, Oxford.

Matteucci, C. (1844): *Traité des phénomènes electro-physiologiques des animaux*, Paris.

Matthews, P. B. C. (1972): *Mammalian muscle receptors and their central actions*, London.

Müller, J. (1837-1844): *Handbuch der Physiologie des Menschen*, Bd. 1 [4](1841-1844), Bd. 2. [1](1837-1840). Koblenz.

Onanoff, J. (1890): Sur la nature des faisceux neuromusculaires, in: *Comptes rendues sur la Séance de la Société Bibliographique 42*: 432-433.

Palay, S. C. (1956): Synapses in the central nervous system, in: *Journal of Biophysical and Biochemical Cytology* 2: Suppl. 193-202.

Palay, S. and V. Chan-Palay (1977): General morphology of neurons and neuroglia, in: *Handbook of Physiology Section I: The Nervous System Vol. 1*: 5-37, Bethesda.

Pfaff, C. H. (1795): *Über thierische Elektrizität und Reizbarkeit*, Leipzig.

Popper, K. R., J. C. Eccles (1977): *The self and its brain*, (Springer international) Berlin-Heidelberg-London-New York.

Prochaska, G. (1779): *De Structura Nervosum. Tractatus anatomicus*. Wien.

Prochaska, J. (1780-1784): *De Structura Nervosum*. Prag.

Purkinje, J. E. (1837): Über die gangliöse Natur bestimmter Hirnteile, in: *Berichte der Versammlung deutscher Naturforscher und Ärzte*: S. 175. Prag.

Ramon y Cajal, J. (1891): Groonian Lecture. La fine structure des centres nerveux, in: *Proceedings of the Royal Society 55*: 444-468. London.

Rothschuh, K. E. (1952): *Entwicklungsgeschichte physiologischer Probleme in Tabellenform*, München-Berlin.
– (1953): *Geschichte der Physiologie*, Berlin-Heidelberg.
– (1969): *Physiologie im Werden*, Stuttgart.

Ruffini, A. (1893): Sur la terminaison nerveux dans les faisceux musculaires et leur signification physiologique, in: *Archives italiennes de biologie 18*: 106-114, Pisa.
– (1898): On the minute anatomy of the neuromusculare spindles of the cat, and on their physiological significance, in: *Journal of Physiology 23*: 190-208.

Schwann, Th. (1839): *Mikroskopische Untersuchungen über die Übereinstimmung in der Struktur und dem Wachstum der Thiere und Pflanzen*, Berlin.

Shepherd, G. M. (1972): The neuron doctrine: a revision of functional concepts, in: *Yale Journal of Biology and Medicine 45*: 584-599, New Haven/Conn.

Sherrington, C. S. (1894): On the anatomical constitution of nerves of skeletal muscles, with remarks on recurrent fibres in the ventral spinal nerve root, in: *Journal of Physiology 17*: 211-258.

Starck, D. (1982): *Vergleichende Anatomie der Wirbeltiere*, Bd. 3. Organe des aktiven Bewegungsapparates, der Koordination, der Umweltbeziehung des Stoffwechsels und der Fortpflanzung, Heidelberg-Berlin-New York.

Stein, R. B. (1974): Peripheral control of movement, in: *Physiological Reviews 54*: 215-243.

Szekely, G. und G. Czeh (1967): Localization of motoneurons in the limb moving spinal and segments of Amblystoma, in: *Acta Physiologica Academia de Scientia Hungarica 32*: 3-18.

Unzer, J. A. (1771): *Erste Gründe einer Physiologie der eigentlichen thierischen Natur thierischer Körper*, Leipzig.

Vallbo, Å. B., Hagbarth, K. E., Torebjörk, H. E. and Wallin, B. G. (1979): Somatosensory proprioceptive and sympathetic activity in human peripheral nerves, in: *Physiological Reviews 59*: 919-957.

Vesal, A. (1543): *De humani corporis fabrica*, Basel.

Volta, A. (1800): On electricity excited by the mere contract of conducting substances of different kinds, in: *Philosophical Transactions 90*: 403.

 Waller, A. V. (1850): Experiments on the section of the glossopharyngeal and hypoglossal nerves of the frog, and observations of the alterations produced thereby in the structure of their primitive fibres, in: *Philosophical Transactions 140*: 432.

Weiss, P. (1950): Experimental analysis of coordination by the disarrangement of central-peripheral relations, in: *Symposium of the Society of Experimental Biology 4*: 92-111.

Willis, T. (1664): *Cerebri anatome: cui accessit nervosum descriptio et usus.* (De systemate nervoso in genere), London.
– (1672): *De anima brutorum de Scientia seu cognitione brutorum*, London.

Ziehen, T. (1891): *Leitfaden der physiologischen Psychologie*, Jena.

HANS-JÜRGEN SCHEURLE

Der Bewegungssinn und das Problem der motorischen Nerven

1. Gesichtspunkte zu den motorischen und sensitiven Nerven bei Rudolf Steiner

Es gibt nur eine einzige authentische schriftliche Äußerung über sensitive und motorische Nerven von Steiner selbst. Sie findet sich in der 6. «skizzenhaften Erweiterung» seines Buches *Von Seelenrätseln* (abgedruckt auch im dokumentarischen Anhangsband). Im übrigen existieren über dieses Thema nur mehr oder weniger genaue Nachschriften seiner Vorträge. Systematische Ausführungen zum Problem der sensitiven und motorischen Nerven finden sich weder in den schriftlichen noch in den mündlichen Äußerungen Rudolf Steiners. Vielmehr klingt dieses Thema durchweg skizzenhaft im Rahmen übergreifender Gesichtspunkte an.

Es gibt dabei einige Schwerpunkte, auf die Rudolf Steiner immer wieder zurückkommt. Ein wesentlicher Gesichtspunkt ist von 1917 an mit der Idee der Dreigliederung des menschlichen Organismus gegeben. Diese anthroposophische Grundkonzeption gibt den Zusammenhang der geistig-seelischen Vorgänge mit den organisch-leiblichen Prozessen im Menschen wieder. Sie führt zu einer besonderen Interpretation des Nervensystems, die auch für die Deutung der motorischen und sensitiven Nerven ausschlaggebend ist. Die funktionelle Gliederung der menschlichen Organisation in drei Bereiche zeigt eine Polarität zwischen dem aufbauenden System des Stoffwechsels und der Bewegung, dem «Stoffwechsel-Gliedmaßen-System», und dem hemmenden oder abbauenden «Nerven-Sinnes-System». Dazwischen steht als vermittelnder Funktionsbereich das «Rhythmische System» (vor allem repräsentiert durch Kreislauf und Atmung). In diesem Zusammenhang hat Steiner immer wieder die funktionelle Natur dieser Systeme betont, deren Glieder sich zwar in den genannten Organsystemen besonders ausprägen, darüber hinaus aber alle Organe durchdringen. So finden sich z.B. im Nerven selbst wiederum «Nervenprozesse», «rhythmische Prozesse» und «Stoffwechselprozesse».

Während der Aufbau dem vegetativen Leben angehört, ist der durch das Nervensystem vorwiegend bewirkte Abbau die Bedingung für die Entfaltung des bewußten Seelenlebens. Damit erhält das Nervensystem seine Bestimmung und Deutung aus dem übergeordneten Ganzen.

Sowohl sensitiver wie motorischer Nerv haben Bewußtseins- oder Wahrnehmungsfunktion. Dabei ist allerdings zu berücksichtigen, daß diese Funktion nach Steiner bereits eine Sekundärentwicklung und Metamorphose der ursprünglicheren und umfassenderen Nervenfunktion als Träger des Form- oder Gestaltprinzips im Organismus darstellt (Steiner GA 314, 9.10.1920).

Der Polarität von Aufbau und Abbau entsprechen die organismischen Funktionen des Wollens und Vorstellens. Im Zusammenhang mit der Motorik versteht Steiner unter «Wollen» das Vermögen, z.B. bewußt vorgenommene Bewegungen auch real auszuführen, nicht aber das bloße Beabsichtigen von Bewegungen. Das Wollen ist stets mit Aufbauvorgängen im Organismus, mit Tun und Erwerben von Fähigkeiten verbunden. Vorstellen und Erkennen dagegen setzen schon etwas voraus, was als Geschehen erkannt worden ist. Indem wir uns dessen bewußt werden, halten wir die Lebensvorgänge gleichsam an. Organisch entsteht Ruhe, Hemmung von Bewegung, Abbau von Lebenssubstanz.

So wie das Willensleben aufbauend ist und sich unmittelbar mit den Stoffwechselfunktionen, z.B. bei der Muskelbewegung, verbindet, entfaltet sich das Gefühlsleben auch unmittelbar auf den Schwingungen des Rhythmischen Systems. Dieses vermittelt zwischen «oberen» und «unteren» Kräften. Nach Steiner bedarf es zu seiner Entstehung gleichfalls nicht des Nervs. Nur insofern Wille und Gefühl in unserem Wachbewußtsein auftreten, wäre nach Steiner hier von Nervenfunktion zu sprechen. Aber auch hier darf nun nicht das Mißverständnis auftreten, als wären Erkennen und Vorstellen lokal im Nervensystem enthalten; vielmehr bietet der Nerv, eben durch seine abbauende Funktion, nur die Grundlage, daß Vorstellung möglich wird: «Aber mit dem eigentlichen Erkennen hat das Nervensystem überhaupt nichts zu tun, sondern nur mit dem Ausdruck des Erkennens im physischen Organismus» (GA 293, 22.8.1919) Hierfür verwendet Steiner den Begriff der «Spiegelungsfunktion» des Nervensystems. Ein Spiegel ist die Bedingung für das Auftreten von Spiegelbildern, bestimmt aber nicht das Wesen des Gespiegelten (siehe «Die psychologischen Grundlagen und die erkenntnistheoretische Stellung der Anthroposophie», in: GA 35).

Die ersten Äußerungen Steiners über das Problem der motorischen und sensiblen Nerven liegen aus dem Jahre 1910 vor. In der gleichen Zeit und zum Teil im Zusammenhang damit stehen erste Ausführungen über die Sinneslehre (siehe GA 115).

Obwohl in den meisten Vorträgen von einer Wahrnehmungsfunktion der motorischen Nerven gesprochen wird, wird diese – absichtlich oder zufällig – an keiner Stelle als Sinnesfunktion bezeichnet oder einem bestimmten Sinnesgebiet, etwa dem des «Eigenbewegungssinns» zugeordnet. Die Unterscheidungen Steiners sind hier besonders subtil. So beziehen sich seine Ausführungen über die Sinneslehre auf die Wahrnehmung der «äußeren» oder physischen Welt. Dies gilt auch für den Eigenbewegungssinn. Dieser Sinn nimmt das äußere Ergebnis der Eigenbewegung wahr, wie auch die übrigen Sinne die Wahrnehmung einer gegebenen Welt vermitteln. Dagegen ermöglicht der motorische Nerv, soweit sich dies aus einem Überblick über die Gesamtheit der Andeutungen Steiners sagen läßt, die innere Wahrnehmung der «Bewegung», des «Wollens» und des damit verbundenen «Stoffwechselgeschehens», also von Wirkendem, von Tätigkeiten und Prozessen. Indem der motorische Nerv dazu da ist, «daß die Bewegung nicht unbewußt ausgeführt wird», ist hier wie an anderen Stellen zwar nicht der Ausdruck Eigenbewegungssinn oder Sinnesorgan für die Bewegung gebraucht worden. Aber es heißt, der motorische Nerv «sei dazu bestimmt, die Bewegung der Hand wahrzunehmen» (GA 172, 6.11.1916). «Da wird Bewegung ..., was erst wahrgenommen werden kann durch die motorischen Nerven» (GA 170, 5.8.1916). Die motorischen Nerven «dienen dazu, den Vorgang, der durch den Willen ausgelöst wird, wahrzunehmen. Also, wenn ich eine Hand bewege, so muß ich, damit ich mein volles Bewußtsein habe, die Handbewegung wahrnehmen. Es handelt sich nur um einen inneren sensitiven Nerv, der die Handbewegung wahrnimmt» (GA 170, 5.8.1916).

Und schließlich: «Die sogenannten motorischen Nerven sind nur dazu da, daß wir innerlich unsere Bewegung wahrnehmen, das heißt, daß wir sensitiv sind mit Bezug auf das, was wir selbst als Menschen tun. Geradeso wie der Mensch mit dem sensitiven Augennerv die Farbe sich vermittelt, so vermittelt er sich die eigene Beinbewegung durch die ‹motorischen› Nerven, die nicht da sind, um das Bein in Bewegung zu setzen, sondern um wahrzunehmen, daß die Bewegung des Beines ausgeführt wurde» (GA 192, 9.6.1919). Es muß hier offenbleiben, ob die Bewegungswahrnehmung und die durch den motorischen Nerv vermittelte Wahrnehmung nicht überhaupt gleichzusetzen sind, zumal sensitiver und motorischer Nerv in bezug auf ihre allgemeine Wahrnehmungsfunktion nach einem Ausdruck Steiners «wesensgleich» sind.

Bis 1923 läßt sich das Thema der motorischen und sensiblen Nerven durchgängig verfolgen, wobei vor allem die Zeit um 1919 und 1920, in der Steiner sich intensiv mit der sozialen Problematik befaßt, besonders zahlreiche Ausführungen enthält.

Wesentliche Gründe für die Bekämpfung der Theorie der motorischen Nerven dürften für Steiner gewisse Lehren der zeitgenössischen Psychologie gewesen sein, welche das Seelische auf das Empfindungs- und Vorstellungsleben reduzierten (z.B. Theodor Ziehen; siehe Steiner GA 21). Dagegen blieb das Willens- und Bewegungsleben, das ein selbständiges, aber zum Vorstellen polares Seelenvermögen darstellt, weitgehend außerhalb der damaligen psychologischen Betrachtung. Die Spuren dieser Überbewertung des Kognitiven gegenüber dem Volitiven lassen sich bis in unsere heutige Psychologie verfolgen. Die Bedeutung der Dreigliederung für das Menschenbild wird verdunkelt, wenn das gesamte Seelische, das in der Dreiheit von Denken, Fühlen und Wollen lebt, ins Gehirn verlegt wird. Aus diesem umfassenden Zusammenhang sind die manchmal schroffen und pointierten Äußerungen Steiners in seinen Vorträgen zu verstehen, die sich bis hin zu physiologischen Einzelfragen, wie z.B. der Nervenleitgeschwindigkeit erstrecken (GA 201, 25.4.1920).

Neben der Gefahr, die Bedeutung des Menschen in seiner leiblichen Existenz zu verkennen, sah Steiner auch die einer Verfälschung der sozialen Begriffe als Auswirkung der Theorie von den motorischen Nerven gegeben. So könne der Begriff «Arbeit» solange nicht richtig verstanden werden, wie die menschliche Tätigkeit als von den motorischen Nerven veranlaßt und der Wille als vom Gehirn ausgehend angenommen würden. Dem Bild von einer mechanistischen Nervenleitung des Willens steht an dieser Stelle der Begriff eines «unmittelbaren» Zusammenseins mit der Außenwelt» (GA 192, 8.6.1919) gegenüber.

Der Wille ist eins mit den Stoffwechselvorgängen, wie sie z.B. die Muskelbewegung begleiten. Der Wille wird als solcher nicht fortgeleitet, sondern greift unmittelbar im aktivierten Organ ein, ist der Welt zugehörig. Hierauf kommen wir weiter unten zurück.

Neben den Hauptgesichtspunkten des dreigliedrigen Menschenverständnisses, des «ganzen Menschen» und des «Sozialen» muß noch als weiterer Gesichtspunkt die «moralische Verantwortung» des Menschen gegenüber der Welt erwähnt werden. Diese erleidet durch die lokalisierende Nerventheorie eine Einbuße. Wenn Bewußtsein, Gefühl und Wille ins Gehirn verlagert werden, wird die Seele zum isolierten Subjekt, d.h. aber, sie wird abgewertet. Alle Verbindung zur Welt geht dann nur mittelbar über die zentralen Nervenfäden, in deren Zentrum das Subjekt gedacht wird, dessen Beziehung zur Welt dünn und fragwürdig geworden ist. Anders ist es mit der «moralischen Verantwortung», wenn der tätige Mensch in den Willens- und Bewegungsvorgängen mit der Außenwelt eine unmittelbare Einheit bildet. Denn «alles Moralische beruht auf einem Verhältnis des Gesamtmenschen zur Außenwelt» (GA 170, 5.8.1916).

In den Äußerungen über motorische und sensitive Nerven sind viele Einzelheiten, wie z.B. die Frage der Tabes, nur kurz angesprochen und erhalten keine abschließende Deutung. Diese hat Steiner der medizinischen Forschung überlassen. Es lag ihm dabei fern, gegen die faktischen Ergebnisse dieser Forschung zu polemisieren. Vielmehr betonte er wiederholt, seine Auffassungen über die Nervenfunktion stünden im vollen Einklang mit den damals bekannten naturwissenschaftlichen Tatsachen. Gerade im Zusammenhang mit dem Problem der motorischen und sensorischen Nerven forderte er ein gründliches Studium der internationalen wissenschaftlichen Originalliteratur – nicht der Lehrbuchmeinungen – und daran anknüpfend die Planung neuer Forschungsaufgaben in eigenen Forschungsinstituten (GA 201, 25.4.1920).

Auf dem Gebiet der Medizin sah Rudolf Steiner eine besondere Aufgabe der anthroposophischen Geisteswissenschaft darin, die Art des Fragens in neue Bahnen zu lenken und Richtlinien für die empirische Forschung zu geben. Über das Verhältnis der geisteswissenschaftlichen zur empirisch-medizinischen Forschung äußerte er im Jahre 1922: «Und wenn sich eine, um diesen Goetheschen Ausdruck zu gebrauchen, geistgemäße Betrachtungsweise über den Menschen, über seine Gesundheit und Krankheit heute irgendwie betätigen will, so darf sie nicht *gegen* die naturwissenschaftliche Forschung, sondern allein *mit* naturwissenschaftlicher Forschung sich betätigen... Wenn jemand etwa glauben wollte: Nun, es ist unsinnig, sinnenfällige Empirie in der Physiologie, der Biologie zu treiben, wozu braucht man die spezielle Fachwissenschaft, man entwickelt sich geistige Fähigkeiten, schaut in die geistige Welt hinein, kommt dann zu einer Anschauung über den Menschen, über den gesunden, über den kranken Menschen, und kann gewissermaßen eine geistige Medizin begründen, – so wäre das ein großer Irrtum. Es tun ja das manche auch, aber es kommt nichts dabei heraus. Höchstens das, daß sie wacker schimpfen auf die empirische Medizin, aber sie schimpfen eben dann über etwas, das sie nicht kennen. Also darum kann es sich nicht handeln, daß wir etwa einen Strich machen gegenüber der gewöhnlichen sinnenfälligen empirischen Wissenschaft und aus geistigen Wolkenkuckucksheimen herunter eine Geisteswissenschaft begründen. So ist es gar nicht gegenüber den empirischen Wissenschaften... Sie können z.B., wenn Sie geisteswissenschaftlich forschen, nicht etwa auf dasselbe kommen, was Sie mit dem Mikroskop erforschen. Sie können ruhig jemanden, der Ihnen den Glauben beibringen will, daß er aus der Geisteswissenschaft heraus dasselbe finden kann, was man unter dem Mikroskop findet, als einen Scharlatan auffassen. Das ist nicht so. Dasjenige, was empirische Forschung im heutigen Sinne gibt, besteht. Und um die Wissenschaft auch im Sinne geisteswissenschaftlicher Anthroposophie vollständig zu machen auf irgendeinem Gebiet, dazu ist nicht etwa ein Hinwegräumen des sinnenfällig Empirischen statthaft, sondern es ist durchaus ein Rechnen mit dieser sinnenfälligen Empirie notwendig. Nirgends wird derjenige, der, wenn ich mich dieses Ausdruckes bedienen darf, in anthroposophischer Geisteswissenschaft Fachmann ist, etwas anderes finden, als daß man dadurch, daß man Geisteswissenschaft treibt, erst recht sich im Sinne des sinnenfällig Empirischen mit den Erscheinungen der Welt befassen muß» (GA 314, 26.10.1922).

Während der rund 70 Jahre, die seit den Ausführungen Steiners über sensitive und motorische Nerven vergangen sind, hat die Forschung auf dem Gebiet des Nervensystems eine kaum mehr zu übersehende

Fülle neuer Tatsachen und bedeutsamer Befunde zu diesem Thema zutage gefördert. Die Aufarbeitung dieser Ergebnisse ist eine dringende Aufgabe, die den Rahmen dieser Darstellung bei weitem überschreiten würde. Nur eines sei hierzu noch bemerkt: Neben der Kenntnisnahme dieser Ergebnisse kommt es auch entscheidend darauf an, die in ihnen implizit enthaltenen Grundbegriffe und Hypothesen kritisch zu durchleuchten. Denn was gemeinhin als sogenannte objektive wissenschaftliche Tatsache gilt, ist bereits in kaum durchschaubarer Weise mit hypothetischen Vorstellungen durchsetzt. Diese stecken schon in der Fragestellung, in der Planung und Methodik von Versuchen, sie bestimmen die Deutung der Ergebnisse, ja, sie beeinflussen sogar den Beobachtungsvorgang selbst. Hinzu kommt, daß jeder experimentelle Eingriff in den lebenden Organismus diesen in unvorhersehbarer Weise verändern kann, so daß man Resultate erhält, deren Interpretation im Hinblick auf die ungestörte Funktion fragwürdig ist. Diesen Aspekt hat vor allem Viktor von Weizsäcker (1950) in seinem *Gestaltkreis* herausgearbeitet. Dies ist zu berücksichtigen, wenn man die Bedeutung physiologischer oder pathologischer Befunde für die Theorie der Nervenfunktion beurteilen will.

2. Zu den Befunden der Schädigung und der künstlichen Reizung

Werden bestimmte Nerven geschädigt, können einmal die Wahrnehmungen von Wärme, Schmerz, Tastempfindung und Lage gestört sein. Daraus läßt sich schließen, daß diese Nerven die genannten Sinnesempfindungen *ermöglichen* bzw. ihr Ausfall sie *verhindert*. Diese Nerven heißen sensible, sensitive oder sensorische Nerven. Werden andere Nerven geschädigt, kann z.B. die Wahrnehmung und Durchführung von Bewegungen gestört sein. Diese heißen dann motorische Nerven, da sie die Bewegung (Motorik) ermöglichen bzw. hemmen. Beide Nervengruppen, sensible und motorische haben gemeinsam, daß sie bestimmten Wahrnehmungsbereichen zugeordnet werden können. Sie gehören als spezifische Anteile zu den Sinnesorganen von Wärme, Schmerz- bzw. Behagensempfindung, Tastempfindung, Lage- bzw. Gleichgewichtserleben und schließlich, nämlich die motorischen Nerven, zum Sinnessystem der Bewegung hinzu. Da ihr Ausfall die entsprechenden Sinnesleistungen bzw. Bewegungsfunktionen verhindert oder zumindest verändert, sind sie als notwendige Glieder des betreffenden Funktionskreises zu betrachten: ohne intakte Nervenfunktion keine normale Wahrnehmung und Bewegung.

Die *künstliche Reizung* der genannten beiden Nervengruppen bestätigt die Zuordnung zu den Sinnessystemen. Bei Druck auf einen Sinnesnerven beispielsweise können entsprechende Sinnesempfindungen, beim Sehnerv Licht-, beim Hörnerven Schallerscheinungen, beim Wärmenerven Hitzeempfindungen usw. entstehen. Durch die künstliche, z.B. die elektrische Reizung von Nerven wird das Sinnessystem soweit aktiviert, daß etwas von der ihm innewohnenden qualitativen Eigenart frei wird und bewußt werden kann. – Ähnlich wirkt sich die künstliche Reizung der sogenannten motorischen Nerven im Funktionsbereich der Bewegung aus. Es entstehen dabei entweder eine Bewegung des Muskels oder zumindest eine Änderung seines Bewegungsverhaltens. Das gesamte System der Bewegungsfunktion wird also wieder in ähnlicher Weise aktiviert wie bei den übrigen Sinnesorganen. Ein Unterschied ist dabei allerdings, daß die Bewegung nicht nur, wie die Wahrnehmung von Wärme, Schmerz, Druck usw., ein *inneres Erlebnis*, sondern zugleich ein äußerlich beobachtbares Phänomen ist, das z.B. auch gemessen werden kann. Diese äußere Veränderung des Bewegungsorgans ist, und darin liegt eine Besonderheit dieses Sinnesbereichs, zugleich die Voraussetzung für eine Bewegungs*empfindung*. Nur indem man sich bewegt, kann man auch Bewegung wahrnehmen.

Damit offenbart sich zwar keine Identität, aber eine gewisse Verwandtschaft der Nervenreizung mit der natürlichen Wahrnehmung, bei der die Sinnessysteme gleichfalls aktiviert werden und nur in diesem aktiven Zustand auch die Empfindung der spezifischen Qualität in der Außenwelt ermöglichen. – Nicht prinzipiell, sondern nur graduell anders als bei den übrigen Sinnen verhält es sich also beim Bewegungssystem. Die Wahrnehmung von Bewegungen in der Außenwelt erfordert eine Mitbewegung. Beispielsweise geht beim Sehen von bewegten Objekten, wie z.B. bei der Beobachtung eines Schmetterlings, das Auge, welches dem bewegten Wesen folgt, aktiv mit.

Die auftretende Bewegung beim künstlichen Reizversuch legt also auch hier die Empfindung einer spezifisch erlebbaren Qualität offen. Bewegungswahrnehmung und Wärme- oder Druckwahrnehmung unterscheiden sich damit nicht grundsätzlich, sondern nur der Art oder Modalität nach (Scheurle 1984).

Neben der Schädigung und der künstlichen Reizung lassen sich die beiden Nervengruppen auch noch durch eine weitere Methode untersuchen, nämlich die Richtung der sogenannten Nervenleitung. Die sensiblen Nerven leiten die elektrische Erregung bei der künstlichen oder natürlichen Aktivierung zum Zentralnervensystem hin und heißen daher auch *afferente* Nerven. Die motorischen Nerven dagegen leiten die Erregung vom Zentralnervensystem fort und werden deshalb auch *efferente* Nerven genannt. Diese Tatsache ergibt sich aus dem anatomischen Bau der Nervenzellen und ihrer Verbindungen, der sogenannten Synapsen, welche die Erregung nur in der jeweiligen Hauptrichtung im Sinne einer Einbahnstraße weiterleiten. Die Befunde der «afferenten» und «efferenten» Nervenleitung sind allerdings nicht mit den Begriffen «sensibel» und «motorisch» gleichzusetzen oder in sie überzuführen. Denn beide gehören ganz unterschiedlichen Beobachtungs- und Begriffsebenen an. Die sogenannte Nervenleitung ist zunächst ein rein physiologisches Phänomen, sie ist eine *Bedingung* der Wahrnehmung, aber keine *Leistung* der Wahrnehmung. Man kann mit Viktor von Weizsäcker die Empfindung und Beabsichtigung von Wahrnehmungen, etwa der Bewegung und des Tastens, als Sinnes*leistungen* verstehen, die dem seelischen Erleben des Menschen zugehören. Auch wenn man die biologische Seite dieser Leistungen einbezieht, behalten sie immer noch einen qualitativen Charakter; Wärme und Schmerz z.B. beinhalten unterschiedliche Sinnesleistungen sowohl für die biologische als auch für die psychologische Ebene. – Dagegen ist die elektrische Nervenerregung, gleichgültig in welcher Richtung sie fortgeleitet wird, im übrigen qualitätslos. Ob durch sie eine Fortleitung von Erlebnissen oder Willensimpulsen als nervale Informationen möglich wäre – was zu verneinen ist (vgl. Scheurle 1984) – wird auf der physiologischen Ebene gar nicht weiter untersucht. Daher ist es methodisch nicht möglich, über eine denkbare Verknüpfung dieser Befunde mit den Sinnesqualitäten und Sinnesleistungen gültige Aussagen zu machen, die über die Tatsachen der Ermöglichung bzw. Hemmung hinausgehen. *Leitungs*prinzip und *Leistungs*prinzip sind, nach Viktor von Weizsäcker, grundsätzlich zu unterscheiden.

 In Würdigung dieser Befunde kann den sensitiven Nerven mit Sicherheit nur die Eigenschaft zugesprochen werden, an der biologischen Leistung der Wahrnehmung *beteiligt* zu sein. Sie stellen ein notwendiges Glied im Funktionskreis der jeweiligen Sinne dar. Dagegen finden sich keine Befunde, welche zwingend die Annahme nahelegten, die Empfindung würde durch den Nerven wahrgenommen oder durch ihn (afferent) zum Gehirn fortgeleitet. Erst durch diese Annahme entsteht jedoch das im folgenden zu schildernde psychophysische Problem.

Entsprechend können die motorischen Nerven gleichfalls nur als notwendige Glieder im Funktionskreis der Bewegung und somit auch der Bewegungswahrnehmung verstanden werden. Man kann aber eben nicht mit derselben Sicherheit behaupten, daß sie den Willen vom Gehirn zu den Gliedern leiten würden. Denn es gibt kein naturwissenschaftliches oder physikalisches Korrelat für den Willen im Gehirn oder für seine Fortleitung z.B. durch die efferenten Nervenströme. Der Frage, was diese physikalisch-physiologischen Befunde zu bedeuten haben und wie eng ihr Zusammenhang mit den Phänomenen der bewußten Wahrnehmung ist, soll weiter unten nachgegangen werden. Zuvor ist jedoch das Problem zu verdeutlichen, das der traditionellen, cartesischen Interpretation von Nervenfunktionen zugrunde liegt.

3. Das Problem

Motorische und sensitive Nerven können, wie das Nervensystem überhaupt, lebendige Funktionen und Leistungen ermöglichen oder verhindern, fördern und hemmen. Naturwissenschaftliche Forschung untersucht immer nur die Grenzen dieser Förderung oder Hemmung. Sie schafft gleichsam den Rahmen, in dem sich lebendige und psychische Leistungen abspielen; indem sie deren Grenzen im Organischen exakt bestimmt, kann sie mit Maß, Zahl und Gewicht arbeiten. Das Lebendige, Beseelte jedoch, was sich *innerhalb* dieses Rahmens bewegt, verhält sich nicht im naturwissenschaftlichen Sinne exakt und kann daher auch durch messende Methoden nicht adäquat erfaßt werden.

Sinnesleistungen wie Wollen und Bewegen (Motorik), Empfinden und Erleben (Sensorik) sind eben solche lebendige und dazu noch psychische Leistungen, die sich innerhalb der untersuchten Grenzen abspielen. Sie können daher nicht mit den naturwissenschaftlichen Grenzbegriffen erfaßt werden. Umgekehrt ist es aber auch nicht möglich, exakte Aussagen über naturwissenschaftliche Befunde mit Hilfe von psychischen oder lebendigen Begriffen zu machen.

Darin liegt das Grundproblem der sogenannten sensiblen und motorischen Nerven. Untersucht man diese nämlich genauer, ergibt sich immer eine Überlagerung dieser beiden Leistungen: Die Intention der Bewegung läßt sich nicht von der Empfindung, aber auch die Empfindung nicht von der Bewegung exakt trennen. Bewegung und Empfindung, Motorik und Sensibilität, sind Eigenschaften des ganzen Organismus, die ihn an jeder Stelle durchziehen. Der Versuch, diese Funktionen exakt zu zerteilen und bestimmten Teilbereichen des Organismus bzw. Nervensystems zuzuordnen, muß deshalb scheitern. Denn das Lebendige entzieht sich den exakten Wissenschaften. Das ist der Preis, den diese für ihre Beschränkung auf das Zähl- und Meßbare bezahlen müssen.

Um den Unterschied zwischen der exakt beschreibbaren Ermöglichung und Verhinderung von Funktionen einerseits und den lebendigen Leistungen des wahrnehmenden Menschen andererseits zu verdeutlichen, sei die Physiologie des Nervensystems hier mit dem Bild einer Schleuse verglichen: Die Öffnung der Schleusentore an einer gestuften Wasserstraße ermöglicht den Ein- oder Ausstrom von Wasser und damit Hebung oder Senkung eines darin befindlichen Schiffes. Es ist aber nicht das Öffnen der Tore, sondern erst das einströmende oder ausströmende Wasser, welches das Schiff hebt und senkt. Die Schleusen bewirken die Niveauänderung des Schiffes also nicht unmittelbar, sondern mittelbar. Zur exakten Niveauregulierung genügt zwar die Bedienung der Schleusentore, aber zum Verständnis der «lebendigen Funktion» der Schleuse gehört auch die Beobachtung des Wasserstroms. Denn ob das Wasser z.B. ein- oder ausströmt, kann nicht aus der Öffnung der Schleusentore, wohl aber aus der Beobachtung des Wasserstandes vorausgesagt werden. Was heißt das für unsere Fragestellung?

Die naturwissenschaftliche Untersuchung beschränkt sich auf den exakt beherrschbaren Teil, entsprechend der Handhabung und Beobachtung der Schleusentore. Dadurch ist sie in der Lage, über die Förderung oder Hemmung des Zustroms, damit also über *Ermöglichung* und *Verhinderung* der Leistung eine Aussage zu machen. Keine Wahrnehmung hat sie jedoch vom Wasserstrom selbst, der auf das Öffnen oder Schließen der Tore folgt. Diesen erschließt sie lediglich aus dem *Ergebnis* ihrer fördernden und hemmenden Tätigkeit. Die physiologische Forschung läßt sich hier mit der Tätigkeit von Schleusenwächtern vergleichen, welche zunächst lediglich durch das Öffnen und Schließen der Tore die Funktion ermöglichen und das Resultat erst dann wieder an der Höhenänderung des Schiffes ablesen. Dagegen kann man den Wasserstrom mit der eigentlichen lebendigen Sinnesleistung vergleichen, welche selbsttätig auf die genannte *Ermöglichung* folgt. Die Wahrnehmung und Bewegung erscheint wie ein eigener, lebendig-seelischer Strom, der als Erlebnis nicht auf die fördernde und hemmende Nervenfunktionsebene reduziert werden kann.

Hier endet jedoch der Vergleich. Ich möchte nur soweit gehen, die lebendige Leistung, bzw. das seelische Erleben mit dem eigenständigen Strömen des Wassers zu vergleichen, das durch exakte, formale Bedingungen bedingt ist, nicht aber über die Richtung des Stromes oder weitere inhaltliche Aspekte etwas sagen. Denn soweit physiologische Bestimmungen und Methoden gelten, können sie über das Seelische und Lebendige stets nur formale, aber keine inhaltliche Aussagen treffen.

Das Problem der motorischen und sensitiven Nerven ist damit auch ein *Benennungsproblem*. Es besteht zusammengefaßt darin, daß dadurch inhaltliche, lebendige Leistungen charakterisiert worden sind, während die Physiologie nur etwas über die formale Ermöglichung bzw. Hemmung von Sinnesfunktionen aussagen kann.

4. Bewegungssinn und Projektionstheorie

Jeder, der die Aufmerksamkeit auf seine willkürlichen Bewegungen richtet, kann bemerken, daß er sie bewußt durchführen und wieder unterbrechen (hemmen) kann. Nur so kann man Bewegung empfinden und erkennend wahrnehmen. Aufgrund dieser Fähigkeit lassen sich Bewegungsformen z.B. in künstlerischer oder handwerklicher Weise ausbilden und immer wieder kontrollieren. Die Mannigfaltigkeit der Bewegungsempfindungen und -arten läßt sich in einem Qualitätenkreis zusammenfassen, ähnlich wie die Farben in einem Farbkreis. Wir sprechen hier vom «Bewegungssinn» und seinen Qualitäten.

Bewegungsintentionen und Tätigkeiten vollziehen wir unmittelbar im Bewegungsraum unserer Gliedmaßen. Auch das qualitative Empfinden von Bewegungen findet im Raum statt, in dem sich das Ich selbst tätig erlebt bzw. sich in der Wahrnehmung äußerer Vorgänge mitbewegt. Die Aufmerksamkeit auf unsere motorischen Erfahrungen erschließt uns somit die qualitative Fülle dieses besonderen Wahrnehmungsbereichs. Sein Sinnesorgan ist der gesamte Bewegungsapparat unserer Muskeln, Sehnen, Gelenke, Bänder und Knochen sowie das damit funktionell verknüpfte Nervensystem. Wohlgemerkt finden unsere Bewegungswahrnehmungen als solche nicht im Nervensystem, sondern im phänomenalen Bewegungsraum statt.

Demgegenüber sind die Erfahrungen des motorischen Wollens und Empfindens von der traditionellen Physiologie ins Gehirn projiziert worden. Von dort sollten die im Raum vollzogenen Bewegungsintentionen ausgehen, hier sollten die in der Umwelt erlebten Bewegungsempfindungen entstehen. Obwohl uns die unmittelbare Erfahrung eines anderen belehrt, da wir Intentionen und Empfindungen in den Gliedmaßen vollziehen und erleben, hat die Physiologie diesbezüglich an eine Täuschung geglaubt. Die tatsächlichen Bewegungsempfindungen werden von ihr an einer Stelle, wo sie auftreten, geleugnet, an eine andere, wo wir nichts von ihnen erleben, theoretisch hinlokalisiert.

Die Theorie der motorischen und sensiblen Nerven ist eine Folge der genannten Projektionstheorie. Da die *Intentione*n tatsächlich in den Gliedmaßen wirksam sind, müssen sie nach der Theorie vom Gehirn wieder zurück in die Muskulatur geleitet werden. Das soll auf dem Weg der motorischen Nerven geschehen. Umgekehrt müssen die *Empfindunge*n laut Theorie von den Gliedmaßen zum Gehirn geleitet werden. Das soll durch die sensiblen Nerven geschehen. In der Folge ist ein kompliziertes Wechselspiel (feed back) von motorischen Effektoren und sensorischen Kontrollen zu beschreiben, da jeder Ausgang («output») wieder zentral «gemeldet» werden müßte («input»); dies aber wieder zu einem veränderten «output» und so vice versa führen müßte.

Dieses komplizierte System birgt u.a. das Problem in sich, daß die Zeit, welche zwischen den hin und her verlaufenden Nervenleitungen verstreichen müßte, nicht ausreicht, um die vielen schnellen und exakten körperlichen Reaktionen auf in der Umwelt plötzlich auftauchende Ereignisse zu erklären. Der Mensch vermag z.B. beim Blick auf schnell bewegte Gegenstände die Kohärenz (die Verbindung mit dem Gegenstand) zu wahren oder beim Tennisspiel so rasch zu reagieren, daß die Nervenleitgeschwindigkeit für die notwendigen feed-back-Vorgänge nicht ausreichen würde (vgl. z.B. Grube 1984).

Anders ist es, wenn der Bewegungswille und die Bewegungsempfindung unmittelbar im Raum stattfinden, wie es der phänomenalen Erfahrung entspricht. Das Bewußtsein unseres Handelns lebt im Raum, daher müssen auch keine Informationen vom Raum ins Gehirn geleitet werden, solange man den phänomenalen Tatbestand ernst nimmt. Dann muß allerdings die Nerventätigkeit eine andere Funktion als die der theoretisch angenommenen Willens- und Empfindungsleitung haben. Auch die Abbildung der Körperwahrnehmung in der motorischen und sensorischen Hirnrinde (sog. Homunkulus) muß dann nicht mehr bedeuten, daß dort auch die Vorstellungen und Empfindungen vom Körper auftreten. Es beinhaltet zunächst nur, daß diese Teile des Zentralnervensystems eine funktionelle Einheit mit der entsprechenden Muskulatur bilden. Es sagt aber noch nichts über das Gehirn als den «Ort des Bewußtseins» aus. Die zentralnervöse Abbildung oder Spiegelung der Körperregionen im Gehirn kann also notwendig sein, damit Bewußtsein entsteht, ohne daß es *dort* entsteht. Die physiologischen Befunde sind sehr wohl damit vereinbar, daß Empfinden und Wollen nur da auftreten, wo sie auch erlebt werden: im Bewegungsraum. Betrachten wir dazu als Beispiel die Intention, eine bestimmte Handbewegung, den Faustschluß zu vollziehen oder ihn zu unterdrücken. Ich entscheide mich gleichsam «in der Hand», ob ich sie zur Faust balle oder ruhig liegen lasse. Die Meinung, daß diese Entscheidung im Gehirn gefällt würde, ist phänomenologisch als eine Projektion aus dem Erlebensraum in das Zentralnervensystem zu sehen. Tatsache ist jedoch, daß ich mich erst selbsttätig im Raum erleben muß, z.B. im Ballen der Faust, bevor irgend eine Theorie darüber gebildet werden kann. Geht man vom Phänomen aus, kann man die Bewegungsempfindung und -intention nur in die peripheren Bewegungsorgane lokalisieren. Infolgedessen muß dann neu überlegt werden, was die physiologischen Befunde der Ermöglichung oder Verhinderung einer Leistung durch Nervenreizungen bzw. Nervenstörungen bedeuten können.

5. Vorschlag zu einer neuen Sichtweise der motorischen Nerven

Bisher hat man in den motorischen Nerven nur Impulsleitungen zu einer Aktivierung der Willkürmuskulatur sehen wollen. Man hat jedoch, soweit mir bekannt, nicht die umgekehrte Möglichkeit gesehen, daß sie nämlich auch der Aufhebung einer Hemmung dienen können. Grundsätzlich gibt es beide Möglichkeiten. Man kann einem Nervenvorgang per se nicht ansehen, ob er ein Organ unmittelbar oder durch Enthemmung aktiviert. Wenn es durch eine Enthemmung geschieht, muß ein vorangehender hemmender Vorgang nachgewiesen werden, der durch den Nervenimpuls aufgehoben wird. In diesem Falle hat das Nervensystem eine andere Bedeutung, als mit der Projektionstheorie angenommen worden ist. Das Zentralnervensystem ist dann nicht notwendig der Ort des Bewegungsprogramms, sondern kann als ein hierarchisch angeordnetes Hemmungssystem gesehen werden. Damit die verschiedenen Bewegungsfähigkeiten der Muskulatur einander nicht behindern, muß nämlich jede Fähigkeit über ein eigenes Enthemmungsorgan verfügen. So ließe sich dann erklären, warum 1. das Rückenmark und die Hirnnerven mit den reflektorischen Bewegungen, 2. die Hirnkerne, der Hirnstamm und das Kleinhirn mit der Bewegungskoordination, 3. der motorische Cortex schließlich mit den willkürlichen oder freien Bewegungen verknüpft ist: Sie enthemmen die entsprechenden Bewegungsfähigkeiten, diese werden damit «frei».– Im Falle der Reflexe werden die unbewußten Bewegungen einfach «ausgelöst», d.h. es kommt zu einer plötzlichen Muskelkontraktion wie z.B. beim Knie-Sehnenreflex. Im Anschluß daran setzt die Hemmung der Eigenbewegung wieder ein, d.h. der Muskel ruht. – Im Falle der bewußten oder freien Bewegung wird gleichfalls die Hemmung aufgehoben, aber zugleich damit werden auch die Bewegungsfähigkeiten untergeordneter Art wie die Reflexe oder die Gewohnheitsbewegungen unterdrückt. Dadurch wird die Muskulatur frei, dem sich im Raum auswirkenden Bewegungswillen des Ich zu folgen. Das geschieht auf dieser hierarchischen Stufe durch eine Nervenaktivität zwischen Hirnrinde und Muskulatur. Die zentralen Impulse (die hier gleichfalls als enthemmend gedeutet werden) sind zugleich «bahnend» sowohl für die Anspannung und Kontraktion als auch für die Erschlaffung oder Dilatation. Das im Bewegungsraum tätige Ich entscheidet frei über die Durchführung oder Unterlassung von Bewegungen, wobei enthemmende Prozesse untergeordneter nervaler Gebiete immer dann wieder einsetzen, wenn z.B. die Aufmerksamkeit des Ich erlahmt oder, wie beim Reflex, die veränderte Umweltsituation eine Reaktion wie z.B. beim Stolpern herausfordert.

Ein Vorteil dieser Sichtweise ist es, das Nervensystem auf die naturwissenschaftlich nachweisbaren Funktionen der Ermöglichung oder Verhinderung von Leistungen zu beschränken. Dennoch wird sich zeigen, wie hierdurch auch eine anthropologische (und anthroposophische) Charakterisierung der Nervenfunktion möglich wird, die vorher nur ansatzweise erkennbar gewesen ist. Ich meine die devitale, z.T. die übrigen Körperfunktionen ablähmende Wirkung des Seelischen, die auch mit der abbauenden Seite unseres Wachseins zu tun hat. Wenn im folgenden einige Gesichtspunkte thesenartig zu dieser neuen Sichtweise des Nervensystems ausgeführt werden, mögen diese vorerst als Hinweis verstanden werden. Zu einer detaillierteren Ausarbeitung, die zweifellos notwendig wäre, ist hier nicht der Ort. Es kann vorerst allein um die Frage gehen, welche Lösungsmöglichkeiten für die Phänomenologie der Bewegung bzw. für das von Steiner gezeichnete Problem der motorischen Nerven gesehen werden können .

6. Thesen zur Bewegungshierarchie des menschlichen Organismus

1. Die Bewegungsorganisation gliedert sich in die drei entwicklungsphysiologisch zusammenhängenden Bereiche der glatten Muskulatur, der Herzmuskulatur und der Skelettmuskulatur. Alle drei Muskelarten sind primär bewegter Natur und haben ihren Bewegungsursprung in sich. Ihre unterschiedliche Dynamik beruht auf unterschiedlichen Graden und Arten der Hemmung (oder «Ablähmung») ihrer Spontanbewegung. Je bewußter die Bewegung, um so größer ist auch der Einfluß und die Bedeutung der Hemmung bzw. Enthemmung.

2. Jeder Muskel verfügt ursprünglich über die Fähigkeit der Eigenbewegung, die willkürliche Skelettmuskulatur ebenso wie die glatte oder Eingeweidemuskulatur und die Herzmuskulatur.

3. Die glatte oder Eingeweidemuskulatur bewegt sich rhythmisch au-

tonom, auch wenn (im Experiment) keine Nerventätigkeit auf sie einwirkt. Zu ihren Gewebe-Eigenschaften gehört primär die Eigenbewegung dazu. Ihr Rhythmus von Kontraktion und Erschlaffung zeigt aber, daß auf jeden aktiven Prozeß ein gegenteiliger, die Aktivität hemmender Vorgang folgt. Die Hemmung der Eigenbewegung hat ihren Ursprung im Muskelgeschehen selbst, ebenso wie die Aktivität auch.

4. Das vegetative Nervensystem modifiziert den Eigenrhythmus der glatten Muskulatur durch die Verstärkung von Hemmung und Enthemmung ihrer Eigenaktivität. Der Sympathikusnerv vermindert so z.B. die Aktivität der Darmmuskulatur, der Parasympathikus steigert sie.

5. Die Herzmuskulatur besteht in ihrem Hauptanteil aus einer in ihrer Bewegung primär gehemmten sogenannten Arbeitsmuskulatur. Sie bewegt sich erst, wenn sie durch die autonomen Erregungen der sogenannten spezifischen Herzmuskulatur (Reizleitungssytem, «natürlicher Schrittmacher») enthemmt wird. Im Anschluß an die Herzaktion bewirken die muskeleigenen Hemmungsprozesse wieder den Ruhestand, bis die nächsten elektrischen Erregungen erneut ihre Eigenbewegung ermöglichen. – Im Unterschied zur glatten Muskulatur ist die regelmäßige Hemmung der Herzmuskulatur jedesmal vollständig.

6. Die Skelettmuskulatur ist, wie die glatte und die Herzmuskulatur, zur Eigenbewegung befähigt. Ihre Funktionsruhe beruht gleichfalls auf einer Hemmung dieser Eigenbewegung, die sich im Laufe der Embryonalentwicklung ausbildet. Gleichzeitig entwickeln sich in einer engen Funktionseinheit mit dem motorischen Nervensystem die späteren, differenzierteren Bewegungsfähigkeiten. In der Folge bleibt die Eigenbewegung der Skelettmuskulatur an die enthemmende Wirkung der motorischen Nervenimpulse gebunden. Die Nervenaktivität läßt die Eigenbewegung der Muskeln zu, während sie ohne Nervenaktion im Zustand der Hemmung oder Funktionsruhe verharren.

7. Die Ursache der Hemmung, die zur Erschlaffung des Muskels führt, liegt ebenso wie die der Anspannung im Muskel selbst. Unter Hemmung sind hier die muskeleigenen Prozesse zu subsummieren, die u.a. zum Aufbau einer Polarisation an der Zellmembran führen und mit der Ruhe bzw. Erschlaffung des Muskels einhergehen

(primäre oder myogene Hemmung). Bei der Bewegungsaktivität bricht die polare Spannung an der Muskelmembran in sich zusammen («Depolarisation»). Begleitend zur Bewegung fließen ausgleichend Ströme durch den Muskel (ablesbar am EMG), bis wieder erneut eine Polarisation aufgebaut wird und den Ruhezustand durch die primäre myogene Hemmung herbeiführt.

8. Die Ruhe der Skelettmuskulatur ist als ein gehemmter Eigenbewegungszustand, nicht aber als ein primär passiver Zustand zu beurteilen.

9. Die Lähmung eines Skelettmuskels durch Unterbrechung der motorischen Nervenleitung (Durchtrennung, Anaesthesie) hat ihren Grund darin, daß die primäre myogene Hemmung der Muskelbewegung nicht mehr aufgehoben werden kann.

10. Durch die Verbindung der Skelettmuskulatur mit den verschiedenen Bereichen des Zentralnervensystems entstehen unterschiedliche «Bewegungsorgane». Die Enthemmung dieser «Organe» ermöglicht folgende Bewegungsfähigkeiten:
a) die reflektorischen Bewegungsabläufe (durch Enthemmung ausgehend von Rückenmark und Hirnnerven),
b) die Gewohnheitsbewegungen und koordinierten Bewegungsabläufe (durch Enthemmung ausgehend vom sogenannten extrapyramidalen Bereich im Zusammenspiel mit dem motorischen Cortex) und
c) die freie Bewegung (durch Enthemmung ausgehend vom sogenannten motorischen Cortex im Zusammenspiel mit den vorgenannten zentralnervösen Gebieten).

11. Die Eigenbewegungen der Muskulatur werden durch die enthemmenden Nervenaktionen in hierarchischer Rangfolge ermöglicht. Die freie, bewußt gelenkte Bewegung steht an oberster Stelle. Wenn sie ermöglicht wird, bleiben zugleich alle untergeordneten Bewegungsfähigkeiten gehemmt und unwirksam.Unter ihr stehen die koordinierten Gewohnheitsbewegungen, welche in ihrem Verlauf zugleich die Reflexbewegungen hemmen. Auf unterster Stufe stehen die Reflexbewegungen, welche nur dann auftreten, wenn die höheren Nervengebiete nicht zugleich enthemmend wirken.

12. Die künstliche Reizung der peripheren motorischen Nerven simuliert die Enthemmung der Muskulatur durch das Rückenmark,

indem höhere Gebiete hierbei nicht (zumindest nicht unmittelbar) beteiligt sind. Daher tritt bei einer solchen Reizung eine Eigenbewegung auf der untersten Stufe unserer Bewegungsfähigkeiten auf. Die «Auslösung» einer Reflexbewegung bedeutet damit, daß die Hemmung der Muskulatur zugunsten einer einfachsten Eigenbewegung aufgehoben wird.

13. Die Wirkungen des Nervensystems auf die Bewegung beschränken sich auf ermöglichende (fördernde, enthemmende) und hemmende. Bei komplexen Bewegungen liegt ein vielfältiges Wechselspiel von aufeinanderfolgenden Hemmungs- und Ermöglichungsprozessen vor.

14. Reizversuche und spontanes Verhalten unterscheiden sich grundlegend. Die Wirkung von zentralnervöser Reizung bzw. Störung zeigt die Zuordnung von Zentralnervensystem und peripherer Funktion, nicht aber eine Steuerung der Peripherie durch das Gehirn:
a) Reizung der primären präzentralen Region führt zu zwanghaften Gelenkbewegungen. – Normalerweise bewegen wir uns aber nicht zwanghaft, sondern abgestuft, frei, dem jeweiligen Bewegungsziel gemäß.
b) Reizung der sekundären motorischen Gebiete in der Stirnregion führt zu ungewollten komplexen Bewegungsabläufen. – Normalerweise bewegen wir uns jedoch in umweltbezogenen Bewegungsabläufen nur dann so, wenn es sinnvoll ist. Das heißt, die Seele lebt in der Umwelt, der Leib fügt sich in diese durch die Bewegung ein.
c) Bestimmte Herderkrankungen im Thalamus führen zu Zwangslachen und Zwangsweinen. – Normalerweise lachen und weinen wir jedoch nicht rein zwanghaft, sondern nur in Übereinstimmung mit einer inneren und äußeren Situation, die den Grund zur Freude und Trauer mit sich führt. In der Teilnahme am anderen leben wir «außerhalb des Leibes», in einer Seelenwelt, die uns mit ihm gemeinsam ist. Die Enthemmung dieser Seelenregung durch eine zentrale Nervenfunktion ist plausibel, auch ohne darüber hinausgehend anzunehmen, daß ein Programm dafür im Gehirn liegen müsse.

7. Zusammenfassende Schlußbemerkung

Die Seele lebt durch den Bewegungssinn in der Umwelt. Die Muskulatur ist in ihrer Dynamik ein Ausdruck des Seelenlebens, das sich je nach der Umweltsituation und der «inneren Bewegung» des Empfindens und Wollens verwandelt. Das bewußte wie das unbewußte Seelenleben, wie es sich in der freien Bewegung, der Gewohnheitsbewegung und den Reflexen ausdrückt, lebt sich unmittelbar in der Muskulatur selbst aus. Bewegungsfähigkeiten sind daher nicht als zentral gesteuerte und programmierte, sondern als periphere Eigenschaften des Organismus zu sehen. Der Anteil des motorischen Nervensystems an der Bewegung beschränkt sich auf die Auflösung der Hemmung, welche vom Muskel selbst aufgebaut wird und seinen gewöhnlichen Ruhezustand bedingt. Die Funktion der motorischen Nerven besteht damit allein in der *Freiga*be der Bewegung auf den verschiedenen Ebenen der Bewegungshierarchie.

Wenn Steiner 1922 davon spricht, daß der Wille unmittelbar wirkt (GA 82, 11.4.1922), oder wenn er das Bild eines elastischen Balles gebraucht, der durch die Eigenelastizität seine ursprüngliche Gestalt wiederherstellt (GA 179, 2.12.1917) leugnet er nicht die bekannte Funktion der Nerven bei der Eigenbewegung, gibt ihnen aber eine umgekehrte Deutung. Diese bezweckt eben, dem Ich seine unmittelbare phänomenale Wirksamkeit im willentlichen Bewegen und Wahrnehmen zu belassen und sie nicht durch die künstliche Konstruktion einer in das Nervensystem projizierten Seele zu verfremden.

Literatur

Grube, J. (1984): Der Sehvorgang, in: *Beiträge zu einer Erweiterung der Heilkunst 37*, Heft 1: 1 – 5.

Scheurle, H. J. (1984): *Die Gesamtsinnesorganisation,* Stuttgart.

Schmidt, R. F. und G. Thews (1983): *Einführung in die Physiologie des Menschen,* Berlin.

Steiner, R., (GA 21): *Von Seelenrätseln* (1917), Dornach 1983.
- (GA 35): *Philosophie und Anthroposophie. Gesammelte Aufsätze 1904 – 1923,* Dornach 1984.
- (GA 82): *Die Bedeutung der Anthroposophie im Geistesleben der Gegenwart* (Sechs Vorträge, 7. – 12.4.1922), Dornach.
- (GA 115): *Anthroposophie – Psychosophie – Pneumatosophie* (Zwölf Vorträge, 23. – 27.10.1909, 1. – 4.11.1910, 12. – 16.12.1911), Dornach 1980.
- (GA 170): *Das Rätsel des Menschen* (Fünfzehn Vorträge, 29.7. – 3.9.1916), Dornach 1978.
- (GA 172): *Das Karma des Berufes des Menschen in Anknüpfung an Goethes Leben* (Zehn Vorträge, 4. – 27.11.1916), Dornach 1980.
- (GA 179): *Geschichtliche Notwendigkeit und Freiheit* (Acht Vorträge, 2. – 22.12.1917), Dornach 1977.
- (GA 192): *Geisteswissenschaftliche Behandlung sozialer und pädagogischer Fragen* (Siebzehn Vorträge, 21.4. – 28.9.1919), Dornach 1964.
- (GA 201): *Entsprechungen zwischen Mikrokosmos und Makrokosmos* (Sechzehn Vorträge, 9.4. – 16.5.1920), Dornach 1987.
- (GA 293): *Allgemeine Menschenkunde als Grundlage der Pädagogik* (Vierzehn Vorträge, 21.8. – 9.9.1919), Dornach 1980.
- (GA 314): *Physiologisch-Therapeutisches auf Grundlage der Geisteswissenschaft* (Zwölf Vorträge, 1920, 1922 – 1924), Dornach 1989.

Weizsäcker, V. von (1940): *Der Gestaltkreis,* 4. Aufl., Stuttgart 1950.

GERHARD GUTLAND

Zur Frage nach der Funktion der motorischen Nerven – Einige Aphorismen

1. Vorbemerkung

Das Funktionsverständnis der motorischen Nerven ist ein Schlüsselproblem auf dem Weg zum Verständnis der Dreigliederung des menschlichen Organismus. Dies liegt nicht in einer besonderen Funktion dieser Nerven begründet. Vielmehr stellt nach Rudolf Steiners Darstellung das heute allgemein verbreitete *Mißverständnis ihrer Funktion* ein massives Hindernis beim Erfassen der Dreigliederung dar.

Wir sollten die Bedeutung, die Widerstände und die Konsequenzen dieses Problems ebensowenig unterschätzen wie den Gewinn, wenn es einmal – allgemein anerkannt – überwunden sein wird. Dafür ist es notwendig, ernst zu nehmen und gründlich zu verstehen, was uns in diesem Mißverständnis eigentlich begegnet.

Die herkömmliche Auffassung des Begriffes «motorische Nerven» fügt funktional zusammen, was sich nach anthroposophischer Auffassung funktional gegenübersteht, nämlich «Nervenfunktion» und «Bewegung».

Während heute im allgemeinen davon ausgegangen wird, daß die Funktion der motorischen Nerven die Wirkursache der anatomisch zugeordneten muskulären Bewegung ist, hat Steiner immer wieder dargestellt, daß sie der *Wahrnehmung der Stoffwechselvorgänge* bei dieser Bewegung diene. Diese Wahrnehmungsfunktion ist für das Zustandekommen der natürlichen Bewegung eine *notwendige Bedingung* – nicht aber ihre Wirkursache. *Wirkursache* der Bewegung ist im Sinne Steiners der direkte Eingriff des Willens in den Stoffwechsel der Muskulatur. Die Unterscheidung zwischen Wirkursache und Wahrnehmungstätigkeit als zwei notwendige und doch gegensätzliche Bedingungen einer Bewegung physiologisch zu begründen, wird eine wesentliche Aufgabe für die Zukunft sein. Dabei ist es unumgänglich, wieder den Organismus als Ganzes, einschließlich seiner seelischen und geistigen Wirklichkeit in den Blickpunkt zu rücken.

Anthroposophisch betrachtet stellt sich also die Ursächlichkeit, die einer äußeren leiblichen Bewegung zugrundeliegt, wesentlich differenzierter und komplexer dar als dies heute gesehen wird.

Um in einen Dialog mit der modernen Neurophysiologie treten zu können, erscheint es notwendig, zunächst einmal ein detailliertes und umfangreiches Gesamtbild der diesbezüglichen Darstellungen Steiners zu gewinnen. Letztere sachgemäß aufeinander zu beziehen ist wegen der unterschiedlichen Gesichtspunkte, denen sie entstammen, nicht immer einfach. Diese Arbeit hilft aber, experimentelle Daten nicht vorschnell «anthroposophisch» deuten zu wollen.

Weiterhin erscheint uns wichtig, das Entstehen der heutigen Nervenfunktionsauffassung nachzuvollziehen. Verfolgen wir diese Entstehungsgeschichte, so gelangen wir letztlich zu bestimmten philosophischen Grundfragen. Diese sind für das Gesamtthema unumgänglich. Denn wir dürfen nicht übersehen, daß sich die Frage der Freiheits*fähigkeit* der physischen Menschenbewegung zuletzt daran entscheidet, was diese Bewegung verursachen kann. Und es bleibt abzuwarten, ob die *Physiologie* diese Frage überhaupt beantwortet.

Im folgenden soll nun der Extrakt einiger Gedanken dargestellt werden, die sich bei der Beschäftigung mit dem Thema ergaben und die erst auf dem Wege sind, obigem Ziel einmal entsprechen zu können. Wo ein Bezug zu Äußerungen Rudolf Steiners hergestellt wird, erfolgt der Quellennachweis durch Hinweis auf die Bibliographie-Nummer der Gesamtausgabe (GA) durch den Rudolf Steiner Verlag. Einige Zitate sind jedoch auch diesem Text in numerierter Folge angefügt, worauf sich dann die in eckige Klammern gesetzten arabischen Ziffern innerhalb des Textes beziehen.*

* Es darf an dieser Stelle noch erwähnt werden, daß der Verfasser dieses Beitrages Gelegenheit hatte, das Thema weitergehend zu vertiefen, und sich dabei insbesondere mit A. Bethe (*Die Plastizität des Nervensystems*), V. v. Weizsäcker (*Der Gestaltkreis*) sowie J. C. Eccles (*Das Ich und sein Gehirn*) auseinandersetzte (siehe Gutland 1987).

2. Historisches zur Bewegungsphilosophie

Die Nervendiskussion ist nur ein «Stein» aus dem historischen Gebäude der Kontroverse zwischen materialistischen und spirituellen Weltanschauungen. Hinter ihr steht die Frage nach dem Bewegungsprinzip als solchem.

Der Übergang von der mythologischen zu einer rein gedanklichen Betrachtung dieser Frage erscheint im 6. Jahrhundert vor Christus in den gegensätzlichen Anschauungen Heraklits (etwa 540-480 v. Chr.) und Parmenides' (etwa 540-470 v. Chr.) – wobei die Lebensdaten der Vorsokratiker hier nur approximativ wiedergegeben werden. Heraklit beschreibt als das der Welt zugrunde liegende Seinsprinzip das «Werden», welches als «Feuer» ein in ständigem Wirken begriffenes Entstehen und Vergehen an der Schwelle zur Gegenstandswelt darstellt. Dieses «Feuer» ist die Hülle des Logos, der lenkenden Weltenvernunft. Insofern ist alles, was ist, auch in Bewegung.

Parmenides läßt als wahre Erkenntnis nur die des reinen Seins gelten, im welchem kein Nicht-Sein in Form eines «So-seins» (jedes «Sosein» ist etwas anderes nicht) sein kann. Da Einzeldinge und Bewegung einen derartigen «So-seins»-Charakter haben, hält er sie für Trug. Für ihn gibt es in Wahrheit keine Bewegung. Das wahre Sein ist für ihn ungeworden, unveränderlich, unteilbar und unbeweglich.

Anaxagoras (etwa 500-428 v. Chr.), Empedokles (etwa 490-430 v. Chr.) und Leukipp (5. Jahrhundert) stellen als nachfolgende Generation besondere Bewegungsprinzipien dar, welche bestimmte Seins-Einheiten mit parmenideischem Charakter (ungeworden und in sich unbeweglich) ergreifen – quasi als erster Versuch, den Gegensatz zwischen Heraklit und Parmenides zu überwinden. Nach Anaxagoras bewegte bei der Weltenschöpfung der «*Nus*» die «Homöomerien», welche die Wesen sämtlicher Dinge darstellen, wobei in jedem äußeren Ding Homöomerien jeder Art sind, aber das besondere Mischungsverhältnis das äußere So-sein einer einzelnen Erscheinung ausmacht. Nach der anfänglichen Bewegungsimpulsierung hat sich der Geist (*Nus*) aus den Dingen zurückgezogen, und diese führen nur noch Folgebewegungen aus. Nach Empedokles bewirken *Liebe und Streit* (*Sphairos* und *Akosima*) die Mischung der Elemente Feuer, Luft, Wasser und Erde, wobei der Weltenzustand rhythmisch zwischen völlig harmonischer Trennung und chaotischer Durchmischung schwingt.

Nach Leukipp und dessen Schüler Demokrit sind die kleinsten Seinselemente die materiellen «Atome». Sie sind wieder parmenideisch ungeworden, in sich unbeweglich und unteilbar. Umgeben werden sie vom leeren Raum und bewegt von *mechanischer Gesetzmäßigkeit.* Durch diese Anschauung sind Leukipp und Demokrit anerkannterweise die Väter des Materialismus. Ihre Vorstellungen fanden als Krönung der starken materialistischen Entwicklung im 19. Jahrhundert eine kurze Renaissance am Anfang unseres Jahrhunderts, bis sie mit den ersten Kernspaltungen quasi zertrümmert und später durch die Quantentheorie und andere physikalische Anschauungen zurückgedrängt wurden. Aber auch schon bald nach ihrer Entstehung wurden sie philosophisch dadurch kritisiert, daß gezeigt wurde, wie sie eine Kardinalfrage nicht lösen konnten. Hatten nämlich noch Anaxagoras und Empedokles übersinnliche Bewegungsprinzipien angegeben, blieben Leukipp und Demokrit die Frage nach der Ursache oder dem Anfang der ersten Bewegung schuldig, da mechanische Bewegungen nur *Folgebewegungen* sind.

Diese Kritik erhob namentlich Aristoteles (384-322 v. Chr.). Er durchbrach den parmenideischen Bann der Unmöglichkeit der Vorstellung existentiellen Entstehens und Vergehens, welcher die Vorstellungen von Anaxagoras, Empedokles und Leukipp noch prägte, dadurch, daß er das Sein als das sich in den Erscheinungen verwirklichende Wesen beschrieb und neben der Form- und Zweckursache die Bewegung und den Stoff (Materie) als eigene Ursachen dieser Verwirklichung bestimmte. Dabei ist «Stoff» eine Möglichkeit, welche durch eine Bewegung in eine Form (Wirklichkeit) verwirklicht wird. Erst das Prinzip, in dem jede Möglichkeit zugleich Wirklichkeit ist, bedarf keiner solcher Verwirklichung und ist somit unbewegt. Dieses Prinzip ist rein wesenhafter Geist (Gott). Selber unbewegt, verursacht es aber dennoch die Entwicklung der äußeren Erscheinungswelt, und zwar in Form einer Ziel- oder Zweckursache – nämlich so, wie etwas «Begehrtes», «Geliebtes» oder «Gedachtes» anderes bewegt (Aristoteles, *Metaphysik XII*).

Bis zur reinen Form befinden sich Wesen auf unterschiedlichen Verwirklichungsstufen, wobei sie jeweils in einer Stofflichkeit wirken. Nur in der Anorganik ist die Form die mechanische Gesetzmäßigkeit. In der Organik ist das geformte Anorganische bereits wieder Stoff, in dem sich die «Entelechie» als eine übersinnliche Ganzheit von Form-,

Ziel- und Bewegungsursache des jeweiligen Organismus verwirklicht. Bei Tieren und Menschen wirken je höhere Entelechien.

Historisch hat sich über lange Zeit der Aristotelismus gegenüber Leukipps Auffassung durchgesetzt. Allerdings wurden seine Begriffe – namentlich der Begriff der Zielursache – zunehmend weniger verstanden, und es erfolgte keine eigentliche Weiterentwicklung auf naturwissenschaftlichem Gebiet.

Mit dem Aufschwung der rein sinnesgebundenen naturwissenschaftlichen Forschung ab dem 16. Jahrhundert wurde der Aristotelismus mit seiner differenzierten Ursachenlehre zunehmend wegen seiner entwicklungsgeschichtlichen Stagnation auf diesem Feld von der materialistischen Gesinnung verdrängt. Vor diesem Hintergrund entstand nun auch im Anfang des 19. Jahrhunderts die Auffassung der Bewegungsverursachung durch motorische Nerven im Sinne eines physikalischen Determinismus. Erst in der Anthroposophie erfuhr der Aristotelismus seine entscheidende naturwissenschaftliche Weiterentwicklung durch die konkrete geisteswissenschaftliche Erforschung der übersinnlichen Realitäten der bei Aristoteles noch rein philosophischen Begriffe, welche dadurch erweitert, korrigiert und präzisiert wurden. Bezüglich der Bewegung des Menschen geschah dies namentlich durch die Darstellung seiner Wesensglieder und der funktionellen Dreigliederung seiner organismischen Prozesse im Zusammenhang mit seinen Seelentätigkeiten. Rudolf Steiner konnte die Wirklichkeit des Hervorbringens von Bewegungsmotiven aus einer rein geistigen Tätigkeit des Menschen – also völlig unbeeinflußt von der physischen Leiblichkeit – beschreiben (siehe GA 4).

3. Historisches zu Befunden und Hypothesen

Die ersten spärlichen Sektionen mit wissenschaftlichen Fragestellungen wurden in Griechenland an Tieren durchgeführt. Dabei brauchte es einige Jahrhunderte, bis die Nerven in unserem heutigen Sinne anatomisch sicher identifiziert wurden. Ihre Funktion wurde zunächst mechanisch vorgestellt – ähnlich wie Seilzüge. Schon bald aber wurden sie als Röhren oder Kanäle beschrieben, in denen «Pneuma» oder «Spiritus» im Sinne eines beseelten luftförmigen Prinzips strömte. Diese Beschreibung muß uns heute in Anbetracht der geisteswissenschaftlichen Darstellungen erstaunen. Denn es liegt ihr sicher keine exakte sinnliche Beobachtung zugrunde, weil sie – sinnlich aufgefaßt – ganz einfach falsch wäre (auf diese Weise wurde die Spirituslehre eben letztlich auch verworfen, siehe unten). Andererseits deckt sie sich inhaltlich auffallend mit Rudolf Steiners Darstellungen über das Nervengeschehen als sinnlich-übersinnlichem Vorgang (vgl. GA 293, 28.8.1919, [1]).

Galen (129-201 n. Chr.) systematisierte später die bis zu seiner Zeit schon differenzierte Spirituslehre in einer Form, wie sie weit über 1000 Jahre gültig blieb. Descartes (1596-1650), als Exponent des anbrechenden materialistisch-naturwissenschaftlichen Zeitalters, führte das Denkmodell der menschlichen Bewegung als Maschinenbewegung in die Physiologie ein. Dabei war das Bedeutende seines Modells nicht der theoretische Inhalt (dieser wurde in kürzester Zeit widerlegt), sondern der mechanische Denkansatz, welcher von da an richtungsweisend war. Noch im 17. Jahrhundert wurde das Spiritusprinzip widerlegt, insofern «Spiritus» jetzt als rein materielles Gas aufgefaßt wurde. Man durchschnitt einfach einen Muskel unter Wasser und sah *kein* Gas aufsteigen. Im Rahmen der zunehmenden «Verdichtung» des angenommenen Ursacheprinzips (seelisch-gasförmig-flüssig, später elektrisch) folgte nun die Annahme eines Nervensaftes (*«succus nervosum»*). Doch wurde auch diese schnell widerlegt, als man zeigen konnte, daß ein sich kontrahierender Muskel (in den also zur Kontraktion Nervensaft einströmen sollte) nicht an Volumen zunimmt.

Der gravierende Einschnitt in die Geschichte der Ursachentheorien erfolgte dann durch die Entdeckung der tierischen Eigenelektrizität durch Galvani (1737-1798) am Ende des 18. Jahrhunderts.

In der Mitte des 19. Jahrhunderts führte namentlich Johannes Müller (1801-1858) die Lehre des Reflexmechanismus in die Physiologie ein, womit definitiv zwischen motorischen und sensiblen Nerven funktionell unterschieden wurde. Bis dahin hatte sich seit Herophilos (335-280 v. Chr.) diese Unterscheidung auf der Grundlage *anatomischer* Kriterien durch die Geschichte der Nervenlehre gezogen. Seit Beginn des 19. Jahrhunderts aber wurde durch funktionelle Experimente den Hinterwurzeln des Rückenmarks die Sensibilität, den Vorderwurzeln die Motorik zugeordnet (Bell-Magendiesches Gesetz). Damit zementierte Müller den physikalischen Determinismus der menschlichen Bewegung, führte aber gleichzeitig in seinem berühmten *Handbuch der*

Physiologie den Begriff der «Intention» des selbstbewußten menschlichen «Ich» im Sinne einer völlig undeterminierten, rein willkürlichen Bewegungsmöglichkeit in die Physiologie ein.

So trat in einer Persönlichkeit der Konflikt des deterministischen Weltbildes mit dem sicheren Bewußtsein eines den organismischen Vorgängen übergeordneten geistigen Prinzips auf hohem wissenschaftlichem Niveau auf. Jedoch hielt Müller die rein willkürliche Bewegung für wissenschaftlich nicht faßbar (s. dort S. 98). Er vermutete den Eingriff des Willens «durch Erregung einer Strömung oder einer Oscillation» in den Strukturen der Medulla oblongata.

140 Jahre nach Müller vertritt der wohl bekannteste Hirnphysiologe unserer Zeit, Sir John C. Eccles, ein analoges Denkmodell, nur in komplexerer Gestalt. Das selbstbewußte Ich wird bei ihm zum «selbstbewußten Geist», und anstatt in die Medulla oblongata sieht er ihn in «Liaison-Zentren» des Gehirns etwas weiter cranial eingreifen und von dort auch Rückwirkungen empfangen.

Eccles aber kommt zu dieser Annahme aus der Kenntnis der gesamten neuro-physiologischen Entwicklung seit Müller bis in die Gegenwart, innerhalb derer sich inzwischen experimentelle Hinweise auf die Realität intentionaler Bewegungen im Müllerschen Sinne ergaben. Sowohl Müller wie auch Eccles konnten das Grundproblem des Dualismus, wie es bereits kraß bei Descartes auftrat, nicht *physiologisch* lösen. Es handelt sich dabei jeweils um das vergebliche Bemühen, *naturwissenschaftlich* ein Bindeglied zwischen Körper und Geist zu finden, die man vorher *philosophisch* getrennt hat.

Im übrigen ist die Entwicklung seit Galvani besonders durch die Erforschung der elektrischen Phänomene und seit dem Beginn des 20. Jahrhunderts durch die Erforschung der biochemischen Phänomene der Nervenvorgänge gekennzeichnet. Aber auch funktionell wurde um die Jahrhundertwende und im Anfang des 20. Jahrhunderts viel experimentiert. Nach Müller bildeten sich bald Vorstellungen in Form völlig starrer Lokalisationsschemata von Zentren der impulsierenden Großhirnrinde. Eine Fülle von Experimenten, z.B. A. Bethes Ergebnisse über die «Plastizität des Nervensystems», brachten dann die strenge Zentrenlehre ins Wanken.

In seinem Manuskript über die «Grundfragen der Nervenphysiologie» (abgedruckt im dokumentarischen Anhangsband) gab Gerhard Kienle 1950 eine Übersicht über wichtige Experimente bis dahin. Man hat aus der starren Zentrenlehre heute eine kybernetisch-flexible gemacht. Aber immer noch bleiben wesentliche Fragen in der Theorie der Impulsierung durch die motorischen Nerven bis heute nicht beantwortet. Auf sie wies z. T. in den zwanziger Jahren P. Weiss hin, was von Kienle aufgegriffen wurde. Es bleibt nämlich rätselhaft, wodurch sich ein fortgeleitetes Nervenaktionspotential in Anbetracht der ungezählten neuronalen Verzweigungen, die es durchläuft, in der einen bestimmten Richtung vom Großhirn bis zum bestimmten Muskel gerichtet ausbreitet. Bei dieser Fragestellung führte Kienle Rudolf Steiners Darstellung über die motorische Nervenfunktion an. Und bei dieser Fragestellung führt u.a. Eccles seine Theorie des in einer «two-way communication» mit den neuronalen Vorgängen stehenden «selbstbewußten Geistes» ein (Eccles/Popper 1984, S.338). Eccles muß dies tun, nachdem seiner Auffassung nach Kornhuber den Nachweis freier, nicht-determinierter Willkürbewegungen erbracht hat (vgl. Eccles/Popper, Kapitel E3). Wenn nämlich physikalische Ursachenketten als Steuerprinzip nicht mehr in Frage kommen, ergibt sich zwingend die Notwendigkeit eines überphysikalischen Steuerprinzips, welches seine Intentionen auch in der Ausgestaltung wahrnehmen muß.

An dieser Stelle soll aber bereits betont werden, daß die Elektrophysiologie nicht dasjenige beschreibt, was Rudolf Steiner unter «wahrhaftiger Nerventätigkeit» versteht (vgl. GA 21, S. 157). Denn diese bringt er in strenge Beziehung zur «Vorstellungstätigkeit des gewöhnlichen Bewußtseins», wogegen man Aktionspotentiale auch ohne diese nachweisen kann. Das heißt, die elektrischen Nervenphänomene werden aus anthroposophischer Sicht in einem anderen Bedeutungszusammenhang gesucht werden müssen als dem, in dem sie nach herkömmlicher Auffassung stehen.

4. Zum Bewegungserlebnis

Im folgenden wird der Versuch unternommen, ein Bewegungserlebnis vom Standpunkt der Selbstbeobachtung aus zu beschreiben. Die Darstellung ist unbedingt als ein *Versuch* gemeint, in dem subjektiv bedingte Fehlurteile nicht sicher ausgeschlossen sind. Die Berechtigung dieses Versuches wird aber in der möglichen Anregung für jeden Leser gesehen, sich auch selber dem Thema über das reale Erlebnis zu nähern. Es bleibt dann dem einzelnen überlassen, sich den späteren Erörterungen auf der Grundlage des eigenen Erlebens zuzuwenden.

Wir stehen an einer «roten Ampel» und stellen uns vor: «Wenn sie auf grün springt, werde ich gehen.» Mit dieser bloßen Vorstellung eines Bewegungsmotivs kann man ja, auch wenn jener Fall eintritt, durchaus stehen bleiben. Sie ist abstrakt. In dem Falle, in dem wir diesen Vorstellungsinhalt auch verwirklichen, können wir noch vor dem Beginn des äußeren Bewegungserlebnisses bei einiger Selbstbeobachtung deutlich wahrnehmen, wie sich nach Bewußtwerden der Sinnesvorstellung «grüne Ampel» das Erleben jenes Bewegungsmotivs ändert. Es wird reicher, erhält eine Art «Fülle», verliert aber auch an Helligkeit im Bewußtsein. Dann erleben wir uns dumpf im Organismus wie «drängend», also eine Art elementaren Willenserlebnisses, ohne daß uns dafür ein genauerer Bewußtseinsinhalt deutlich wird. Deutlicher erscheint dann schon das Erlebnis der eigenen Schwere, der Trägheit, verbunden mit dem Beginn der empfundenen Selbstbewegung.

Schon mit der Trägheitsempfindung können beispielsweise Unlust*gefühle* erscheinen – diese setzen sich weiter fort, wandeln sich aber auch, indem zunehmend eine ganze Flut unterschiedlich bewußter Empfindungsinhalte (Tastempfindungen, Gleichgewichts-, Seh- unter Umständen auch Schallwahrnehmungen etc.) das Bewußtsein erfüllen. Am wachsten sind dabei jene des Sehsinnes, welche das Bewegungsgeschehen in seinem äußeren Umfeld jetzt mit wahrnehmen.

Konzentrieren wir uns dann, während wir schreiten, auf das Erleben der Vorstellung «ich gehe jetzt», so können wir dies durchaus etwa in der Qualität, wie sie die eingangs erwähnte abstrakte Vorstellung hatte. Tun wir dies so, kann einer wieder darauffolgenden Selbstbesinnung sogleich auffallen, daß wir, solange wir das Gehen mit der Vorstellung davon in dieser Art begleiten, von der eigenen Bewegung nur ein dürftiges Erlebnis haben.

Wir können die Vorstellung «ich gehe jetzt» innerlich aber auch als eine Art Aufmerksamkeitsausrichtung handhaben, indem wir daran den Willen entwickeln, die Bewegung selber bewußt mitzuerleben. Das führt dann zu einem Bewegungserlebnis, welches wir als wesentlich realer, dagegen aber auch weniger vorstellungshaft empfinden mögen: Es ist – in kontinuierlichem Übergang – ein dumpfes Nacherleben dessen, was sich in der Bewegung vollzieht. Die verschiedenen Empfindungsqualitäten und Gefühlsinhalte mischen sich mit jenem dumpferen Vorstellungsbewußtsein zu diesem Gesamterlebnis.

Wollen wir uns einmal «ganz klar» machen, was wir da eigentlich tun, halten wir unwillkürlich die Bewegung an. So bemerken wir die Polarität von wachem Vorstellungserleben und realem Bewegungserlebnis. Im Extrem wird das Bedürfnis zu körperlicher Ruhe bei dem Bemühen erlebbar, nur einen einzigen Vorstellungsinhalt im Bewußtsein zu halten. Folgen wir dagegen bewußt einer Bewegung, taucht das Vorstellungserleben bis zu einem gewissen Grade in das Bewegungserleben in seiner Gesamtheit unter. Dieses gesamte Bewegungserlebnis aber stellt ein Nacherleben dessen dar, in welcher Art sich die Verwirklichung des Bewegungsmotivs in den konkret gegebenen äußeren Raumverhältnissen vollzieht.

Wir können also zusammenfassend mindestens folgendes differenzieren, was aber stets ineinander übergeht:

1. abstrakter Vorstellungsinhalt des Bewegungsmotivs,
2. innerlich (rein seelisch) verändertes Erleben dieses Motivs,
3. elementares Willenserlebnis ohne klaren Vorstellungsinhalt,
4. dumpfes Erleben der eigenen Trägheit, Schwere etc.,
5. begleitende Gefühlserlebnisse,
6. unterschiedlich bewußte, begleitende Sinneswahrnehmungen, woran sich
7. ein mehr oder weniger vorstellungshaftes Gesamtbewegungserlebnis orientiert.

Bei einem vorgestellten Bewegungsmotiv (Zielvorstellung) wird das Gesamterlebnis damit in eine vorgestellte Beziehung gebracht. Dagegen können Bewegungen auch eine nicht vorstellungsartige Inhaltlichkeit sichtbar im Vollzug zum Ausdruck bringen.

5. Ich und Organismus

Das Ich als das Geistige des Menschen steht zu seinem Organismus in einer unterschiedlichen Beziehung, je nachdem es in der Vorstellungsbildung, im Aufbau des Organismus oder dessen Bewegung tätig ist.

Während es sich *Vorstellungen* über die Außenwelt oder ein Geschehen in derselben bildet, lebt es außerhalb des Organismus das Wesenhafte der Umgebung mit. Nur die Form der im gewöhnlichen Bewußtsein erscheinenden Inhalte dieses Mitlebens (eben als Vorstellung) ist durch eine Art «Spiegelung» an Materiellem des Organismus (an Nervensubstanz) gegeben (vgl. GA 35, S. 138 ff, [2]).

In den *Ernährungs- und Aufbauvorgängen* innerhalb des Leibes wirkt das Ich durch die sog. «Ich-Organisation» (d.i. eine derartige Gestaltung innerhalb der menschlichen Gesamtwesenheit, in der das Ich seine spezifischen Wirksamkeiten entfalten kann) so, daß es die chemische Eigendynamik der aufgenommenen Substanzen zunächst vernichtet (GA 27, Kap. IX), dann aber den Aufbau der Substanzen durch und für diese menschliche Gesamtorganisation in einer individuellen Form ausprägt (GA 221, 11.2.1923).

Bei einer *Bewegung* verläßt das Ich innerhalb seiner Organisation partiell den Organismus, verbindet sich mit seiner geistigen Außenwelt und gliedert seine Wirksamkeit in das Kräftespiel des Organismus mit seiner Umgebung ein (GA 209, 4.12.1921 [3]; GA 293, 3.9.1919 [4]; GA 27, Kap. II [5]; GA 21, 6. skizzenhafte Erweiterung). Die Bewegung des Menschen erfolgt also durch Kräfte, die *außerhalb* seines Organismus liegen. Mit diesen hat sich sein Ich verbunden und wirkt in ihnen auf die leiblichen Stoffwechselvorgänge ein. Es sind aber nicht deren Kräfte (die des Stoffwechsels), die die äußere Bewegung direkt verursachen.

Das bloße Mitleben des Ich mit dem sinnlich gegebenen *außerorganismischen Geschehen* bringt es innerhalb des Organismus durch seine Ich-Organisation in eine derartige Beziehung zu mineralischen Stoffprozessen, daß dadurch zwar der Erlebnisinhalt von der physischen Organisation völlig unabhängig ist, jedoch in einer Form bewußt wird, in der der lebendige Zusammenhang mit diesem Geschehen nicht mehr gegeben ist (vgl. GA 27, Kap II [5], sowie unten «Zur Nerventätigkeit»). Dadurch wird uns dieses Geschehen als Außenwelt bewußt.

Der Inhalt des *eigenen Bewegungsgeschehens* dagegen ist das Kräftespiel, in dem das Ich durch die Ich-Organisation selber den Organismus von außen bewegt und mit dem letzteren in der Form einer lebendigen Wechselwirkung bleibt, weil es diese Inhalte selber kraftend verwirklicht und eben nicht bloß miterlebt.

Als eine Verständnismöglichkeit können wir uns die Vorgänge bei der Entfaltung eines äußeren Willensimpulses folgendermaßen vorstellen:

Der zunächst (!) rein seelische Willensimpuls entfaltet sich z.B. anhand eines Sinneseindruckes oder einer abstrakten Vorstellung, insofern diese von seelischen Sympathiekräften ergriffen werden. Vorstellung und Willensimpuls sind dann seelisch-geistig eine Einheit.

Der *Willensimpuls* stützt sich dabei physisch auf Blutwärmeveränderungen bis hin zu mehr undifferenzierten Stoffwechselvorgängen (vgl. GA 319, 2.10.1923), die zunächst noch *nicht* zu einer äußeren Bewegung führen (vgl. S. 107, Zitat aus GA 301), aber Ausdruck des sich dahin entwickelnden Willens und Grundlage des seelischen Willenserlebens sind. Gleichzeitig lebt sich dasselbe seelisch-geistig Einheitliche innerhalb des Nervensystems als Streben zur Entfaltung eines leibgebundenen *Bewußtseins* dieser Verwirklichung aus.

Der Inhalt des nervensystemvermittelten Bewußtseins ist zu diesem Zeitpunkt aber erst der Inhalt der Sinnesvorstellung sowie der Inhalt der Bewegungs*intention*. Letztere ist physisch noch nicht verwirklicht, sondern kann dies erst werden, wenn sich die leiblich-funktionellen Tätigkeiten (Stoffwechselprozesse und Nerventätigkeit) als differenzierte Träger der seelisch-geistigen Wirksamkeit (Willens- und Bewußtseinsentfaltung) in demjenigen Gebiet begegnen, auf das sich die organismusübergreifende Intention bezieht.

Das Seelisch-Geistige «saugt» quasi seine Intention über die Blut- und Nervenwege hinein in jenes Kräftefeld, in das die Wirklichkeit der Bewegung gestaltet wird. Der Stoffwechsel ist von diesem Kräftefeld nur die leibliche Seite – die andere Seite sind die auf den Organismus von außen einwirkenden Kräfte. Wird die bis dahin aufbauende Stoffwechselentfaltung von der auf sie zulaufenden nervensystemvermittelten Bewußtseinsentfaltung erfaßt, so findet ein Stoffwechselabbau – aber in Form einer spezifischen Gestaltung – statt, da die Form des Abbaues *auch* Ausdruck der oben beschriebenen Bewußtseinsinhaltlichkeit ist, die sich dort mit dem Physischen verbindet (vgl. GA 215, 15.9.1922).

Als zusätzlicher Wahrnehmungsinhalt erscheint aber jetzt neben Sinnesvorstellung und Bewegungsintention das Bewußtsein derjenigen Stoffwechselsituation, in der der Wille bereits – bisher nur diffus und ohne zu bewegen – engangiert ist.

Die Ich-Organisation ist in diesem Moment abbauend – gedankenartig – in die Gliedmaße eingetaucht. Letztere leuchtet dadurch kurz – wie Außenwelt – für das Bewußtsein auf. Dabei wird die Willensentfaltung im Stoffwechsel kurzfristig gelähmt, gestaltet, aber auch wahrgenommen. In Fortsetzung *dieses* Vorganges würde der Muskel zum Nerv: die Ich-Organisation würde die Muskelsubstanz vollständig abtöten und als tote Substanz gestalten (vgl. Abschnitt 7 «Zur Nerventätigkeit»). Aber die Ich-Organisation *beginnt* diese Tätigkeit nur und löst sich im nächsten Moment wieder. In der Loslösung ergießt sie sich wieder aktiv in die Kräftewirkungen der Außenwelt und bewegt somit die Gliedmaße. Innerhalb des Organismus entfaltet sich parallel zu diesem Vorgang ein Stoffwechselaufbaugeschehen.

Mit dem Eintauchen der Ich-Organisation ist also verbunden: Stoffwechselabbau mit der Inhaltlichkeit der Intention sowie Stoffwechselwahrnehmung.

Mit dem Heraustreten der Ich-Organisation ist verbunden: Bewegen der Gliedmaße durch peripherische Auftriebskräfte von außen, sowie innerhalb des Organismus: Stoffwechselaufbauvorgänge.

Diese beiden polaren Dynamiken wirken im Gesamtbewegungsvollzug jedoch nicht als ein kontinuierlich-gleichzeitiger Prozeß. Die Ich-Organisation zieht sich im Bewegungsbeginn sofort wieder aus der bewegten Gliedmaße zurück, da im Sinne des oben Dargestellten jede Bewegung ihrer Eigenart nach bereits eine angefangene Lähmung ist (vgl. auch GA 27, Kap. II [5]). Es liegt also die Annahme eines ständigen Wechsels dieser polaren Dynamik im Bewegungsvollzug nahe – nicht im Sinne einer Ausschließlichkeit, sondern eines ständigen Übergangs.

Das im Zusammenhang mit der Bewegung modifizierte Stoffwechselgeschehen ist ein physisch Gegebenes, welches die Grundlage eines auf diese Weise durch den physischen Leib vermittelten Wahrnehmungsinhaltes darstellt. Wenn auch dieser Wahrnehmungsinhalt zu dem äußeren Bewegungsgeschehen nur eine sehr indirekte Beziehung hat (etwa wie eine sehr abstrakte Zeichenschrift im Gegensatz zu einer eher direkten und konkreten Bilderschrift), so ist er diesem Geschehen doch unbedingt zuzuordnen als das physisch von innen «angeschaute» Ergebnis unseres äußeren Tuns.

Das seelische Willenserlebnis hat den Werdeprozeß des Stoffwechsels als physische Grundlage des Erlebnisinhaltes. Mit den Sinnesorganen beobachten wir das Gewordene der Eigenbewegungen physisch eher von außen (eher Formaspekt) – etwa wenn wir unsere Armbewegungen mit den Augen betrachten oder unsere Gliedmaßenstellungen innerlich wahrnehmen. Darüber hinaus aber wird nun noch die Wahrnehmung des gewordenen Stoffwechsels – physisch von innen «angeschaut» – bewußt (eher Stoffaspekt). Dieses letztere Bewußtsein entsteht durch die Seelentätigkeit, die sich auf der Grundlage des vom motorischen Nerven Vollbrachten für uns unbewußt entfaltet. Es handelt sich bei dieser Tätigkeit um das Vorstellen, dessen leibliche Grundlage die Nerventätigkeit ist. Nur bleiben die anhand des Stoffwechsels gebildeten Vorstellungen sehr dumpf.

Im allgemeinen sind die Vorstellungen des gewöhnlichen Bewußtseins die auf eine Wahrnehmung bezogenen Begriffsindividualisierungen. Den Vorstellungsinhalten liegt zugrunde ein einheitlich wesenhaft Wirksames. Durch unsere Bewußtseinsorganisation erscheint dieses einheitlich Wesenhafte in unserem Bewußtsein «zerbrochen» in eine Wahrnehmung und den dazu zu intuierenden Begriff, der das Wahrnehmliche als ein sinnvoll Strukturiertes bewußt werden läßt. Durch die Nerventätigkeit wird bei diesem Vorgang die Form des Begriffsinhaltes vom Zustand einer lebendigen ideellen Gesetzmäßigkeit (lebendige Vorstellung) herabgelähmt in die Form eines erstarrten Beziehungsgerüstes, eben jenes Begriffsinhaltes, der mit seinem Bezug zur Wahrnehmung als Vorstellung bewußt wird.

Die Nerven sind ganz allgemein die Träger unserer Tätigkeit, mit der wir die wirkende ideelle Gesetzmäßigkeit in dem uns physisch-wahrnehmlich Gegebenen (sowohl der Außenwelt wie auch des eigenen Stoffwechsels) in einer herabgelähmten Form der Vorstellungsbildung zu Bewußtsein bringen. Sie sind nicht selber wahrnehmungstätig, sondern bringen durch die an ihnen entfaltete Form der Vorstellungstätigkeit die Wahrnehmungen, die in Sinnesorgan und Muskel vollbracht werden, zu Bewußtsein. Sie «dienen» der Wahrnehmung:

«Beide Nervenarten sind vielmehr *wesensgleich*. Der sogenannte motorische Nerv dient *nicht in dem Sinne* der Bewegung, wie die Lehre von dieser Gliederung es annimmt, sondern *als Träger der Nerventätigkeit* dient er der inneren Wahrnehmung desjenigen Stoffwechselvorganges, der dem Wollen zugrunde liegt, geradeso wie der Empfindungsnerv der Wahrnehmung desjenigen dient, was im Sinnesorgan sich abspielt» (GA 21, S. 159).

Insofern wir aber selber die Hervorbringer des modifizierten Stoffwechselgeschehens bei unseren Bewegungen sind, stellt sich die Frage, inwieweit der Herablähmungsvorgang der Nerventätigkeit hinsichtlich der Inhaltlichkeit dieses Geschehens überhaupt zum Abschluß kommt. Denn unsere Erkenntnissituation ist hier eine andere als etwa gegenüber einer wachsenden Pflanze, die ja nicht zu wachsen aufhört, wenn wir uns eine herabgelähmte Vorstellung über sie bilden, weil nicht *wir* deren Leben kraftend verwirklichen.

Lähmten wir aber unsere eigene wirkende Wesenhaftigkeit vollständig herab, würde auch die Bewegung erlahmen. In dem ständigen Wechsel der oben beschriebenen Dynamiken könnte somit ein ständiger Wechsel zwischen Wahrnehmen und Bewegen und somit auch eine Ursache für die Dumpfheit des vom motorischen Nerven vermittelten Bewußtseins gesehen werden, weil sie jeweils nur beginnen, nicht aber zum Abschluß kommen; eine weitere Ursache für diese Dumpfheit könnte in der oben beschriebenen Besonderheit der hier in Betracht kommenden Wahrnehmungsinhalte gesehen werden. Wie dumpf aber auch das vom motorischen Nerv vermittelte Bewußtsein bleibt, – man muß ihm die *Form* des Vorstellungsbewußtseins zusprechen – wenn auch jeweils nur beginnend.

6. Über das Nervengeschehen

Das Charakteristische des Nervenlebens ist, daß es fortwährend abstirbt. Dieser Vorgang entspricht demjenigen, den die Alchymisten in der anorganischen Natur den «Salprozeß» nannten. Sie beschrieben, wie die «Imponderabilien» das Salinische unverändert durchdringen konnten. Dementsprechend kann Geistiges, Seelisches und Ätherisches die Nerven im Menschen in derselben Gestalt durchströmen, wie es auch außerhalb von ihm lebt. Dort, wo der Nerv sein Leben verliert, leben die Außenweltvorgänge in dem durch diesen «Salprozeß» freigewordenen Raum «salinisch». Denn das Übersinnliche, welches dem gewöhnlichen Bewußtsein zugrunde liegt, kennt nicht in dem Sinne wie die physischen Stoffe die Körpergrenze, sondern innerhalb von ihr die Druchdringung des Stoffes (im Sinne des dem Salprozeß entgegengesetzten alchymistischen «Sulfurprozesses»), wodurch es mit dem Stoff verbunden wird, oder das Durchströmen, wenn es von ihm freigelassen wird. Rudolf Steiner beschrieb die Nerven wie Hohlräume, in denen das Übersinnliche frei strömt, während der Stoffwechsel dieses Strömen aufhält (GA 293, 28.8.1919, [1]).

Wenn man ein Verständnis für das Nervengeschehen sucht, ist es wesentlich zu berücksichtigen, daß seelisch-geistige Vorgänge nicht denselben raum-zeitlichen Gesetzmäßigkeiten unterliegen wie die physischen Nervenvorgänge. Dies ist insbesondere dann von Bedeutung, wenn man die Frage hat, in welche Richtung bestimmte Prozesse verlaufen.

So ist die Ursache für eine Bewegung, die sich in die sinnlich wahrgenommene Außenwelt eingliedern soll, eine im unräumlichen Seelisch-Geistigen einheitliche Gestalt von Sinnesvorstellung und Bewegungsimpuls. Erst dessen Verwirklichung wird durch die innerorganismischen Verhältnisse räumlich-zeitlich dissoziiert (Vorgänge in den Sinnesorganen, Bewegungsorganen, Nervenprozesse). Die spezifischen körperlichen Verhältnisse führen zur Bildung eines bestimmten Bewußtseins dieser Verwirklichung.

Dabei handelt es sich um ein physisches Gegenstandsbewußtsein von den Vorgängen der Außenwelt zum einen und von den physischen Körperprozessen zum anderen, jeweils in Form von Vorstellungen, welche wir ohne Körper so nicht haben könnten. Was seelisch-geistig eine Einheit ist, polarisiert sich also in der Beziehung zum Organismus (d.h. der Tätigkeit, die es in ihm entfaltet) durch *dessen* Bedingungen, ist aber in sich, da es aus dem Unräumlichen wirkt, *in* seinen körperlich-räumlichen Erscheinungen «überall» und einheitlich. So ist in dem, was – durch die Sinnesvorgänge erlebt – zu einem entsprechenden Willensimpuls führt, dasselbe Seelisch-Geistige, welches auch den Stoffwechsel ergreift. Nur muß der Bogen der Vorstellungsbildung über diese «polarisierte Verwirklichung» geschlossen sein, damit diese auch wirklich stattfindet. Das heißt, der gesamte Nervenweg etwa von Auge bis Muskel muß durchgängig sein, damit sowohl die Sinnesvorstellung mit dem Bewegungsmotiv wie auch die Wirkungen des Willenseingriffes in den Stoffwechsel vorgestellt werden können.

Was seelisch-geistig sozusagen ein überall vorhandener «Punkt» ist, muß also im physisch-funktionellen und dem daran entfalteten Bewußtsein zu einem «Kreis» werden, der das physisch Polarisierte wieder umfaßt. Dazu würde im Prinzip ein einheitlicher, durchgängiger Nerv ausreichen, der beispielsweise vom Auge bis zum Muskel zieht (so, wie das Seelische die Nervenwege nach Steiners Beschreibungen auch tatsächlich durchzieht), jedoch ist aus anderen Gründen von Bedeutung, daß dieser unterbrochen ist (vgl. GA 179, 2.12.1917). Die gesamte – mehrfach unterbrochene – Nervenbahn gewinnt an beiden Enden Anschluß an dasjenige Geschehen, in dem *das gleiche* Seelisch-Geistige *anders* lebt, welches «salinisch» innerhalb der Nervenbahnen zu finden ist.

Rudolf Steiner gab verschiedene Beispiele, wie sich Seelisch-Geistiges frei durch Nerven bewegt, ohne daß es dabei auf die übliche Unterteilung zwischen «motorisch» und «sensibel» sozusagen «Rücksicht nimmt». So etwa berichtete er über Seelisches in Form der Verbindung einer Vorstellung mit einem Willensimpuls im obigen Sinne, wie es beide Nerven durchläuft (GA 179, 2.12.1917). Bei anderer Gelegenheit beschrieb er, wie das Musikalische, «Tönende» oder allgemein «Gehörte» zwar im Ohr sein Sinnesorgan hat, aber erst durch die «motorischen» Nerven zur bewußten Wahrnehmung kommt (GA 302a, 21.9.1920).

Bei einer Bewegung bildet aber nicht nur Seelisch-Geistiges das Nervengeschehen, sondern Rudolf Steiner beschrieb auch «Ätherwirkungen», die sich durch das Absterbende in den Nervenbahnen ausbreiten. Und zwar drängen diese einerseits durch die Sinnesorgane von außen und andererseits aus den Bewegungsorganen, wenn diese in Tätigkeit sind, in die Nerven ein (GA 293, 4.9.1919), wobei Seelisch-Geistiges zuerst durch die Gliedmaßen bis zum Haupt einströmt, dann in sich zurückgeworfen wird, im Gehirn dabei lebendige Materie in sich zusammenfällt, dadurch Nervensubstanz entsteht und nun das Geistig-Seelische durch diese erstorbene Nervensubstanz bis an die Haut dringt. Auch an anderen Stellen beschrieb er Nervensubstanz als Ergebnis der Zerstörung lebendig-geistiger Formen (GA 134, 30.12.1911; GA 169, 13.6.1916).

So haben wir ein komplexes seelisch-geistiges, ätherisches und physisches Nervengeschehen, welches Grundlage der Vorstellungsbildung bei Bewegungen ist. Wenige Angaben machte Rudolf Steiner über die Elektrizität in den Nerven, aber er betonte deutlich, daß sie *nicht* Grundlage des Vorstellungslebens sei (GA 178, 16.11.1917). Nichts anderes aber als Träger des Vorstellungslebens zu sein, ist die Hauptfunktion der Nerven allgemein – also auch der «motorischen». In welche Richtung sich die Tätigkeiten entfalten, die diesem Vorstellungsleben zugrunde liegen, ist also nicht ohne weiteres nur durch diejenige gegeben, in der die Elektrizität fortgeleitet wird.

Wenn man «motorische» Nerven durchschneidet, ist der oben beschriebene Kreis der Bewußtseinsbildung unterbrochen, weshalb die Verwirklichung dann nicht mehr stattfindet. Wenn man sie reizt – und dies ist gleichermaßen elektrisch, thermisch, mechanisch usw. möglich –, manipuliert man im Bereich des *Stoffwechsels* des Organismus und kann dadurch Stoffwechselwirkungen erzwingen. Keineswegs aber führt ein derartiger Eingriff zu der charakteristischen, eigentlichen Nerventätigkeit, die auf der Grundlage des oben beschriebenen komplexen Geschehens stattfindet und seine Ursache gerade nicht in Stoffprozessen hat. Wir wollen diese Nerventätigkeit daher im folgenden gesondert betrachten.

7. Zur Nerventätigkeit

Wir finden im Nerven Stoffwechselprozesse, rhythmisches Geschehen und nur dann, wenn Vorstellungen des gewöhnlichen Bewußtseins gebildet werden, dasjenige, was Rudolf Steiner «wahrhaftige Nerventätigkeit» nennt. Er beschrieb, diese selbst könne nicht Gegenstand der physiologischen Sinnesbeobachtung sein, sondern müsse durch eine «Methode der Ausschließung» nachgewiesen werden. Man käme zu einer positiven Vorstellung dieser Nerventätigkeit, wenn man in ihr dasjenige materielle Geschehen sähe, durch welches die rein geistig-seelische Wesenhaftigkeit der lebendigen Vorstellungsinhalte zu dem unlebendigen Vorstellen des gewöhnlichen Bewußtseins herabgelähmt wird (GA 21, 6. skizzenhafte Erweiterung).

Positive Nachweismethoden der materialistischen Biochemie suchen nach einem materiellen Substrat als Ursache für einen bestimmten materiellen Prozeß. Man analysiert die Vorstufen eines Geschehens und weist dann nach, daß in Anwesenheit dieses Substrates der Prozeß abläuft und in Abwesenheit nicht. Eine spirituelle Biochemie weiß, daß die Ursachen stofflicher Lebensvorgänge von der Nahrungsaufnahme bis zur Ausscheidung nicht nur in denjenigen Eigenschaften zu suchen sind, die ein solches Substrat als anorganische

Substanz zeigt, sondern in dessen Eingliederung in eine übergeordnete Wesensgliedertätigkeit. Denn dort ist es lebendige Substanz.

Das materielle Substrat der Vorstellungstätigkeit ist aber ausgeschiedene, tote Substanz. Wenn an einer toten Substanz Gestaltänderungen auftreten, die nicht in ihren Stoffeigenschaften und auch nicht in physiologischen Vorprozessen begründet sind, das heißt, wenn man derartige Ursachen ausschließen, das materielle Geschehen des Gestaltwandels aber nachweisen kann, müßte man eine übergeordnete Wirksamkeit annehmen, die den Stoff anders ergreift, als dies bei den Lebensvorgängen der Fall ist. Rudolf Steiner beschrieb bei unterschiedlichen Gelegenheiten, wie dem bewußten Vorstellen bzw. dem Aufwachen des gewöhnlichen Bewußtseins ein Plastizieren (auch «Kristallisieren» oder «Zeichnen») des Ich mit Substanzen zugrunde liegt, die zunächst aus den Lebensvorgängen innerlich ausgeschieden und zerstört wurden (GA 319, 3.9.1923; GA 209, 4.12.1921, [7]). Dabei entstünden Kristallgestalten, die andere sind als diejenigen, die man im Mineralreich findet.

Gehen wir nun davon aus, daß sich das Ablähmen lebendiger Vorstellungsinhalte im Rahmen eines solchen Vorgangs vollzieht. Dann müßte unterschieden werden zwischen dem vorbereitenden Geschehen (Abbau, Ausscheidung, Zerstörung) und dem aktiven Ergreifen dieser mineralisch gewordenen Substanz, die dabei aber mineralisch bleibt. Im Bewußtsein erscheint dabei die rein abstrakte, ruhende, d.h. nicht kraftende Inhaltlichkeit einer vorher lebendigen, d.h. bewegten und kraftenden Vorstellung, die aber in letzterem Zustand in dem gewöhnlichen Ich-Bewußtsein nicht wahrnehmbar war. In der «Stofflichkeit» des gewöhnlichen Ich-Bewußtseins erscheint nun diese Inhaltlichkeit dadurch als reines Spiegelbild. (Man mag im Vergleich dazu Rudolf Steiners Darstellung der Beziehung des reinen Denkens zu organismischen Prozessen heranziehen (GA 4, Kap. IX), wobei man aber das Verhältnis des reinen Denkens zum Vorstellen des gewöhnlichen Bewußtseins beachten muß.)

Während also mineralische Substanz durch diese Ich-Tätigkeit einen Gestaltwandel durchmacht – Steiner vergleicht dies auch mit künstlerischer Tätigkeit am Stoff –, verliert der wesenhafte geistige Inhalt, in dem das Ich wirkt, dabei sein Leben und nimmt als Form innerhalb des Bewußtseins diejenige des Kristallinen, d.h. Physisch-Mineralischen an. Das materielle Geschehen dabei ist also im Prinzip sinnlich beobachtbar (obwohl es sich nur um subtilste Stoffmengen handeln wird) und weist auch eine charakteristische Prägung auf. Doch entzieht sich der Träger der Tätigkeit, die dabei wirkt, einer solchen sinnlichen Beobachtbarkeit. Man würde aber in diesem Falle ausschließen können, daß im Sinnlich-Beobachtbaren die Ursache dieser Tätigkeit liegt.

8. Zur Bewegungswahrnehmung

Wir haben nun bisher gesehen, wie komplex und vielgestaltig das die Bewegung begleitende Wahrnehmungsgeschehen ist. Der Gruppe der verschiedensten Sinneswahrnehmungen steht das reine Willenserlebnis gegenüber. Beziehen sich jene auf das Gewordene der Bewegung und werden um so wachbewußter, je äußerlicher der Gesichtspunkt steht, von dem aus das Gewordene betrachtet wird (die Inhalte des Sehsinnes werden eben wacher bewußt als die der Propriozeption), so stützt sich das reine Willenserlebnis physisch auf das ständig bewegte Werden des Stoffwechsels, womit es nur die Bewußtseinshelligkeit unserer Tiefschlaferlebnisse erreicht. Eine Mittelstellung nimmt demgegenüber das vom motorischen Nerven vermittelte Bewußtsein ein, insofern es einerseits dem Stofferleben sehr nahesteht, andererseits aber in ihm nicht vollends aufgeht wie das Willenserlebnis, sondern die Gegenüberstellung anstrebt, um die Formen des Stoffwechsels, also die Stoffwechseländerungen bewußt zu machen. Die Sinne beobachten die äußeren *Ergebnisse*, zu denen die Stoffwechseländerungen geführt haben (z.B. Gliederstellungen); die motorischen Nerven vermitteln das Bewußtsein über diese *Änderungen* des Stoffwechsels, das Willenserlebnis gründet sich auf das Erleben des *Stoffwechsels selber*.

Für die Verwirklichung der Bewegung, also den Übergang vom rein seelischen Willensimpuls, der die beginnenden Stoffwechseländerungen – nicht aber schon die weitere äußere Bewegung – zur Folge hat, hin zu der realen Bewegungsgestaltung durch die mit den Umkreiskräften auf den Organismus wirkende Ich-Organisation ist das Bewußtsein über jene Stoffwechseländerung unentbehrlich. Fehlte es, so würde es beim reinen Willensimpuls bleiben. Der Entschluß zur Verwirklichung setzt – nach Rudolf Steiners Darstellung – gerade das Bewußtsein jener Stoffwechseländerungen, die unser nach außen gerichtetes Willenswirken in uns hervorruft, voraus.

«Die sogenannten motorischen Nerven sind nicht dasjenige, was den Willensimpuls vom Zentralorgan zu der Peripherie des Menschen trägt, sondern diese motorischen Nerven sind in Wirklichkeit auch sensitive Nerven. Sie sind dazu da, sagen wir, wenn ich zum Beispiel einen Finger bewege, daß eine unmittelbare Beziehung zwischen dem Willensentschluß und dem Stoffwechsel des Fingers zustande kommt, daß der unmittelbare Einfluß, der vom Willen ausgeübt wird, den Stoffwechsel des Fingers ergreift. Diese Stoffwechseländerung, dieser Stoffwechselvorgang wird durch den sogenannten motorischen Nerv wahrgenommen. Und wenn ich den Stoffwechselvorgang nicht wahrnehme, dann erfolgt auch kein Willensentschluß, weil der Mensch darauf angewiesen ist, dasjenige, was in ihm vorgeht, ebenso wahrzunehmen, wenn er dadurch etwas wissen soll, sich beteiligen soll daran, wie irgendetwas in der äußeren Welt wahrzunehmen ist, wenn er daran beteiligt sein soll. ... In Wahrheit ist bei einem Willensakt zunächst durchaus ein unmittelbarer Zusammenhang zwischen dem, was der seelische Willensimpuls ist, und irgendeinem Prozeß des Stoffwechsels. Der Nerv ist eben nur dazu da, um die Wahrnehmung dieses Prozesses zu vermitteln» (GA 301, 21.4.1920).

Man muß aber wohl davon ausgehen, daß der Mensch zu denjenigen Inhalten, die durch den motorischen Nerv wahrgenommen werden, erkenntnismäßig in einer anderen Beziehung steht als zu den Sinneswahrnehmungen, da er ja selber in lebendigem Zusammenhang mit ihrer Inhaltlichkeit durch sein eigenes Wirken bleibt (vgl. Abschnitt 5 «Ich und Organismus» weiter oben).

Wesentlich ist zusammenfassend für das Verstehen der menschlichen Dreigliederung und damit auch für das Selbstverständnis seines physischen Wirkens im gesamten sozialen Umfeld das empfindende Begreifen der Tatsache, daß der Mensch seine Bewegungen und damit auch den äußeren Ausdruck seines moralischen Tuns nicht als innerlich isoliertes Wesen durch Elektrizität verursacht, sondern seinen Willen aus einer Verbindung mit seiner geistigen Umgebung physisch entfaltet.

Im Text erwähnte Darstellungen Rudolf Steiners, soweit nicht im dokumentarischen Anhangsband abgedruckt.

[1] *Aus GA 293, 28.8.1919*

«Das Nervensystem ist das einzige System, welches gar keine unmittelbare Beziehung zum Geistig-Seelischen hat. Blut, Muskeln und so weiter haben immer direkte Beziehungen zum Geistig-Seelischen, das nervöse System hat unmittelbar dazu gar keine Beziehungen; es hat nur dadurch Beziehungen zum Geistig-Seelischen, daß es sich fortwährend aus der menschlichen Organisation ausschaltet, daß es nicht da ist, weil es fortwährend verwest. Die anderen Glieder leben; deshalb bilden sie direkte Beziehungen aus zum Geistig-Seelischen. Das Nervensystem stirbt fortwährend ab; es sagt fortwährend zum Menschen: Du kannst dich entwickeln, weil ich dir keine Hindernisse biete, weil ich mache, daß ich gar nicht da bin mit meinem Leben! – Das ist das Eigenartige. In der Psychologie und Physiologie finden Sie dargestellt: das vermittelnde Organ des Empfindens, des Denkens, des Geistig-Seelischen überhaupt ist das Nervensystem. Wodurch ist es aber dieses vermittelnde Organ? Nur dadurch, daß es sich fortwährend aus dem Leben herausdrückt, daß es dem Denken und Empfinden gar keine Hindernisse bietet, daß es gar keine Beziehungen zum Denken und Empfinden anstiftet, daß es den Menschen leer sein läßt in bezug auf das Geistig-Seelische da, wo es ist. Für das Geistig-Seelische sind einfach dort, wo die Nerven sind, Hohlräume. Daher kann das Geistig-Seelische dort hinein, wo die Hohlräume sind. Wir müssen dem Nervensystem dankbar sein, daß es sich nicht kümmert um das Geistig-Seelische, daß es all das nicht tut, was ihm die Physiologen und Psychologen zuschreiben. Täte es das, geschähe nur fünf Minuten lang das, was die Nerven nach den Beschreibungen der Physiologen und Psychologen tun sollen, so würden wir gar nichts in diesen fünf Minuten von der Welt und von uns wissen: wir würden eben schlafen. Denn die Nerven machen es dann so wie jene Organe, die das Schlafen vermitteln, die das fühlende Wollen, das wollende Fühlen vermitteln.»

[2] *Aus GA 35, S. 138 ff.*

«Eine weitere Verschiebung gegenüber dem einfachen Tatbestande des Bewußtseins geschieht von dem kritischen Idealismus dadurch, daß dieser außer Acht läßt, welche faktische Beziehung zwischen dem Erkenntnisinhalte und dem ‹Ich› besteht. Setzt man nämlich von vornherein voraus, daß das ‹Ich› mit dem Inhalte der in Ideen und Begriffe gebrachten Weltgesetze außerhalb des Transzendenten stehe, dann wird es eben selbstverständlich, daß dies ‹Ich› sich nicht überspringen könne, das heißt, stets außerhalb des Transzendenten bleiben müsse. Nun ist aber diese Voraussetzung gegenüber einer vorurteilsfreien Beobachtung der Bewußtseinstatsachen doch nicht festzuhalten. Es soll der Einfachheit halber zunächst auf den Inhalt der Weltgesetzlichkeit verwiesen werden, insofern dieser in mathematischen Begriffen und Formeln ausdrückbar ist. Der innere gesetzmäßige Zusammenhang der mathematischen Formeln wird innerhalb des Bewußtseins gewonnen und dann auf die empirischen Tatbestände angewendet. Nun ist kein auffindbarer Unterschied zwischen dem, was im Bewußtsein als mathematischer Begriff lebt, wenn dieses Bewußtsein seinen Inhalt auf einen empirischen Tatbestand bezieht; oder wenn es diesen mathematischen Begriff in rein mathematischem abgezogenem Denken sich vergegenwärtigt. Das heißt aber doch nichts anderes als: das Ich steht mit seiner mathematischen Vorstellung nicht außerhalb der transzendent mathematischen Gesetzmäßigkeit der Dinge, sondern innerhalb. Und man wird deshalb zu einer besseren Vorstellung über das ‹Ich› erkenntnistheoretisch gelangen, wenn man es nicht innerhalb der Leibesorganisation befindlich vorstellt, und die Eindrücke ihm ‹von außen› geben läßt, sondern wenn das ‹Ich› in die Gesetzmäßigkeit der Dinge selbst verlegt, und in der Leibesorganisation nur etwas wie einen Spiegel sieht, welcher das außer dem Leibe liegende Weben des Ich im Transzendenten dem Ich durch die organische Leibestätigkeit zurückspiegelt. Hat man sich einmal für das mathematische Denken mit dem Gedanken vertraut gemacht, daß das ‹Ich› nicht im Leibe ist, sondern außerhalb desselben und die organische Leibestätigkeit nur den lebendigen Spiegel vorstellt, aus dem das im Transzendenten liegende Leben des ‹Ich› gespiegelt wird, so kann man diesen Gedanken auch erkenntnistheoretisch begreiflich finden für alles, was im Bewußtseinshorizonte auftritt. – Und man könnte dann nicht mehr sagen, das ‹Ich› müsse sich selbst überspringen, wenn es in das

Transzendente gelangen wollte; sondern man müßte einsehen, daß sich der gewöhnliche empirische Bewußtseinsinhalt zu dem vom menschlichen Wesenskern wahrhaft innerlich Durchlebten, wie das Spiegelbild sich zu dem Wesen dessen verhält, der sich in dem Spiegel beschaut. – Durch eine solche erkenntnistheoretische Vorstellung würde nun der Streit zwischen der zum Materialismus neigenden Naturwissenschaft und einer das Spirituelle voraussetzenden Geistesforschung in eindeutiger Art wirklich beigelegt werden können. Denn für die Naturforschung wäre freie Bahn geschafffen, indem sie die Gesetze der Leibesorganisation unbeeinflußt von einem Dazwischenreden einer spirituellen Denkart erforschen könnte. Will man erkennen, nach welchen Gesetzen das Spiegelbild entsteht, so ist man an die Gesetze des Spiegels gewiesen. Von diesen hängt es ab, wie der Beschauer sich spiegelt. Es geschieht in verschiedener Art, ob man einen Planspiegel, einen konvexen oder einen konkaven Spiegel hat. Das Wesen dessen, der sich spiegelt, liegt aber außerhalb des Spiegels. So könnte man sehen in den Gesetzen, welche die Naturforschung ergibt, die Gründe für die Gestaltung des empirischen Bewußtseins; und in diese Gesetze wäre nichts einzumischen von dem, was die Geisteswissenschaft über das innere Leben des menschlichen Wesenskernes zu sagen hat.»

[3] *Aus: GA 209, 23.12.1921*
«Im Wollen ist das Ich aus gewissen Orten unseres Organismus heraus. Das ist dadurch der Fall, daß an diesem Orte sich in gewissen Zeitaugenblicken eben nichts mineralisiert, sondern daß da alles lebt. Aus denjenigen Stellen unseres Organismus, in denen alles lebt, in denen in dem entsprechenden Augenblicke nichts Mineralisiertes sich ablöst, abscheidet, da entfalten sich die Willensimpulse. Da wird aber das Ich ausgestoßen. In das Mineralische wird das Ich hineingezogen. Mit dem Mineralischen kann es hantieren; mit demjenigen, was lebendig ist, kann es nicht hantieren. Aus dem wird es herausgetrieben, wie in der Nacht, wenn wir schlafen, dieses Ich aus dem ganzen physischen Leibe herausgetrieben wird. Nun ist aber dann das Ich außerhalb des Leibes. Durch das Mineralisieren wird das Ich in den Leib hineingetrieben. Durch das Vitalisieren wird das Ich aus Teilen des Leibes herausgetrieben. Es ist aber dann gerade so außerhalb dieser Teile, wie es im Schlafe ganz außerhalb des physischen Leibes ist. Und

wir können daher sagen: bei einer Willensbestätigung sind immer Teile des Ich außerhalb derjenigen Orte des physischen Leibes, denen sie eigentlich zugeteilt sind. Und wo sind dann diese Teile des Ich, die außerhalb der ihnen entsprechenden Teile des physischen Leibes sind? Nun, sie sind eben außerhalb, im übrigen Raume. Sie sind eingegliedert in die Kräfte, welche diesen Raum durchweben. Wir sind, indem wir unseren Willen betätigen, mit einem Teil unseres Ich außerhalb unser. Wir gliedern uns Kräfte ein, die durch die Welt gelegt sind. Wenn ich einen Arm bewege, so bewege ich ihn nicht durch etwas, was im Innern des Organismus entspringt, sondern durch eine Kraft, die außerhalb meines Armes ist, und die in das Ich hineinkommt dadurch, daß es aus gewissen Orten meines Armes herausgetrieben wird. Im Wollen komme ich außerhalb meines Leibes, und durch Kräfte, die außerhalb meiner liegen, bewege ich mich. Man hebt das Bein nicht durch Kräfte, die im Inneren sind, sondern man hebt das Bein durch Kräfte, die tatsächlich von außerhalb wirken; ebenso den Arm. Während man also im Denken nach innen getrieben wird durch das Verhältnis des Ich zu dem mineralisierten Teil des menschlichen Organismus, wird man im Wollen geradeso wie im Schlafe nach außen getrieben. Und niemand versteht das Wollen, der nicht den Menschen als kosmisches Wesen auffaßt, der nicht hinausgeht aus den Grenzen des menschlichen Leibes, der nicht weiß, daß der Mensch im Wollen sich außerhalb seines Leibes liegende Kräfte eingliedert. Wir versenken uns in die Welt, wir geben uns an die Welt hin, indem wir wollen, so daß wir sagen können: Die materielle Begleiterscheinung des Denkens ist ein mineralischer Prozeß in uns, ein Zeichnen des Ich in mineralisierte Teile des menschlichen Organismus. Das Wollen in uns stellt dar ein Vitalisieren, ein Herausbreiten des Ich, ein Eingliedern des Ich in die geistige Außenwelt, und ein Wirken auf den Leib vom Ich aus, aus der geistigen Außenwelt herein.»

[4] *Aus: GA 293, 3.9.1919*

«Sehen Sie, da kommen wir auf etwas, was sie unbedingt begreifen müssen, wenn Sie den Menschen verstehen wollen, worauf aber in der gegenwärtigen Wissenschaft fast gar nicht gesehen wird. Beachten Sie einmal, was geschieht, indem Sie den Arm beugen. Da bewirken Sie ja durch die Muskelanziehung, die den Vorderarm beugt, einen ganz maschinellen Vorgang. Stellen Sie sich jetzt vor, das wäre einfach dadurch geschehen, daß Sie zuerst gehabt hätten eine Stellung wie diese (siehe Zeichnung).

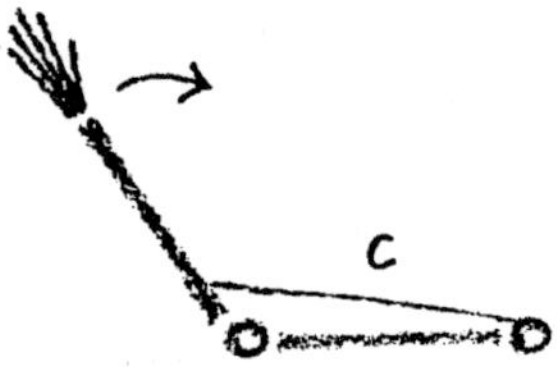

Sie würden nun ein Band spannen (c) und würden es zusammenrollen; dann würde diese Stange diese Bewegung ausführen (siehe zweite Zeichnung). Es ist eine ganz maschinelle Bewegung. Solche maschinellen Bewegungen führen Sie auch aus, wenn Sie Ihr Knie beugen und auch, wenn Sie gehen. Denn beim Gehen kommt fortwährend die ganze Maschinerie Ihres Leibes in Bewegung, und fortwährend wirken Kräfte. Es sind vorzugsweise Hebelkräfte, aber es wirken eben Kräfte.

Denken Sie jetzt einmal, Sie könnten durch irgendeinen kniffligen photographischen Vorgang bewirken, daß, wenn der Mensch geht, vom Menschen nichts photographiert würde, aber all die Kräfte, die er anwendet, photographiert würden. Also die Kräfte, die er anwendet, um das Bein zu heben, es wieder aufzustellen, das andere Bein nachzusetzen. Vom Menschen würde also nichts photographiert als nur die Kräfte. Es würde da zunächst, wenn Sie diese Kräfte sich würden entwickeln sehen, ein Schatten photographiert und beim Gehen sogar ein ganzes Schattenband. Sie sind groß im Irrtum, wenn Sie glauben, daß Sie mit Ihrem Ich in Muskeln und Fleisch leben. Sie leben mit Ihrem Ich, auch wenn Sie wachen, nicht in Muskeln und Fleisch, sondern Sie leben mit Ihrem Ich hauptsächlich in diesem Schatten, den Sie da abphotographieren, in den Kräften, durch die Ihr Leib seine Bewegungen ausführt. So grotesk es auch klingt, wenn Sie sich setzen, dann drücken Sie Ihren Rücken an die Stuhllehne an mit Ihrem Ich leben Sie in der Kraft, die sich in diesem Zusammendrücken entwikkelt. Und wenn Sie stehen, leben Sie in der Kraft, mit der Ihre Füße auf die Erde drücken. Sie leben fortwährend in Kräften. Es ist gar nicht wahr, daß wir in unserem sichtbaren Körper mit unserem Ich leben. Wir leben mit unserem Ich in Kräften. Unseren sichtbaren Körper tragen wir nur mit, den schleppen wir nur mit während unseres physischen Erdenlebens bis zum Tode. Wir leben aber auch im wachen Zustand lediglich in einem Kraftleib.

[5] *Aus: GA 27, Kap. II*

«Aber auch das Denken hat seine physische Grundlagen im Organismus. Es ist im gesunden Zustand nur noch mehr von diesem losgelöst als das Fühlen. Die geistige Anschauung findet außer dem astralischen Leib noch eine besondere Ich-Organisation, die sich seelisch frei im Denken darlebt. Taucht mit dieser Ich-Organisation der Mensch intensiv in sein Körperhaftes unter, so tritt ein Zustand ein, der die Beobachtung des eigenen Organismus derjenigen der Außenwelt ähnlich macht. – Beobachtet man ein Ding oder einen Vorgang der Außenwelt, so liegt die Tatsache vor, daß der Gedanke im Menschen und das Beobachtete nicht in lebendiger Wechselwirkung stehen, sondern unabhängig voneinander sind. Das tritt für ein menschliches Glied nur dann ein, wenn es gelähmt wird. Dann wird es Außenwelt. Die Ich-Organisation ist nicht mehr lose wie im gesunden Zustande mit dem Gliede vereinigt, so daß sie sich in der Bewegung mit ihm verbinden und gleich wieder loslösen kann; sie taucht sich dauernd in das Glied ein und kann sich nicht mehr aus ihm zurückziehen.

Wieder stellen sich die Vorgänge des gesunden Bewegens eines Gliedes und die Lähmung in ihrer Verwandtschaft nebeneinander. Ja, man sieht es deutlich: die gesunde Bewegung ist eine angefangene Lähmung, die sogleich in ihrem Anfang wieder aufgehoben wird.»

[6] *Aus: GA 27, Kap. VII*

«In dem Nervengewebe zerfällt die Eiweißsubstanz. Aber sie wird in diesem Gewebe nicht wie im Eikeim oder in anderen Gebilden dadurch wieder aufgebaut, daß sie in den Bereich der auf die Erde einstrahlenden Wirkung gelangt, sonder sie zerfällt einfach. Dadurch können die Ätherwirkungen, die von den Dingen und Vorgängen der äußeren Umgebung durch die Sinne einstrahlen und diejenigen, die sich bilden, indem die Bewegungsorgane gebraucht werden, die Nerven als Organe benützt, längs welcher sie sich dadurch den ganzen Körper fortleiten.»

[7] *Aus: GA 209, 23.12.1921*
«Es kommt innerhalb unseres Organismus das Ich mit den leblos ausgeschiedenen Stoffen in Berührung. Es durchdringt sie. Es gibt also in unserem Organismus etwas, das sich so ausnimmt, daß auf der einen Seite das Ich durchdringt den organischen Prozeß, den Prozeß, innerhalb welchem die Stoffe als lebendige Stoffe enthalten sind, daß aber das Ich auch durchdringt dasjenige, was Lebloses, ich möchte sagen, Mineralisiertes in unserem Organismus ist. Wenn wir denken, so geht fortwährend das vor sich, daß, angeregt durch die äußeren Sinneswahrnehmungen oder auch durch die Erinnerungen, das Ich gewissermaßen sich bemächtigt dieser leblosen Stoffe und sie in Sinne der äußeren Sinnesanregungen oder der Anregung durch die Erinnerungen aufpendelt, mit ihnen in uns, ich darf schon sagen, zeichnet. Denn es ist keine bildliche Vorstellung, sondern es entspricht durchaus der Realität, daß das Ich diese unorganischen Stoffe wirklich so verwendet, wie wenn ich etwa jetzt, vergleichsweise gesprochen, mir hier Kreide pulverisieren würde und dann mit dem Finger das Kreidepulver nehmen würde und dann mit diesem bekreideten Finger allerlei Figuren hinzeichnete. Es ist so, daß tatsächlich das Ich diese leblosen Stoffe aufpendelt, sich ihrer bemächtigt und in uns Figuren einzeichnet, die allerdings den Figuren, die wir gewöhnlich äußerlich aufzeichnen, nicht ganz ähnlich sehen. Aber es wird in uns durch das Ich mit Hilfe des leblosen Stoffes tatsächlich gezeichnet, kristalliesiert, wenn auch nicht in den Kristallgestalten, die wir im mineralischen Reiche finden. Dasjenige, was sich so abspielt zwischen dem Ich und dem, was in uns mineralisch geworden ist, und zwar sich als sogar fein-feste mineralisierte Substanzen absondert, das ist dasjenige, was als Materielles unserem Denken zugrunde liegt. Der inspirierten Erkenntnis ergibt sich also der Denkprozeß, der Vorstellungsprozeß tatsächlich als eine Behandlung des Mineralisierten im menschlichen Organismus durch das Ich. Das ist die genauere Schilderung desjenigen, was ich

oftmals abstrakt charakterisiert habe, wenn ich sagte: Indem wir denken, sterben wir fortwährend ab. Das in uns Ersterbende, das sich aus dem Leben Heraushebende, das sich Mineralisierende ist dasjenige, mit dem das Ich in uns zeichnet, und mit dem das Ich tatsächlich die Summe unserer Gedanken zeichnet. Es ist ein Wirken und Weben des Ich im mineralischen Reiche, in jenem mineralischen Reiche, das in uns erst *wird*, das wir als unser Denken haben.

Sehen Sie, das, was ich Ihnen hier charakterisiere, ist es, was, ich möchte sagen, in einer irrtümlichen Ahnung dem Materialismus des 19. Jahrhunderts aufgegangen ist. Dieser Materialismus kam in seinen besten Vertretern – einer der besten Vertreter dieses Materialismus war ja Czolbe –, zu der Ahnung davon, daß, während in uns Gedanken abfließen, physische Prozesse sich vollziehen; nur vergaß dieser Materialismus, und deshalb war die Ahnung eine irrtümliche, daß es das rein geistige Ich ist, das mit dem Mineralisierten in uns innerlich zeichnet. Gerade das also, was wir als das eigentliche Aufwachen des gewöhnlichen Bewußtseins erkennen, das beruht auf diesem innerlichen Zeichnen mit dem in uns mineralisierten Stoffen.»

Literatur

Eccles, J. und K. R. Popper (1984): *Das Ich und sein Gehirn*, München, Zürich.

Gutland, G. (1983): *Bewegung und motorischer Nerv – geschichtliche Entwicklung und anthroposophische Vorstellungen des Bewegungsproblems*, Dissertation der Medizinischen Fakultät der Universität Düsseldorf.
– (1987): Ein *Beitrag zu nervenphysiologischen Grundfragen – mit spezieller Berücksichtigung der Diskussion um die Funktion der motorischen Nerven.* Manuskript erhältlich über den Autor.

Kienle, G. (1950): *Grundfragen der Nervenphysiologie,* als Manuskript gedruckt, Tübingen. Nachdruck im dokumentarischen Anhangsband, Teil 2 des vorliegenden Werkes.

Müller, J. (1840): *Handbuch der Physiologie des Menschen,* Bd. II, Koblenz.

Steiner, R. (GA 4): *Die Philosophie der Freiheit* (1894), Dornach 1987.
– (GA 21): *Von Seelenrätseln* (1917), Dornach 1976.
– (GA 27): *Grundlegendes für eine Erweiterung der Heilkunst nach geisteswissenschaftlichen Erkenntnissen* (1925), Dornach 1984.

– (GA 35): *Philosophie und Anthroposophie. Gesammelte Aufsätze 1904 – 1923,* Dornach 1984.
– (GA 134): *Die Welt der Sinne und die Welt des Geistes* (Sechs Vorträge, 27.12.1991 – 1.1.1912), Dornach 1990.
– (GA 169): *Weltwesen und Ichheit* (Sieben Vorträge, 6.6. – 18.7.1916), Dornach 1963.
– (GA 178): *Individuelle Geistwesen und ihr Wirken in der Seele des Menschen* (Neun Vorträge, 6. – 25.11.1917), Dornach 1980.
– (GA 179): *Geschichtliche Notwendigkeit und Freiheit* (Acht Vorträge, 2. – 22.12.1917), Dornach 1977.
– (GA 209): *Nordische und mitteleuropäische Geistimpulse* (Elf Vorträge, 24.11. – 26.12.1921), Dornach 1968.
– (GA 215): *Die Philosophie, Kosmologie und Religion in der Anthroposophie* (Zehn Vorträge, 6. – 15.9.1922). Dornach 1980.
– (GA 293): *Allgemeine Menschenkunde als Grundlage der Pädagogik* (Vierzehn Vorträge, 21.8. – 5.9.1919), Dornach 1980.
– (GA 301): *Die Erneuerung der pädagogisch-didaktischen Kunst durch Geisteswissenschaft* (Vierzehn Vorträge, 20.4. – 11.4.1920), Dornach 1977.
– (GA 302a): *Erziehung und Unterricht aus Menschenerkenntnis* (Neun Vorträge, 1920, 1922 und 1923), Dornach 1983.
– (GA 319): *Anthroposophische Menschenerkenntnis und Medizin* (Elf Vorträge, 1923 und 1924), Dornach 1982.

ERNST-MICHAEL KRANICH

Motorische Nerven? – Beitrag zur Revision eines Paradigmas

Teil I: Die Lex Belliana und ihre Schwierigkeiten mit der Wirklichkeit

1. Die Problemstellung

Die folgenden Erörterungen entspringen nicht einer apologetischen Absicht. Sie wollen nicht Aussagen Rudolf Steiners über die einheitliche Natur der Nerven «beweisen». Sie sind der Versuch, in einer wichtigen Frage der Menschenerkenntnis – angeregt und unterstützt durch Darstellungen Rudolf Steiners – zur Klarheit zu kommen.

Der Mensch erlebt sich unter anderem als ein tätiges Wesen – indem er sich aufrecht hält, indem er sich bewegt und indem er handelt. In der aufrechten Haltung überwindet er in seiner Leibesorganisation die niederziehende Schwere wie kein anderes Wesen - von unten bis oben. Hält er sich im Gleichgewicht, dann ruht er im fortwährenden Überwinden der Schwere aus der Kraft seines Willens in sich. Die besondere Würde des Menschen ist mit dieser Haltung verbunden; diese Haltung ist seit je das Zeichen des Menschseins. Durch seine aufrechte Haltung, das In-sich-Ruhen, kann der Mensch die Antriebe für sein Tun in sich ergreifen; er wird aus sich selbst tätig. Menschliche Bewegung hat ihren Ursprung in dem In-sich-Ruhen. Das fließende Zusammenspiel der Bewegungen bringt in Gang, Gebärde und Geste das Innere des Menschen zur Offenbarung. Es ist lebendiger Ausdruck seiner Seele. Im Handeln schließlich greift der Mensch in die äußere Welt ein. Gedanken, die er als Handlungsziele in seinem Inneren faßt, prägt er ihr ein, wenn er eine Arbeit vollbringt oder wenn er etwas künstlerisch gestaltet. Im Handeln sind die Bewegungen des Menschen in ihrer Folge der Ausdruck von Gedanken, durch die er der äußeren Welt jene Gestalt gibt, in der sich sein Handlungsziel verwirklicht.

Diese drei Bereiche menschlicher Betätigung muß man aufhellen, wenn man den Menschen, d.h. sich selbst, begreifen will. Der Weg zu diesem Begreifen ist aber weitgehend verstellt. Die Physiologie untersucht die menschliche Haltung, Bewegung und Handlung als Stütz- und Zielmotorik. Sie interpretiert sie als sensomotorisches Geschehen, d.h. als sensorisch kontrollierte, koordinierte, durch Nervenaktionsströme ausgelöste Muskelkontraktionen. In dieser Deutung fühlt sich der Mensch als willentlich tätiges Wesen ignoriert und in das Gebiet der Illusion abgeschoben. Er soll das, was ihm unmittelbare Gewißheit ist, durch eine physiologische Theorie ersetzen, die wohl von Willkürmotorik spricht, in der der Wille selbst aber nicht vorkommt. Die Evidenz der eigenen Erfahrung steht gegen eine Theorie, die als empirisch gesichert gilt. Wenn man nicht gewillt ist, die eigene Gewißheit einer Theorie zu opfern, dann fühlt man sich veranlaßt, diese Theorie auf ihre empirische Legitimation zu prüfen. Denn man weiß: Es geht hier um eine Frage, die wie wenige das Selbstverständnis des Menschen berührt.

Wir werden im Folgenden die in der Physiologie weitverbreitete Auffassung in Frage stellen: Physiologie könne nur als ein im Physischen abgeschlossenes System behandelt werden. Diese Annahme ist keineswegs unumstritten. W. Penfield, der bekannte kanadische Neurochirurg, zitiert in seinem Buch *The mystery of the mind* einen Satz von Sherrington, der auf die Fragwürdigkeit dieser Auffassung aufmerksam macht: «Die Ansicht, daß unser Wesen aus zwei fundamentalen Bereichen (elements) bestehe, enthält keine größere innere Unwahrscheinlichkeit als die andere, nach der es auf nur einer einzigen beruhe» (Penfield 1975, S. 73). Für Penfield ergibt sich diese Auffassung aus den Erkenntnisnöten, in die der Neurophysiologe gerät, wenn er in den Begriffen der Gehirnmechanismen erklären will, was der Mensch als die Tätigkeit von Seele und Geist (mind) erlebt. Wenn der Physiologe nämlich bemerkt, daß die Tatsachen und Hypothesen der Neurophysiologie für eine solche Erklärung nicht ausreichen, dann ist es an der Zeit, andere Deutungen in Betracht zu ziehen. Nach Sherrington, Penfield, Eccles und anderen Forschern sind die im Englischen mit «mind» bezeichneten seelisch-geistigen Phänomene nicht auf physiologische Vorgänge reduzierbar. Die Konsequenz dieser Auffassung wäre eine Erweiterung der Neurophysiologie. Sie müßte den Kreis der nur physiologischen Betrachtungsweise aufbrechen und jene Tatsachen, die Inhalt der inneren Erfahrungen sind, mit gleichem Gewicht in die Deutung und Theoriebildung einbeziehen. Viele Tatsachen der Neurophysiologie konnte man nur durch klinische Befunde und die Aussage von Patienten über ihr persönliches Erleben aufdecken. Meist werden solche Aussagen aber nur als subjektiver Ausdruck eines objektiven physiologischen Tatbestandes gewertet. Für diese Bewertung bzw. Einstellung findet man lediglich eine heuristisch orientierte Begründung. Es handelt sich um eine Vorentscheidung über das, was als wirklich und als objektiv zu gelten habe. Diese Vorentscheidung führt aber gerade zu dem erwähnten Zwiespalt zwischen physiologischer Theorie und persönlicher Erfahrung.

Wir wollen die Theorie von der physiologischen Verursachung und Steuerung menschlicher Tätigkeiten kritisch überprüfen, indem wir sie von ihrer Begründung am Anfang des 19. Jahrhunderts her verfolgen. Denn die historische Betrachtung einer Theorie kann manches von ihrem Wahrheitsgehalt aufdecken.

2. *Die Begründung der Lex Belliana*

Im Jahre 1811 erschien die Schrift *An idea of a new anatomy of the brain* des englischen Anatomen und Chirurgen Charles Bell[1], mit dem eine neue Epoche in der Auffassung über die Funktion der vom Gehirn und dem Rückenmark ausgehenden Nervenstränge begann. Grundlage waren für Bell die Ansichten, die er sich über die innere Struktur des Rückenmarks gebildet hatte; daß nämlich das Rückenmark auf jeder Seite drei Stränge enthalte: einen vorderen für die willkürliche Bewegung, einen hinteren für die Empfindung und einen mittleren für die Atembewegung. Dieser inneren Gliederung des Rückenmarks entsprächen nun die Funktionen der aus dem Rückenmark hervorgehenden Nervenwurzeln. Im Hinblick auf die vorderen Wurzeln schreibt Bell: «Demnach sind alle Nerven, welche in dieser Reihe vom Crus cerebri bis zur Cauda equina entspringen, Muskelnerven.» Bell zieht dann den Schluß, daß «die vordere Wurzelreihe der Spinalnerven* für die *Bewegungskraft* bestimmt ist». Damit wird dem Muskelnerven die Verursachung der Muskelkontrak-

* Ausgewählte Fachtermini werden am Ende dieses Beitrags näher erläutert.

tion, der Bewegung zugeschrieben. Von hier kommt Bell dann zu der weiteren Folgerung, daß «die hinteren Wurzeln die Sensibilität vermitteln».

Um diese Vermutungen zu erhärten, führt Bell einige Versuche an Kaninchen durch. Er öffnete einem Kaninchen den Wirbelkanal und durchschnitt die hinteren Wurzeln der Fußnerven. Das Tier war in der Lage fortzukriechen. Bei einem anderen Kaninchen hatte die Reizung der hinteren Wurzeln keine Bewegung zur Folge. Auf die Reizung der vorderen Wurzeln folgte aber eine Kontraktion der entsprechenden Muskeln. Damit war für Bell der Beweis für die verschiedenartige Funktion, die motorische der vorderen und die sensible der hinteren Wurzeln erbracht.

Bell zieht bei seinen Schlußfolgerungen die Bedingungen für die Durchführung einer Bewegung nicht sorgfältig genug in Betracht. Dabei schildert er an einer späteren Stelle seines Werkes durchaus, daß der Mensch noch eine andere Beziehung zu seiner Muskulatur außer der des Kontrahierens habe. «Mehrere Erscheinungen beweisen das Vorhandensein einer Empfindung des Zustandes, in welchem die Muskeln sich befinden: wir fühlen die Wirkungen der Ermüdung und Anstrengung, die lästige Beschwerde anhaltender Stellungen, die Qual der Krämpfe.» Und im weiteren: «Beim Stehen, Gehen, Laufen wird jeder Willensakt, welcher dem Körper Bewegung erteilt, von dem Gefühle des Zustandes der Muskeln geleitet, und ohne dieses Gefühl würden wir nicht imstande sein, ihre Tätigkeit zu ordnen.»

Diese Empfindungen müssen durch Nerven vermittelt sein. Diese Nerven, die Bell als Gefühlsnerven der Muskeln annimmt, sind eine notwendige Bedingung für Bewegung. Denn für eine willkürliche Bewegung braucht man eine innere Empfindung (Bell spricht von Gefühl) von den Muskeln, durch die sie ausgeführt werden soll. Das veranlaßt Bell zu folgender Erörterung: Die Bewegungsnerven führen die Energie, die sie für ihre Tätigkeit benötigen, vom Gehirn zu den Muskeln. Deshalb kann dieser Nerv nicht zu gleicher Zeit empfinden, d.h. die Empfindung vom Zustand des Muskels dem Gehirn mitteilen. – Hier wird sichtbar, wie ein unzureichend abgesicherter Schluß zu weitreichenden Folgen führt. Hätte Bell den Muskelnerv nicht sofort zu einem Bewegungsnerven gemacht, dann hätte er sich die Frage vorlegen müssen: Ist dieser Muskelnerv nicht evtl. gerade der Gefühlsnerv?

Ohne die Prüfung dieses Problems fehlte der Auffassung von Bell die notwendige Sicherheit. Auf diesen Mangel hat J.W. Arnold (1844) in seiner Schrift *Über die Verrichtung der Wurzeln des Rückenmarksnerven*, der wir die vorangehenden Zitate entnommen haben, hingewiesen.

Wir wollen zunächst festhalten, daß die Bellsche Lehre zunächst keineswegs auf einem sicheren Fundament ruht. Ein sicheres Fundament konnten – wie wir sehen werden – auch jene Forscher, die den Bellschen Gedanken aufgegriffen und durch ausführlichere Experimente zu einer allgemein anerkannten Lehre, der sogenannten Lex Belliana, gemacht haben, nicht schaffen. Zu diesen Forschern gehören neben C.G. Schöps, G. Bacher, M.C.W. Seubert, B. Panizza vor allem F. Magendie und Joh. Müller.

Magendie wurde besonders durch den englischen Arzt John Shaw, der in Paris die Experimente von Ch. Bell wiederholte, zu seinen eigenen Untersuchungen angeregt. Spielten bei Bell noch allgemeine Gedanken und Schlußfolgerungen eine Rolle, so glaubte Magendie, das physiologische Experiment zum alleinigen Richter in einer so wichtigen Frage wie der nach der Funktion der Nerven machen zu können. Magendie gehörte zu jenen Forschern des frühen 19. Jahrhunderts, die die Physiologie ganz auf den Boden der äußeren Empirie stellen wollten. So schreibt er in der Einleitung zu seinem *Lehrbuch der Physiologie*: «Mein Hauptzweck bei der Verfassung dieses Werkes war, einen Beitrag zur Umgestaltung der Physiologie zu liefern und diese gänzlich auf das Positive der Tatsachen zurückzuführen, mit einem Worte, die glückliche Umwandlung der physischen Wissenschaften – gemeint ist die Form der Physik, die diese durch Galilei und Newton genommen hat, und die in der Chemie, seit in dieser die Lehre von den vier Elementen als überwunden gilt – auch dieser schönen Wissenschaft angedeihen zu lassen» (Magendie 1834, S. V). Und im Hinblick auf das Ziel, das er vor sich sieht, sagt er: «Noch einige Jahre, und die Physiologie wird mit den physischen Wissenschaften so eng verknüpft sein, daß sie ohne deren Hilfe keinen Schritt mehr zu tun vermag.» (Magendie 1834, S. VII).[2] Magendie erwähnt, daß sein Beitrag zur Neufassung der Nervenlehre ganz in dieser Richtung liegt.

Zunächst öffnete er jungen Hunden den hinteren Abschnitt des Wirbelkanals und schnitt dort die hinteren Wurzeln durch. Das Tier war daraufhin unempfindlich gegenüber Stichen in die Haut des hinteren

Beines, konnte es aber bald nach diesem Eingriff wieder bewegen. Magendie gelang es sogar, ohne Verletzung der hinteren Wurzeln die vorderen zu durchtrennen. Das betreffende Bein wurde schlaff; der Hund konnte es nicht mehr bewegen. Er empfand an ihm aber noch äußere Reize. Die Sensibilität war also nicht beeinträchtigt.

Magendie veränderte dann die Art seiner Experimente. Das Öffnen des Wirbelkanals und die Freilegung des Rückenmarks erschien ihm als ein zu schwerer Eingriff, der das Ergebnis möglicherweise beeinträchtigte. So bemühte er sich, die Nervenwurzeln freizulegen, ohne das Rückenmark zu tangieren. Bei Reizung der hinteren Wurzeln zeigten die Hunde Zeichen von Schmerz; wurden die vorderen Wurzeln gereizt, so kam es in den entsprechenden Muskeln zu Zuckungen. In diesen und weiteren Versuchen, die wir nicht alle aufführen wollen, fand Magendie eine klare Bestätigung der Ansichten von Bell. – Man sah in den Experimenten, die Magendie im Jahre 1822 veröffentlichte[3], die noch ausstehende Absicherung der Bellschen Auffassung und spricht deshalb von dem Bell-Magendieschen Gesetz.

Einen wichtigen Beitrag zur Befestigung dieser Lehre von den beiden Nervenarten leistete dann in den 30er Jahren des vergangenen Jahrhunderts Johannes Müller. Er konnte in den Untersuchungen von Magendie noch nicht den sicheren Beweis finden; er war der Auffassung, Säugetiere seien für so tiefe Eingriffe nicht geeignet. Er experimentierte mit Fröschen, weil sie ein zäheres Leben haben und die Öffnung des Wirbelkanales deshalb längere Zeit überleben; aber auch weil ihre Nerven lange erregbar bleiben und die relativ dicken Wurzeln im Wirbelkanal eine Strecke weit voneinander getrennt verlaufen. Damit hatte er weit günstigere Voraussetzungen als Magendie, um die Lehre von Bell zu prüfen. Was er durch die Durchtrennung der hinteren und der vorderen Wurzeln, durch die mechanische Reizung der durchschnittenen Wurzeln und durch verschiedenartige Formen der elektrischen Reizung fand, führte zu einer glänzenden Bestätigung dessen, was Bell und Magendie beobachtet hatten (Müller 1844, 8.Bd.). So wurde die Lehre von dem Gegensatz der motorischen und sensiblen Nerven durch Johannes Müller zum gesicherten Bestand der Physiologie.

Die Unklarheiten und offenen Probleme, die durch Bell in die Nervenlehre hineingekommen waren, blieben aber unverändert bestehen. Insofern leisteten die Untersuchungen von Johannes Müller genau gesehen keinen Beitrag zur Klärung der Frage nach der Funktion der vorderen und hinteren Nervenwurzeln. Man gewinnt eher den Eindruck, daß das bloße Experimentieren von der grundsätzlichen Frage abgelenkt hat, ob nämlich der Muskelnerv der Muskelkontraktion oder der Muskelempfindung diene.

Wissenschaftliches Forschen verlangt neben dem Experimentieren einen hohen Grad an Besonnenheit, ohne den eine sichere Bewertung der experimentellen Befunde vielfach nicht möglich ist. Wenn ein bestimmtes Phänomen auftritt, muß man zunächst klären, welche Faktoren an seinem Zustandekommen beteiligt sind. Findet man nur einen einzigen Faktor, so kann man diesen als Ursache auffassen. Sind es aber mehrere, dann muß man zwischen Ursache und notwendigen Bedingungen unterscheiden. Wenn das betreffende Phänomen, in unserem Fall z.B. die Bewegung des Armes, beim Fehlen eines der verschiedenen Faktoren nicht eintritt, ist es nicht ausgemacht, ob es sich um eine notwendige Bedingung oder um die Ursache selbst handelt. Die notwendigen Bedingungen sind jene Voraussetzungen, die vorhanden sein müssen, damit die Ursache wirksam werden kann. In diesem Sinne ist z.B. ein bestimmter Wärmegrad des Armes, aber auch das innere Empfinden des Armes notwendige Bedingung für die Armbewegung. Die Lähmung des Armes bei Verletzung des motorischen Nervs beweist deshalb zunächst nicht, daß von diesem Nerv die verursachende Wirkung ausgeht. Aber auch eine Muskelkontraktion infolge elektrischer Reizung dieses Nervs ist kein Beweis, weil es zunächst ganz offen ist, ob es einen sachlichen Zusammenhang zwischen einer solchen Reizung und der willentlichen Bewegung gibt. (Die Frage nach der Richtung der Nervenleitung in den motorischen Nerven steht im Augenblick noch nicht an. Wir werden auf sie an späterer Stelle eingehen, s. S. 154 ff.).

3. Einwände gegen die Lex Belliana in der ersten Hälfte des 19. Jahrhunderts

Es scheint, daß die Unzulänglichkeiten der neuen Nervenlehre erst in den 40er Jahren des letzten Jahrhunderts zu entschiedener Kritik führten. Im Jahre 1842 erschien eine scharfe Auseinandersetzung mit dem Titel *Versuch einer kritischen Beleuchtung der Lex Belliana oder einer wissenschaftlichen Abschätzung der aus dem Bellschen Phänomen gezogenen Schlüsse*. Der Autor, ein Mann von großer Sachkenntnis, von scharfem Verstand und hohen Anforderungen an wissenschaftliches Erkennen, wollte unbekannt bleiben. Gegen die Lehre vom Unterschied der motorischen und sensiblen Nerven ins Feld zu ziehen, war schon damals kein ganz einfaches Unterfangen. Es war «Opposition ... gegen einen der berühmtesten und einflußreichsten Sätze der Physiologie», wie der Herausgeber in seinen Bemerkungen anfügt (Wunderlich 1842, S. 311).

Von den Einwänden, die in dieser Abhandlung vorgebracht werden, wollen wir nur die wichtigsten anführen. Zunächst weist der Autor darauf hin, daß es keine Gründe gäbe, Empfindung und Bewegung als zwei so verschiedene Funktionen anzusehen, wie das durch die Lehre von den zwei Nervenarten angenommen wird. Denn man müsse doch «wenigstens ihr inneres Verhältnis zueinander» beachten, da «vielleicht *alle* Bewegungen empfunden» (S. 296) werden. An späterer Stelle macht er darauf aufmerksam, daß «unsere Seele um vielfache Empfindungen ärmer und vielleicht zu aller Handlung unfähig wäre ..., kämen die Muskelzustände nicht zum Bewußtsein und wüßte sie daher nicht jeden Augenblick, wie weit ihre Wirkung nach außen, auf Muskeln, angehalten oder verstärkt werden müßte» (S. 307). Der Verfasser spricht deshalb von einem sensitiven Nerv, der «für alle Modifikationen des Muskellebens empfänglich sein oder in den Muskeln leben und weben (sich verweben) müßte» (S. 307). Auch wenn er die später widerlegte Auffassung vertritt, daß Nerven in beiden Richtungen leiten, so ist der Hinweis auf die sensible Beziehung der Seele zum «Muskelleben» ein gewichtiger Einwand. Wir werden noch sehen, daß er trotz der Entdeckung der Tiefensensibilität auch heute noch gilt. Man glaubte, sich dieser Einwände wegen der irrigen Auffassung über die Nervenleitung entledigen zu können.

Der ungenannte Verfasser betrachtete die Bellsche Lehre dann auch unter dem Gesichtspunkt der organischen Entwicklung. So schreibt er: «Uns scheint die Lehre von der Theorie der Nervenwurzeln in geradem Widerspruch mit dem Resultate aller früheren Forschung, mit der vom Organismus ... erworbenen Anschauung, besonders mit der ganzen Evolutionstheorie.[4] Wir erkennen überall keine Einschachtelung; wir glauben an die Bildung der vorderen und hinteren Wurzeln aus dem gleichen Keime und halten gleichartige Organe für verwandter als ungleichartige, welche letztere doch für einander zu vicariieren im Stande sind» (S. 299). Das Rückenmark mit seinen Nerven entwickelt sich aus der Neuralrinne mit ihren Neuralwülsten. Die Neuralrinne senkt sich ein und wird zum Neuralrohr; die Neuralwülste gelangen auch in das Innere des Organismus und werden dort vor allem zu den beiden Spinalganglien. Es besteht zwischen hinterer und vorderer Wurzel nur insofern ein Unterschied, als die Nervenfasern der vorderen Wurzel von dem Innern des Rückenmarks in die Umgebung hinauswachsen (zentrifugal) und die Fasern der hinteren Wurzel vom Spinalganglion in das Rückenmark eindringen (zentripetal). So ist es in der Tat auch schwer verständlich, daß aus der gleichen Anlage so grundverschiedene, der inneren Natur nach entgegengesetzte Funktionen wie die der Empfindungsvermittlung und der Bewegungsverursachung entstehen sollen. Die Bellsche Lehre widerspricht dem, was der Verfasser als das Grundgesetz der Anatomie bezeichnet, daß nämlich «für gleichartige Strukturen gleichartige Funktionen zu suchen» (S. 308) seien.

Zwei Jahre nach dieser Abhandlung erschien die Schrift von J.W. Arnold, auf die wir schon hingewiesen haben. Mit seinem Bruder, der in Heidelberg als Anatom (u.a. Untersuchungen über den Bau des Gehirns und Rückenmarks) und besonders als Physiologe an der Universität wirkte, führte Arnold Experimente an Fröschen durch; außerdem prüfte er die Gedanken von Bell und seinen Nachfolgern an der Erfahrung und im Hinblick auf die Stichhaltigkeit der Argumente. So legt er dar, daß die Bell-Magendiesche Lehre Irrtümer enthalte. «Der eine Irrtum beruht darin, daß man nicht vorerst einen richtigen Begriff von Empfindung (Sensation) aufstellte und daher beim Gebrauch dieses Wortes nur an das Wahrnehmen äußerer Reize dachte. Dies ist aber insofern irrig, als das Wort ‹Empfinden› (sentire) nicht bloß die objektiven, sondern auch die subjektiven Wahrnehmungen bezeichnet, ja öfters sogar das Empfinden als das mehr Innerliche dem Anschauen als dem mehr Äußerlichen gegenüber gestellt wird. – Wie aus dem Früheren erhellt, so verstehen die Bellianer unter den sensitiven Nerven diejenigen, welche für äußere Reize Empfänglichkeit haben, durch welche solche zur Wahrnehmung gelangen. Dies geht schon notwendig daraus hervor, daß sie die Anwendung äußerer Reize als das alleinige Mittel benutzen, um sich von der sensitiven Natur eines Nervs zu überzeugen. Wenn man unter Sensation auch die Empfindung innerer Vorgänge versteht, was man nach dem Sprachgebrauch notwendig muß, so haben die Bellianer erstens insofern gefehlt, als sie die äußeren Reize allein zur Ausmittelung der sensitiven Natur eines Nervs benutzten und als Merkmale dieser anerkannten, zweitens insofern sie dieser einseitigen Auffassung gemäß die inneren Sensationen bei Beurteilung der Experimente anfangs übersahen und dann noch die äußeren Reize als Mittel zur Erkennung der sensitiven Natur eines Nerven überhaupt benutzten» (Arnold 1844, S. 110).

Um zu einer Klarheit in der Beurteilung der Nerven zu gelangen, fordert Arnold (1844): «Man hat daher, um zu beurteilen, ob allein die hinteren Wurzeln der Rückenmarksnerven die Sensationen vermitteln, nicht bloß äußere Reize zu benutzen, sondern auch Tiere, denen diese Wurzeln durchschnitten sind, der weiteren Beobachtung zu unterwerfen, um dann zu ermitteln, ob sich noch Merkmale, welche dem Begriff der Empfindung (Sensation) angehören, erkennen lassen» (S. 111).

So durchtrennt er Fröschen die hinteren Wurzeln – das führt zu der bereits bekannten Empfindungslosigkeit der Körperoberfläche – und beobachtet das Bewegungsverhalten. «Die Bewegungen erfolgen völlig kräftig. Dieselben sind aber nicht so den Außenverhältnissen des Fußes angemessen als bei unverletzten Nerven. Dieser Unterschied ist am auffallendsten, wenn die hinteren Wurzeln der Nerven des einen Hinterfußes durchschnitten worden sind, während die anderen unverletzt blieben» (S. 112). Arnold bemerkt Phänomene, die auf ein inneres Empfinden in dem betreffenden Hinterfuß deuten: «Streckt man z.B. ein so hergerichtetes Hinterbein eines Frosches aus, so bleibt es (im Gegensatz zu dem anderen Bein mit voller Innervierung) einige Zeit in ausgestreckter Lage; erst wenn er beabsichtigt davonzuhüpfen, zieht er das Bein an, richtet den Kopf in die Höhe, sieht sich um und führt den Sprung aus, sobald er bemerkt, daß er gelingen wird, und benutzt dabei das seiner Hautsensibilität beraubte Hinterbein ebenso wie das unverletzte» (S. 112). Es scheint, daß das Tier erst zusammen mit der Bewegungsintention zu einem Empfinden von der Lage seines Beines kommt, die dem Ausführen der Bewegungsintention unangemessen ist. Arnold schließt aus solchen Beobachtungen darauf, daß «Muskelempfindlichkeit ... durch die vorderen Nervenwurzeln vermittelt» (S. 115) wird.[5]

 Man sollte aber vorsichtiger formulieren, weil bei durchtrennter hinterer Wurzel die ungewöhnliche, nämlich ausgestreckte Lage des Beines keine Rolle spielt, also vom Tier (wie man heute weiß) nicht empfunden wird. So weisen die Beobachtungen von Arnold auf eine differenzierte Form der Muskelempfindung hin: auf eine solche, die ganz allgemein die Lage der Gliedmaßen betrifft (durch die hinteren Wurzeln), und auf eine andere, die mit der Bewegungsintention verknüpft ist (durch die vorderen Wurzeln). – Dieser Hinweis auf eine eigentümliche, mit den vorderen Nervenwurzeln verbundene Sensibilität kann eine Grundlage für unsere weitere Erörterung des Nervenproblems abgeben. Das wird vor allem der Fortgang unserer Betrachtung erweisen.

4. Sind die Einwände heute widerlegt?

Die vergangenen Jahrzehnte haben in der Anatomie und Physiologie zu Erkenntnissen geführt, durch die die früheren Einwände gegen die Bellsche Lehre gegenstandslos geworden zu sein scheinen. Niemand leugnet heute ein inneres Empfinden von bestimmten Vorgängen in den Muskeln. Die enge Verflechtung von Bewegen und Empfinden bzw. von Bewegungsimpulsierung und Bewegungskontrolle ist eingehend erforscht. So spricht man nicht mehr von Motorik, sondern von Sensomotorik. Und man weiß, wie die Organe der sogenannten Tiefensensibilität gebaut sind, besonders die Muskelspindeln und die Sehnenorgane. Auch die Rezeptoren der Gelenkorgane kennt man in groben Zügen. Es besteht auch keine Unklarheit über die Nerven dieser Organe: die I-Fasern, II-Fasern und die γ-Fasern der Muskelspindeln, die Ib-Fasern der Sehnenorgane und die Nerven der Gelenkkapseln. Sie sind eindeutig sensibler Natur; lediglich die γ-Fasern, die an die intrafusalen Muskelfasern in den Muskelspindeln herantreten, gehören zu den motorischen Nerven; sie stammen auch als einzige aus den vorderen Wurzeln. Die Organe dieser Tiefensensibilität vermitteln uns ein recht genaues inneres Empfinden von der Lage unserer Glieder, von ihrer Bewegung und von der Belastung etwa beim Tragen eines Gegenstandes. Die Physiologie spricht von einem Lage- und Bewegungssinn und von einem Muskelsinn (Empfindung von Belastung bzw. Kraft).

Man muß aber fragen: Umfaßt die Tiefensensibilität alles, was in den vorangehenden Abschnitten als Muskelgefühl, als Empfänglichkeit «für alle Modifikationen des Muskellebens» bezeichnet wurde? Entfallen mit der Entdeckung der Tiefensensibilität die Einwände von Arnold und die des ungenannten Kritikers? Anders gewendet: Haben wir schon den umfassenden Begriff von Empfindung, wenn wir zu den von der Umgebung angeregten Empfindungen die der Tiefensensibilität hinzufügen, wenigstens soweit es sich um Muskulatur und Bewegung handelt?

Die späte Entdeckung z.B. des Lage- und Bewegungssinnes (Tiefensensibilität) weist darauf hin, daß die Sinneslehre im vergangenen Jahrhundert noch recht unvollständig war. Nun gehören in den Bereich der auf den eigenen Leib bezogenen Empfindungen auch jene, durch die wir ein dumpfes Gefühl von unserem Leibe haben. Durch die Empfindungen dieses Sinnes ist unser Leib nicht nur vorhanden; durch sie «haben» wir ihn. Man fühlt sich durch sie mit seinem Leib seelisch verbunden; man empfindet die verschiedenen Lebenszustände der Erfrischung nach dem Schlaf, der Erschöpfung nach Arbeit, der Erkrankung und der mit ihr verbundenen inneren Lähmung der Bewegungsimpulse usw. Das alles sind verschiedene Wahrnehmungen dieses Sinnes, den Rudolf Steiner (1910) als Lebenssinn beschrieben hat.

Durch den Lebenssinn empfindet man den ganzen Leib, auch die Muskulatur als zu sich gehörig. Der Lebenssinn ist deshalb der fundamentalste aller Sinne, soweit es sich um das innere Empfinden des eigenen Leibes handelt. Damit ist er aber auch Voraussetzung für alle Bewegung. Denn man muß zunächst den Arm und seine Lebenszustände empfinden, wenn man mit ihm eine Bewegung ausführen will. Ohne diese Empfindung wären die Glieder und die gesamte Muskulatur gleichsam fremde Gebilde; man wäre mit ihnen innerlich nicht verbunden. Sie wären im Sinne von Merleau-Ponty (1966) nur «objektiver Körper», nicht von innen erlebter «phänomenaler Leib». «Nie ist es unser objektiver Körper, den wir bewegen, sondern stets unser phänomenaler Leib ...» (S. 131).

Dieser Sachverhalt deutet bei genauerer Betrachtung darauf hin, daß es sich bei dem Lebenssinn um eine differenzierte Organisation handeln muß. Der Lebenssinn führt normalerweise zu einem undifferenzierten Allgemeinempfinden des eigenen Leibes. Erst bei gestörten

Lebensprozessen kommt es in den betreffenden Organen zu einem lokalisierten Mißempfinden. Das übliche diffuse Allgemeinempfinden bietet noch keine Grundlage für das gezielte Ergreifen der Muskulatur, um bestimmte Bewegungen auszuführen. Da muß man von dem Bereich aus, in dem man eine bestimmte Bewegungsabsicht faßt, d.h. vom Kopf aus, für eine Greifbewegung mit der Muskulatur von Arm und Hand in Beziehung treten oder mit der Bewegungsmuskulatur des Halses, um einen Gegenstand ins Blickfeld zu bekommen. Gäbe es im Lebenssinn neben der weitgehend diffusen Allgemeinempfindung nicht diese differenzierte Beziehung zu den verschiedenen Bereichen der Muskulatur, so käme man zu keinen differenzierten Bewegungsvollzügen. – Nach unserer Auffassung gewinnt man Klarheit im Hinblick auf Haltung und Bewegung erst, wenn man auch die Bedeutung des Lebenssinnes, und zwar mit seiner speziellen Beziehung zur Muskulatur ins Auge faßt. In den Beobachtungen von Arnold, die eine mit dem Bewegungsimpuls eng verknüpfte Sensibilität durch die sogenannten motorischen Nerven nahelegen (s. S. 126 f.), kann man einen Hinweis auf diese Beziehung des Lebenssinnes zur Muskulatur sehen.

Diese Organisation des Lebenssinnes ist in den neueren Abhandlungen über Bewegung und Bewegungskontrolle nicht berücksichtigt. Man könnte allenfalls auf die C-Fasern des sympathischen Nervensystems, die auf dem Wege über die vorderen Wurzeln, die Rami communicantes grisei, und die Spinalnerven in die Muskulatur gelangen, als neuronales Substrat des meist diffusen Allgemeinempfindens hinweisen. So werden auch heute bei der Interpretation von Bewegung noch nicht alle Faktoren, die bei ihrem Zustandekommen zusammenwirken müssen, berücksichtigt.

Wäre mit der Tiefensensibilität und dem diffusen Bereich des Lebenssinnes schon die gesamte innere Wahrnehmung von Muskulatur, Lage (Gelenkstellung) und Bewegung umschrieben, so könnte man den motorischen Nerven die Funktion der Bewegungsauslösung zuschreiben. Da diese Wahrnehmung aber mehr umfaßt und man neben den motorischen Nerven keine weiteren Muskelnerven als Vermittler des auf die Muskulatur spezifizierten Lebenssinnes angeben kann, muß die Interpretation dieser Nerven als bewegungsauslösende weiterhin als fragwürdig gelten.

Das Problem verschärft sich, wenn man noch bestimmte Beobachtungen aus dem Gebiet der Neurologie in Betracht zieht. W. Penfield hat bei den Gehirnoperationen, die er bei vollem Bewußtsein seiner Patienten durchführte, bestimmte Gehirnareale (im sogenannten Gyrus praecentralis) elektrisch gereizt. Die Folge waren z.B. deutliche Bewegungen des Armes. Hierzu schreibt Penfield: «Wenn ich einen Patienten, der bei Bewußtsein war, veranlaßte, seine Hand zu bewegen, während ich mit einer Elektrode die motorische Rinde der einen Hemisphäre reizte, habe ich oft nach der Bewegung gefragt. Die Antwort war immer die gleiche. ‹Ich habe die Bewegung nicht ausgeführt. Sie waren es. (I didn't do that. You did it)» (Penfield 1975, S. 76). Die Bewegung war nicht die eigene. Der Patient erlebt, daß in dieser Bewegung nicht der eigene Wille wirkt. Er empfindet wohl den Arm und dessen Lageveränderung, weiß aber aus innerer Gewißheit, daß diese Veränderung ohne ihn, ohne seinen Willen vor sich gegangen ist.

Die über motorische Nerven durch elektrische Reizung ausgelöste Bewegung ist also anthropologisch betrachtet eine andere Wirklichkeit als die vom Menschen willkürlich ausgeführte. Ihr fehlt, was für den Menschen bei seinen Bewegungen die wesentliche Erfahrung ist: daß er selbst in diesen Bewegungen als willentlich tätiges Wesen wirkt. Die Beobachtungen von Penfield bestätigen, was jeder Mensch bei Besinnung auf die eigene Erfahrung erfaßt: Die eigene Willensbetätigung wird anders erlebt als ein völlig objektiv verlaufender physischer Vorgang (siehe hierzu auch S. 135 und S. 147 f.); sie läßt sich nicht auf Muskelkontraktionen reduzieren, die durch Nervenaktionsströme ausgelöst werden. Die Theorie der durch motorische Nerven ausgelösten und durch die Tiefensensibilität gesteuerten Bewegung ist offensichtlich ein unzureichendes Modell für menschliche Bewegung.

Wenn man bei einer willkürlichen Bewegung den Willen ignoriert, kommt man mit der Erfahrung in Widerspruch. Man läßt einen Faktor außer acht – nach dem persönlichen Erlebnis sogar den wesentlichen. Das Willenserlebnis setzt aber voraus, daß man durch den Lebenssinn eine innere Empfindung von den Organen der Willensbetätigung, d.h. der Muskulatur, hat.

Die Entdeckung der Tiefensensibilität hat die Frage nach den Nerven, die die Sensibilität für das Muskelleben vermitteln, nicht gelöst, wohl aber präzisiert. Die Tiefensensibilität betrifft nicht das Muskelleben selbst, sondern die mehr mechanischen Modifikationen der Muskeln (Dehnung, Spannung bzw. Dehnungs- und Spannungsänderungen). Gäbe es keine weiteren Tatsachen, die einer Einteilung der Nerven in zwei so verschiedene Arten wie sensible und motorische klar widersprächen, so wäre diese Einteilung jedenfalls eine mit großen Unsicherheiten belastete Hypothese.

Die Unterscheidung dieser beiden Nervenarten führt zu weiteren Ungewißheiten. In den Zentralorganen werden durch die sensitiven Nerven Erregungen ausgelöst, auf die dann in den sogenannten motorischen Arealen bzw. in den motorischen Nervenelementen (Motoneuronen) eine Aktivität folgt oder folgen kann. Hierzu schreibt H.L. Teubner: «Die größte Wissenslücke, die Kluft, über die wir uns alle einig sind, liegt ... zwischen den sensuellen Wahrnehmungssystemen und dem klassischen motorischen Nervensystem. Ich glaube, daß unser Wissen hier so rudimentär und ‹primitiv› ist, wie Prof. Eccles es vor kurzem darstellte» (zitiert nach Boss 1975, S. 95 f.). Die Probleme, die sich aus der von Bell begründeten Nervenlehre hier im Gehirn beim Übergang von der Sensorik zur Motorik bei der Erforschung der menschlichen Willenshandlungen ergeben, hat der bekannte amerikanische Physiologe Lashley in einem Bilde zusammengefaßt. Es komme ihm so vor, «als wäre er eingeladen, der Inauguration einer Brücke (die über einen Abgrund führt) beizuwohnen und als hätte er sich zu diesem Zwecke mit vielen anderen am einen Ende dieser Brücke eingefunden. Das Band würde nun durchschnitten, die ausgewählte Gesellschaft würde hinüberschreiten, gerate jedoch am anderen Ende der Brücke in die Falle eines undurchdringlichen Urwaldes. Es bleibt die ungelöste Frage: Wie bewerkstelligen wir den Übergang von der Rezeptoren-Feldtheorie zum Problem der koordinierten Handlung» (zitiert nach Boss 1975, S. 96).

Schwierigkeiten in bestimmten Erkenntnisproblemen können auf unterschiedliche Weise entstehen. Die Probleme können unser augenblickliches Erkenntnisvermögen übersteigen. Man kann aber auch in eine ausweglose Situation geraten, wenn man einen falschen Weg eingeschlagen hat und schon in den Voraussetzungen irrige oder ungeklärte Annahmen stecken.

5. Experimentelle Beobachtungen und die Schwierigkeiten ihrer Deutung im Sinne der Lex Belliana

Die bisherige Betrachtung legt nahe, die Interpretation des einen Muskelnervs als motorischen, die Bewegung verursachenden Nerven offen zu lassen und die Tatsachen, denen wir uns im weiteren zuwenden, auch unbelastet von dieser Theorie zu beurteilen. Diese Tatsachen sollen uns zu einer Entscheidung der bisher nur in die Schwebe gebrachten Frage nach der Funktion dieser Muskelnerven verhelfen.

Die Lehre von den zwei verschiedenen Nervenarten führte, wie schon erwähnt, zu der Auffassung, daß es im Zentralnervensystem, vor allem auch im Gehirn, Zentren gäbe, von denen die Auslösung und insbesonders auch die Koordination der Bewegungen ausgehe. Diese Auffassung wurde unterstützt durch die genauere Untersuchung des Gehirns, speziell der Gehirnrinde. Man entdeckte Unterschiede im Bau der Gehirnrinde, in der Ausdifferenzierung ihrer einzelnen Schichten. Das führte zusammen mit anderen, besonders auch klinischen Beobachtungen und solchen aufgrund physiologischer Experimente zu den bekannten Darstellungen des Gehirns mit den verschiedenen Arealen, die für bestimmte Funktionen zuständig sind bzw. sein sollen. Man fand auch Zentren der Bewegungsauslösung und Bewegungskoordination.

In den ersten Jahrzehnten dieses Jahrhunderts hat eine Reihe von Forschern, unter ihnen der deutsche Physiologe A. Bethe, eine Reihe von Phänomenen beschrieben, die gegen diese Zentrenlehre sprechen. Sie sind zugleich auch Bausteine für eine Anschauung, in der der Gegensatz von sensibler und motorischer Nervenfunktion überwunden wird. Wir greifen von den Tatsachen, die Bethe und Fischer (1931, S. 1045ff. und S. 1175ff.) im *Handbuch der normalen und pathologischen Physiologie* dargestellt haben, einige heraus.

Bethe experimentierte wie Magendie auch mit Hunden. Er machte aber nicht nur Eingriffe in das Nervensystem, sondern beobachtete die Bewegungen, wenn ein oder zwei Beine z.B. durch Amputation ausgeschaltet waren. Wurden die beiden vorderen Beine bis auf kurze Stümpfe amputiert, so setzten sich die Hunde auf die Hinterfüße (nicht auf die Ballen) und hüpften «unter gleichzeitiger Streckung der Hinterbeine in schnell sich folgenden Sprüngen» (S. 1069). Würde die Bewegung von einem Zentrum aus nach einem bestimmten

Bewegungsmuster gesteuert, so könnte man bestenfalls mit einer allmählichen Umwandlung der bisherigen Bewegungsweisen rechnen. Es zeigte sich aber etwas anderes. «Das Känguruhhüpfen trat bei den ersten Fortbewegungsversuchen sofort in Erscheinung und blieb ... die einzige Fortbewegungsart, solange die (vorderen) Beinstümpfe nicht verheilt waren» (S. 1069).

Von den Tieren, die von den Hinterbeinen nur noch kurze Stummel (bis zum Kniegelenk) hatten, schreibt Bethe: «Sobald die Tiere sich aus der Narkose erholt haben und sich wieder auf die Beine aufrichten, werden sie zu ‹Handgängern›. Sie strecken die Vorderbeine so stark wie möglich, heben die Schulterblätter und den Vorderteil der Brustwirbelsäule, schlagen den Hinterteil des Rumpfes und die Hinterbeinstümpfe ventral nach vorn um, so daß sie frei zwischen den Vorderbeinen schweben, und setzen diese abwechselnd vor ... Der Kopf wird weit vorgestreckt, um als Gleichgewicht zu dienen» (S. 1071). Ebenso bewegten sich die Tiere, die nur noch zwei seitliche oder ein Vorder- und das andere Hinterbein hatten so, daß sie die vollständig neue, außerordentlich schwierigen Verhältnisse ohne jedes Zeichen einer allmählichen Neukoordination bewältigten (S. 1072 ff.).

Die Tiere empfinden offensichtlich die veränderten Bedingungen für das Gleichgewicht und stellen sich aus einer entsprechenden Aktivierung ihrer gesamten Muskulatur in diese neuen Gleichgewichtsverhältnisse hinein. Man sieht: Das Tier hat ein Gesamtempfinden seiner Muskulatur, seiner Haltung und seiner Muskelaktivierung, und aus diesem Gesamtempfinden bewältigt es die durch die Amputation veränderten Bedingungen für Gleichgewicht und Bewegung.

Um solche und ähnliche Phänomene, die der Lehre von absolut fixierten Zentren widersprechen, zu deuten, wurde der Begriff der Plastizität eingeführt. So schreibt O. Koehler (1933, S. 158): «Anstatt mit starren Bahnen und invariablen ‹Zentren› haben wir mit Plastizität in einem ungeahnten Ausmaße zu rechnen.» Die veränderten Bedingungen für Gleichgewicht, Körperhaltung und Bewegung führen nach dieser Auffassung zu Veränderungen im Zentralnervensystem, durch die sich Bewegungsauslösung und -koordination den neuen Verhältnissen anpassen. «Regulierende Einflüsse der Peripherie beeinflussen das Zentralnervensystem, in ihm kämpfen Einzelerregungen um die Gesamtherrschaft» (Koehler 1933, S. 158). Bethe (1931, S. 1191) faßt den Begriff der Plastizität in folgender Weise: «Nicht das Zentralorgan bestimmt, was an der Peripherie geschehen soll, sondern die Peripherie bestimmt, wie sich das Zentralorgan einzustellen hat.»

Wir wollen das Phänomen der Plastizität keinesfalls bezweifeln. Dennoch muß man von Fall zu Fall prüfen, ob die jeweiligen Sachverhalte durch eine solche Plastizität befriedigend gedeutet werden können. Das scheint nun bei den geschilderten Experimenten nicht der Fall zu sein. Wann sollten denn bestimmte zentral bedingte Koordinationen umorganisiert werden, wenn sich das Tier vom ersten Bewegungsversuch der tiefgreifend veränderten Situation gewachsen zeigt? Entweder verlangt Plastizität funktionelle oder gar anatomische Umstrukturierungen, die eine gewisse Zeit beanspruchen, oder das Konzept einer zentral festgelegten Bewegungsverursachung gerät insgesamt ins Wanken.[6]

Im Hinblick auf die Art, wie die amputierten Hunde ihre veränderte Situation bewältigen, erscheint der Verweis auf Plastizität des Zentralnervensystems eine unnatürliche Konstruktion. Man versteht sie eigentlich nur, wenn man in ihr die Konsequenz der Lex Belliana sieht. Der Physiologe muß aufgrund seiner Beobachtungen die starre Zentrenlehre ablehnen. Er hält aber an der Theorie einer vom Zentralnervensystem ausgehenden Bewegungsverursachung fest. Deshalb muß sich die Bewegungsverursachung plastisch auf die neuen Bewegungsbedingungen einstellen.

Man kommt zu einer weit ungezwungeneren Deutung, wenn man sich von der Lex Belliana freimacht. Indem das Tier aus der Narkose aufwacht, empfindet es die veränderte Situation. Aus dem Gesamtempfinden seines Leibes (Lebenssinn), seiner Haltung und Bewegungsmöglichkeit (Tiefensensibilität bzw. Lage- und Bewegungssinn) im Zusammenhang mit dem Empfinden der Gleichgewichtsverhältnisse aktiviert es seine Muskulatur. Die Muskelaktivierung, die Bewegung und die Beherrschung seines Leibes leistet es aus dem momentanen Gesamtempfinden. Das Tier ist im Ganzen seines Leibes aus dem Empfinden des ganzen Leibes (Lebenssinn, Lage- und Bewegungssinn, Gleichgewichtssinn) tätig.

Es handelt sich um eine situationsgemäß wirkende Willensbetätigung. Mit Wille meinen wir nicht das Wollen, d.h. die Wünsche, die Absichten, die Ziele und Zwecke des Handelns oder den Entschluß, sondern das in Körperhaltung und Bewegung tätige seelische Wirken.

Es geht also um eine andere Wirklichkeit als den in der Physiologie mit dem gleichen Wort bezeichneten Sachverhalt. So schreibt R. Jung (1984, S. 43): «Wille ist Wahl. Das deutsche Wort ‹Willkürbewegung› bedeutet schon sprachlich (küren = wählen) eine gezielte *Auswahl* aus verschiedenen Programmen. Diese Handlungsprogramme werden von verschiedenen Trieben, Motiven und Zielen angeboten, der *Wille wählt*, wie die Physiologen schon früh erkannt haben, das jeweils geeignete.» Das ist ein Vorgang, der der Willenshandlung und damit dem Willen, wie wir ihn fassen, vorausgeht. Wille ist da die wirkende seelische Kraft in jedem Moment des Stehens und Bewegens. Er wird in jedem Moment aus dem Gesamtempfinden des Leibes, seiner Haltung und Bewegung neu vollzogen. Dies geschieht – das ist unmittelbare Erfahrung – in der Muskulatur, nicht im Zentralnervensystem. Wille als diese lebendig wirkende seelische Kraft in der Auseinandersetzung mit Schwere, Widerstand und Trägheit gibt es sicher auch bei den Säugetieren.

Jene Phänomene, die zur Überwindung der starren Zentrenlehre führten, fordern auch eine Revision der Lex Belliana. Das geht unter anderem aus den Ergebnissen hervor, die die Versuche mit Verlagerung «motorischer» Nervenbahnen erbracht haben. 1905 gelang es Bethe bei einem jungen Hund, «beide Ischiadici unter Einpflanzung von einem Brudertier entnommener Nerven» zu kreuzen (Bethe und Fischer 1931, S. 1093). Nach der Nervenregeneration innervierte also der aus den vorderen Wurzeln entspringende Nerv der rechten Seite nicht mehr das rechte, sondern das linke Bein, und der ursprünglich linksseitige Nerv das rechte Bein. Was war die Folge dieser ungewöhnlichen Veränderung der sogenannten motorischen Innervierung? «Die Koordination beim Laufen war am Schluß der Beobachtungszeit völlig normal. Das Tier konnte nicht nur in allen Gangarten laufen, sondern auf den Hinterbeinen allein mit abgehobener Ferse gehen und über den Stock springen. Auch während der Wiederkehr der Funktion wurden Störungen in der Koordination nicht bemerkt» (S. 1092). Der Verlauf der Nerven spielt offensichtlich für die Bewegung keine Rolle. Das geht noch deutlicher aus den Experimenten von Maragliano aus dem Jahre 1912 hervor. Maragliano schaltete bei jungen Hunden von den beiden Ischiadicus-Nerven den linken vollständig aus. Den rechten durchtrennte er und spaltete den Stumpf der Länge nach. Die zwei Hälften vernähte er mit je einem der beiden peripheren Ischiadicusenden. So wurden beide Beine aus den gleichen Nervenwurzeln, nämlich denen der rechten Seite versorgt, die sonst nur das rechte hintere Bein innervieren. Fast alle Tiere bewegten sich nach der Nervenregeneration völlig normal (siehe Bethe und Fischer 1931, S. 1092f.).

Wendet man auf diese Phänomene die Theorie der Bewegungsverursachung durch motorische Areale des Gehirns und die von ihnen ausgehenden motorischen Nerven an, so muß man sich vorstellen: Beim gesunden Tier geht diese Verursachung von bestimmten Bezirken aus, nach Überkreuzung der Nerven vertauschen aber die Bezirke, die die beiden Hinterbeine innervieren, ziemlich rasch ihre Aufgabe. Nach den Beobachtungen von Maragliano müßte man annehmen, daß das eine dieser Areale ebenso gut auch die Aufgabe des anderen übernehmen kann. Denn das sogenannte motorische Projektionsfeld für das rechte Bein liegt auf der linken Hemisphäre und das des linken Beines auf der rechten Hemisphäre. Die Vorstellung einer solchen Plastizität wirkt konstruiert. Sie ist eine Hypothese, der die empirische Absicherung fehlt. Denn es wird nicht nachgewiesen, wie sich die Plastizität in den geschilderten Fällen im Zentralnervensystem auswirkt.

Ch. Ballance und L. Colledge durchtrennten in den 20er Jahren beim Hund und beim Affen den einen Nervus phrenicus. Er entspringt aus dem Halsabschnitt des Rückenmarks; er zieht zum Zwerchfell und ist die Bedingung der rhythmischen Zwerchfellkontraktion. Die Durchtrennung führte zur Lähmung der einen Zwerchfellhälfte. Dann vernähten sie das periphere, also vom Rückenmark isolierte Ende dieses Zwerchfellnerven mit jenem Anteil des 12. Gehirnnerven, der zu einigen Halsmuskeln zieht. Nach der Regeneration wurde das Zwerchfell aus einer Nervenwurzel innerviert, die sonst zur Halsmuskulatur in Beziehung steht. Die vorher gelähmte Zwerchfellhälfte begann sich wieder rhythmisch zu kontrahieren (siehe Bethe und Fischer 1931, S. 1099 f.). Wie soll man verstehen, daß ein Nerv, der zunächst für eine unrhythmisch auftretende Muskelaktivität im Hals verantwortlich sein soll, nun rhythmische Kontraktionen verursacht? Oder wie soll eine Nervenwurzel, die der Bewegung der Hinterbeine dient, nach Vernähung mit einem anderen Nervenstrang die Bewegungen des Enddarmes und der Blase beherrschen (Untersuchungen von B. Kilvingston, bei A. Bethe und E. Fischer 1931, S. 1091)? Ebenso merkwürdig ist es für die Theorie der motorischen Nervenaktion, daß beim Menschen die Lähmung der mimischen Gesichtsmuskeln nach einer Schädigung des Nervus facialis (7. Gehirnnerv) wieder ausheilt, wenn die Innervation von den Wurzeln des Nervus accessorius (11. Gehirnnerv, er versorgt die Halsmuskulatur), denen des Nervus glossopharyngeus (9. Gehirnnerv, er innerviert den Musculus stylohyoideus, der am Griffelfortsatz der Schädelbasis entspringt und zum Zungenbein geht) oder des Nervus hypoglossus (12. Gehirnnerv, Innervation der inneren Zungenmuskeln und der in die Zunge einstrahlenden Muskeln) geschieht, aber auch durch den Nervus vagus (10. Gehirnnerv, er zieht unter anderem zum Kehlkopf, zur Luftröhre und Speiseröhre, zum Herzen, in die Lunge und zu verschiedenen Organen unterhalb des Zwerchfells) übernommen wird (Bethe und Fischer 1931, S. 1097).

Man muß schon zu der Annahme von einschneidenden Neubahnungen im Zentralnervensystem greifen, wenn man angesichts solcher Phänomene an der Theorie der nervösen Bewegungsverursachung festhalten will. Für eine unbefangene Beurteilung weisen diese Phänomene auf etwas anderes hin. Entscheidend ist offensichtlich die bloße Tatsache, daß die Muskeln überhaupt von einem Nerv «versorgt» werden. Dabei scheint die jeweils spezifische Aktivität der betreffenden Muskeln ohne Bedeutung zu sein. Es ist egal, ob es sich um mimische Muskulatur, um rhythmisch sich betätigende Muskeln handelt oder um solche, die durch ihre Kontraktion eine Arbeit verrichten. Die spezifische Art der Aktivität scheint mit der Muskulatur selbst in Beziehung zu stehen, nicht mit den Nerven. Damit sie wirksam werden kann, bedarf es aber der Innervation. Die Nerven haben offensichtlich eine andere als eine motorische Funktion.

Man kommt zu einer befriedigenderen Erklärung, wenn man die ohnehin mit großen Unsicherheiten belastete Theorie von den zwei Nervenarten aufgibt und annimmt, daß die Nerven eine einheitliche, nämlich sensible Funktion haben. Wahrnehmen und Empfinden sind intentional. Sie beziehen sich im Bereich eines Sinnes immer auf bestimmte «Objekte». Diese liegen für den Sehsinn als farbige Gegenstände in der Außenwelt. Ebenso befinden sich im Innern des Leibes die Muskeln mit ihren Lebenszuständen. Wie der Blick in den Raum zu den farbigen Gegenständen dringt, so der Lebenssinn durch jene Nerven, die man als motorische bezeichnet, zu den Muskeln. Und motorische Endplatten wären jene kleinen Organe, die dem Lebenssinn den Weg in das Muskelleben bahnen. Der Lebenssinn ist aber, wie wir gezeigt haben, die Voraussetzung dafür, daß man sich mit der Muskulatur verbindet und in ihr tätig wird.

Angesichts der zuletzt genannten Phänomene müssen wir den Begriff von Tätigkeit allerdings erweitern. Was in der mimischen Muskulatur zum Ausdruck kommt, ist nicht willentliche Aktivität wie in Bewegung und Haltung; es sind Gefühle (Miene) und der seelische Charakter des Menschen (Physiognomie). Die Motorik des Enddarms ist in hohem Grade von Stimmungen und Affekten bestimmt (Glatzel 1959). Und die Bewegungen des Zwerchfells stehen wie das ganze rhythmische Atemgeschehen in unmittelbarem Zusammenhang mit den Regungen von Gefühl und Emotion (Schäfer 1979). Die seelischen Aktivitäten können in den (unwillkürlichen) Bewegungen aber auch nur dann zum Ausdruck kommen, wenn die betreffende Muskulatur durch den Lebenssinn so, wie wir das gesehen haben, zur eigenen geworden ist.

Ein weiteres Phänomen, das nur verständlich wird, wenn man die einheitlich sensible Natur der Nerven zugrunde legt, sind die sogenannten Axonreflexe. Bei der Regeneration von «motorischen» Nerven nach Durchtrennung und Zusammenfügung mit anderen Nervenbahnen, wachsen die Nervenfasern bisweilen nicht nur in das frühere Gebiet der peripheren Nervenbahn, sondern geraten auch zu anderen Muskeln. Das ergibt sich aus Reizversuchen. Nach der Theorie der motorischen Nervenfunktion wären «schwerste Störungen der Koordination» (Bethe 1931, S. 1090) zu erwarten. Von solchen ist aber nichts zu bemerken – weil der Nerv offensichtlich eine Empfindungsfunktion hat. Es hat sich im Verlauf der Regeneration das Gebiet des von diesem Nerven vermittelten Empfindens nur ausgeweitet.

6. Die Bedeutung der heterogenen Nervenregeneration für eine Revision der Lex Belliana

Beobachtungen, aus denen sich die einheitliche Natur der Nerven deutlich erhellt, stammen von dem holländischen Anatomen J. Boeke. Er hat sie in seinen *Studien zur Nervenregeneration* (1916/17) dargestellt. Eine knappere Schilderung findet man in seiner Abhandlung mit dem Titel *Nervenregeneration und verwandte Innervationsprobleme* (1921). Für uns ist besonders der 2. Teil seiner *Studien* von Interesse. Wir wollen die von Boeke aufgefundenen Tatsachen kurz skizzieren.

Man wußte damals, daß Nerven recht gut miteinander verwachsen, wenn sie nach der üblichen Auffassung gleicher Natur sind. Ein sensibler Nerv regeneriert, wenn er mit dem peripheren Ende eines ebenfalls sensiblen Nervs zusammengefügt wird. Seine Fasern dringen durch die Verwachsungsstelle in die Bahn des anderen Nervs hinein. Ebenso ist es auch bei den «motorischen» Nerven. Gegenüber dieser homogenen Regeneration war vor den Untersuchungen von Boeke die Möglichkeit einer heterogenen Regeneration ungeklärt und ungewiß. Denn alle bisherigen Bemühungen, einen sensiblen mit einem «motorischen» oder einen «motorischen» mit einem sensiblen zur Regeneration zu bringen, hatten zu keinem oder keinem klaren Resultat geführt. Boeke hat dieses Problem der sogenannten heterogenen Nervenregeneration gelöst.

Er führte seine Untersuchungen an Igeln aus, und zwar unter sorgfältiger Abwägung aller in Betracht kommenden Tatsachen. Vom Hirnstamm ziehen zwei Nerven in die Zunge des Igels: der Nervus hypoglossus als «motorischer» Nerv, der Nervus lingualis als sensibler Nerv für die Geschmacksempfindungen in der vorderen Zungenhälfte. Wenn man den Lingualis durchtrennt, degenerieren die Geschmacksknospen der Zungenspitze in wenigen Tagen. Ebenso degeneriert aber auch der Nerv. Es bleibt nach einiger Zeit nur noch ein «leerer» Kanal ohne die nervösen Strukturen übrig, das sogenannte Büngnersche Band. Boeke durchschnitt bei einer größeren Zahl von Igeln im Halsbereich Hypoglossus und Lingualis, zerstörte den Stumpf des Lingualis und verband den zentralen Anteil des Hypoglossus mit dem peripheren Lingualis. Er enthielt natürlich noch alle nervösen Elemente. Die beiden Nerven verheilten, und es drangen die Fasern des Hypoglossus in die Bahnen des Lingualis ein. Diese bestimmten die Richtung und Ausbreitung der auswachsenden Hypoglossusfasern. Boeke schreibt: «... wenn man Längsschnitte durch die Narbenstelle studiert, sieht man, daß nicht nur die auswachsenden Hypoglossusfasern in dichten Bündeln in die periphere Lingualisbahn eingedrungen sind, sondern daß sie auch in die heterogenen Nervenfaserröhren hineinwachsen. Und dasselbe zeigten die Querschnitte durch die Zunge. Es zeigten sich hier nicht nur die Lingualisquerschnitte ... dicht erfüllt von regenerierenden Nervenfaserbündeln, während die Hypoglossusquerschnitte ‹leer› erschienen» (S. 30). Hier waren die Nerven bis auf die Büngnerschen Bänder degeneriert. Die Nervenfasern des Hypoglossus drangen bis in die Schleimhaut, in das Epithel vor und bildeten Endverästelungen, die denen des Lingualis (!) ähnlich sind. «Wir finden im Großen und Ganzen ein Regenerationsbild, welches nicht stark abweicht von dem bei der homogenen Regeneration zu erwartenden Bilde. Mit anderen Worten, man konnte sagen, der Habitus der Endverästelungsweise der regenerierenden Nervenfasern wird durch die Umgebung, das Milieu, bestimmt, die Endverästelungsweise ist von dem Milieu abhängig, und die Nervenfasern verhalten sich dabei so ziemlich passiv» (S. 42). Die Angleichung des «motorischen» Hypoglossus an den sensiblen Lingualis geht aber noch weiter. Wenn bei der homogenen Regeneration der Lingualis wieder in das Epithel eindringt, bilden sich die Geschmacksorgane an den früheren Stellen wieder aus. «*Auch die Hypoglossusfasern scheinen nun eine derartige stimulierende Wirkung auf die zugrundegegangenen Schmeckbecher auszuüben* ... Nach mehreren Monaten fand ich nun wiederholte Male genau an den Stellen, wo sich bei normaler Schleimhaut die Geschmacksbecher vorfinden, eigenartige Veränderungen der Epithelzellen, welche *nur als Regenerationsstadien der Schmeckbecher zu erklären sind. Diese Veränderungen sind nur an eingedrungenen Nervenfasern*» (S. 46). Der Hypoglossus verhält sich nun wie ein sensibler Nerv.

Einzelne Fasern gelangten aber auch zu Muskelfasern und «bildeten ... sofort wohl entwickelte motorische Endplatten» (S. 49). Gerade diese Tatsache spricht deutlich die einheitliche Natur der Nerven aus. Sie widerspricht aufs schärfste der Bellschen Lehre. Denn nach dieser geht der Nerv entweder als motorischer zu den Muskeln und bildet dort Endplatten, oder er tritt als sensibler mit Sinnesorganen in Beziehung.

Boeke stellte an Igeln auch die andere Nervenverbindung her, bei der er den zentralen Anteil des Lingualis mit dem peripheren Hypoglossus zusammenfügte. Auch hier heilten die heterogenen Nerven zusammen. Die Lingualisfasern wuchsen auf den Bahnen des Hypoglossus in die Zungenmuskulatur. Dort beobachtete Boeke «Plattenbildungen ..., welche den bei der homologen Hypoglossusregeneration ausgebildeten Endplatten auffallend ähnlich sind» (S. 55). Daß der Lingualis ein sensibler Nerv ist, der normalerweise die Geschmacksempfindung vermittelt, ist eine ganz unbestrittene Tatsache. Es ist deshalb mit der Logik nicht zu vereinbaren, daß er jetzt *motorische* Strukturen ausbildet. Bei den Endplatten kann es sich nur um sensible Strukturen handeln, wie wir an früherer Stelle postuliert haben.

Boeke wirft die Frage auf, ob der sensible Lingualis für die Zungenmuskulatur die gleiche physiologische Bedeutung habe wie der Hypoglossus. Wird der Hypoglossus durchschnitten, so geraten die Muskelfasern der gelähmten Zungenhälfte «in einen eigentümlichen fibrillären Bewegungszustand» (S. 57). Diese fibrilläre Bewegung hört bei der normalen Regeneration des Hypoglossus auf. Aber auch «bei den ... Versuchen, bei welchen also die Lingualfasern in die Hypoglossusbahn geleitet wurden, zeigte sich nun dieselbe Erscheinung. In mehreren Fällen sah ich nach einigen Monaten ganz deutlich die fribrillären Zuckungen in der gelähmten Zungenhälfte abnehmen und schließlich fast unmerklich werden» (S. 58).

Nun behandelt Boeke ausführlich (S. 19ff.) die Tatsache, daß der Hypoglossus sensible und der Lingualis «motorische» Fasern enthält. Zum Abschluß seiner Arbeit wirft er die Frage auf, ob dadurch das Ergebnis seiner Untersuchungen in Frage gestellt werde. Da die Beantwortung dieser Frage für uns von großem Gewicht ist, führe ich Erörterungen von Boeke im vollen Wortlaut an:

«Das Endgebiet, in welchem die regenerierenden Nervenfasern ihre Endverästelungen ausbilden, bleibt bei der heterogenen Regeneration für die eindringenden Nervenfasern doch immer ein durchaus atypisches. Die absichtlich so allgemein wie nur möglich gehaltenen darauf basierten Schlußfolgerungen behalten ihren Wert bei.

Zweitens gelang es, wie oben auseinandergesetzt wurde, beim Igel leicht, die Chorda tympani intakt zu lassen, und so die in der Chorda verlaufenden zentrifugalen Fasern aus dem Verwachsungsprozeß auszuschalten.[7]

Drittens ist die Zahl der sensiblen Fasern des Hypoglossus beim Igel eine ganz kleine (insofern sich darüber ein Urteil bilden läßt) gegenüber der großen Menge der motorischen, zentrifugalen Hypoglossusfasern. Und dabei ist bei gut gelungenen Versuchen die Zahl der in die periphere Nervenbahn eindringenden Nervenfasern so groß, so ausgiebig, und es sind in der ersten Versuchsreihe z.B. die Äste des Lingualis so sehr überfüllt mit hineingedrungenen regenerierenden Hypoglossusfasern, daß es, sogar wenn man die Spaltung der regenerierenden Nervenfasern in Betracht zieht, praktisch unmöglich ist, daß alle diese Fasern nur aus den wenigen sensiblen Fasern des zentralen Hypoglossusstumpfes hervorgegangen sein würden. Und ganz dasselbe läßt sich bei der zweiten Versuchsreihe behaupten. In gut gelungenen Versuchen ist die Zahl der regenerierenden Fasern in einem Querschnitt durch die Hauptäste des betreffenden Nervs weit größer als die Zahl der Nervenfasern in dem analogen Querschnitt durch den Nerven der gesunden Zungenhälfte.

Und so läßt sich, wie es mir scheinen will, auch wenn man den oben angeführten Tatsachen nach Gebühr Rechnung trägt, die Behauptung, daß sensible Fasern wohl imstande sind, nach beiden Richtungen hin mit motorischen zu verwachsen, und die aus den Versuchen abgeleiteten allgemeinen Schlußfolgerungen völlig aufrechterhalten» (S. 61 f.).

Es gibt Tatsachen, die die Boekeschen Beobachtungen und deren Konsequenzen zu relativieren scheinen. Die Frage der heterogenen Regeneration wurde nach Boeke mehrfach behandelt. So gelang Gutmann 1945 die heterogene Innervation des Muskels durch sensible Fasern des Nervus suralis, der hinten im unteren Teil des Unterschenkels verläuft. Die Muskelathrophie, die nach Durchtrennung der «motorischen» Nerven eingetreten war, ging weiter. Eine Besserung trat nicht einmal ein, nachdem die Nervenfasern in den Muskel eingewachsen waren. Nachdem Gutmann den Nervus suralis mit dem Nervus fibularis zusammengenäht hatte, rief elektrische Erregung des Nervus suralis keine Kontraktion des Muskels hervor; die sensiblen Axone hatten keine Endplatte gebildet.

Borowski (1956) hält diesen Beobachtungen das reiche Erfahrungsmaterial russischer Forscher entgegen. Er schreibt (S. 152): «Zahlreiche Untersuchungen russischer Autoren (B.J. Lawrentjew u.a.) zur Frage der heterogenen Innervation zeigten, daß die Synapsen immer die ihnen eigentümliche Form annehmen, welcher Nerv auch immer die Regenerationsquelle ist. Die Fasern des Nervus vagus z.B. bilden in der quergestreiften Muskulatur Endplatten, welche nicht nur der Form, sondern auch der Funktion nach für diese Muskeln charakteristisch sind.» Er weist dann auf die Untersuchungen weiterer russischer Forscher hin, deren Ergebnisse zeigen, «daß der Charakter der Innervation nicht primär durch den Typus der Ganglienzelle bestimmt wird, von welcher die Nervenfaser ausgeht. Der Charakter der Innervation wird von der Wechselwirkung zwischen Ganglienzelle und peripherem Organ bestimmt; das periphere Organ kann die Innervation und ihren Apparat genau so modifizieren wie die Ganglienzelle» (S. 153).

Bei Versuchen mit elektrischer Reizung kann man eine Erregungsleitung in beiden Richtungen der Nervenbahn beobachten. Die Richtung wird nicht von der Nervenbahn, sondern von den Kontaktstellen (Synapsen), d.h. von ihrer Beziehung zu den sich an sie angliedernden Strukturen bestimmt. «Daraus wird verständlich, daß nach Nervenverletzungen eine operative oder experimentale Vertauschung efferenter und afferenter Nerven möglich ist und zu einer vollständigen Wiederherstellung der Funktion führen kann» (Rohen 1975, S. 79). Wenn die Art der Synapsen aber von der Umgebung abhängt, in die der Nerv gelangt (Boeke, Lawrentjew u.a.), dann erscheint die Einteilung der Nerven in zwei wesensmäßig verschiedene Arten kaum haltbar zu sein.

Bedenkt man die in diesem Kapitel beschriebenen Tatsachen, dann ist es kaum noch möglich, weiterhin von einer Unterscheidung zwischen sensiblen und motorischen Nerven zu sprechen. Denn wie soll man Nerven in verschiedene Funktionen trennen, wo sich diese Unterschiede als akzidentelle Eigenschaften erweisen – wo sich der sensible Nerv verhalten kann wie der «motorische» und der «motorische» wie der sensible? Es bleibt nur noch der Gegensatz der afferenten und der efferenten Nervenleitung, den wir im 10. Unterkapitel behandeln werden.

7. Die Auffassung von der einheitlichen Natur der Nerven

War nun das Gebäude, das man in mehr als hundert Jahren errichtet hatte, durch die Beobachtungen von Boeke erschüttert? 1921 schrieb der Gießener Physiologe C. Elze eine kürzere Abhandlung, in der er nachweisen wollte, daß die Bell-Magendiesche Lehre nun überholt sei. Er referiert in knappen Zügen die Boekesche Arbeit, vor allem deren Ergebnisse. Er schreibt dann (S. 489): «Bei den Versuchen zur heterogenen Regeneration erhebt sich die Grundfrage, mit deren Beantwortung alles Weitere steht und fällt: *gibt es überhaupt rein motorische und rein sensible Nerven?*» Er führt eine Reihe von Tatsachen an, die dafür sprechen, daß die sensiblen Nervenwurzeln «motorische» Fasern und die «motorischen» Wurzeln sensible Fasern enthalten. Das Ergebnis seiner Erörterung faßt er in folgenden Sätzen zusammen. «Das eine ist nach allem gewiß: *Die Frage, ob ein Nerv oder eine Nervenwurzel rein motorisch oder sensibel sei, ist jetzt nicht mehr möglich.* Und die Begriffe: ‹sensibles, rezeptorisches, afferentes, zentripetales› und ‹motorisches, effektorisches, efferentes, zentrifugales› Neuron bedürfen einer erneuten Durchprüfung» (S. 492).

Elze war offensichtlich beeindruckt von der Bedeutung der Boekeschen Untersuchungen. Die Kritik, die er aber an dem Bell-Magendieschen «Dogma» (S. 491) übte, war selbst noch in der Unterscheidung zwischen sensibel und motorisch befangen. Die sensiblen und motorischen Nervenfasern sollten nur nicht mehr auf verschiedene Nervenbahnen aufgeteilt sein. Elze weist wohl auf die Schrift von Arnold hin, bleibt aber hinter dessen Kritik zurück. Er trifft mit seiner Argumentation nicht den Kern.

Das hatte im weiteren eine entsprechende Konsequenz. Der einflußreiche Physiologe E.Th. Brücke veröffentlichte 1927 seinen Aufsatz *Dorsale und ventrale Wurzeln (Bellsches Gesetz)*. Dieser ist im wesentlichen eine Auseinandersetzung mit Elzes Angriff auf das Bell-Magendiesche Gesetz. Das Material, das Brücke gegen Elze ins Feld führt, ist gewichtig. So kann Brücke am Schluß seiner Arbeit schreiben: «Nach den hier erörterten Tatsachen ist gewiß zuzugeben, daß das Bell-Magendiesche Gesetz durch eine Reihe sicher beobachteter Ausnahmen sich nicht *absolut* gültig erwiesen hat. Andererseits handelt es sich bei diesen Ausnahmen anscheinend zum Teil direkt um Abnormitäten (motorische Fasern in den dorsalen Wurzeln), zum Teil um eine efferente Nebenleitung afferenter Fasern (die antidrome, vasodilatorische Wirkung), und ich meine deshalb, daß wir nicht genötigt sind, für die Gesamtheit der Tatsachen statt der Bezeichnung ‹Bell-Magendiesches Gesetz› etwa die einer ‹Regel› zu wählen, geschweige denn, dem Gesetz überhaupt die Gültigkeit abzusprechen» (S. 34).

Auch eine Bemerkung von Bethe in der schon angeführten Abhandlung (Bethe und Fischer 1931) weist die Kritik von Elze entschieden zurück, nachdem außerordentlich knapp auf eine der wesentlichen Beobachtungen Boekes hingewiesen wird. «Es ist uns daher unverständlich, wie Elze gerade auf Grund der Boekeschen Arbeiten zu der theoretischen Annahme kommt, daß alle Nervenfasern doppelt leiten, daß eine Unterscheidung in motorische und sensible Fasern unsinnig sei und daß daher das Bell-Magendiesche Gesetz keine Gültigkeit habe» (S. 1091). Man gewinnt den Eindruck, daß die unzureichend fundierten Schlußfolgerungen von Elze es leicht machten, sich der Revision einer der wichtigsten und problemreichsten Grundannahmen der Nervenlehre zu entledigen. Damit blieb die Chance, für einen Paradigmenwechsel und die Möglichkeit, ein Verständnis für das Wesen von Wahrnehmung und Empfindung auf der einen und Wille und Bewegung auf der anderen Seite und über deren Korrelate im menschlichen und tierischen Organismus zu gewinnen, ungenutzt.

Ganz trifft das nicht zu. Denn Rudolf Steiner (1920, GA 301, S. 31) hat die Arbeit von Boeke zur Kenntnis genommen. Sie war ihm der innerhalb der naturwissenschaftlich arbeitenden Anthropologie erbrachte Beweis von dem Irrtum der Bell-Magendieschen Lehre. Damit waren die Tatsachen innerhalb der Anthropologie bekannt, die es R. Steiner ermöglichten, seine Anschauung von der Dreigliederung des menschlichen Organismus darzustellen, ohne mit den *Befunden* der modernen Forschung in Widerspruch zu kommen.

Im Herbst 1917 erschien sein Buch *Von Seelenrätseln*. Das zentrale Thema ist die Beziehung zwischen (naturwissenschaftlich orientierter) Anthropologie und Anthroposophie. Der Anhang enthält in knapper Form die erste Darstellung R. Steiners über die Dreigliederung des menschlichen Organismus unter der Überschrift «Die physischen und die geistigen Abhängigkeiten der Menschen-Wesenheit». In der Betrachtung des Menschen geht R. Steiner von dem aus, was z. B. W. Penfield als die letzten Endes auch für den Physiologen notwendige Auffassung ansieht – von der eigenständigen Natur der menschlichen

Seele. In ihr ist der Wille neben dem Vorstellungsleben und dem fühlenden Erleben die dritte deutlich zu unterscheidende Seelenbetätigung; und zwar ist sie die innerlichste. In den Vorstellungen hat der Mensch im wesentlichen Bilder der von ihm unabhängig in der Welt vorhandenen Dinge und Prozesse. Die Gefühle sind im allgemeinen Antworten der Seele auf die Inhalte der Wahrnehmungen, der Vorstellungen und Gedanken. Im Willen wirkt der Mensch dagegen ganz aus sich selbst. Wer dem Menschen den Willen abspricht, leugnet das innerste Wirken seiner Seele. Er ignoriert den inneren Quell der Selbständigkeit. Und da das menschliche Ich willenshafter Natur ist, muß er den Menschen als Ich, als individuelle Wesenheit für eine Illusion halten – sofern seine wissenschaftlichen Anschauungen für seine Lebensauffassung eine Auswirkung haben. In dieser Situation befindet sich jeder, der die Bewegungsvorgänge nicht auf den Willen, sondern auf motorische Nerven zurückführt. – Die Frage nach der Natur der Nerven ist deshalb eine der wichtigsten Grundfragen der Anthropologie.

So ist es nur verständlich, daß R. Steiner – in Kenntnis der Boekeschen Untersuchungen – in der genannten Abhandlung auf das Nervenproblem eingeht. Er schreibt (S. 159): «Eine große Verwirrung hat für die Betrachtung all dieser Dinge [nämlich des Seelenlebens und seines Zusammenhanges mit den entsprechenden Vorgängen im Leibe] die Gliederung der Nerven in Empfindungs- und motorische Nerven angerichtet. So fest verankert diese Gliederung in den gegenwärtigen physiologischen Vorstellungen erscheint: sie ist nicht in der unbefangenen Beobachtung begründet.» – Hierfür glauben wir eine Reihe von Belegen vorgebracht zu haben. – Nach einem Hinweis auf die in der Physiologie vorgebrachten Argumente und ihre mangelnde Beweiskraft fährt R. Steiner an gleicher Stelle fort: «Beide Nervenarten sind vielmehr *wesensgleich*. Der sogenannte motorische Nerv dient *nicht in dem Sinne* der Bewegung, wie die Lehre von dieser Gliederung es annimmt, sondern *als Träger der Nerventätigkeit* dient er der inneren Wahrnehmung desjenigen Stoffwechselvorganges, der im Wollen zugrunde liegt, geradeso wie der Empfindungsnerv der Wahrnehmung desjenigen dient, was im Sinnesorgan sich abspielt.» Der Stoffwechselvorgang ist aber ein Lebensprozeß und fällt, soweit er wahrgenommen wird, in das Gebiet des im Hinblick auf seinen Bewußtseinsgrad normalerweise ziemlich dumpfen Lebenssinnes.

Teil II: Der menschliche Wille und die Funktionen des Zentralnervensystems in Haltung, Bewegung und Handlung

8. Der menschliche Wille und sein Wirken in der Muskulatur

Durch die vorangehenden Betrachtungen haben wir die Möglichkeit, einen der großen Widersprüche der gegenwärtigen Anthropologie zu beseitigen – den Widerspruch zwischen der Theorie, die die menschliche Bewegung auf Nervenimpulse zurückführt, und der Willenserfahrung in aufrechter Haltung, Bewegung und körperlicher Arbeit. Wir wollen zunächst noch einmal klarlegen, was wir mit Wille meinen (siehe auch S. 135). Es handelt sich um jene Erfahrung, die mit jeder willkürlich vollzogenen Handlung verbunden ist, besonders wenn diese ein stärkeres Bemühen erfordert. Man kann sie aber auch bei sogenannten Reflexhandlungen machen, z.B. wenn man sich beim Stolpern durch Ausgleichsbewegungen bemüht, das Stürzen zu verhindern. Hebt man einen Gegenstand auf und hält ihn eine Zeitlang in der ausgestreckten Hand, dann erlebt man den Willen als jenes innere Wirken, das die Schwere des Gegenstandes bewältigt. Man kann dieses Wirken deutlich von der Ermüdung, die sich nach einiger Zeit einstellt, unterscheiden. In gleicher Weise erlebt man dieses Wirken des Willens, wenn man einen steilen Weg hinaufgeht oder wenn man einige Minuten in gebückter Haltung verweilt. Hat man diese Erfahrung des öfteren sich bewußt gemacht, dann kann man sie auch in ganz gewöhnlichen Bewegungen machen.

Viele Wirkungen verlaufen so, daß ein Anfangsimpuls in dem von ihm ausgelösten Prozeß weiterwirkt. So kann eine Bemerkung das Gefühl der Erheiterung auslösen, das eine gewisse Zeit in der Seele weiterschwingt. Beim Willen ist es anders. Hier muß das Wirken gegen den Widerstand, in unserem Beispiel gegen die Schwere, in jedem Augenblick erneuert werden. Es gibt kein Weiterwirken eines einmal gesetzten Impulses, sondern nur die fortlaufend neue Impulsierung. Wille ist seinem Wesen nach ein immer neu Entstehendes; er ist immer in statu nascendi. Was neu entsteht, ist das Wirken. Deshalb sprechen wir auch vom Durch-führen einer Handlung und vom Durch-halten gegen Widerstände. Das immer neue Wirken ist fortwährendes Erzeugen der Impulsierung. Hierin erweist sich der Wille als ein schöpferisches Prinzip. Und man kann mit aller Evidenz erleben, daß man es selbst ist, der in diesem schöpferischen Erneuern tätig ist. Man muß nur seine Aufmerksamkeit dorthin wenden, wo die Willensbetätigung vollzogen wird, d.h. zu den Gliedern und dem Rumpf. Dann bemerkt man diese schöpferische Qualität eben auch bei Betätigungen, die man als Erwachsener mit größter Selbstverständlichkeit und ohne besondere Aufmerksamkeit, d.h. ohne viel Bewußtsein – wie jedes Können – ausführt, z.B. in der senkrechten Körperhaltung, im Stehen.

Im Willen entwickelt der Mensch eine schöpferische Qualität, und diese betätigt und erlebt er – eben wenn er im Stehen die Schwere überwindet, wenn er sich bewegt oder eine körperliche Arbeit verrichtet – im Kontrahieren seiner Muskeln. Diese Qualität ist der denkbar größte Gegensatz zur Auslösung der Muskelkontraktion durch elektrische Nervenimpulse, die von «motorischen» Nerven durch die Vorgänge in den «motorischen» Endplatten auf den Muskel wirken. Es ist der Gegensatz vom schöpferischen Wirken des Willens in der körperlichen Tätigkeit und Deutung der Muskelkontraktionen durch elektromechanische Koppelung, d.h. der «Übermittlung des Kontraktionssignals von der erregten Zellmembrane zu den in der Tiefe liegenden Myofibrillen ..., wobei die Calcium-Ionen eine Schlüsselrolle spielen», denn sie sind es, die die Kontraktion «bewirken» (Rüegg 1985, S. 33f.).[8] Hier wird das Dilemma, von dem wir ausgegangen sind, in vollem Umfang sichtbar. Man entwickelt ein Modell der Muskelkontraktion an gehäuteten oder extrahierten Muskelfasern, indem man diese verschiedenen Substanzen, z.B. Calcium aussetzt, die Reaktionen unter verschiedenen Bedingungen beobachtet und die Resultate auf den Menschen überträgt. In einer solchen Deutung von Bewegung findet sich der Mensch nicht wieder, weil diese Deutung nicht am Menschen gewonnen ist.

Wie ist nun aber die Muskelkontraktion zu verstehen, wenn man sie im Zusammenhang mit dem Willen betrachtet? In welchen Prozessen manifestiert sich die eigentümliche Natur des Willens im physiologischen Geschehen? Das muß ein Geschehen sein, in dem eine innere Beziehung zum Willen vorliegt. Es handelt sich um bestimmte Prozesse des Stoffwechsels. Im Stoffwechsel sind die Substanzen nur insofern vorhanden, als sie immer neu entstehen, dann in andere übergehen und aus wieder anderen für eine kürzere Zeit gebildet werden. Stoffwechsel ist ein lebendiges Geschehen, in dem nichts Festes, Endgültiges entsteht. In ihm kommt das Leben als ein schöpferisches Prinzip zum Ausdruck, das im gesetzmäßigen Entstehen und Vergehen der Substanzen wirkt.

Dieses Werden gewinnt in den Muskeln einen ganz spezifischen Charakter. Die wesentlichen Substanzen bei der Kontraktion sind die eiweißhaltigen Stoffe Myosin und Actin; an ihnen vollzieht sich die Kontraktion. In diesem Geschehen spielen Calcium und Adenosintriphosphat eine wichtige Rolle. Myosin und Actin werden in den quergestreiften Muskelfasern so gebildet, daß die Actinfilamente immer zwischen die Myosinfilamente hineindringen, im entspannten Muskel nur sehr wenig, bei der Kontraktion stärker.

Wenn der Mensch durch den Willen die Muskulatur kontrahiert, z.B. um den Arm zu bewegen oder um die Schwere eines Gegenstandes zu bewältigen, kommt es zwischen Actin und Myosin zu einem Prozeß, den man am besten versteht, wenn man ihn mit dem einer chemischen Verbindung vergleicht. Im Stoffwechsel kann eine neue Substanz z.B. dadurch entstehen, daß zwei andere sich chemisch verbinden. Das Lebendige dieser Verbindung spielt sich im Entstehen der neuen Substanz ab. Nun kann man sich denken, daß ein solcher Prozeß nicht zu Ende kommt, daß er im Werden, d.h. auf halbem Wege stehen bleibt.

Etwas Derartiges spielt sich ab, wenn der Mensch durch den Willen Muskeln zur Kontraktion bringt. Nun durchdringen sich die Actin- und Myosinabschnitte stärker als vorher. Das führt zu einer Verdichtung, wie sie eintritt, wenn sich zwei Substanzen zu einer neuen dritten verbinden. Nur kommt es nicht zu einer richtigen chemischen Verbindung. Das Wesentliche ist also nicht der verdichtete Zustand – dieser tritt in der Totenstarre ein –, sondern der Prozeß des Verdichtens, der sofort in einen stärkeren oder geringeren Verdichtungsgrad übergehen kann. In diesem lebendigen Prozeß wird die äußere Belastung, die auf dem Wege über die Knochen und Sehnen dehnend in die Muskulatur eingreift, bewältigt. Es handelt sich also um einen Vorgang, in dem das immer neue Entstehen der Verdichtung in der Auseinandersetzung mit äußeren Kräften das Entscheidende ist.

In diesem Vorgang wirken also unentwegt zwei gegenläufige Prozesse ineinander. Einmal die Tendenz zur Erschlaffung der Muskulatur. Sie ist offensichtlich an die hydrolytische Spaltung des Adenosintriphosphats gebunden. Die Erschlaffungstendenz ist die Voraussetzung für die durch den Willen immer neu bewirkte Kontraktion.

In diesem Verdichtungsprozeß ist offensichtlich das Calcium von Bedeutung: Es ist ganz allgemein an Verdichtungsprozessen im Bereich des Lebendigen beteiligt. So ist die Muskelkontraktion ein Geschehen, in dem man den Ausdruck des Willens im Physiologischen sehen kann. Durch seinen Willen erreicht der Mensch das immer neue Bewältigen von Last und Widerstand, die in die Muskulatur eingreifen. In ihr vollzieht er in den Lebens- bzw. Stoffwechselvorgängen in der Auseinandersetzung mit den von außen einwirkenden Kräften die Verdichtung von Moment zu Moment neu. In dem Erneuern dieses Verdichtungsprozesses aber empfindet der Mensch die Anstrengung, d.h. die fortwährend sich erneuernde Willenstätigkeit. So erweist sich das ungewöhnlich lebendige Geschehen der Muskelkontraktion als die physische Manifestation des Willens.

Wenn man bei der Muskelbetätigung des Menschen vom Willen abstrahiert, wie das z.B. in der Gleitfilament-Theorie von Huxley geschieht, dann sondert man künstlich den physiologisch faßbaren Anteil aus dem Gesamtgeschehen menschlicher Bewegung ab.

9. Der Entschluß und seine neurologische Grundlage in Gehirn und efferenten Nerven

Welche Konsequenzen ergeben sich aus dem Bisherigen für das Verständnis von menschlicher Haltung, menschlicher Bewegung und menschlichem Handeln? Auf diese Fragen erhält man eine befriedigende Antwort, wenn man die Beziehung zwischen dem, was sich seelisch und geistig in diesen Vorgängen abspielt, und den physiologisch-anatomischen Tatsachen ins Auge faßt. So schreibt der Neurophysiologe Jung (1984, S. 41): «Wer die Physiologie der Bewegungsleistungen verstehen will, der muß auch psychische Korrelate wie *Triebmotiv, Ziel, Spiel und Lernen* beachten.» Die Physiologie beginnt im allgemeinen mit der Analyse der einfachsten Bewegungsvorgänge, mit den sogenannten Reflexen, die eng an das Rückenmark gebunden sind. Sie schreitet dann von dieser «spinalen Motorik» zu den komplexeren Formen der Bewegung, zur Motorik des Hirnstammes, zur Bedeutung des Kleinhirns und schließlich zu der des Vorderhirns für die Bewegungs- und Handlungsprozesse fort. An einer Handlung, die den ganzen menschlichen Bewegungsorganismus beansprucht, sind alle diese Funktionen beteiligt. Sie stehen da im Dienste der gedankenhaften Handlungsorientierung. Das gilt auch für die Reflexe. Diese sind keineswegs, wie man früher meinte, in sich geschlossene Bewegungsweisen, die stereotyp auf bestimmte Reize hin erfolgen. Die Reflexbögen mit ihren afferenten und efferenten Bahnen, «die die Grundlage für die spinalen Reflexe bilden, sind zwar jeweils anatomisch festgelegt, ihre Funktion läßt sich aber von anderen spinalen oder auch höheren Zentren weitgehend steuern, indem die Durchgängigkeit der verschiedenen Reflexwege unterschiedlich verändert werden kann» (Schmidt 1985a, S. 87). Nach den Untersuchungen von Dietz hat der spinale Dehnungsreflex (der sogenannte Patellar-Reflex) beim Gehen besonders auf unebenem Untergrund und beim Balancieren eine große Bedeutung. Durch ihn «erfolgt eine optimale Anpassung des Aktivitätsmusters der Beinmuskeln an die jeweiligen äußeren Gegebenheiten» (Dietz 1984, S. 110). Er steht hier im Dienste der umfassenderen Tätigkeit des Gehens, die ihren Ursprung nicht im Bereich der Reflexe hat. Die Reflexe verlaufen, wie man sagt, unwillkürlich. Menschliche Bewegungen und Handlungen gehen aber weitgehend vom Bewußtsein aus und sind auch in weitem Umfang von Bewußtsein durchdrungen. Deshalb wollen wir den entgegengesetzten Weg gehen und betrachten, wie die verschiedenen Bereiche des Nervensystems in den Zusammenhang der menschlichen Handlung funktionell eingegliedert sind.

Vor einer Handlung hat der Mensch zunächst eine Handlungsvorstellung oder bei umfassenderen Absichten einen Handlungsgedanken. Er möchte z.B. an der Wand seines Zimmers ein Bild aufhängen und zu diesem Zweck einen Nagel in die Wand einschlagen. Wenn er diese Absicht ausführt, dann erscheint das, was zunächst nur Gedanke war, als Tatsache in der äußeren Wirklichkeit. Der Nagel in der Wand und das an ihm befestigte Bild sind der in die äußere Wirklichkeit überführte Gedanke. Durch seine Handlungen prägt der Mensch die äußere Wirklichkeit nach seinen Gedanken; und diese Wirklichkeit enthält dann in ihrer Konfiguration das, was zuerst als Gedanken im Bewußtsein des Menschen vorhanden war. Durch welche Prozesse kommt es von dem bloßen Gedanken zu der Folge der Handlungen, durch die der Gedanke zur äußeren Tatsache wird? Welche Aufgaben hat das Nervensystem in diesen Prozessen?

Der erste wichtige Schritt auf diesem Wege ist das Fassen des Entschlusses. Zunächst bildet man den Handlungsgedanken noch losgelöst von jeder Verwirklichung. Dadurch kann man frei abwägen, ob es zweckmäßig ist, in dieser oder in einer anderen Weise zu verfahren. Bliebe der Mensch aber in diesem Zustand, so käme er nie zum Tun. Den Übergang zum Handeln vollzieht man im Entschluß. Durch den Entschluß tritt der Handlungsgedanke in Beziehung zum Willen. Man kann diesen Übergang, der den Gedanken auf den Weg der Verwirklichung bringt, in der Selbstbeobachtung gut bemerken. Im Zustand des Erwägens hat man den Gedanken gleichsam vor sich. Im Entschluß identifiziert man sich mit ihm, insofern man sich als das im Leibe tätige Selbst erlebt. Dadurch bringt man den Gedanken in einen Zusammenhang mit der eigenen Willensorganisation, d.h. mit der Muskulatur.

Beobachtungen von Kornhuber (1969) weisen auf diesen Übergang vom bloßen Gedanken zum Entschluß. Eine Versuchsperson sollte in unregelmäßigen Zeitabständen einen bestimmten Finger bewegen. Während sie nur den Gedanken an die Bewegung hatte, konnte man kurze Zeit vor der Bewegung (ca. 1/2 bis 2 Sekunden) über einen ziemlich weiten Bereich beider Gehirnhemisphären (der ganzen Wölbung des Gehirns) ein langsam anschwellendes negatives Potential (mit dem Maximum über der Parietalregion) ableiten, das sogenannte Bereitschaftspotential. Unmittelbar (30 bis 200 Millisekunden) vor der Bewegung geht dieses Potential in eine andersartige, insbesondere deutlich zentrierte Potentialschwankung über. Ihr Zentrum liegt an der Stelle des Gyrus praecentralis derjenigen Gehirnhälfte, von der die efferenten Nerven, die zu dem betreffenden Finger ziehen, ausgehen. Es handelt sich um Nerven der Pyramidenbahn (Tractus corticospinalis), die dann im Rückenmark zu den Nerven in Beziehung treten, die über die vorderen Wurzeln die Beugemuskel der Finger efferent innervieren. Dies sind die Nerven, die die dumpfe Empfindung vom Stoffwechselgeschehen der Beugemuskeln des betreffenden Fingers vermitteln; sie stellen den Zusammenhang mit den Muskeln her, in denen der Wille dann beim Bewegen des Fingers wirkt.

Man hat guten Grund zu der Annahme, daß in den von Kornhuber entdeckten Tatsachen jener Vorgang, durch den der Gedanke zum Entschluß wird, seinen physiologischen Abdruck findet. Wenn der bloße Gedanke, den Finger zu bewegen, sich in der Gehirnrinde in dem weit ausgedehnten Potential manifestiert, dann bedeutet die Zentrierung der veränderten Potentialschwankung, daß der Gedanke nun durch die vom Gyrus praecentralis ausgehenden Nerven in Beziehung gekommen ist zu den Stoffwechselvorgängen in den betreffenden Bewegungsmuskeln der Finger.[9] Die Versuchsperson hat den Entschluß zur Fingerbewegung gefaßt und führt diesen nun aus.

In seiner Abhandlung *The Control of Movement* erwähnt der englische Physiologe Stein (1986, S. 87) einen in unserem Zusammenhang interessanten Sachverhalt. Patienten mit Verletzungen im Bereich des Gyrus praecentralis berichten, daß sie sich eine Handlung genau vorstellen und vornehmen können. Aber ihre Glieder führen die geplanten Bewegungen nicht aus. So enthält der Gyrus praecentralis nach Stein wesentliche Bedingungen für die Ausführung von Bewegungen, aber nicht für die innere Veranlassung («it does not initiate them»). Durch ihn bringt der Mensch seine Handlungsvorstellungen (s. S. 151) eben in Beziehung zu den Organen, in denen der Wille sie dann durch sein Wirken verwirklicht. Damit keine Mißverständnisse entstehen, wollen wir noch einmal betonen: Der Entschluß, durch den der Mensch diese Beziehung herstellt, ist noch nicht die Willenshandlung. Er ist auch nicht Wille in der früher beschriebenen Weise. Dieser wirkt, soweit es um körperliche Tätigkeit geht, in den Stoffwechselvorgängen der Muskulatur. Der Entschluß ist aber jener Prozeß, durch den sich der Mensch aus seinen Gedanken mit seiner Willensorganisation verbindet. Er ist die Voraussetzung jeder wirklich willkürlich vollzogenen Tätigkeit.

Das alles entspricht recht genau einer Schilderung R. Steiners aus dem Jahre 1920. Es heißt dort, die sogenannten motorischen Nerven seien dafür da, daß z.B. bei einer Fingerbewegung «eine unmittelbare Beziehung zwischen dem Willensentschluß und dem Stoffwechsel des Fingers zustande kommt». Und dann noch konkreter: «... wenn ich den Stoffwechselvorgang nicht wahrnehme, dann erfolgt auch kein Willensentschluß, weil der Mensch darauf angewiesen ist, dasjenige, was in ihm vorgeht ... wahrzunehmen, wenn er ... sich beteiligen soll» (Steiner 1920, S. 31).

10. Was bedeutet afferente und efferente Nervenleitung?

Wir haben nun die Voraussetzung, um Klarheit in einer Frage zu gewinnen, die im Zusammenhang unserer ganzen Betrachtung von großer Bedeutung ist. Sie betrifft die efferente Erregungsleitung in jenen Nerven, die nach unserer Auffassung keine motorische, sondern eine sensible Funktion haben. Efferente Nervenleitung gilt ja als ein klarer Beweis für den motorischen und gegen den sensiblen Charakter eines Nervs. Man verbindet mit afferenter Nervenleitung eine sensible Funktion: Erregungen, die von Sinnesorganen (zentripetal) zum Zentralnervensystem fließen; und mit efferenter Erregungsleitung eine motorische Funktion: Erregungsleitung, die vom Zentralnervensystem (zentrifugal) zur Muskulatur fließt und deshalb nur eine bewegungsauslösende Bedeutung haben kann.[10] Das scheint zunächst einleuchtend zu sein; und über die Richtung der Nervenleitung gibt es, wenn die Synapsen und die motorischen Endplatten ausgebildet sind, auch keinen Zweifel. Dennoch muß man die Frage aufwerfen: Woher nimmt man die Sicherheit in dieser eindeutigen Zuordnung von sensibler und motorischer Funktion?

Um in dieser Frage zu klaren Begriffen zu kommen, muß man das Wahrnehmen und die Nervenleitung zunächst getrennt betrachten. Beim Wahrnehmungsvorgang des Sehens hat man schon zwei verschiedene Prozesse. Dem Auge fließen von den Gegenständen Licht- und Farbeindrücke zu. Im Sehen als dem Betrachten des Gegenstandes wendet sich der Mensch gleichzeitig den Gegenständen zu. Das Wahrnehmen ist intentionales Geschehen. Der Strom der Bewußtseinsrichtung ist efferent, er geht vom Auge zum Objekt.

Nun steht der Mensch als wahrnehmendes Wesen in zwei Weltbereichen, nicht nur in der äußeren Welt. Eine gleichsam innere Welt ist sein Leib. Auch hier gibt es «Objekte» und Vorgänge, die man wahrnimmt. Nur sind die Wahrnehmungen hier viel dumpfer als die gegenüber der Außenwelt. In diesen Bereich gehören die Tatsachen, die wir im letzten Kapitel behandelt haben; denn im Entschluß tritt man zu speziellen Bereichen seines Leibes in Beziehung, nämlich zu jenen, die den jeweiligen Gedanken ausführen sollen. Das ist eine Zuwendung, die vom Kopf als dem Organ der Gedanken- und Vorstellungsbildung ausgeht. Es ist der Inhalt der beabsichtigten Bewegung, der bestimmt, durch welche Teile der Willensorganisation er ausgeführt werden kann. So ist jener Vorgang, durch den man beim Entschluß vermittels der Nerven mit bestimmten Teilen der Muskulatur in Beziehung tritt, mit innerer Notwendigkeit ein efferentes, vom Zentrum zur Peripherie gerichtetes Geschehen. Und dem entspricht die Nervenleitung.

Damit entfällt einer der gewichtigsten Einwände gegen die einheitliche sensible Natur der Nerven. Das wirft aber zugleich eine neue Frage auf: Wenn dem Gegensatz von afferent und efferent nicht der von sensibel und motorisch entspricht, was bedeutet dann afferente und efferente Nervenleitung?

Vom Auge geht eine afferente Nervenleitung zur primären Sehrinde im Hinterhauptslappen des Großhirns. An dieses Feld schließen sich die übergeordneten Felder des visuellen Cortex an, in denen die vom Auge zufließenden Eindrücke «verarbeitet» werden. Diese Felder sind die neurologische Grundlage für das Auffassen und Verstehen von Gestalt. Wenn man in der Umgebung einen Baum oder ein Haus sieht, so enthält dieses Sehen eine Vorstellung, die die verschiedenen Eindrücke als Stamm, Äste, Laub bzw. als Mauer, Fenster usw. und das Ganze als Baum bzw. Haus begreift.[11] Diese höheren Bereiche befinden sich bei der Geburt in einem weitgehend undifferenzierten Zustand. Die Ausdifferenzierung ist offensichtlich daran gebunden, daß sich das Kind mit innerer Aufmerksamkeit, d.h. mit Vorstellungs- und Gedankentätigkeit den durch das Auge vermittelten Eindrücken zuwendet.[12] Afferente Nervenleitung vom Auge zum Gehirn bedeutet also nicht eine dem wahrnehmenden Aufnehmen analoge sensible Funktion, sondern Vermittlung zum Organ des Denkens. Ebenso werden durch den afferenten Anteil der Hörbahn die Eindrücke, die das Ohr aus der Umgebung empfängt, zum Organ des Denkens vermittelt, wo der Mensch durch die entsprechenden Felder des Temporallappens zum Verstehen von Musik und Sprache kommt.

Wieso sind nun aber die Nerven der Tiefensensibilität afferent? Die Wahrnehmung von Lage, Bewegung und Muskelspannung spielt sich an Ort und Stelle ab, z.B. in den Gliedmaßen. Wenn sich der Mensch bewegen will, muß die Wahrnehmung der Stellung und Bewegung in den Beinen mit der Gesamtwahrnehmung von Haltung und Bewegung verbunden sein. Eine zentrale Integration aller an der Tiefensensibilität beteiligten Sinnesorgane ist die Voraussetzung für die Gesamtwahrnehmung von Haltung (Stellung), Bewegung und Spannungszustand (siehe hierzu R.F. Schmidt 1985b, S. 239). Die afferenten von

Auge und Ohr ausgehenden Nerven führen zu einer Integration der einzelnen Eindrücke im Auffassen und Verstehen von Gestalt durch die Vorstellungs- und Gedankentätigkeit. Ebenso haben die afferenten Nerven der Tiefensensibilität eine Integrationsfunktion, die den Menschen zum Bewußtsein der eigenen Gestalt in ihrer Haltung (Stellung) und Bewegung im Zusammenhang mit dem Empfinden der Anspannung führt.

Gegenüber diesen integrativen Vorgängen durch die afferenten Prozesse ist jener Prozeß, durch den der Mensch aus der Handlungsvorstellung im Entschluß vom Kopf als dem Bereich des Vorstellungslebens die Beziehung zur Hand herstellt, ein efferenter Vorgang. Er ist vergleichbar dem Sich-Hinwenden zu einem Baum im Sehen. Nur spielt sich diese intentionale Beziehung im eigenen Leibe ab.

11. Die aufrechte Haltung und ihre neurologischen Grundlagen

Bei einer Bewegung oder bei der Ausführung eines Gedankens im Handeln kommt eine Reihe weiterer Tatsachen in Betracht. In nahezu allen Bewegungen (und insofern auch fast allen Handlungen) betätigt der Mensch seine gesamte Willensorganisation, seine gesamte Muskulatur. Denn es gibt kaum eine Bewegung außer der der Augen, der mimischen Muskeln, der Hände und Finger, die nicht in einem Zusammenhang mit der übrigen (willkürlichen) Muskulatur ausgeführt wird. Welche Aufgaben haben hier die sogenannten höheren «motorischen» Anteile des Nervensystems?

Die Grundtatsache, die den Bewegungen und Handlungen ihr menschliches Gepräge gibt, ist die aufrechte Haltung. Der Mensch erringt sie in der frühen Kindheit, indem er in seinem Leibe von den Füßen bis hin zum Kopf die Schwere überwindet. So spielt der Wille im Wesen des Menschen eine viel umfassendere Rolle als bei den Tieren mit ihrem meist horizontal verlaufenden Rückgrat. E. Straus hat diesen Tatbestand in seinem Aufsatz über «Die aufrechte Haltung» mit folgenden Worten ausgesprochen: «Immer ist die aufrechte Haltung Gegenrichtung gegen die niederziehenden Kräfte; sie sind stets mit am Werk; ohne sie wäre die aufrechte Haltung nicht, was sie ist. Sie ist ein Überwinden bis ans Ende» (Straus 1980, S. 439).

 In der vertikalen Haltung wird der Leib von einem einheitlichen

Willensprozeß beherrscht. Dieser ist dadurch ein einheitlicher, daß die Willensbetätigung in den Füßen und Beinen, in Hüfte, Rücken und Hals im inneren Zusammenhang vollzogen wird. Das ist Ausdruck einer hohen Koordination, in der das Erleben des Gleichgewichts eine entscheidende Rolle spielt.

Will man die neurologischen Strukturen und Prozesse dieser Koordination verstehen, dann muß man zwischen dem Aufstehen, dem Sich-Erheben in die Vertikale und dem Stehen unterscheiden. Der Willensbetätigung im Aufstehen, jenem komplizierten dynamischen Prozeß, geht wie jeder Willkürhandlung der Entschluß voraus. Sie kommt im Stehen an ihr Ziel und weitgehend zur Ruhe. Die vertikale Haltung ist bekanntlich ungewöhnlich labil und mit feinen Schwankungen verbunden. Man empfindet sie durch den Gleichgewichtssinn, die Organe der Tiefensensibilität und das Auge. Und man gleicht sie fortwährend durch eine unwillkürlich verlaufende Willenstätigkeit in der Muskulatur aus. Wir halten es für unangemessen, hier, wie es bisweilen geschieht, von Automatismen zu sprechen. Es handelt sich um Willensprozesse, deren Impulsierung im lebendigen Spiel von Erhöhung und Erniedrigung des Muskeltonus ziemlich unbewußt verläuft. So ist wohl das Aufstehen durch den Entschluß eine Tätigkeit, an der das Gehirn (Gyrus praecentralis; auch jene Bereiche, die mit der Vorstellung bzw. Absicht aufzustehen verknüpft sind, s. S. 166) beteiligt ist, nicht aber das Stehen.

Für das Stehen sind bestimmte Bereiche des Stammhirns und des Kleinhirns von Bedeutung. Die betreffenden Bereiche des Stammhirns stehen mit dem Organ des Gleichgewichts-Sinnes (über die Vestibularis-Kerne) in Beziehung. Von den betreffenden Stammhirnzentren gehen efferente Nerven zu den im Stehen tätigen Muskeln;[13] sie vermitteln ein dumpfes Empfinden vom Stoffwechselleben der betreffenden Muskeln. Dadurch kann der Mensch mit seinem Willen in diesen Muskeln aus dem Gleichgewichtserleben tätig sein.

Nun muß man, um künstliche Trennung zu vermeiden, sogleich die Verknüpfung dieser Stammhirnzentren mit dem Kleinhirn ins Auge fassen. Das Kleinhirn hat wie das Vorderhirn zwei Hemisphären. Zwischen ihnen liegt jener längliche Teil, der als Wurm (Vermis) bezeichnet wird. Er ist zusammen mit einem weiteren kleinen Bereich des Kleinhirns, dem sogenannten Archicerebellum, ein wichtiges Koordinationsorgan für die aufrechte Haltung. Auch hier münden Nervenbahnen aus dem Gleichgewichtsorgan. Außerdem stehen die genannten Bereiche des Kleinhirns in Beziehung zu den Sinnesorganen der Tiefensensibilität. Schließlich bestehen über efferente Nervenbahnen, die vom Stammhirn ausgehen,[14] Verbindungen zu der im Stehen vorwiegend tätigen Streckmuskulatur.

Das Gleichgewichtserleben wird verknüpft mit dem Lage- und Bewegungsempfinden. Dadurch erhält der Mensch ein Bewußtsein von der Stellung seines Leibes im Schwerefeld der Erde.

Indem dieses Bewußtsein durch die efferenten Muskelnerven mit dem Empfinden für das Muskelleben verbunden ist, kann der Mensch seinen Willen aus dem momentanen Erleben seiner Leibeshaltung betätigen. Das heißt er kann sich aufrecht halten. Und dadurch, daß das Kleinhirn mit dem Stammhirn funktionell verbunden ist, wird das lebendige Spiel des Willens im Verstärken und Vermindern der Spannung in den Streck- und Beugemuskeln möglich.

Der Mensch gewinnt durch die betreffenden Partien des Stammhirns und des Kleinhirns ein Gesamtempfinden, in dem das Gleichgewichtserleben, das Bewußtsein von Lage und Bewegung der Körperglieder und dumpfes Erleben vom Stoffwechselleben der Aufrichtemuskulatur integriert ist. Es handelt sich also nicht um eine Koordination von Sensorik und Motorik, sondern um eine solche im Bereich der Sensorik. Und aufgrund dieser Koordination kann der Mensch sich durch den Willen in der Vertikalen halten.

In der vertikalen Haltung, besonders im Stehen, erlebt sich der Mensch als ein Wesen, das sein Zentrum in sich hat. Indem er sich im Gleichgewicht hält, ruht er tätig, aus der Kraft des eigenen Willens in sich. Die vertikale Haltung selbst ist noch kein Handeln. Sie ist aber mit dem in der Ruhe tätigen Willen die wichtigste Voraussetzung für menschliches Bewegen und Handeln. Das kann der Vergleich mit den höheren Tieren verdeutlichen. Die Säugetiere befinden sich insbesondere durch ihre angewinkelten Hinterbeine immer im Zustand einer bestimmten Gespanntheit. Der Übergang zur Fortbewegung ist das Ausleben eines immer schon vorhandenen Bewegungstriebes. Dieser ist konstitutionell in den angewinkelten Gliedern verankert. So gibt es beim Säugetier keine wirkliche innere Ruhe. Die Eindrücke aus der Umgebung wirken unmittelbar in die leiblich verankerten Bewegungsimpulse hinein. Soll eine Bewegung aber Ausdruck eines Gedankens sein, so muß der Gedanke in der Handlung den Bewegungsablauf bestimmen. Das ist aber nicht möglich, wenn die Bewegungsorganisation von vornherein durch bestimmte Triebimpulse beherrscht wird. Gedankengeleitetes Handeln verlangt eine Willensorganisation, in der es keine solchen konstitutionell verankerten Triebimpulse gibt. Diese Willensorganisation ist die der vertikalen Haltung. Durch sie vermag der Mensch nicht nur auf Eindrücke zu reagieren; er kann innerlich gefaßte Handlungsziele durch seine Bewegungen verwirklichen. Handeln muß letztlich immer aus der Ruhe der Bewegungsorganisation entspringen. Und zwischen Handlungsintention und Willensbetätigung muß der Entschluß stehen.

12. Menschliche Bewegung – das Zusammenwirken von Absicht, Bewegungskontrolle und Bewegung

Im Sinne der heute üblichen Terminologie bezeichnet man die aufrechte Haltung des Menschen als Stützmotorik. Der Ausdruck Zielmotorik umgreift ohne genauere Differenzierung die Phänomene der Bewegung und der Handlung. Das ist insofern verständlich, als eine Handlung im allgemeinen eine Abfolge von Bewegungen ist. Es gibt aber Bewegungen, die nicht selbst Handlung oder ein Glied in einem Handlungsgeschehen sind. Hierzu gehören die Gebärden und Gesten, in denen der Mensch unwillkürlich Gefühle und Stimmungen zum Ausdruck bringt. Das Hauptgebiet dieser seelendurchdrungenen Bewegungen sind Arme und Hände. Aber auch Haltung und Gehen können Manifestation von gefühlsartigem Erlebnis sein. So geht man bei ungeduldigem Warten unter Umständen unruhig hin und her. In gedrückter oder niedergeschlagenen Stimmung läßt die Kraft des Sich-Aufrichtens nach; man sinkt im Rücken etwas zusammen. Das alles geschieht unwillkürlich und ist von den willkürlichen Bewegungen, denen eine Absicht zugrundeliegt, zu unterscheiden. Die Absicht wird zum Anlaß, z.B. aus der Ruhe des Stehens, in der der Wille vorwiegend in der Streckmuskulatur wirkt, durch Betätigung der Beugemuskulatur in den Fluß der Bewegung überzugehen. Die Handlungsvorstellung entzündet durch den Entschluß die Bewegungstätigkeit des Willens. Bevor der Mensch vom Stehen in eine Bewegung übergeht, stellt er sich antizipatorisch mit seiner ganzen Willensorganisation auf die beabsichtigte Bewegung ein, «um die physikalischen

Begleitkräfte rechtzeitig zu kompensieren» (Jung 1984, S. 14). Deshalb spricht Jung an gleicher Stelle vom «Primat der Haltung vor der gezielten Bewegung».

Wenn wir nun die Bewegungen nur insoweit betrachten, als sie aus einer Absicht entspringen, wollen wir nicht vergessen, daß sich auch in allen willkürlichen Bewegungen unwillkürlich etwas von den Gefühlen, den Stimmungen und dem Charakter ausspricht. Bewegung ist ein umfassendes Phänomen. Der willkürliche Charakter einer Bewegung ist in jenen Situationen am stärksten, in denen sich ein Mensch um eine neue Geschicklichkeit bemüht. Deshalb werden wir die Bewegung unter diesem Aspekt betrachten. Denn hier, im Lernen von Bewegung, tritt der spezifisch menschliche Charakter von Bewegung am reinsten hervor.

Was geschieht, wenn man eine bestimmte Geschicklichkeit erübt, z.B. beim Erlernen eines Musikinstrumentes oder einer handwerklichen Tätigkeit? Zunächst kann man die geforderten Bewegungen nicht richtig ausführen. Die Hand ist noch ungeschickt. Es bedarf einer bewußten Führung, d.h. der laufenden Kontrolle von außen durch das Auge und von innen im Empfinden von Hand und Fingern in ihrer Stellung und Bewegung. Denn nur durch bewußte Führung kann der Mensch in seiner Willenstätigkeit die Bewegungsabsicht verwirklichen. Zunächst hat man einen allgemeinen Handlungsgedanken, etwa eine bestimmte Melodie zu spielen. Dieser konkretisiert sich in speziellen Bewegungsvorstellungen (z.B. einen bestimmten Bewegungsablauf mit Fingern der linken Hand auszuführen). Erst durch die Bewegungsvorstellung kommt man zu seiner leiblichen Willensorganisation in die für den Bewegungsvollzug erforderliche Beziehung. Sie sind es, die den Willen zur Bewegungsaktivität anregen. Das setzt aber, wie wir gesehen haben, voraus, daß man im Entschluß durch die efferenten Nerven den Zusammenhang mit dem Stoffwechselleben der entsprechenden Muskeln findet.

Welches sind die neurologischen Grundlagen für solche willkürlichen Bewegungsvorgänge? An den bereits erwähnten mittleren Teil des Kleinhirns (Vermis), der der Haltungskoordination dient, schließt sich – mit diesem eng verflochten – in der rechten und linken Kleinhirnhemisphäre eine schmale Zone an, die sogenannte Pars intermedia. Sie steht mit dem Vorderhirn in Beziehung, und zwar mit jenem Bereich, durch den der Mensch zum Entschluß kommt (Gyrus praecentralis). Von der Nervenbahn, die vom Gyrus praecentralis zur Muskulatur zieht (ein bestimmter Anteil der Pyramidenbahn), gehen Abzweigungen (Kollateralen) zur Pars intermedia. Sie kommen hier in Verbindung mit afferenten Nerven aus der gesamten Tiefensensibilität. Die Pars intermedia steht aber auch zu äußeren Sinnen, vor allem zum Auge und Tastsinn, in Beziehung. Schließlich entspringen in ihr efferente Nerven, die vorwiegend zu den Beugemuskeln ziehen, d.h. zu jenem Teil der Muskulatur, durch den man aus der Ruhe zur Bewegung übergeht. Die unmittelbare Nachbarschaft der Pars intermedia zum Vermis ist Ausdruck einer engen Verflechtung mit der Koordination für die vertikale Haltung.

Die Pars intermedia des Kleinhirns ist ein noch komplizierteres Koordinationsgebiet als der Wurm mit dem Archicerebellum. Der Mensch erhält ein Gesamtbewußtsein von den Stellungs- und Bewegungsverhältnissen seines Leibes zusammen mit der Muskelanspannung. Was er so an Bewußtheit im eigenen Leib gewinnt, verbindet sich mit dem Bewußtsein von außen durch das Auge. Mit beidem ist aber das innere Empfinden des Muskellebens (besonders der Beugemuskulatur) durch die efferenten Nervenbahnen verknüpft. So hat der Mensch in jedem Moment ein differenziertes Empfinden und Bewußtsein seiner Bewegungsorganisation. Er kann die Bewegungsvorstellung beim Entschluß mit der momentanen Stellung seiner Arme und Hände, seiner Beine, der Richtung seines Kopfes usw. in Beziehung setzen. Das ist aber notwendig, wenn die Willenstätigkeit in den Gliedern eine Bewegungsabsicht richtig ausführen soll. Richtig heißt, daß man den momentanen Bewegungsvorgang der Bewegungsabsicht entsprechend weiterführt.

Beim Erlernen einer Geschicklichkeit genügt es nicht, den gefaßten Entschluß einfach auszuführen. Das geht nur bei einer Bewegung, die man kann. Beim Üben wird die Bewegung in jeder Phase bewußt geführt und notfalls korrigiert. Da bleibt der Entschluß und damit die Möglichkeit, den Bewegungsablauf zu modifizieren, im Verlauf der ganzen Tätigkeit lebendig. Das zeigt sich auch in den physiologisch meßbaren Daten. Es bildet sich nämlich im Gehirn nicht nur das kurzfristige Bereitschaftspotential, sondern ein sogenanntes Zielbewegungspotential aus. Dieses Zielpotential ist am Gyrus praecentralis am stärksten. Es ist charakteristisch für bewußt geführte Bewegungen und dauert bis zu deren Abschluß (Grünewald, Grünewald-Zuberbier,

Jung 1978). Durch neuere Untersuchungen weiß man, daß sich das über dem Gyrus praecentralis ableitbare Potential beim Erüben einer Geschicklichkeit verändert. Am Anfang, wenn der betreffende Mensch noch ungeschickt ist und die Bewegungen seiner Hand und Finger mit besonderer Aufmerksamkeit führt, sind die Potentiale über dem kontralateralen Gyrus praecentralis hoch. Sie werden mit zunehmender Geschicklichkeit schwächer (Gerling, Winkler, Niemann 1987). Das weist darauf hin, daß der Entschluß dann, wenn man eine Bewegung bewußt führt, den Bewegungsablauf insgesamt stärker durchwirkt als bei mehr gewohnheitsmäßiger Bewegung.

In einer Bewegung führt der Mensch seine Bewegungsvorstellung aus. Was er zunächst innerlich vorgestellt hat, wird in dem Ablauf der Bewegung äußerlich sichtbar. Die Vorstellung wird durch den Willen in der Bewegung ver-wirklicht. Die Vorstellung ist «Inhalt» der Willenstätigkeit. Wenn man sieht, wie ein Bewegungsablauf die äußere Manifestation der zuvor gefaßten Bewegungsvorstellung ist, dann weist das darauf hin, daß die Willenstätigkeit von dieser Vorstellung durchdrungen ist. Das entspricht der inneren Erfahrung. Man erlebt nicht, daß man vom Kopf aus mit der Vorstellung wie von oben die Willenstätigkeit steuert. Man verbindet sich ganz mit der Tätigkeit. Beim Bemühen um eine Geschicklichkeit begleitet man den Bewegungsvollzug mit Bewußtsein. Dabei geht die Bewegungsvorstellung offensichtlich in die Willenstätigkeit über.

Man hat aber kein Bewußtsein davon, wie die Vorstellung vom Kopf aus in die Willensorganik eindringt; das geschieht unbewußt. Es scheint eine allgemeine Gesetzmäßigkeit zu sein, daß Seelisches unbewußt wird, wenn es in die Bewegungsprozesse der Muskulatur übergeht. Die Gefühle, die in den Bewegungen der mimischen Muskulatur zur äußeren Erscheinung kommen, werden aber als solche im Mienenspiel nicht mehr erlebt. Sie werden unbewußt, indem sie sich durch die Muskulatur ausdrücken. Ebenso ist es mit der Vorstellung, wenn sie in der sinnvoll verlaufenden Bewegung verwirklicht wird. Es ist auch nichts anderes zu erwarten; denn jene Vorgänge, durch die der Wille in der Muskulatur wirksam wird, entziehen sich überhaupt dem Bewußtsein.

So ist es naheliegend, die Vorstellungen über die Funktion der efferenten Muskelnerven gegenüber dem, was wir im 11. und 12. Unterkapitel dargestellt haben, zu erweitern. Zunächst sind die vom Gyrus praecentralis ausgehenden efferenten Nerven die neurologische Grundlage für den Entschluß. In ihm kommt der Mensch, wie wir gesehen haben, von der Bewegungsvorstellung aus zu den entsprechenden Bereichen der Muskulatur in Beziehung. So haben diese efferenten Nerven als jener auf S. 129 und S. 146 beschriebene Teil des Lebenssinnes von vornherein einen inneren Bezug zu den Handlungsgedanken und -vorstellungen. Dieser scheint aber letztlich darin zu bestehen, daß die efferenten Nerven die Bahnen sind, auf denen die Handlungsvorstellungen vom Kopf aus die Willenstätigkeit entzünden, indem sie in den Willen übergehen. Diese Auffassung mag zunächst recht ungewöhnlich erscheinen. Sie nimmt die Vorstellung als etwas Reales, dessen Inhalt zunächst im Kopf gefaßt wird, dann aber in der Form und Folge der Bewegungen durch die Willenstätigkeit sichtbar wird. Damit bekommt die efferente Nervenleitung eine neue Interpretation. Sie wäre im physiologischen Substrat Ausdruck des Weges, den die Bewegungsvorstellungen vom Gyrus praecentralis in die Bereiche nehmen, in denen der Mensch durch den Willen diese Vorstellungen ausführt.

Die Geschicklichkeiten, die sich ein Mensch durch sein Bemühen erwirbt, werden in der Psychologie und Physiologie als Automatismen bezeichnet. Das Entstehen einer Geschicklichkeit wird als Automatisierung aufgefaßt, weil die Bewegungen schließlich ohne bewußte Kontrolle ausgeführt werden können. Der Begriff Automatismus enthält die Vorstellung eines Ablaufes, an dem der Mensch nicht mehr beteiligt ist; er kann wohl ausgelöst werden, spielt sich dann aber als selbstlaufendes Geschehen ab. Das Bemühen um eine Geschicklichkeit würde im Endergebnis zu Bewegungsabläufen führen, mit denen der Mensch nicht mehr verbunden ist. Das widerspricht der Erfahrung. Wenn man eine erlernte Bewegung ausführt, ist man mit seinem Willen in ihr tätig. Der Geiger, der sein Instrument beherrscht, kann sein Spiel künstlerisch gestalten. In den gekonnten Bewegungen wirken wie beim Erlernen auch Bewegungsvorstellungen. Beim Erlernen gehen diese Vorstellungen unter der Kontrolle der Bewegungen in die Willenstätigkeit über. Das Können entwickelt sich, indem diese Vorstellungen in eine bleibende Verbindung mit der Willensorganisation kommen. Sie werden nicht mehr auf dem Wege über Entschluß und Bewegungskontrolle der Willensbetätigung eingegliedert; sie wirken nun habituell im Zusammenspiel von Bewegungserleben (Tiefensensibilität) und Bewegungstätigkeit des Willens. Sie sind vom Ort ihres Ursprungs im Kopf (bzw. bestimmten Bereichen des Vorderhirns) ganz in die Bewegungsorganisation übergegangen.

Auch in den geschickt geführten, den gekonnten Bewegungen ist das Kleinhirn ein wesentliches Glied. Das bezeugen Bewegungsstörungen bei Schädigungen des Kleinhirns. Gordon Holmes berichtet in seinen Untersuchungen über Gehirnverletzte des ersten Weltkrieges von einem Mann, der aufgrund einer schweren einseitigen Kleinhirnverletzung eine vorgegebene Bewegungsform nicht nachmachen konnte. Er sagte: «Die Bewegungen meiner linken Hand erfolgen unbewußt, aber über jede Bewegung meines rechten Armes muß ich nachdenken. Ich komme beim Drehen zu einem plötzlichen Stopp und muß überlegen, bevor es weitergeht» (nach Eccles 1979, S. 169). Durch die Verletzung war dieser Mann in einem ungewöhnlich hohen Grade ungeschickt geworden. Da das Zusammenwirken von Bewegungsvorstellung und Bewegungskoordination durch die Störung des Koordinationsorganes schwer beeinträchtigt war, mußte er seine Bewegungsintentionen anscheinend weitgehend ohne Vermittlung des Kleinhirns wohl auf direktem Wege vom Vorderhirn in die Willensbetätigung eingliedern.

13. Menschliches Handeln – der Zusammenhang von Denken und Bewegen

Die Fähigkeit zu handeln, jene besondere Gabe des Menschen, umgreift die Arbeit des Handwerkers, das Schaffen des Künstlers und die forscherische Tätigkeit des Wissenschaftlers. Das Handeln reicht von den einfachen Verrichtungen des Alltags bis zu der schöpferischen Gestaltung eines Michelangelo. Man muß es abgrenzen von jenen «geistreichen» Tätigkeiten der Tiere, die dem Instinkt entspringen. Zum Handeln gehört, daß der Mensch ein Bewußtsein von den Zielen des Tuns hat; daß er den Zweck oder den Sinn kennt, der ihn in seiner Tätigkeit leitet. Handlungen können in Kürze erledigt sein, sie können sich aber auch über Stunden, über Tage oder noch längere Zeiträume erstrecken wie das Modellieren einer Plastik oder das Anlegen eines Gartens. Im Handeln gibt der Mensch dem Stoff eine Gestalt, die dieser durch die Natur nie bekommen könnte; oder er geht in einer anderen Weise zweckmäßig mit den Dingen um. Immer wird in der physischen Wirklichkeit aus einer Absicht etwas verändert.

Allgemeiner formuliert: Gedanken, Ideen werden durch eine Abfolge von Bewegungen in einer Reihe von Handlungsschritten verwirklicht. Die Idee, das Handlungsziel konkretisiert sich in einer Anzahl einzelner Handlungsvorstellungen. Das konkrete Tun, das zu dem Ziel hinführt, vollzieht sich aus diesen Handlungsvorstellungen in den Einzelhandlungen. Indem der Mensch sie ausführt, hat er ein Bewußtsein von ihrem Zusammenhang mit dem ganzen Handlungsablauf und dem, was durch ihn erreicht werden soll. Sonst würde er über dem Einzelnen das Ziel aus dem Auge verlieren; und das Einzelne hätte keine Bedeutung mehr. Im Handeln wirkt der Mensch aus dem Bewußtsein des Zieles und des bisherigen Handlungsablaufes in der konkreten Einzeltätigkeit. So wird diese ein Element im Entstehen des beabsichtigten Werkes.

Die Handlung ist ein umfassenderes Geschehen als die Bewegung. In der Bewegung wird die Bewegungsvorstellung ausgeführt. Der Mensch kann in einer Bewegung aufgehen. Die Vorstellung, die man in einer bestimmten Phase einer Handlung verwirklicht, stammt aus dem umfassenderen Handlungsziel. Dieses hält der Mensch fest, während die Vorstellung in die Willenstätigkeit übergeht. So verlangt Handeln ein umfassenderes Bewußtsein als die bloße Bewegung. Die Idee, das Ziel geht nie direkt in die Willenstätigkeit über.

Im Handeln spielen die jeweiligen Umstände eine bisweilen nicht unbedeutende Rolle. Man braucht z.B. für die Fortführung einer Arbeit unerwartet ein bestimmtes Werkzeug oder anderes Material. Eventuell erweist sich das momentane Vorgehen (die Handlungsvorstellung) als unzweckmäßig. Wie kann man sachgerechter oder einfacher verfahren? Man modifiziert das weitere Vorgehen, weil es die Verhältnisse nahelegen oder gar erzwingen.

So bemerkt man, daß der Handelnde unter Umständen unentwegt bei seiner Arbeit denkt und aus den Gedanken, die er sich bildet, sein weiteres Tun bestimmt. Das Denken ist auf die konkrete Situation, auf die nächsten Schritte und das Ziel bezogen. Es ist beweglich, bestimmt von Erfahrung und nicht selten geistesgegenwärtig. Der Handelnde ist dann, wenn seine Arbeit nicht nach vorgegebener Schablone oder rein gewohnheitsmäßig abläuft, auch ein Denkender. Sein Denken verwirklicht er in seiner Willensorganisation. Dabei verbinden sich die Handlungsvorstellungen mit den bereits erworbenen Geschicklichkeiten. Es geht also nicht nur um das Ausführen einer einfachen, klar umrissenen Absicht wie bei den im vorausgehenden Kapitel besprochenen Phänomenen, sondern um ein lebendiges Geschehen, in dem die Geschicklichkeiten von großer Bedeutung sind.

Die neurologischen Bedingungen des Handelns liegen in den am höchsten entwickelten Bereichen des Vorderhirns und des Kleinhirns. Die gesamte Großhirnrinde, insbesondere die Assoziationsfelder des praefrontalen Cortex (vor dem Gyrus praecentralis) und des parietalen Cortex stehen durch den Tractus cortico-ponto-cerebellares in Verbindung mit den an die Pars intermedia angrenzenden Teilen der beiden Kleinhirnhemisphären. Die Assoziationsfelder des Großhirns und die Kleinhirnhemisphären sind beim Menschen besonders mächtig entwickelt. Und die Verbindung durch den Tractus cortico-ponto-cerebellares enthält weit mehr Nervenfasern als die Pyramidenbahn. Was bedeutet diese Verbindung des Assoziationscortex des Vorderhirns mit den betreffenden Bereichen des Kleinhirns (dem sogenannten Neocerebellum)?

Wir haben weiter oben darauf hingewiesen, daß man im Vorderhirn die Projektionsfelder von den Assoziationsfeldern unterscheiden muß. Die Projektionsfelder stehen afferent mit den verschiedenen Sinnesorganen (Auge, Ohr, Tiefensensibilität usw.) oder wie der Gyrus praecentralis efferent mit der Muskulatur in Verbindung. Den Assoziationsfeldern fehlt diese direkte Verbindung. Sie bilden den Hauptanteil der Gehirnrinde; in ihnen liegt (im Zusammenhang mit tiefer im Inneren liegenden Bereichen wie dem Thalamus) auch die wesentliche Funktion des Vorderhirns.

Am Beispiel des visuellen Cortex haben wir auf S. 155 dargestellt, wie die nach der Geburt sich ausbildenden Strukturen die neurologische Grundlage dafür sind, daß man das Denken und die Vorstellungsbildung auf die Farb- und Lichteindrücke des Auges beziehen kann. Dadurch erfaßt und versteht der Mensch in seiner Umgebung den Gestaltzusammenhang der Dinge. Und er kann aufgrund der Vorstellungen, die er hierbei bildet, zum Allgemeinen, zum Begriff kommen. So führt eine Schädigung der an die primären Sinnesfelder angrenzenden Assoziationsfelder zu den Agnosien. Der Mensch hört ein Geräusch, kann sich aber nicht mehr bewußt machen, daß es sich um ein Auto handelt (akustische Agnosie); er sieht unbestimmte Konfigurationen, aber nicht mehr den Gegenstand (optische Agnosie). Vorstellen und Denken haben die Verbindung mit den Sinneseindrücken verloren.

Nun entwickeln sich im Laufe der Kindheit nicht nur angrenzend an die primären Sinnesfelder, sondern auch in unmittelbarer oder geringerer Nähe zum Gyrus praecentralis Assoziationsfelder.[15] Sie sind die neurologische Grundlage dafür, daß der Mensch Handlungsgedanken und Handlungsvorstellungen bildet (siehe hierzu: Creutzfeldt 1983, S. 270ff., 291f.; Stein 1986, S. 71ff. und Bruggencate 1984, S. 248). Eine besondere Bedeutung hat der frontale Assoziationscortex für die Bildung und das Festhalten eines Handlungsgedankens. So kommt es bei schweren Veränderungen in den vorderen Regionen des Gehirns wie bei der früher bisweilen durchgeführten neurochirurgischen Abtrennung (Leukotomie) zu schweren Veränderungen im Erscheinungsbild der Persönlichkeit. Es wurden z.B. beobachtet: «Gestörtes Plan- und Entwurfsvermögen; mangelnde Fähigkeit zur Überschau komplizierter Zusammenhänge ... Verhalten, Denken und Erleben werden weniger von weitgreifenden Plänen und Ideen als von der konkreten Situation des Augenblicks bestimmt; das Bewußtsein ist weitgehend auf die Gegenwart konzentriert (präsentische Daseinsweise); Beständigkeit und Durchhaltevermögen sind vermindert ...» (Creutzfeldt 1983, S. 318).

In diesen Bereichen bildet bzw. faßt der Mensch seine Handlungsziele. Von hier geht wohl auch die Konkretisierung zu Handlungsvorstellungen in der sogenannten motorischen Supplementära aus (siehe Anm. 15). Diese Gedanken- und Vorstellungsbildung tritt dann durch den Tractus cortico-ponto-cerebellares mit den Kleinhirnhemisphären (Neocerebellum) in Beziehung. So kommen die aus dem Gedanken entspringenden Handlungsvorstellungen in eine Verbindung zu dem momentanen Bewegungszustande des Leibes; denn die Hemisphären des Kleinhirns (Neocerebellum) vermitteln dem Menschen ein Gesamtbewußtsein seines Bewegungsorganismus. Nur dadurch kann der Mensch diese Handlungsvorstellungen verwirklichen. Durch das Neocerebellum finden wir eine Beziehung zur Willensorganisation.

Im Handeln muß der Mensch immer neu entscheiden, wie er seine Tätigkeit weiterführt. Es darf die Handlungsvorstellung nicht ohne diesen Akt der Bewußtheit in die Willensorganisation einfließen. So treffen wir auf Verhältnisse, die schon für die im vorigen Kapitel besprochenen Bewegungen gelten. Was sich dadurch ergibt, daß die Handlungsvorstellungen des Menschen in Beziehung zu dem kommen, was er als den augenblicklichen Bewegungszustand seiner Willensorganisation erlebt, wirkt nicht direkt in diesen hinein, sondern erst auf dem Wege über den Gyrus praecentralis des Vorderhirns. Der Mensch muß mit den für den Handlungsablauf maßgebenden Vorstellungen die Verbindung zu dem momentanen Lebens- und Bewegungszustand seines Bewegungsorganismus gefunden haben, bevor er diese in seinen Willen einfließen läßt. Dort wirken sie dann in der Willenstätigkeit als Inhalt eines Handelns, das lebendig die jeweiligen Umstände berücksichtigt. In dieser Willenstätigkeit lebt auch auf, was der Mensch an Geschicklichkeit erworben hat. Die klare Hinorientierung auf das Ziel, das unbeirrte Weiterschreiten im Handlungsverlauf beruht aber darauf, daß der Mensch sein Handeln durch die Verbindung des Frontalhirns mit seiner Willensorganisation aus dem Ich-Bewußtsein leitet.

14. Rückblick und offene Fragen

Vor mehr als hundert Jahren haben Fritsch und Hitzig an Hunden und Ferrier an Affen gezeigt, daß elektrische Reizung des Gyrus praecentralis einfache Bewegungen auf der anderen, kontralateralen Körperseite auslöst. Diese Beobachtungen gelten «als ein entscheidender Durchbruch; denn bis dahin hatte man geglaubt, daß ‹Ideen› im Gehirn ‹repräsentiert› seien, nicht aber motorische Bewegungen» (Bruggencate 1984, S. 248). Die Vorstellungen über die motorische Funktion der Nerven, die Bell zunächst im Hinblick auf das Rückenmark und dessen vordere Wurzeln entwickelt hatte, wurden auf die Deutung des Gehirns ausgeweitet. Im ersten Teil unserer Abhandlung mußten wir die Lex Belliana grundsätzlich in Frage stellen, im zweiten Teil die Anschauungen über die motorischen Funktionen des Gehirns. Die Lex Belliana kann eine Reihe von Phänomenen, wie wir gezeigt haben, nicht befriedigend erklären – abgesehen davon, daß sie fundamentale anthropologische Tatsachen ignoriert bzw. verdeckt: den Willen des Menschen und das dem Willen eng verwandte Ich. In den ersten sieben Unterkapiteln, dem kritischen Teil dieser Abhandlung, haben wir eine Grundlage dafür geschaffen, den Willen auch im Hinblick auf die Physiologie in seiner eigenständigen Natur zu erfassen. Von hier aus und aus der Einsicht in den sensiblen Charakter der efferenten Nerven erschließt sich ein Weg, die sogenannten motorischen Systeme in einer Weise zu betrachten, die den Menschen als denkende und willentlich tätige Wesenheit berücksichtigt.

Wir haben diesen Weg im zweiten darstellenden Teil dieser Arbeit beschritten. Manches an Detailfragen bleibt offen; eine erste Skizze läßt notwendigerweise vieles unberücksichtigt. Eine gründliche Neufassung der Nervenlehre bedarf noch intensiver Arbeit im einzelnen. Dem kann die vorliegende Studie aber als Grundriß dienen. Es zeigt sich schon jetzt, daß die Anschauungen und Begriffe über Haltung, Bewegung und Handlung des Menschen viel differenzierter werden als unter der Prämisse der motorischen Nervenfunktion.

Wir wollen zum Schluß kurz auf eine Frage eingehen, die offen geblieben ist. Die Behandlung von Bewegung führt zu der Auffassung, daß die efferenten Nerven jene Bahnen sind, auf denen die Handlungsvorstellungen vom Kopf in die Willensorganik übergehen. Wie kann aber eine Vorstellung vom Gehirn auf dem Wege über Nervenbahnen in andere Bereiche des menschlichen Organismus gelangen? Die Frage betrifft wohl die Physiologie, kann aber nicht von ihr beantwortet werden. Sie liegt außerhalb ihrer Betrachtungsweise und ihrer Untersuchungsmethoden.

In der kindlichen Entwicklung ist das Auftreten von willkürlicher Bewegung mit der sogenannten Markscheidenreifung verknüpft. Wenn sich die Markscheiden um die Nervenbahnen (Neuriten) bis zu einem gewissen Umfang gebildet haben, können Vorstellungen die Willenstätigkeit entzünden, d.h. vom Kopf in die Willensorganik übergehen. Wie ist der Zusammenhang? Die Markscheiden zeichnen sich durch einen ungewöhnlich verlangsamten Stoffwechsel aus. Die Substanzen der Markscheide sind bekanntlich noch nach vielen Monaten, offensichtlich sogar noch nach Jahren weitgehend unverändert. Die Lebensprozesse, die sich in der Dynamik des Stoffwechsels manifestieren, sind nahezu vollständig erloschen. Dem entspricht der eigentümliche Sachverhalt, daß sich die spezifischen Substanzen der Markscheiden, bestimmte Lipoide, in «kristallähnlicher Form» (Rohen 1975, S. 68) ablagern. Die Markscheiden entwickeln sich nun besonders stark an den Nervenfasern der Pyramidenbahn, d.h. an den vom Gyrus praecentralis ausgehenden efferenten Muskelnerven. Sie sind Bahnen, an denen das Leben abzusterben beginnt und die Substanz sich dem Charakter des Toten annähert.

Nach R. Steiner bekommen die Nerven dadurch eine bestimmte Beziehung zum Geistig-Seelischen. Starke Lebensprozesse haben die Eigenart, Geistig-Seelisches in ihre Tätigkeit aufzunehmen und dem Leibe einzuprägen. Der Lebensprozeß wird Vermittler des Geistig-Seelischen zu dessen Manifestation im Leibe. Wo das Leben aber weitgehend erstirbt, wird das Geistig-Seelische nicht mehr in das Leibesleben aufgesogen. Es ist dort, wo das Leben, wie in den Markscheiden, weitgehend aus der Substanz gewichen ist, unberührt von den Leibesvorgängen. So bezeichnet R. Steiner die betreffenden Nerven als «Kanäle», in denen das Geistig-Seelische vom Kopf in den Leib und zur Peripherie dringen kann (Steiner 1919, S. 115f. und 186f.). Nach dieser Anschauung wären die Nerven mit ihren Markscheiden die Bahnen für den Weg der Vorstellungen vom Gehirn in die Willensorganik der Muskulatur. Die Handlungsvorstellungen wären dann die echten Efferenzen und die efferent verlaufenden elektrischen Potentiale deren Abdruck im Physiologischen. – Von solchen Überlegungen aus wäre ganz grundsätzlich die Beziehung von Denken, Begriff und Vorstellung zum nervösen Substrat neu zu betrachten.

Anmerkungen

1 Später hat Bell seine Ansichten ausführlich dargestellt in *An exposition of the natural system of the nerves of the human body*, London 1824.
2 Es ist interessant, daß der Übersetzer und Herausgeber des Magendieschen Lehrbuches gewichtige Einwendungen gegen diese Ausrichtung der Physiologie geltend macht. Er anerkennt die Entdeckungen, durch die Magendie die Wissenschaft bereichert hat, fügt aber hinzu: «Dennoch dürfen wir uns nicht verhehlen, daß seine Arbeiten es fühlbar machen, wie sehr der Biologie immerhin auch eine spekulative Bearbeitung not tut, vorausgesetzt, daß die Spekulation der Erfahrung nicht vorauseilt, sondern selbst Tatsachen zum Objekt hat, die als solche entweder durch unmittelbare Beobachtung oder nach sicherer Analogie oder durch vernünftige Induktion erkannt worden sind. Nackt und heimatlos aber stehen die Tatsachen der Biologie da, solange das philosophische Band fehlt, das sie systematisch aneinander reiht, zu einem Ganzen rundet und die Beziehungen des einzelnen Zweiges der Wissenschaft zu den übrigen andeutet» (Magendie 1834, S. IX).
3 F. Magendie in: *Journal de physiologie expérimentale et de pathologie générale* T. II, S. 276ff., Paris 1822. – Siehe auch Meckels *Deutsches Archiv für die Physiologie*, Bd. VIII.
4 Mit Evolutionstheorie ist die Auffassung von der epigenetischen Entwicklung als Gegensatz der Einschachtelungslehre gemeint.
5 Arnold nimmt eine zentrifugale und zentripetale Leitung in den aus den vorderen und hinteren Wurzeln entspringenden Nerven an, was sich später als falsch erwiesen hat.
6 Bei Durchsicht neuerer Arbeiten über Plastizität wird deutlich, wie auch heute noch die Kenntnisse anfänglich sind. So leiten Blight und Precht ihre Arbeit über *Primary Afferent Synaptic Modulation as a Mechanism of Behavioral Compensation Following Cord Lesion in the Frog* mit folgendem Satz ein: «Direct investigations of neuronal mechanism responsible for recovery of function following lesions of the central nervous system or its peripheral inputs is limited by the need of detailed knowledge of normal function organisation in the system under study». In: *Lesion-Induced Neuronal Plasticity in Sensorimotor Systems* ed. H. Flohr und W. Precht, Berlin, Heidelberg, New York 1981, S. 117.
7 Die Chorda tympani ist ein dünner Nervenstrang, der sich erst in einer gewissen Entfernung vom Stammhirn mit dem Nervus lingualis vereinigt. Sie enthält sympathische Fasern mit «pseudomotorischer» Wirkung: nach Durchtrennung des N. hypoglossus löst eine Reizung «langsame, längere Zeit dauernde tonische Kontraktion der gelähmten Zungenhälfte» (S. 23) aus. Boeke durchtrennte die Chorda tympani vor ihrer Vereinigung mit dem N. lingualis

und verhinderte so das Einwachsen der sympathischen Fasern in die leeren Bahnen des N. Hypoglossus (S. 53).

8 Viel zurückhaltender äußert sich B. Katz in *Nerv, Muskel und Synapse*, 4. Aufl. 1985, Stuttgart und New York: «Bisher sind unsere Kenntnisse über die physikalisch-chemischen Aspekte des Kontraktionsmechanismus noch sehr bescheiden» (S. 144). Calcium wird als ein «wichtiger Kofaktor für die Kontraktionsauslösung am Froschherzen» (S. 147) bezeichnet. «An welcher Stelle Calcium eingreift, ist noch unsicher» (S. 147).

9 Nach Eccles kann dies «als neuronales Gegenstück des willkürlichen Befehls betrachtet werden»; in: *Das Gehirn des Menschen*, 4. Aufl., München, Zürich 1979, S. 145.

10 Wir sehen im Augenblick davon ab, daß nicht nur die Muskulatur, sondern auch Drüsen, Blutgefäße und andere Organe efferent innerviert werden.

11 J.W. Rohen spricht von «optisch geprägten Begriffen», *Funktionelle Anatomie des Nervensystems*, 4. Aufl., Stuttgart 1985, S. 221.

12 Untersuchungen an schielenden Kindern, die sich nur mit einem Auge bewußt den Dingen zuwenden, zeigen, daß vom anderen Auge keine Anregungen auf die Entwicklung der entsprechenden Bereiche des visuellen Cortex ausgehen (Awaya u.a., Amblyopia in man, suggestive of stimulus deprivation, in: *Jap. Journ. Ophthmol.* 17/1973). Ähnliche Sachverhalte kennt man auch von Katzen (W. Singer, Hirnentwicklung und Umwelt, in: *Spektrum der Wissenschaft* 3/1985).

13 Vom Nucleus ruber durch den Tractus rubrospinalis zu den Streckmuskeln; vom Deiterschen Kern durch den Tractus vestibulo-spinalis zu den Beugemuskeln und von bestimmten Bereichen der Formatio reticularis durch die Bahnen des Tractus reticulospinalis zu den Streck- und Beugemuskeln.

14 Über den schon erwähnten Tractus reticulo-spinalis und den Tractus vestibulo-spinalis.

15 Zum Beispiel die sogenannte motorische Supplementära (MSA) frontal vor dem oberen Bereich des Gyrus praecentralis und das Assoziationsfeld im oberen Bereich des Scheitellappens hinter dem Gyrus postcentralis.

Erläuterungen ausgewählter Fachtermini

Archicerebellum (Archaeocerebellum, Vestibulocerebellum): Ein Teil des Kleinhirns. Zu ihm gehören ein Abschnitt des Wurms, der an der Basis des Kleinhirns liegt, und der benachbarte Lobulus flocculonodularis (der Nodulus mit den beiden seitlich gelegenen Flocculi)

Frontaler Assoziationscortex (= präfrontaler Cortex): Beim Menschen ist der vor der Zentralfurche (Sulcus centralis) gelegene Stirnlappen des Vorderhirns besonders mächtig und mit diesem der vorderste Teil der Gehirnrinde, der präfrontale Cortex. Es ist das höchste Integrationsorgan des Vorderhirns und die leibliche Grundlage für die höchsten Denkfunktionen und das Selbstbewußtsein des Menschen.

Gleitfilament-Theorie: Nach der von Huxley aufgestellten Theorie dringen bei der Muskelkontraktion die Actinfilamente der Muskelfasern tiefer zwischen die Myosinfilamente hinein, indem sich seitliche Ausfaserungen der Myosinfilamente an die Actinfilamente heften und kontrahieren, sich dann von diesen lösen, erneut festheften, sich wieder kontrahieren usw.

Gyrus praecentralis: Die vor der Zentralfurche (Sulcus centralis) von oben nach unten verlaufende Windung. Hier entspringen efferente Nervenbahnen, die vor allem mit der willkürlichen Muskulatur der jeweils andern Körperseite in Beziehung stehen. Diese Beziehung ist somatotopisch: sie entspricht der Anordnung des Leibes. In dieser somatotopischen Projektion haben Organe mit differenzierten Bewegungen (Finger, Mund) eine besondere Ausdehnung.

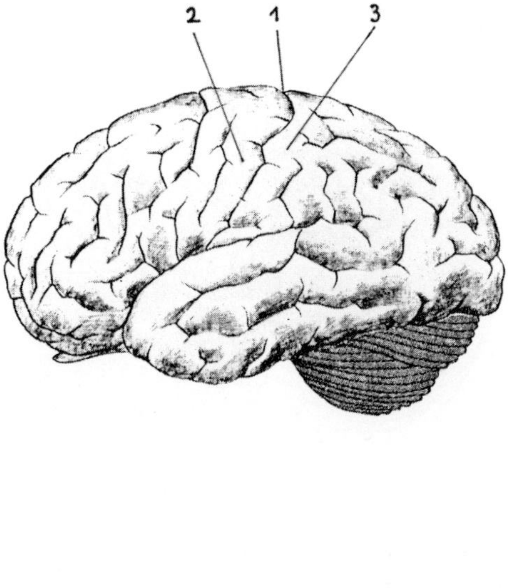

Menschliches Vorderhirn von der linken Seite
1 Zentralfurche (Sulcus centralis)
2 Gyrus praecentralis
3 Gyrus postcentralis

(Aus Thompson, Das Gehirn, Heidelberg 1990)

Hirnstamm: Mittelhirn (Mesencephalon), Brücke (Pons) und verlängertes Mark (Medulla oblongate) werden unter der Bezeichnung Hirnstamm zusammengefaßt.

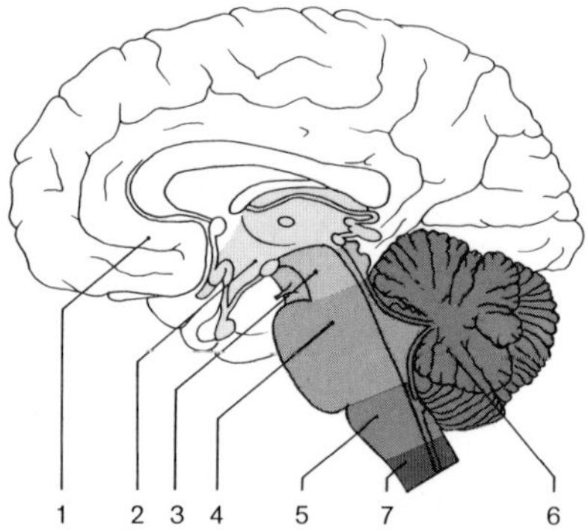

Längsschnitt durch das Gehirn
1 Vorderhirn (Telencephalon)
2 Zwischenhirn (Diencephalon)
3 Mittelhirn (Mesencephalon)
4 Brücke (Pons)
5 Verlängertes Mark (Medulla oblongata)
(3–5: Hirnstamm)
6 Kleinhirn (Cerebellum)
7 Rückenmark (Medulla spinalis)

(Aus Rauber-Kopsch, Anatomie des Menschen, Bd. 3, Stuttgart 1987)

Kleinhirn (Cerebellum): Es liegt unter dem Hinterhauptslappen und dem hinteren Teil des Temporallappens in der hinteren Schädelgrube. Wegen seiner Form mit ihren Verästelungen wird es auch als «Lebensbaum» (Arbor vitae cerebelli) bezeichnet. Wie das Groß- (Vorder-)hirn besteht es aus zwei Hemisphären. In der Einschnürung zwischen diesen liegt der sog. Wurm. Das Kleinhirn ist ein bedeutendes Koordinationsorgan von Gleichgewicht, Muskeltonus und den Stellungen (bzw. Bewegungen) der verschiedenen Körperbereiche.

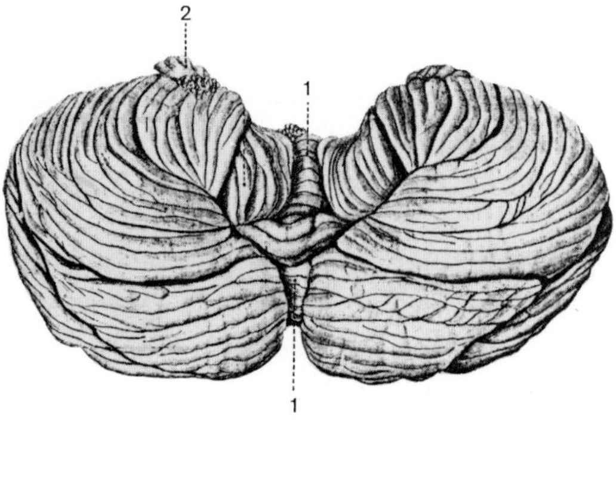

Kleinhirn (von unten) mit dem Wurm und den beiden Hemisphären
1 Wurm (Vermis)
2 Flocculus
(Aus Rauber-Kopsch, Anatomie des Menschen, Bd. 3, Stuttgart 1987)

Motorische Endplatten: Die einzelnen Nervenfasern der efferenten Nerven, die vom Rückenmark kommend in die Muskulatur eindringen, teilen sich auf, bevor sie an die quergestreiften Muskelfasern herantreten. In der Regel werden mehrere Muskelfasern von einer efferenten Nervenfaser innerviert. An der Kontaktstelle mit der Muskelfaser bildet die Nervenfaser eine sog. motorische Endplatte. Hier teilt sich die Nervenfaser nochmals mehrfach auf. Die motorische Endplatte vermittelt die von efferenten Nerven geleiteten «Impulse» zur Muskelfaser.

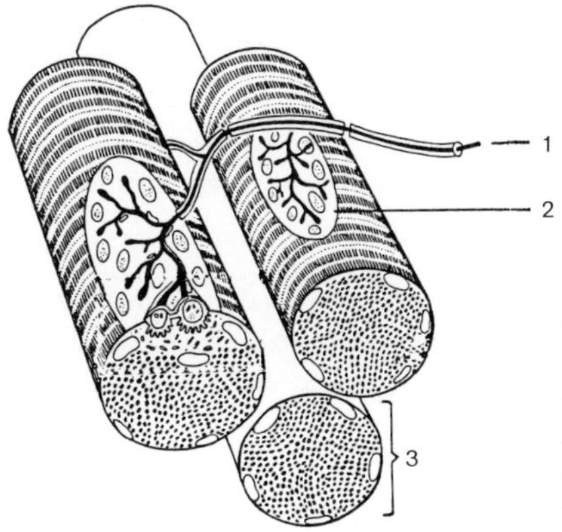

Drei Muskelfasern mit efferentem Nerv und motorischen Endplatten
1 efferenter Nerv
2 motorische Endplatte
3 Muskelfaser
(Aus Rohen, 1975)

Muskelspindeln: Organe der sog. Tiefensensibilität, die eine Empfindung von dem jeweiligen Kontraktionszustand und dem Wechsel desselben vermitteln. Es handelt sich um 2 bis 8 mm lange Gebilde in den quergestreiften Muskeln, die von einer Bindegewebskapsel umschlossen sind. In ihnen befinden sich einige dünne quergestreifte (intrafusale) Muskelfasern, deren Veränderungen bei Kontraktion und Dilatation des ganzen Muskels durch feine Nerven empfunden werden. An diese intrafusale Muskelfasern treten auch dünne efferente Nervenfasern, sog. γ-Motoneurone, heran.

Nervenfasern: Bei den Nervenfasern besteht eine Beziehung zwischen der Dicke und der Leitungsgeschwindigkeit: Fasern mit größerem Durchmesser haben höhere Leitungsgeschwindigkeit. Deshalb teilte man die Nervenfasern in Kaliberklassen ein. Bei den afferenten Muskelnerven unterscheidet man 4 Gruppen:
I-Fasern sind die dicksten, VI-Fasern die dünnsten.
Es gibt auch andere Klassifizierungen, z.B. nach den vier ersten Buchstaben des griechischen Alphabets: γ-Fasern (siehe Muskelspindeln) sind sehr dünne Fasern, im Vergleich zu den α- und den β-Fasern.

Nervus fibularis: Dieser efferente Nervus entspringt im Oberschenkel aus dem Nervus ischiadicus und teilt sich dann im Unterschenkel in zwei Hauptäste.

Nervus hypoglossus: der 12. Gehirnnerv. Seine efferenten Nerven treten durch motorische Endplatten vor allem mit der Zungenmuskulatur in Beziehung.

Nervus ischiadicus: Er hat seinen Ursprung in mehreren ventralen Wurzeln des hinteren (unteren) Rückenmarks. Als stärkster efferenter Nerv innerviert er die hinteren (unteren) Gliedmaßen.

Nervus lingualis: Er gehört zu dem weit verzweigten Komplex des Nervus trigeminus (= 5. Gehirnnerv). Als afferenter, sensorischer Nerv versorgt er die Geschmackspapillen der vorderen Zungenhälfte.

Nervus phrenicus: Er entsteht aus Ästen des 3. bis 5. Halsnerven. Vom Hals dringt er durch die Brusthöhle bis zum Zwerchfell. Im Bereich des Zwerchfells teilen sich rechter und linker Zwerchfellnerv in mehrere Äste, die die verschiedenen Zwerchfellabschnitte versorgen.

Nervus suralis: Er entsteht im Unterschenkel aus der Vereinigung von zwei andern Nerven (Nervus cutaneus surae lateralis und Nervus cutancus surae medialis); er gelangt am lateralen Fußrand bis zum kleinen Zeh.

Nervus vagus: Ist der 10. Gehirnnerv. Er dringt vom Kopf durch den Hals zu den Organen der Brust- und Bauchhöhle. Zu ihm gehören afferente und efferente Nerven.

Parietaler Cortex: Dieser Teil der Gehirnrinde liegt zwischen dem sensiblen Projektionsfeld der Leibesoberfläche hinter der Zentralfurche, der sog. somatosensorischen Area, und den Feldern des Hinterhauptslappens, die das Sehen von Gegenständen und die «optische Begriffsbildung» ermöglichen. Er vermittelt unter anderem zwischen dem eigenen Leib und der visuellen Umgebung. So führen größere Läsionen z.B. zur Apraxie, der Unfähigkeit, geordnete Handlungen durchzuführen.

praefrontaler Cortex: siehe «frontaler Assoziationscortex»

primäre Sehrinde: Sie liegt im Hinterhauptslappen (Okzipitallappen) beider Großhirnhemisphären, besonders an deren Innenseite. Hier werden die Eindrücke aus jeweils einer Gesichtsfeldhälfte, und zwar aus der kontralateralen Hälfte, repräsentiert. Von den entsprechenden Abschnitten der Netzhaut

(Retina) ziehen Nervenfasern - unter Vermittlung des Corpus geniculatum laterale - zum Okzipitallappen. Die primäre Sehrinde hat einen sehr komplexen Aufbau. Sie ist die Grundlage für das Erkennen einfacher Strukturen.

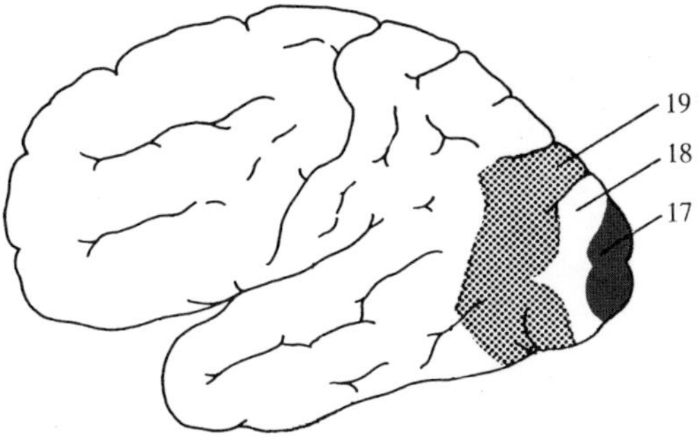

Vorderhirn (von der linken Seite) 17 primäres Sehzentrum umgeben von dem sekundären (18) und tertiärem Sehzentrum (19) (Aus Rohen, 1975)

Pyramidenbahn: Eine beim Menschen besonders stark entwickelte efferente Nervenbahn. Sie entspringt vor allem (mit 60 % ihrer Fasern) im Gyrus praecentralis. Im Hirnstamm verlassen einige Nervenfaserzüge die Pyramidenbahn. Nach der Kreuzung ihrer Fasern tritt sie in das Rückenmark ein. Der in das Rückenmark ziehende Teil der Pyramidenbahn wird als Tractus corticospinalis bezeichnet. Im Rückenmark treten die Fasern dieses Tractus in Verbindung mit den aus dem Rückenmark entspringenden efferenten Nerven.

Spinalnerven: Aus den Segmenten des Rückenmarks entspringen paarweise die vorderen und hinteren Wurzeln. Vorder- und Hinterwurzeln des einzelnen Segmentes vereinigen sich auf jeder Seite zu einem Spinalnerven. Diese Spinalnerven treten nach rechts und links aus der Wirbelsäule hervor.

Spinale Motorik: Es handelt sich um jene Bewegungen, deren neurologische Grundlage nur das Rückenmark bildet. Die Bewegungen werden unwillkürlich auf bestimmte Empfindungen hin als Reflexe ausgeführt.

Spinale Reflexe: die durch das Rückenmark bedingten unwillkürlichen Bewegungen.

Stammhirn: siehe Hirnstamm

Synapsen: Von den Nervenzellen gehen zahlreiche Fortsätze aus, die kürzeren Dendriten und der meist viel längere Neurit. Diese Fortsätze nehmen mit anderen Nervenzellen Kontakt auf. Dort entstehen kleine Anschwellungen, die Synapsen, die durch einen kleinen Spalt (synaptischer Spalt) von der anderen Nervenzelle getrennt bleiben. Bei der Erregungsübertragung werden sogenannte Transmittersubstanzen von der Zelle in den Spalt abgesondert.

Temporallappen: An den Hemisphären des Vorderhirns werden vier Abschnitte unterschieden. Vor der Zentralfurche (Sulcus centralis) liegt der Stirnlappen (Lobus frontalis), dahinter der Scheitellappen (Lobus parictalis), an den sich der kleinere Hinterhauptslappen (Lobus occipitalis) anschließt. Der Schläfenlappen (Temporallappen; Lobus temporalis) liegt unterhalb des Stirn- und Scheitellappens, von diesem durch eine tiefe Furche (Sulcus lateralis cerebri) getrennt.

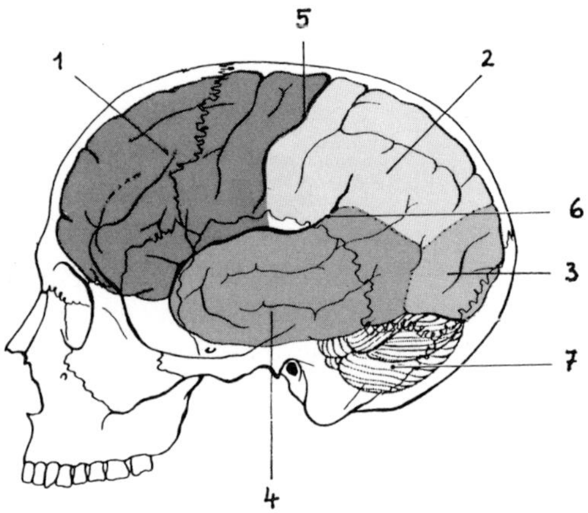

Schädel mit linker Großhirnhemisphäre
1 Stirnlappen (Frontallappen)
2 Scheitellappen
3 Hinterhauptslappen
4 Schläfenlappen (Temporallappen)
5 Zentralfurche
6 Sulcus lateralis
7 Kleinhirn

(Aus Rauber-Kopsch, Anatomie des Menschen, Bd. 3, Stuttgart 1987)

Thalamus: Ein wichtiger, in einzelne Kerngruppen gegliederter Nervenkern im Zwischenhirn. Unter funktionellen Gesichtspunkten unterscheidet man drei Arten von Thalamuskernen: die Assoziationskerne, die durch reziproke Nervenbahnen mit den Assoziationsfeldern der Gehirnrinde in Verbindung stehen; die spezifischen Schaltkerne, die die afferenten Bahnsysteme (z.B. aus Auge und Ohr) zu den primären Rindenfeldern vermitteln; die unspezifischen Thalamuskerne, die nur eine schwache Verbindung zu den Assoziationsfeldern haben, vor allem aber der Ausgangspunkt efferenter Nervenverbindungen in der Tiefe des Gehirns sind.

Tractus cortico-ponto-cerebellares: Eine beim Menschen stark ausgebildete Nervenbahn von der Hirnrinde über die Brücke (Pons) in das Kleinhirn.

 Tractus corticospinalis: Siehe Pyramidenbahn

Vermis: Siehe Wurm

Vestibularis-Kerne: Die Nerven aus den Gleichgewichtsorganen des Innenohres endigen zunächst in den sog. Vestibulariskernen des Hirnstammes. Von den Vestibulariskernen gehen Verbindungen zum Kleinhirn, zum Rückenmark, zur Formatio reticularis und zum Mittelhirn.

Wurm (Vermis)*:* Das Kleinhirn besteht aus zwei weitgehend symmetrischen Hemisphären und einem großenteils eingeschnürten Zwischenstück zwischen den Hemisphären. Dieser unpaare Wulst erinnert durch seine Segmetierung an einen zusammengekrümmten Wurm.

Literatur

Arnold, J.W. (1844): *Über die Verrichtung der Wurzeln der Rückenmarksnerven*, Heidelberg.

Bell, Ch. (1811): *An idea of a new anatomy of the brain*, London.
– (1824): *An exposition of the natural system of the nerves of the human body*, London.

Berger, W., V. Dietz, A. Hufschmidt, R. Jung, K.-H. Mauritz, D. Schmidtbleicher (1984): *Haltung und Bewegung beim Menschen,* Berlin, Heidelberg, New York, Tokyo.

Bethe, A. (1931): Plastizität und Zentrenlehre, in: Bethe, G. et al. (Hrg.) *Handbuch der normalen und pathologischen Physiologie*, Bd. 15, S. 1175ff., Berlin.

Bethe, A. und E. Fischer (1931): Die Anpassungsfähigkeit (Plastizität) des Nervensystems, in: G. Bethe et al. (Hrg.) *Handbuch der normalen und pathologischen Physiologie*, Bd. 15, S. 1045ff., Berlin.

Boeke, J. (1916/17): *Studien zur Nervenregeneration I und II*, Verhandlungen der Koninglijke Akademie van Wetenschapen te Amsterdam.
– (1921): Nervenregeneration und verwandte Innervationsprobleme, in: *Ergebnisse der Physiologie*, hrsg. von L. Asher und K. Spiro, 19. Bd., München-Wiesbaden.

Borowski, M.L. (1956): *Nervenregeneration und Trophik*, Jena.

Boss, M. (1975): *Grundriß der Medizin und Psychologie*, 2. Aufl. Zürich.

Bruggencate, G. ten (1984): *Medizinische Neurophysiologie*, Stuttgart, New York.

Brücke, E.Th. (1927): Dorsale und ventrale Wurzeln (Bellsches Gesetz), in: *Handbuch der normalen und pathologischen Physiologie*, hrsg. von Bethe, Bergmann, Embden, Ellinger, Berlin, Bd. 10.

Creutzfeldt, O.D. (1983): *Cortex Cerebri*, Berlin, Heidelberg, New York, Tokyo.

Dietz, V. (1984): Elektrophysiologie komplexer Bewegungsabläufe: Gang, Laufe-, Balance- und Fallbewegungen, in: *Haltung und Bewegung beim Menschen*, von W. Berger, V. Dietz, A. Hufschmidt, R. Jung, K.-H. Mauritz und D. Schmidtbleicher, Berlin, Heidelberg, New York, Tokyo.

Eccles, J.C. (1979): *Das Gehirn des Menschen*, 4. Aufl. München.

Elze, C. (1921): Betrachtungen über Boekes *Studien zur Nervenregeneration*, zugleich eine Kritik des Bell-Magendieschen Gesetzes, in: *Die Naturwissenschaften*, 9. Jg. Heft 25.

Gerling, J., T. Winkler, J. Niemann (1987): Hirnelektrische Veränderungen beim motorischen Lernen, in: *Zugang zum Verständnis höherer Hirnfunktionen durch das EEG*, hrsg. von H.M. Weinmann, München, Bern, Wien, San Francisco.

Glatzel, H. (1959): Ernährung, in: *Handbuch der Neurosenlehre*, 2. Bd., hrsg. von Frankl, v. Grebsattel, Schultz, München und Berlin.

Grünewald, G., E. Grünewald-Zuberbier, R. Jung (1978): Slow potentials of the human precentral und parietal cortex during goaldirected movements (Zielbewegungspotentiale), in: *Journal of Physiology* 284.

Gutmann, E. (1945): The reinnervation of muscle by sensory nerve fibres, in: *Journal of Anatomy* 79/1.

Koehler, O. (1933): Das Ganzheitsproblem in der Biologie, *Schriften der Königsberger Gelehrten Gesellschaft*, Heft 7, Halle.

Kornhuber, H., L. Deecke, P. Scheid (1969): Distribution of readiness potential, pre-motion positivity, and motor potential of the human cerebral cortex proceding voluntary finger movements, in: *Experimental Brain Research* 7, 158.

Jung, R. (1984): Zur Bewegungsphysiologie beim Menschen: Fortbewegung, Zielsteuerung und Sportleistungen, in: Berger, Dietz, Hufschmidt, Mauritz, Schmidtbleicher, *Haltung und Bewegung beim Menschen*, Berlin, Heidelberg, New York, Tokyo.

Magendie, F. (1822): Experiences sur les fonctions des racines des nerves rachidiens, in: *Journal de physiologie expérimentale et de pathologie générale*, T. II.
– (1834): *Lehrbuch der Physiologie*, hrsg. von C.L. Elsässer, 1. Bd., 3. Aufl. Tübingen.

Merleau-Ponty, M. (1966): *Phänomenologie der Wahrnehmung*, Berlin.

Müller, Joh. (1844): *Handbuch der Physiologie des Menschen*, Bd. 8, Koblenz.

Penfield, W. (1975): *The mystery of the mind*, Princeton.

Rohen, J.W. (1975): *Funktionelle Anatomie des Nervensystems*, 2. Aufl. Stuttgart

Rüegg, J.C. (1985): Muskel, in: *Physiologie des Menschen*, hrsg. von R.F. Schmidt und G. Thews, 22. Aufl. Berlin, Heidelberg, New York, Tokyo.

Schäfer, K.E. (1979): Individual Respiratory Pattern Affecting Metabolic Processes and CNS Functions, in: *Basis of an individual physiology*, ed. Schäfer, Hildebrandt, Macbeth, New York 1979.

Schmidt, R.F. (1985a): Motorische Systeme, in: *Physiologie des Menschen*, hrsg. von R.F. Schmidt und G. Thews, 22. Aufl. Berlin, Heidelberg, New York, Tokyo.
– (1985b): Somato-viscerale Sensibilität, in: *Physiologie des Menschen*, hrsg. R.F. Schmidt und G. Thews.

Stein, J.F. (1986): Control of Movement, in: *Functions of the Brain*, ed. by C. Coen, Oxford.

Steiner, R. (1910): *Anthroposophie. Ein Fragment aus dem Jahre 1910*, Dornach 1970, GA 45.
– (1917): *Von Seelenrätseln*, 4. Aufl. Dornach 1976, GA 21.
– (1919): *Allgemeine Menschenkunde als Grundlage der Pädagogik*, 7. Aufl. Dornach 1973.
– (1920): *Die Erneuerung der pädagogisch-didaktischen Kunst durch Geisteswissenschaft*, 3. Aufl. Dornach 1977, GA 301.

Straus, E. (1980): Die aufrechte Haltung, in: *Medizinisch-psychologische Anthropologie*, hrsg. von W. Bräutigam, Darmstadt.

Versuch einer kritischen Beleuchtung der Lex Belliana oder einer wissenschaftlichen Abschätzung der aus den Bellschen Phänomenen gezogenen Schlüsse, in: *Archiv für physiologische Heilkunde*, hrsg. von Roser und Wunderlich, Bd. 1, 1842.

Wunderlich, K.A. (1842). Bemerkungen zu den vorhergehenden Abhandlungen, in: *Archiv für physiologische Heilkunde*, Bd. 1.

OTTO WOLFF

Nerv und Muskel. Biochemische Grundlagen zum Verständnis ihrer Funktion

Es gehört zum Prinzip der Spezialisierung, daß von einem gewissen Maß des Erreichten und einer gewissen Zeit an die Grundfragen nicht mehr diskutiert werden, sondern diese in der gängigen Interpretation als «allgemein anerkannt» vorausgesetzt werden. Ein Beispiel hierfür ist die Nervenfunktion.

Rudolf Steiner schrieb 1917, daß «Anatomie und Physiologie zu der Erkenntnis kommen müssen, daß sie die Nerventätigkeit nur durch eine *Methode der Ausschließung* finden können» und «daß die wahrhaftige Nerventätigkeit überhaupt nicht Gegenstand der physiologischen Sinnesbeobachtung sein kann.» Dies war schon damals ketzerisch; umso mehr muß dies heute so erscheinen, da eine kaum noch übersehbare Fülle von experimentellen Befunden das Gegenteil zu beweisen scheint. Aufgabe dieses Beitrages ist es nicht, zu zeigen, inwieweit die Experimente anders gedeutet werden können, sondern an die Grundfragen der Nervenfunktion unbefangen und neu heranzugehen und gerade die einfachen Grundphänomene neu zu betrachten. Ein erweitertes Verständnis der Grundlagen und der Experimente kann sich daraus ergeben.

1. Funktion der grauen und weißen Nervensubstanz

Die Hauptmasse der Nervensubstanz ist beim Menschen im Kopfbereich als Gehirn lokalisiert. Dort befinden sich auch im wesentlichen die Fern-Sinnesorgane. Diese funktionelle Einheit kann man als Nerven-Sinnes-System bezeichnen. Hierbei dient das Auge dem Sehen, das Ohr dem Hören usw. Bis in die Substanz hinein muß das

Sinnesorgan spezifisch für die entsprechende Funktion gebaut sein. Beim Auge ist dies offensichtlich, weshalb dieses als Beispiel dargestellt sei, um daran das Bauprinzip des Nerven-Sinnes-Systems zu verdeutlichen.

Das brechende Medium muß transparent für das Licht sein. Dies wird dadurch erreicht, daß die vorderen Teile des Auges, Glaskörper und Hornhaut, eine fast kristalline Struktur annehmen. Das heißt aber zugleich, daß das Leben sich aus ihnen zurückzieht. Leben findet im Organismus aber seinen deutlichsten Ausdruck im Blut. Deshalb darf dieses gerade nicht in den transparenten Organteilen auftreten. Die vitalen Zentren jedes Lebewesens sind nicht transparent. Dies hängt mit folgender Tatsache zusammen:

1. Licht kann in eine Substanz eintreten, von ihr aufgenommen und festgehalten werden und somit *in* der Substanz wirken, z.B. als das sich im Wachstum entfaltende Leben. Dann wird *Licht zu Leben transformiert* und in spezifische Substanzen eingebettet (Kohlenhydrate, Eiweiß, Fett), wirkt also in diesem *Leben* weiter. Dieser Vorgang ist an einen lebendigen Organismus, wie ihn die Pflanze darstellt, gebunden (Chlorophyll, Fotosynthese). Wird diese Substanz verbrannt, so kann das Licht in der Flamme als solches wieder in Erscheinung treten.

2. Eine zweite Möglichkeit, auf Licht zu reagieren, ist die Umwandlung in *Wärme*, ein Vorgang, der in allen toten Stoffen erfolgt, im idealen Sinne durch einen schwarzen Körper, der das Licht nahezu vollständig aufnimmt und in Wärme umwandelt.

3. Eine dritte Möglichkeit ist das Abweisen des Lichtes durch eine spezielle Substanz, die *Reflexion* durch einen Spiegel.

4. Eine vierte Möglichkeit, mit Licht umzugehen, ist die *Transparenz*. In diesem Falle ist die Substanz durch das Licht so gestaltet, daß sie ihm keinen Widerstand bietet, durchlässig ist. Dies ist nur dadurch möglich, daß eine innere Verwandtschaft, ja Gleichsinnigkeit besteht zwischen dieser Substanz und der betreffenden Kraft. Die transparente Substanz bricht das Licht, d.h. lenkt oder handhabt es – ohne es wesentlich zu verändern. Dies ist das gegenteilige Verhalten zu der lebendigen Substanz, die das Licht «schluckt», festhält und verändert, d.h. in Leben umwandelt.

In früheren Zeiten nannte man diejenigen Substanzen, die die unwägbaren Qualitäten, die Imponderabilien, wie das Licht oder auch das Leben, festhalten und bewahren, «sulfurisch», dagegen Substanzen, die durchlässig sind für Imponderabilien, «salinisch». Denn im Schwefel bzw. Salz hatte man Prototypen polarer Substanzen in ihrem Verhalten gegenüber einwirkenden Kräften erkannt. Nur eine sulfurische Substanz kann Träger des Lebens sein, während eine salinische als solche tot ist, z.B. Salz, Quarzkristalle, «reines» Wasser u.a. In diesem Sinne wäre die lebendige Substanz sulfurischer Natur, dagegen die transparente Substanz salinischer Natur.

Das brechende Medium des Auges ist tatsächlich nahezu, wenn auch nicht vollständig, kristallin-«tot» mit einem entsprechenden minimalen Stoffwechsel. Dem steht unvermittelt im Hintergrund des Auges eine Blutfülle mit hohem Stoffwechsel entgegen (Aderhaut, Zellenanteil der Netzhaut). Dieser verhindert einerseits das vollständige Absterben des vorderen Augenanteiles, andererseits wird durch ihn der aktive Prozeß der Wahrnehmung erst ermöglicht.Dies geschieht dadurch, daß durch die Lebensvorgänge des Blutstromes Geist und Seele so im Auge rege werden, daß der optische Sinneseindruck aktiv ergriffen werden kann. Dadurch wird das passive Glotzen, Stieren, Starren, wie der Sprachgebrauch die Differenzierung klar erfaßt, zum Schauen, Blicken, Betrachten, die ohne einen aktiven seelischen Prozeß nicht möglich sind.

Dasselbe gilt für Ohr und Gehirn: Die Intentionalität ermöglicht erst die Wirklichkeit der Sinneswahrnehmung. Dieses Bauprinzip findet sich in allen bewußten Sinnesorganen und ist die Grundlage für deren Funktion: Voraussetzung für die eigentliche Sinnestätigkeit ist ein dem Medium angepaßter nahezu physikalischer Apparat, der fast abgestorben sein muß, um die Wirkungen der Außenwelt aufnehmen zu können, die sich auf diese Weise in den Organismus fortsetzen. Dies ist für das Licht das brechende Medium des Auges, in dem die Gesetze der Optik herrschen; für den Ton ist es entsprechend das schwingende Medium Luft und das Wasser des Ohres, in dem Akustik wirkt. Substantiell geschieht gerade in diesen Teilen bei der Sinnestätigkeit nichts: weder die Substanz des Glaskörpers noch die Endolymphe des Ohres werden durch den Seh- bzw. Hörvorgang chemisch verändert. Gerade dadurch ermöglichen sie den Eintritt der Sinnesqualitäten in den Organismus. Dieser verarbeitet aktiv die Sinneseindrücke (Lichtbrechung, Schwingung), indem er sie mit dem Blutpol zusammenbringt. Erst durch dieses Zusammenwirken kommt die Wahrnehmung über den Nerv im Gehirn zum Bewußtsein.

Über diesen heute weitgehend erforschten Sachverhalt einer afferenten Vermittlung der Sinneseindrücke wird einer efferenten Tätigkeit innerhalb der Sinnesorgane keine Beachtung geschenkt, obwohl die Phänomene weitgehend bekannt sind: Das oben geschilderte aktive Ergreifen der Sinneseindrücke, das zum Erkennen notwendig ist, was eine Ich-Aktivität erfordert, kann so gesteigert werden, daß Ich und Astralleib aus dem Auge austreten und sich ganz mit dem gesehenen Gegenstand verbinden, ja, diesen merklich berühren. Es gibt durchaus Menschen, die es ohne Blickkontakt wahrnehmen können, wenn sie von jemandem fixiert werden. In der griechischen Zeit bezeichnete das Wort *derkesthai* «durchdringend blicken», auch etwa «Feuer aus den Augen sprühen» und wurde z.B. für den Blick der Schlange benutzt, der lähmend, tötend empfunden wurde. Und bei Plato besteht das Sehen darin, daß eine Art Feuer vom Auge zu den Gegenständen hingeht. In jedem Fall wurde damit eine höchst gesteigerte Aktivität des Wirkens durch den Blick erfaßt.

Diese Intentionalität ist auch beim Hörvorgang zu beobachten: Von zwei verschiedenen, gleichlauten Schallquellen kann man sich auf die eine so konzentrieren, daß die andere unterdrückt wird, d.h. es ist von dem Ich des Hörenden abhängig, zu welcher Schallquelle es sich hinbegibt.

Dasselbe polare Bauprinzip der Sinnesorgane liegt auch dem Gehirn zugrunde: Die *weiße* Substanz ist ebenso nahezu leblos wie etwa der Glaskörper. Auch bei der eigentlichen Funktion geschieht substantiell-chemisch nichts. Ionenverschiebungen bei der Depolarisation, auf die unten eingegangen wird, sind in diesem Sinne keine Lebensäußerungen wie etwa die strukturellen Stoffwechselveränderungen oxydativer Prozesse. Dementsprechend ist die weiße Substanz analog dem brechenden Medium des Auges. Was dort mit dem Licht geschieht, geschieht hier mit dem Gedanken. So wie das *Auge transparent ist für das Licht*, ist die *weiße Substanz durchlässig für den Gedanken*, die Äußerung des Geistes. Dem Brechen des Lichts entspricht das «Brechen» der Gedankeninhalte, was eine besondere Art des Denkens ausmacht. Dies ist nur in Verbindung mit einer Substanz möglich, die den Gedanken *frei* walten läßt, aber nicht festhält, wie es im Stoffwechselbereich für die Imponderabilien geschildert wurde. Deshalb kann nur die weiße Substanz Grundlage für eine bestimmte Art des Denkens, nämlich das leibgebundene, logische Denken sein. Die Einzelheiten hierzu sollen im Folgenden dargestellt werden, ebenso das Korrelat für andere Denknotwendigkeiten wie den Willen, ohne den ein wirkliches Denken nicht möglich ist.

Das Gehirn ermöglicht zwar das Bewußtwerden der Gedanken, jedoch erst, nachdem es durch diese für eben diese Aufgabe durchgestaltet worden ist. Insbesondere ist hierbei die sinnhafte Struktur der Sprache wirksam, was der Muttersprache eine besondere Bedeutung gibt. Im Grunde genommen gilt dies für jedes Organ, indem dieses erst aufgebaut werden muß, um dann für die betreffende Funktion reif zu werden. Entscheidend ist, daß es dem Wesen nach dieselben Kräfte sind, die ein Organ erst aufbauen und dann benutzen. Das ist wiederum am deutlichsten beim Auge und liegt dem Ausspruch Goethes zugrunde (Einleitung zum Entwurf einer Farbenlehre):

> Wär nicht das Auge sonnenhaft,
> Wie könnten wir das Licht erblicken?
> Lebt nicht in uns des Gottes eigne Kraft,
> Wie könnt uns Göttliches entzücken?

In anderer Fassung: «Das Auge hat sein Dasein dem Licht zu danken. Aus gleichgültigen tierischen Hilfsorganen ruft sich das Licht ein Organ hervor, das seinesgleichen werde, und so bildet sich das Auge am Lichte fürs Licht, damit das innere Licht dem äußeren entgegentrete» (Didaktischer Teil der Farbenlehre; Einleitung).

Wie historisch nachgewiesen werden konnte, handelt es sich beim Erfassen dieser Bildungsimpulse um ein altes Menschheitswissen, das sich zumindest bis in die Goethezeit lebendig erhalten hat. Schon bei Plotin (205-270 n.Chr.) findet sich der Satz: «Nie hätte das Auge die Sonne gesehen, wenn es nicht sonnenhafter Natur wäre» (vgl. Weniger 1917).

Jedes Organ ist spezifisch aus einem Impuls für eben denselben aufgebaut. So verkümmert mit der Zeit die Augenbildung bei dauernder Dunkelheit, wie dies die Höhlenfische zeigen, bei denen schließlich die Augenhöhlen leer bleiben und die ganze Augenbildung total unterbleibt. Ja selbst im Laufe eines Lebens ist zu beobachten, daß z.B. Kinder mitunter nur ein Auge benützen. In diesem Falle bleibt das andere Auge unterentwickelt (Amblyopie). Auch im Tierversuch konnte gezeigt werden, daß ein Auge, das während der Entwicklungszeit abgedeckt wird, später nicht mehr funktionsfähig wird.

In Abwandlung des Goetheschen Ausspruches könnte man sagen:

> Wär nicht das Hirn gedankenhaft,
> Wie könnten wir Gedanken fassen?

Im einzelnen heißt dies für das Zentral-Nervensystem, daß bald nach der Geburt zwar die Anzahl der Nervenzellen festliegt, nicht jedoch ihre Ausgestaltung, also Myelinisierung, die beim Menschen durch die ersten Jahre hindurch als Reifung stattfindet.

Es handelt sich dabei also um eine Ausbildung der *weißen* Substanz, der substantiellen Einlagerung von Lipiden (Phospholipide, Cerebroside u.a.). Diese sind zwar organische Substanzen, aber in einer solch erstarrten, hochspezialisierten Form, wie sie sonst nirgends angetroffen wird. So enthalten die Sphingomyeline, die ihren Namen aus dem Vorkommen in den Myelinscheiden, also der weißen Substanz der Nerven haben, besonders häufig die gesättigte C_{24}-Fettsäure Lignocerinsäure sowie die Nervonsäure mit einer Doppelbindung, ebenfalls eine C_{24}-Fettsäure. Der Hauptbestandteil der Fette überhaupt sind die Fettsäuren mit der Kettenlänge C_{18} (Stearinsäure) und C_{16} (Palmitinsäure). Diesen gegenüber besitzen die erstgenannten Fettsäuren des Nervensystems einen höheren Schmelzpunkt, sind reaktionsträger und nähern sich schon den Wachsen, in denen man Fettsäuren der Kettenlängen C_{26} bis C_{32} findet. Diese sind so weit erstarrt, daß sie vom Stoffwechsel von Säugetier und Mensch nicht mehr verarbeitet werden können. Außerdem ist die weiße Substanz wesentlich mineralreicher, d.h. salinischer als die graue.

Eine Analyse der mineralischen Substanzen des menschlichen Gehirns zeigt folgende Unterschiede (aus Polonovski 1951, S. 325; Gramm je 1000g frisches Gewebe):

	graue Substanz	weiße Substanz
Wasser	815	700
Chlor	1,15	1,55
Phosphor	2,50	4,25
Natrium	1,10	2,15
Calcium	0,093	0,140
Magnesium	0,204	0,407
Kalium	2,90	2,75

Gewiß sind solche Befunde mit Abweichungen behaftet, doch besteht kein Zweifel an der stärkeren Mineralisierung der weißen Substanz – mit Ausnahme des Kaliums, dessen Beziehung zum Wasser und zur intrazellulären Flüssigkeit, d.h. zum Ätherleib, offensichtlich ist. Sein Gegenspieler Natrium ist Ausdruck astralischen Wirkens und des Bewußtseins (Husemann/Wolff, Bd. 2 S. 401; Bd. 3 S. 16, 64, 181).

Durch diesen Aufbau wird die weiße Nervensubstanz zu ihrer Aufgabe geeignet, lebendige, fluktuierende Vorstellungen einzuengen, sie abzulähmen und bis zur «Kristallklarheit» von Definitionen «zu Ende zu führen». Dieser physiologische Vorgang liegt der Logik zugrunde, dic somit gehirngebunden ist, genauer, auf der weißen Substanz basiert. Auf diese Weise wird der ursprünglich lebendige Vorstellungsinhalt (Steiner 1917, 1. Kap.) abgelähmt, vergleichsweise tot, indem er durch die zwar organische, aber «mineralisch» gewordene Substanz tingiert wird und so zur festen Vorstellung erstarrt. Dadurch erhält die Logik den zwingenden Charakter, wie er der physischen Welt eignet. Es ist das gegenständliche Denken, das kausale Zusammenhänge erfaßt, sich aber auch begrenzt und eine gewisse Passivität zeigt. Selbst Attribute wie «geschliffen, scharf, klar» zur Charakterisierung dieses Denkens entstammen dem richtigen Empfinden der Wesensgleichheit mit der mineralisch-kristallinen Welt. Daher ist dieses Denken vornehmlich zum Erfassen der toten Welt in der Physik und ihrer Anwendung in der Technik geeignet und hierfür notwendig. Diese sind Ausdruck der starken Verbindung des Menschen über das Gehirn mit den Gegebenheiten der physischen Erde. Die Überschätzung dieser Denkqualität, gerade durch die Erfolge auf den damit zusammenhängenden Gebieten, ist kennzeichnend für unsere Zivilisation. Man übersieht dabei andere Denkqualitäten und ihre physiologische Grundlage.

Die *graue* Substanz kann mit ihrem intensiven zellulären Stoffwechselelement niemals Grundlage für das logische Denken sein, wie dies zumeist heute angenommen wird. Ihre Aufgabe ist ähnlich der des Augenhintergrundes, nämlich zunächst über den Neuriten die so leicht absterbende weiße Nervensubstanz mit Leben zu versorgen. Dies geschieht durch spezielles Eiweiß, das durch Zellorganellen (Ribosomen, Ergastoplasma, Nissl-Schollen) gebildet wird. Dieser eindeutige Aufbaustoffwechsel der grauen Substanz bildet zwar lebendige Substanz, doch kann sein Leben natürlich nicht dem Nervensystem selbst entstammen, sondern nur dem Blute bzw. den Stoffwechselorganen, vor allem der Leber. Deshalb muß die graue Substanz außerordentlich stark durchblutet sein. Schon dadurch wird die bewußte Denktätigkeit an diesem Ort ausgeschlossen. Verfolgt man den dort stattfindenden Stoffwechsel, so ist an dem hohen Sauerstoffverbrauch, der mit ca. 20% des gesamten Sauerstoffverbrauches an der Spitze aller Organe steht, abzulesen, daß dieser oxydativer, also – summarisch gesprochen – abbauender Natur ist. Leben strömt zwar durch das Blut in die graue Substanz des Gehirns, kann sich jedoch nicht als Leben äußern, z.B. in Zellwachstum, Substanzneubildung u.a. Die Nervenzelle ist ja gerade dadurch gekennzeichnet, daß sie nicht mehr teilungsfähig ist und schlechteste Regeneration aufweist. Ihr fehlen also alle Kennzeichen eines aktuell wirksamen Lebens. Dieses wird lediglich in Form des erwähnten hochspezifischen Eiweißes über das Axon an die weiße Substanz weitergegeben. Der aufsteigende Lebensstrom, die Ätherkräfte, kommen dort, bzw. beim Übergang in die weiße Substanz, somit in eine Erstarrung, einen Absterbeprozeß. Damit ist für sie die Grundlage zu einer Metamorphose gegeben: Die *Lebenskräfte* werden in *Bewußtseinskräfte* umgewandelt. Der *Gedanke* ist also dem Wesen nach *metamorphosiertes Leben.* Dieses aber entstammt dem Licht, das im Gedanken in anderer Form in Erscheinung tritt. Licht, Leben und Gedanke sind wesensgleich und werden in der lebendigen Welt metamorphosiert (Husemann/Wolff Bd. 1, Kap. Erkenntnis als Leben im Licht). In moderner geisteswissenschaftlicher Terminologie: Ätherkräfte werden in der weißen Substanz aus der organischen Gebundenheit befreit und stehen dem Astralleib und Ich zur freien Verfügung.

Der Astralleib als Träger des Tagesbewußtseins wirkt im Bereich des Nerven-Sinnes-Systems stets abbauend; ja, Bewußtsein kann sich nur auf Grundlage abbauender Vorgänge entfalten. Auf diesen fundamentalen Zusammenhang hat Rudolf Steiner oft hingewiesen (Steiner/Wegman 1925), ebenso Carl Fortlage, der ihn schon fünfzig Jahre vorher, 1869, erfaßt hatte.

Der Abbau des Lebens, der letztlich in der weißen Substanz stattfindet, ist also die Grundlage für das Bewußtsein. Die frei werdenden Ätherkräfte können aber vom Ich aus verschieden benutzt werden, was die Qualität des Denkens ausmacht. Dabei ist das logische Denken notwendigerweise an die mineralisierte Struktur der weißen Substanz gebunden. Wegen der ernährenden Funktion der grauen Substanz ist eine isolierte, etwa experimentelle Funktionsprüfung der weißen Substanz natürlich nicht möglich. Die graue Substanz hat nicht nur die Aufgabe, die weiße am Leben zu erhalten (gerade weil dieses nur gering ist), sondern ermöglicht vor allem geradezu den gegenteiligen Impuls, der auch im Denken lebt: Wirkliches Denken bedarf der Erkraftung durch den Willen, um schöpferisch zu sein, was eine Anstrengung, einen aktiven Prozeß erfordert, der über das Gegebene hinausgeht, indem wirklich Neues konzipiert wird – im Gegensatz zu «neuen» computerhaften Kombinationen. Diese Tätigkeit ist reinster Ausdruck des geistigen Impulses des Ich, das seinerseits im Blut lebt. Dies ist ein Willensimpuls, der sich über das Blut auf das Denken erstreckt und als Stoffwechselprozeß über die graue Substanz zur Wirksamkeit kommt. Dadurch wird die Logik nicht etwa aufgehoben, sondern ergänzt.

Die mehr passive, zwingende, logische Seite des Denkens benötigt die weiße Hirnsubstanz als Korrelat; die aktive, kreative Seite, in der sich der Wille im Denken äußert, benötigt die mehr auf der «Blutseite» stehende graue Zellensubstanz des Gehirns. Das wirklich umfassende Denken stützt sich auf beide Elemente. Das durch Schulung zu erwerbende leibfreie Denken benötigt aber die nur durch die Gehirnbindung zunächst zu erwerbende Fähigkeit der Logik.

2. *Ursprung und Grundlage der Bewegung*

Verfolgt man den skizzierten Gedanken weiter, daß das Auge durchlässig für das Licht, das Ohr für den Ton, das Gehirn für den Gedanken ist, so ergibt sich, daß die Voraussetzung für diese Transparenz der salinische Zustand der Substanz ist. So wie jede Sinnesqualität ein bis in die Substanz hinein adäquat gebildetes Organ aus salinischer Substanz benötigt, ergibt sich für den physiologischen Bewegungsimpuls, daß dieser ebenso ein adäquates Organ nötig hat. Offensichtlich ist dies der *Muskel*, dessen spezifische Aufgabe es ist, Bewegung zu ermöglichen. Bereits ohne nähere Kenntnisse seines Aufbaues kann man deshalb voraussetzen, daß seine Substanz prinzipiell anderer Natur sein muß als die der Sinnesorgane. Für die letzteren wurde schon ausgeführt, daß die Transparenz für die jeweilige Qualität erst ihre

Funktion ermöglicht. Wäre der Muskel auch so gebaut, so würde der Bewegungsimpuls genau so hindurchgehen wie das Licht durch das Auge, und wir würden den Impuls wahrnehmen, ohne daß etwas geschieht, d.h. ohne daß sich der Muskel bewegt. Damit die Kontraktion aber geschieht, muß der Bewegungsimpuls im Muskel selbst zur Wirksamkeit und Umwandlung kommen, darf also gerade nicht unverändert hindurchgehen. Der Bewegungsimpuls wird durch die Muskelsubstanz festgehalten. Diese Art von Substanz wurde oben sulfurisch genannt. Dies läßt sich bis in die Einzelheiten verfolgen, was hier nur in Kürze dargestellt werden kann (ausführlicher bei Husemann/Wolff Bd. 3, S. 130: Die Blutbewegung).

Ein toter Gegenstand kann nur durch eine vis a tergo bewegt werden. Bei Pflanzen gibt es zwar Bewegungen, z.B. Blattbewegungen im Tagesrhythmus oder auch kurzzeitige, doch handelt es sich dabei um Vorgänge der vorherigen Quellung und momentanen Entquellung (Mimose, Venusfliegenfalle), was prinzipiell etwas anderes ist als die Bewegung bei Mensch und Tier. Nur bei diesen gibt es eine aktive Bewegung als seelischen Impuls. Deren Leibessubstanz ist vornehmlich Eiweiß, die der Pflanze vorwiegend Kohlenhydrate. Kontraktilität ist aber eine allgemeine Eigenschaft des Protoplasmas, d.h. des Eiweißanteiles, denn Eiweiß gehört ebenso wie aktive Beweglichkeit zu Mensch und Tier. Deren gemeinsames Wesensglied, das die lebendige Grundlage zum spezifischen Träger aktiver Bewegung macht, ist der Astralleib, die Grundlage des Seelenlebens. Also kann auch nur ein beseelter Organismus aktiv beweglich sein. Hierzu bedarf es des Eiweißes, das allerdings auch Träger des Lebens ist.

Es war ein uraltes Menschheitswissen, das auf das unmittelbare Erlebnis gegründet war, daß die Grundlage für das biologische Leben das Wasser ist, physische Grundlage für das seelische Leben hingegen Luft. Dieser Zusammenhang, der durch die anthroposophische Geisteswissenschaft bis in alle Einzelheiten durchschaut werden kann, läßt sich kurz so darstellen:

Geist	Ich	Wärme
Seele	Astralleib	Luft
Leben	Ätherleib	Wasser
Tod	Phys. Leib	Erde

Schon äußerlich gesehen, ist die ganze Atmung besonders stark von seelischem Erleben geprägt. Aber auch innerlich ist dieser Zusammenhang zu finden:

Die Luft besteht zu 4/5 aus Stickstoff, der in dieser Form natürlich unlebendig ist. Er kann sich aber mit lebendiger Substanz so verbinden, daß sie dadurch zu Eiweiß wird. Deshalb kann man den Eiweißgehalt anhand des Stickstoffgehaltes durch Multiplikation mit dem Faktor 6,25 bestimmen. Daraus wird auch deutlich: Durch den Stickstoffanteil des Eiweißes wirken astralisch-seelische Impulse. Diese können im aufbauenden Sinne wirken, z.B. über Aminosäuren. Durch reduktive Decarboxylierung werden daraus jedoch die biogenen Amine und Katecholamine, durch die immer abbauende Impulse wirksam werden, die zugleich in verschieden abgestufter Weise mit Bewußtseinsprozessen verbunden sind, denn diese können sich nur in abbauenden Vorgängen manifestieren. Weitere Beispiele hierfür sind an anderer Stelle ausgeführt (Husemann/Wolff Bd. 2, S. 205ff).

Im übrigen wurde in früherer Zeit unmittelbar empfunden, daß gerade das Fleisch (lat. *caro, carnis*) die Substanz ist, mit der sich das geistig-seelische Wesen des Menschen verbindet, was dem Wort In*karn*ation zugrunde liegt. Fleisch ist gewiß auch Leber, Herz, Lunge und anderes Eiweiß, in denen Seele und Geist in verschiedener Weise leben.

Der Muskel ist also der spezifische Ort, in dem sich der von der Seele ausgehende Bewegungsimpuls manifestiert. Er selbst ist für diesen ebenso aufnahmefähig wie das Auge für das Licht, das Ohr für den Ton usw. Jedes Organ ist zwar spezifisch für den betreffenden Impuls gebaut, jedoch verhalten sich Sinnesorgane und Muskel zu den Impulsen polar, eben wie Idee und Bewegung.

Zur Aufnahme dieses Bewegungsimpulses ist nur das spezifische Eiweiß des Muskels fähig, nicht aber eine Substanz wie z.B. der Glaskörper des Auges oder die Nervensubstanz. Diese wurden dem Bau nach als transparent, salinisch geschildert und dienen deshalb der selbstlosen Leitung. Die charakteristische Nervensubstanz sind die praktisch stickstoff-freien Lipide, gerade nicht Eiweiß. Aber nur dieses in spezifischer Abwandlung ist zur Aufnahme des Bewegungsimpulses geeignet. Der *adäquate Ort zur Aufnahme des Bewegungsimpulses* und dessen Wirksamkeit ist also der *Muskel, nicht der Nerv*! In diesem Sinne ist der Muskel selbst nicht nur Ausführungsorgan, sondern auch

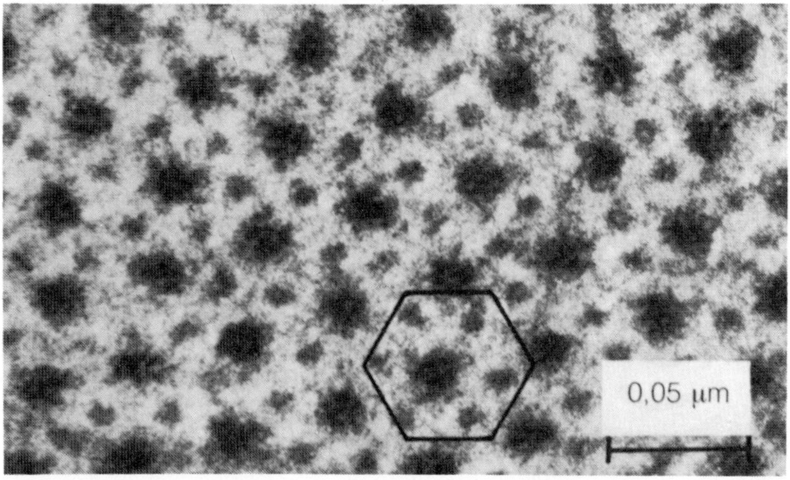

Querschnitt durch eine Myofibrille in Höhe des A-Streifens mit Überlappung der Actin- und Myosinfilamente. Die dickeren Myosinfilamente sind jeweils von sechs Actinfilamenten umgeben (hexagonales Muster, M. gastrocnemius, Ratte). (Aus Forssmann 1980)

Aufnahmeorgan für den Bewegungs- und Willensimpuls. Nach Bau und Substanz können dies weder Gehirn noch Nerv sein.

So wie die salinische Nervensubstanz die physiologische Grundlage für die Vorstellung ist, so bedarf der Wille einer sulfurischen Substanz, denn nur diese ist in der Lage, Imponderabilien in sich wirken zu lassen. Eine Grundlage hierfür ist das Leber-Galle-System (Husemann/Wolff Bd. III, Kap. Leber). Ein spezieller Willens-Stoffwechsel-Impuls liegt der Bewegung zugrunde. Diese darf aber nicht planlos, willkür-lich erfolgen, sondern bedarf einer Führung, Koordination, mit anderen Worten einer Vorstellung der Bewegungsgestalt, die mit dem Muskel verbunden werden muß, so daß der Willensimpuls Gestalt bekommt. – Gewiß geht der Bewegung eine Vorstellung von ihr voraus, doch kann diese weder Urspung noch Träger des Willensimpulses sein. Auch eine noch so intensive Vorstellung führt noch nicht zur Tat. Dazu bedarf es eines Willensimpulses, und dieser kann nicht am Nerven ansetzen, sondern nur direkt am Stoffwechsel, was durch den geschilderten Aufbau von Nerv und Muskel gegeben ist.

Dies läßt sich bis in die Feinstruktur und Funktion des Muskels zeigen: Es ist sicher kein Zufall, daß an der Stelle der Überlappung von Actin und Myosin (siehe Abbildung), also am Ort der eigentlichen Kontraktion ein deutliches hexagonales Muster auftritt, in dem die dickeren Myosinfilamente jeweils von sechs Actinfilamenten umgeben sind.

Dies ist eine Struktur, die einen Hinweis auf ein Bildungsprinzip gibt, das mit der Sechszahl verbunden ist. Nimmt man die Zahlen als Ausdruck eines wirkenden Realen, wie dies Bindel (1958) dargestellt hat, so zeigt die Sechszahl das Wirken von Lichtkräften an (Schneeflocke, Bienenwabe). Die Wirkung geht über die Fläche, in der sich z.B. die Sechsecke anordnen lassen im Gegensatz zu Fünfecken. Eine besondere Form der Flächenvergrößerung ist die feinste Auffaserung in der Spitzenbildung, Haarbildung, die eine immense Vergrößerung der Oberfläche darstellen. Fläche bzw. Oberfläche dienen der Aufnahme ätherischer bzw. imponderabler Qualitäten.

So finden sich diese Prinzipien in den Sinnesorganen: Im Auge sind die Linsenfasern sechsseitig-prismatisch strukturiert als Ausdruck wirkender Lichtkräfte. Im Cortischen Organ des Ohres sind die eigentlichen Rezeptorzellen Haarzellen, die also eine riesige Oberfläche bilden. Das gleiche ist bei den Riechhärchen der Nasenschleimhaut der Fall.

Die substantielle Grundlage für diese Sechszahl bildet in der organischen Substanz der Kohlenstoff, im anorganischen Bereich der Kiesel, dessen Bedeutung als Bildungs- und Formprinzip erst in letzter Zeit gefunden wurde (Voronkov et al. 1975).

Die genannte Feinstruktur bildet die Grundlage zur Aufnahme der Sinnesqualitäten, somit der Sinnesorgane, und ermöglicht die Wahrnehmung. Dies ist nicht nur in den ganz bewußten Sinnesorganen wie Auge und Ohr der Fall, sondern auch hier im Muskel, der in diesem Sinne ein *Wahrnehmungsorgan für den Bewegungsimpuls* ist. Die Grundlage für diesen Wahrnehmungsvorgang ist die hexagonale Anordnung der Actinsubstanz. Hier, am eigentlichen Ort der Kontraktion, ist also die *direkte Eintrittstelle des Bewegungsimpulses*, der sich über das T- und L-System in das Zellinnere fortsetzt. Innerhalb des sarkoplasmatischen Reticulums befindet sich um die einzelnen Myofibrillen ein *l*ongitudinales oder L-System und ein *t*ransversales T-System, das aus schlauchförmigen Einstülpungen des inneren Sarkolemm besteht. Dadurch werden am L-System die dort gespeicherten Calcium-Ionen freigesetzt. Diese aktivieren die Myosin-ATP-ase (siehe S. 199), wodurch die chemische Energie zur Bildung des Actin-Myosinkomplexes, also dem Aneinander-Vorbeigleiten von Actin- und Myosinfäden frei wird, was die Kontraktion ausmacht.

Notwendigerweise ist hier *Calcium* beteiligt, das Träger astralischer Impulse im Stoffwechsel ist, was an anderer Stelle ausführlich dargestellt ist (Husemann/Wolff Bd. 2, S. 395 und Bd. 3, S. 181). Es sei hier nur erwähnt, daß Calcium die Phagocytose der Leukocyten steigert und die Bewegung der Tentakeln der Meerestiere, z.B. der Medusen, verstärkt. Das gleiche gilt für die Wirkung von Calcium am isolierten Herzen. Diese Wirkungen geschehen ohne Vermittlung des Nervensystems. Es besteht vielmehr ein direkter Zusammenhang von Kontraktilität und tierhafter Bewegung, wobei das Calcium den astralischen Bewegungsimpuls vermittelt, aber nicht ausführt; dies ist Sache spezifischer stickstoffhaltiger Substanzen. Im übrigen ist Calcium der Antagonist zu Magnesium, das später noch erwähnt wird. Letzteres gehört dem Wesen nach zur Pflanzenwelt (Chlorophyll) und ist Vermittler der Licht- und Ätherkräfte. Deshalb ist es bei höheren Organismen in der aufbauenden Seite zu finden. Dort bildet es die Grundlagen zum Wirken des Calciums, das schon mengenmäßig zu Tier und Mensch gehört. Es ist Träger astralischen Wirkens im Stoffwechsel. Magnesium und Calcium haben als Erdkalimetalle keine Beziehung zum Wasser, ja sind den Verhältnissen dort übergeordnet, was sich an ihrer Bedeutung an den Zellmembranen zeigt. Im Wasser wirken, wie schon erwähnt, Kalium als Vermittler des Ätherleibes und Natrium als Träger astralischer und Bewußtseinsimpulse.

Bei der Nervenfunktion spielen Überträgerstoffe an den Synapsen eine notwendige Rolle. Diese sind je nach Lokalisation verschieden: In den afferenten Nervenaxonen findet man einen besonders hohen Gehalt an *Acetylcholin.* Dieses wirkt auch als Überträgersubstanz an den Nervenendigungen des parasympathischen (cholinergen) Nervensystems. Auf die neuromuskulären Endplatten wirkt es noch in Mengen von 10^{-13} erregend. Diese Reaktion *löst* die *Depolarisationswelle aus*, also die Änderung der Natrium- und Kaliumkonzentration an der Nervenmembran: Im erregten Abschnitt einer Nervenfaser kommt es zu einem kurzfristigen Einstrom von Natriumionen in die Nervenzelle und einem entsprechenden Austritt von Kalium. Dabei kehrt sich das elektrische Potential kurzfristig um. Innerhalb von 0,1 msec wird das Acetylcholin jedoch durch die Acetylcholinesterase abgebaut und inaktiviert. Danach wird das ursprüngliche K/Na-Verhältnis wieder hergestellt.

Dieses Verhältnis ist Ausdruck der am Bewegungsvorgang beteiligten Wesensglieder. Kalium ist ja ein Instrument und Wirkungsort des Ätherleibes, Natrium des Astralleibes. Die physiologische Bewegung geht beim Menschen vom Ich aus, dessen physisches Instrument der Phosphor ist; sie geht über den Astralleib, der substantiell im Stickstoff wirkt und zur Wirkung im Stoffwechsel das Calcium benötigt. Auch Natrium ist ein Träger astralischer Impulse, hat jedoch bereits mit dem Bewußtsein zu tun, was den Menschen früherer Zeiten unmittelbares Erlebnis war (*Sal* lat. heißt nicht nur Salz, sondern auch scharfer Verstand, «Witz»). Natrium gehört zur bewußten Wahrnehmungs- und Vorstellungsseite, während die unbewußte Stoffwechsel- und Willensseite des Astralleibes Calcium benötigt. Dieser vom Ich (Phosphor) über den Astralleib (Stickstoff, Calcium, Natrium) gehende Impuls wirkt im Muskel auf den Ätherleib, dessen Träger im mineralischen Bereich Kalium und Magnesium sind. Diese sind deshalb auf der aufbauenden (K) bzw. relaxierenden (Mg) Seite zu finden.

Früher nahm man an, daß der Nervenimpuls direkt den Muskel reizt. Das ist jedoch nicht der Fall. Der Aktionsstrom kommt vielmehr in der motorischen Endplatte zu Ende und ist nicht die unmittelbare Ursache der Kontraktion. Vielmehr wird hier Acetylcholin freigesetzt. Wird z.B. eine geringe Menge davon in den Muskel injiziert, so kommt es zu einer Kontraktion und Aktionspotentialen. Und zwar entspricht diese Kontraktion viel mehr der physiologischen Bewegung als eine Zuckung durch elektrischen Strom. Es handelt sich um einen kurzen sogenannten asynchronen Tetanus, wie man ihn sonst nur nach wiederholten bestimmten elektrischen Reizungen des motorischen Nerven erreichen kann.* An solchen Stellen wie der motorischen Endplatte findet die Berührung eines immateriellen Impulses mit Substanzen statt, einer Vorstellung (Nerven-Sinnes-System) mit dem Stoffwechselsystem (Wille). Entsprechendes liegt in jeder endokrinen Drüse vor. Beispielsweise bildet der Astralleib in einem seiner Organe,

* Nicht zu verwechseln mit dem glatten Tetanus durch wiederholte, schnell aufeinander folgende Reize.

der Schilddrüse, «sein» Hormon Thyroxin, um in den Stoffwechsel substantiell eingreifen zu können. Dazu bedarf es einer spezifischen Substanz, eines Botenstoffes, wie früher die Hormone genannt wurden. Das gleiche gilt für alle Organe, auch für den Muskel. Nur dieser ist der Ort mit den spezifischen Substanzen, die vom Ätherleib aufgebaut werden: Glykogen als ätherische Reserve und die dem Ich (Phosphor) und Astralleib (Stickstoff) zugänglichen Substanzen wie Kreatin, Adenin u.a. Erst durch diese kann die Willensäußerung physisch werden.

Acetylcholin zeigt durch seinen Aufbau seine Eignung als Übertrágersubstanz. Es handelt sich um eine Verbindung zwischen der sehr starken Base Cholin und der Essigsäure. Alkalische Reaktion deutet immer auf ätherisches Wirken, saure auf astralisches. So zeigt der Muskel in Ruhe eher eine alkalische Reaktion, die durch Tätigkeit ins Saure verschoben wird (Milchsäurebildung). Hier liegt also ein organisches Ineinanderüberführen dieser Wesensglieder vor, was ermöglicht wird durch den Stickstoffanteil (Astralleib) im basischen Bereich (Ätherleib).

$$CH_3 - CO - O - CH_2 - CH_2 - {}^{+}N \begin{cases} CH_3 \\ CH_3 \\ CH_3 \end{cases}$$

Acetylcholin

Im Zentralnervensystem spielen andere Überträgerstoffe eine Rolle wie Dopamin, Serotonin, Histamin und γ-Aminobuttersäure. Es handelt sich dabei ausnahmslos um biogene Amine (siehe oben), die Träger spezifischer astralischer Impulse sind und deshalb eine erregend-abbauende Wirkung haben. Ihre Spezifität läßt sich bis in Einzelheiten verfolgen, was jedoch unser Thema überschreitet (siehe Husemann/Wolff Bd. 2 und eine später zu erfolgende Veröffentlichung des Autors über Biochemie).

Eine *spezifische Muskelerregbarkeit* ist seit den Untersuchungen von A. v. Haller (1753) zwar bekannt, doch wird ihr wenig Beachtung geschenkt. Dabei handelt es sich nicht etwa um einen direkt am Muskel ansetzenden elektrischen Reiz, sondern um chemische Einwirkung. Wird der Muskel einer Ammoniak-, Calciumsalz- oder Karbolsäure-Lösung ausgesetzt, so reagiert er mit Kontraktion. Dieselben Substanzen bewirken, an den motorischen Nerven herangebracht, keine Kontraktion des Muskels. – Dieser Befund wird aus der Natur dieser Substanzen verständlich, wenn man in ihnen Instrumente des Astralleibes sieht, welchem ja die Kontraktion obliegt. Ammoniak ist sozusagen die einfachste noch halborganische Stickstoffverbindung (NH_3) und damit Träger astralischer Impulse (s. das oben über Stickstoff und Acetylcholin Gesagte). Die Rolle des Calciums bei der Kontraktion ist allgemein bekannt. Wie oben dargestellt, vermittelt es astralische Impulse innerhalb des Stoffwechsels. Beim Muskel ist der Gegenspieler des Calcium das Kalium, was man an einem einfachen Versuch am Herzmuskel zeigen kann: Taucht man diesen in eine Kalium-Lösung, so bleibt das Herz in Diastole stehen, d.h. die Kontraktion unterbleibt; in Calcium-Lösung bleibt es in Systole stehen. Magnesium ist zwar für den Kontraktionsvorgang auch nötig; ein genaueres Studium zeigt jedoch, daß seine eigentliche Wirkung nicht auf Seiten der Kontraktions*auslösung* liegt, sondern im Zur-Verfügung-Stellen der Grundlage für die ATP-Wirksamkeit. Wenn auch z.B. Actin durch Calcium und Magnesium aktivierbar ist, Myosin aber durch Magnesium gehemmt wird, so ist doch die summarische Wirkung von Magnesium relaxierend; es ist ein Instrument des aufbauenden Ätherleibes, wirkt aber eine Stufe «höher» als Kalium, diesem übergeordnet. Karbolsäure schließlich, obwohl nicht unbedingt eine Säure, zeigt allein schon durch die Ringbildung den astralischen Charakter; auch seine starke antibakterielle Wirkung deutet darauf hin. – Diese kurzen Andeutungen sind nicht als «Beweis» gemeint, sondern als Hilfen, dem Wesen der Sache näher zu kommen.

Alle bei der Kontraktion direkt beteiligten Substanzen sind nicht nur stickstoffhaltig, sondern geradezu Konzentrate von Stickstoff. Ihre Besonderheit ist der *relative Mangel an Sauerstoff*. In den Aminosäuren liegen die vier konstituierenden Eiweißelemente C, O, H, N in Harmonie vor. Nimmt der Sauerstoff relativ ab, so besteht zumindest die Tendenz, daß Kohlenstoff und Stickstoff – bildhaft gesprochen – zu nahe zusammenrücken, wodurch eine Bildung zum Cyan (H-CN, Cyan-Wasserstoffsäure, Blausäure) hin erfolgt. Dieses wäre natürlich ein tödliches Gift, dessen Entstehung verhindert wird. Dennoch besteht die *Tendenz* der Giftbildung, die eine physiologische Notwendigkeit ist im Sinne einer Zerstörung, eines Abbaus, und zwar für die Bewegung, wie dies geschildert wurde.

 «In diesem Moment zwischen dem Entstehen und dem sogleich

Aufgelöstwerden der Cyansäureverbindungen ergreift der Wille das Muskelsystem. Im Paralysieren dieses Prozesses liegt die Möglichkeit für den Willen einzugreifen, so daß der Mensch sich bewegen kann» (Steiner 1923). Das «Aufgelöstwerden der Cyansäureverbindungen», ihr «Paralysieren», geschieht im Organismus durch den Eisenprozeß, der zugleich im Galle-Impuls wirkt, womit die Grundlage der Aktivität verbunden ist. Diese greift über den Eisen-Cyan-Prozeß direkt in den Stoffwechsel des Muskels ein, was Rudolf Steiner als eine magische Wirkung bezeichnete (lc.). Bis in die Chemie läßt sich verfolgen, daß Eisen geradezu spezifisch das Cyan entgiftet, also die leicht «vergiftende» Wirkung, die zur Kontraktionsauslösung nötig ist, wieder aufhebt. «Die gesunde Bewegung ist eine angefangene Lähmung, die sogleich in ihrem Anfange wieder aufgehoben wird» (Steiner/Wegman 1925, 2. Kap.). Grundlage hierfür können nur Substanzen sein, die gleichsam präformiert Cyan enthalten, vor allem Kreatin, aber auch Adenin und andere.

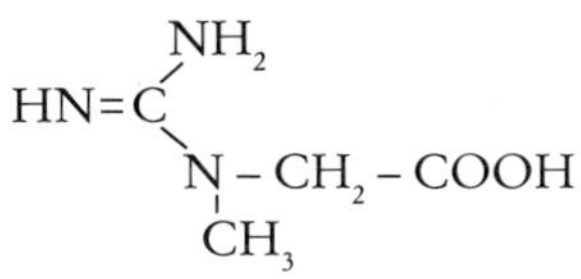

Kreatin

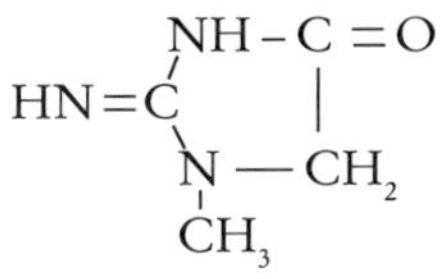

Kreatinin

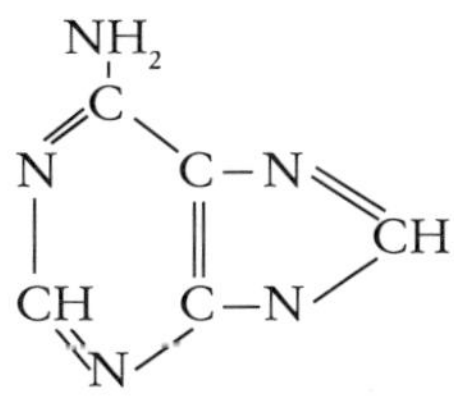

Adenin

Kreatin kann man geradezu als Prototyp präformierten Cyans ansprechen, indem sämtliche Liganden des zentralen C-Atoms mit N verbunden sind. Im Muskel liegt es als Kreatinphosphat vor, das in spontaner Reaktion, also nicht enzymatisch vermittelt, zu Kreatinin abgebaut wird, das über die Niere ausgeschieden wird, wobei charakteristisch ist, daß bei dem Abbau ein H_2O verloren geht. Kreatin ist aufs engste mit dem Phosphorstoffwechsel, der Bildung von ATP, verbunden und damit dem Energiehaushalt, also der Bildung eines rasch verfügbaren Potentials, das erst die Bewegung ermöglicht. – Es besteht kein Zweifel, daß bei der Muskelkontraktion *Phosphor* eine entscheidende Rolle spielt, indem ATP die eigentliche Aktionssubstanz ist. Diese wird dabei zu ADP und anorganischem Phosphat gespalten, wobei Magnesium und Calcium benötigt werden. Wesentlich zum

Verständnis dieser Befunde ist die Einsicht, daß Phosphor Träger des Ich-Impulses ist. Mit anderen Worten, das Ich des Menschen greift über den Phosphor *direkt* in den Stoffwechsel ein (nicht über den Nerv) und ist so im Willen (Leber-Galle-System) und der Bewegung (Muskel) tätig.

Adenin kann über die Bindung mit Ribose drei Anteile Phosphorsäure aufnehmen und wird dadurch zum universalen «Energiespeicher» ATP (Adenosin-Tri-Phosphorsäure).

Die zur Bewegung benötigten Substanzen müssen zwar die präformierte Cyan-Struktur besitzen, aber nicht jede Substanz mit diesem Kennzeichen dient der Bewegung. Wohl aber ist diese Grundstruktur immer mit dem Wirken des Astralleibes verbunden, das vielfältig modifiziert ist, z.B. in der Harnsäure oder in milderer Form in den biogenen Aminen, die deutlich den Abbau und die damit zusammenhängenden Bewußtseinsvorgänge zeigen (Husemann/Wolff Bd. 2, Kap. Biochemie).

Dagegen zeigt *Carnosin*, das sich in der quergestreiften Muskulatur der Säugetiere findet (Name!), schon durch seinen Dipeptid-Charakter, daß es eher eine typische Muskelaminosäure ist und auf der *Aufbauseite*, der Grundlagenbildung steht.

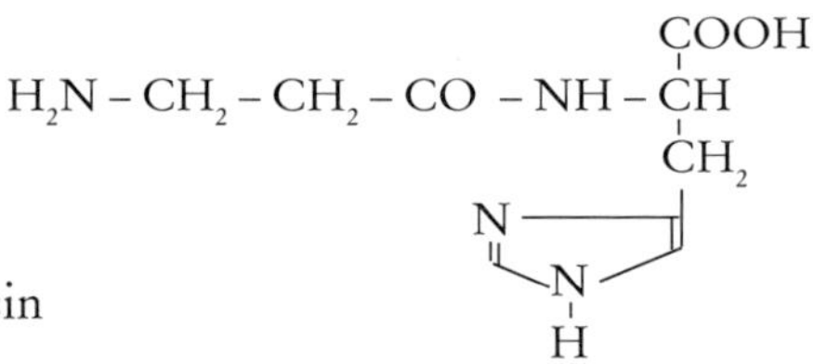

Carnosin

Die Ausführung der vorgestellten Tat erfordert als Grundlage ein Stoffwechselgeschehen, wie dies als Grundlage im Leber-Galle-System vorliegt. Sowohl die *Aufnahme wie die Ausführung des Bewegungsimpulses geschieht im Muskel.* Für Muskel und Nerv gilt: In Ruhe besteht ein hohes Potential, das sich beim Nerv in einem Ionen-Ungleichgewicht äußert. Beim Muskel findet sich ein hoher ATP-Spiegel und ein hoher Kreatin-Phosphatgehalt. Dieses Potential, die Konzentration von Kräften, ist Ausdruck der aufbauenden Tätigkeit des Ätherleibes. Daher das Glykogen sowie der intrazelluläre Kalium-Reichtum und die alkalische Reaktion. Greift der Astralleib als Bewegungsimpuls hier ein, so sinken das Potential und der pH-Wert ab als Ausdruck der abbauenden Tätigkeit des Astralleibes. Der ruhende Muskel zeigt ein pH von 7,3, der ermüdete von etwa 6,5. Als Vermittler werden hierbei Acetylcholin benötigt und, um im Stoffwechsel wirksam werden zu können, Calcium. ATP wird zu ADP abgebaut, wodurch die nötige Energie frei wird. Diese entstammt dem vorhandenen Potential, d.h. dem Ätherleib. Astralleib und Ich haben «nur» auslösende Funktion. Deshalb ist der Wille immer auf ein vorhandenes Substrat, die Muskelkraft angewiesen. Vergleichsweise entspricht der Muskel in Ruhe einer gespannten Feder, die durch einen Auslöser in Funktion tritt. Die Auslösung beim Muskel geschieht auf die geschilderte Weise, durch Ich und Astralleib, indem über den Nervenimpuls die Bewegungsgestalt vorgestellt wird. Diese wird durch den Muskel wahrgenommen und in ihm direkt der Willensimpuls realisiert.

Der Wille kann nicht aus dem Nervensystem hervorgehen und somit auch nicht über den Nerv den Muskel erreichen, was sich aus dem geschilderten Bauprinzip der beiden Organe ergibt. Der Wille als solcher ist eine undifferenzierte Kraft, zunächst ziellos, ungelenkt, ja unbewußt, ein «dunkler Drang» (Goethe, Faust). Das Ziel wird ihm gegeben durch die Klarheit des Bewußtseins, die Vorstellung. Rudolf Steiner (1911) weist auf diese Zusammenhänge hin: «Daß der Wille nicht eigentlich wachsam ist, davon kann sich jeder überzeugen, der acht gibt, wie ein Willensimpuls zustande kommt. Man muß erst einen Gedanken, eine Vorstellung haben, dann erst dringt der Wille aus der Tiefe der Seele herauf. Der Gedanke ruft Willensimpulse auf. Wenn der Mensch wacht, so wacht er nicht im Willen; er wacht im Gedanken.»

Die Regeneration (Repolarisierung, Aufbau der ATP) obliegt dem Ätherleib. Diese Vorgänge werden heute völlig mechanisiert z.B. als «Ionenpumpe» beschrieben, wobei der Sachverhalt gewiß stimmt. Es ist jedoch grotesk und der materialistischen Denkweise zuzuschreiben, daß man annimmt, die beteiligten Substanzen würden dies alles «von allein» tun. Substanzen sind stets differenzierte Instrumente der Wesensglieder, die sich jener bedienen, um physisch wirksam werden zu können.

Die Kontraktion beruht also auf einem Absinken des Potentials, d.h. einem Umwandeln gespeicherter ätherischer Kräfte im Muskel, die nun mechanisch wirksam werden. Löst sich der Ätherleib vollständig aus dem Physischen heraus, so tritt der Tod ein mit der nachfolgenden letzten Kontraktion, der Totenstarre; dabei sinkt das Potential endgültig und irreversibel ab.

3. Nervenreiz und Kontraktion

Den Darstellungen scheint zu widersprechen, daß jede Reizung (elektrisch, mechanisch, thermisch) eines «motorischen» Nerven eine muskuläre Kontraktion bewirkt, was mehr oder weniger der Ausgangspunkt der Theorie der Verursachung der Bewegung vom Gehirn aus ist. Daß auf diesem Wege eine Kontraktion ausgelöst werden kann, ist eine Tatsache. Aus ihr ergibt sich jedoch keineswegs, daß dies auch der Weg ist, auf dem der Wille eingreift, und so die physiologische Bewegung zustande kommt. Welches der physiologische Ursprungsort und damit Angriffspunkt des Bewegungsimpulses ist, kann sich nur aus Bau und Funktion der betreffenden Organe ergeben. Nerv und Muskel sind in Bezug auf ihren Bau und ihre Funktion polar. Nach den obigen Darstellungen kommt als Grundlage für das Vorstellen nur der Nerv, genauer, die weiße Substanz als Aufnahmeorgan in Frage – für den Bewegungs- und Willensimpuls nur der Muskel. Dieser selbst ist der Ansatzpunkt der willkürlichen Bewegung.

Dennoch ist es unter bestimmten Bedingungen auch möglich, daß vom Gehirn aus eine Muskelkontraktion veranlaßt wird. Dieser *Ausnahmezustand* ist zur *Grundlage der experimentellen Nervenphysiologie* geworden. Man muß bei den Versuchen mit Nerv-Muskel-Präparaten berücksichtigen, daß man damit wohl Einzelheiten studieren kann, daß man damit aber immer nur «Zuckungen» erreichen kann. Bewegung ist aber keine einfache Summation von Zuckungen! Nicht nur kontrahiert sich ein Muskel niemals allein, sondern immer ein Areal von Muskeln, eine funktionelle Gruppe, die zur Bewegungsgestalt nötig ist, und innerhalb des Muskels finden auch zugleich wechselnd Kontraktionen und Regenerationen einzelner Muskelfasern statt. Allerdings können Reizimpulse z.B. einen epileptischen Anfall auslösen. Dies sind in jedem Falle pathologische, zumindest aber unphysiologische Erscheinungen. Beim epileptischen Anfall geht tatsächlich eine Entladung vom Gehirn aus (Krampfpotentiale). Ein genaues Studium des Krankheitsprozesses zeigt jedoch, daß ihm pathologische Stoffwechselvorgänge zugrunde liegen, bzw. im Sinne einer

Stauung vorangehen, die vom Gehirn nicht bewältigt werden und von dort als Reizung die unkoordinierte und damit pathologische Bewegung, den generalisierten Krampf, auslösen, der mit dem Willensimpuls der willkürlichen Bewegung nichts zu tun hat. Schließlich ist bei jedem Menschen durch geeignete Stromstöße (Elektroschock) ein epileptischer Anfall auslösbar, doch sind diese pathologischen bzw. künstlichen Vorgänge ungeeignet, etwas über die Natur und den Ursprung der physiologischen Bewegung auszusagen.

Ein Krampf, ja jede Zuckung ist immer eine pathologische Erscheinung, bei der zu konstatieren ist, daß die Dynamik vom Nervensystem ausgeht; denn die Tendenz, die dem Nerven-Sinnes-System zugrunde liegt, ist Zusammenziehung, deren Steigerung der Krampf ist. Auch bei natürlichen oder künstlichen Senkungen des Calcium-Spiegels kommt es zu tetanischen, d.h. krampfartigen Zuständen. Dem Astralleib fehlt sein Instrument im Stoffwechsel, das Calcium, deshalb versucht er über das Nervensystem einzugreifen, was zwar möglich ist, aber zur pathologischen Bewegung führt, zum Krampf. Der Zustand kann auch vom Nervensystem ausgehen bei «nervöser Übererregbarkeit». Dann kommt es z.B. zum Zittern und Zucken, also ebenfalls unkoordinierten, pathologischen Bewegungen. Die physiologische, willkürliche Kontraktion des Muskels ist aber kein mäßiger, schwächerer Krampf, sondern prinzipiell etwas völlig anderes, was versucht wurde darzustellen.

Zur koordinierten Bewegung gehört aber auch deren Vorstellung, Wahrnehmung und Beherrschung. Diese sind vom *Bewußtsein* abhängig. Nicht jeder Bewegungsimpuls kommt voll zum Bewußtsein. Beim Lernen ist dies noch nötig. Später jedoch läuft dieselbe Bewegung «gekonnt» ab, «automatisch», wie man der mechanistischen Denkweise entsprechend sagt. Die gekonnte Bewegung ist in tiefere Schichten des Bewußtseins abgesunken, ist *Fähigkeit* geworden, genauer, sie geschieht zwischen Ätherleib und Astralleib. Das Ich hat sich zurückgezogen und benutzt den gebahnten Vorgang, um Höheres auszudrücken. Erst dadurch, daß z.B. der Pianist *nicht* mehr an den Fingersatz denkt, wird das Spielen eines schnellen Laufes auf seinem Instrument überhaupt möglich. Ja selbst beim schnellen Treppenlaufen ist dies der Fall. Alle diese Bewegungen werden durch das eingreifende Bewußtsein gerade gehemmt. Dieses ist nun zu anderer Tätigkeit frei geworden. – Auf diesem Wege ist der tiefste Punkt, der dem

Bewußtsein sogar fast gänzlich entzogen ist, der *Reflex*. Der Bewegungsvorgang muß also durchaus nicht immer bis zum hellen, durch das Gehirn vermittelten Bewußtsein vordringen.

Das Nerv-Muskel-Präparat, das ausersehen wurde, das Zustandekommen der Bewegung zu «erklären», aber eigentlich einen pathologischen Vorgang darstellt, hatte Auswirkungen bis in die Psychologie: Es war naheliegend, in dem Reiz eines Nerven die Ursache einer Wirkung (Bewegung) zu sehen. Das Ergebnis wäre ein automatenhaftes Handeln, ausgelöst durch einen Nervenreiz, z.B. Sinneseindruck. Tatsächlich liegt dieses Reflexdenken dem Behaviorismus zugrunde. Diese Denkart schließt eine Eigeninitiative, d.h. den Menschen als subjektiv handelnde Persönlichkeit aus. Es ist deshalb von größter Wichtigkeit zu sehen, daß der Ausgangspunkt für diese Entwicklung ein pathologischer Prozeß ist. Tatsächlich kann dieser auch eintreten – auf niedrigster Ebene als Reflex, auf höherer Ebene als unkontrollierte Handlung, ausgelöst durch unverarbeitete Sinneseindrücke (z.B. Reklame) – doch ist die bewußte, Ich-hafte Handlung kein irgendwie gearteter Reflex, vom Nervensystem ausgehend, der als Ursache wirkt, sondern geschieht auf den geschilderten anderen Wegen.

An dieser Stelle ist es nötig zu erkennen, daß die Muskelbewegung selbst als Willensimpuls ein Instrument ist; es dient beim Tier natürlich der Bewegung, aber auch der seelischen Äußerung von Freude und Schmerz etwa im Schrei oder Schnurren usw. All dies findet sich beim Menschen auch, jedoch ist die menschliche Bewegungsgestalt Ausdruck des Ich und dem astralischen Geschehen übergeordnet.

4. Zusammenfassung

Die eigentliche Gehirnfunktion, das leibgebundene *Denken*, geschieht in der *weißen* Substanz des Gehirns, die dem gegenständlichen, logischen Denken dient, das durch die Berührung mit dieser Substanz seine Eigenart erhält. – Der *Wille* bedarf zu seiner Wirksamkeit bestimmter Stoffwechselvorgänge. Im Bewußtsein der Grenzen und Mängel eines Schemas seien die Substanzbezüge in ihrer Polarität zusammengefaßt:

Gedanke	*Wille*
Nervensystem	Stoffwechselsystem
Sal-Prozeß	Sulfur-Prozeß
Außenwelt	Innenwelt
Begreifen, Vorstellen	Bewegung
CO_2; O_2	CN
Si	Ca

Der Schlüssel zum Verständnis des Anfanges der Bewegung liegt im Muskel, nicht im Nerv. Durch Bau und Funktion ist nur der Muskel für die direkte Aufnahme des Bewegungsimpulses eingerichtet, der sich auf das Stoffwechselgeschehen im Muskel stützt. Bau und Funktion der Nerven und des Gehirns schließen ihre Rolle als Ausgangspunkt des Willensimpulses beim Zustandekommen der Bewegung aus; sie dienen der Vorstellung der Bewegungsgestalt, die vom Muskelsystem wahrgenommen wird.

Die «sensiblen» Nerven der Sinnesorgane (am Beispiel von Auge und Ohr dargestellt) leiten zwar afferent Sinnesimpulse vom Sinnesorgan zum Gehirn; jedoch verlaufen über sie auch efferente Impulse der Intentionalität. Im selben Sinne verlaufen über die «motorischen» Nerven afferente Vorstellungsimpulse – nicht jedoch Willensimpulse – , die vom Muskelsystem wahrgenommen werden. Jedoch gibt es auch efferente Willensimpulse, die zum Nervensystem geleitet werden und mehr oder weniger zum Bewußtsein kommen. Insofern sind beide Nerventypen «wesensgleich».

Die vom gereizten Nerven ausgelöste Kontraktion ist pathologischer Natur und entspricht nicht dem Zustandekommen der koordinierten Bewegung. Dieses Modell ist daher ungeeignet, Erkenntnis über das Zustandekommen der physiologischen Bewegung zu erbringen.

Literatur

Bindel, E. (1958): *Die geistigen Grundlagen der Zahlen*, Stuttgart [4]1977.

Forssmann, W. G. (1980): Muskelgewebe, in: A. Benninghoff und K. Goerttler: *Lehrbuch der Anatomie des Menschen,* Bd. 1, S. 188, München/ Wien.

Fortlage, C. (1869): *Acht psychologische Vorträge*, Jena.

Haller, A. (1753): *De partibus corporis humani sensibilibus et irritabilibus*, Göttingen.

Husemann, Fr. und O. Wolff (1986): *Das Bild des Menschen als Grundlage der Heilkunst*, Bd. 1 ([10]1991), Bd. 2 ([3]1991), Bd. 3 ([3]1986), Stuttgart.

Polonovski, M. (1951): *Medizinische Biochemie*, Berlin/Saulgau.

Steiner, R. (1917): *Von Seelenrätseln,* GA 21, Dornach 1983.

Steiner, R. (1923): Vortrag vom 16.10.1923, in: *Anregungen zur innerlichen Durchdringung des Lehr- und Erzieherberufes*, GA 302a, Dornach 1983.

Steiner, R. (1911): Vortrag vom 5.11.1911, in: *Das esoterische Christentum,* GA 130, Dornach 1977, S. 128.

Steiner, R. und I. Wegman (1925): *Grundlegendes für eine Erweiterung der Heilkunst*, GA 27, Dornach 1984.

Voronkov, M.G., G.J. Zelchan und E. Lukewitz (1975): *Silicium und das Leben.* Berlin.

Weniger, L. (1917): Wär nicht das Auge sonnenhaft, in: *Neue Jahrbücher für das klassische Altertum, Geschichte und Deutsche Literatur 20:* 238-253.

LEENDERT F. C. MEES

Das Problem der motorischen Nerven und des sozialen Bewußtseins

1. *Einführung*

Wer heutzutage die Zeitung liest,* wird seine Sorge darüber aussprechen, daß die ganze Welt voller schmerzerregender Erscheinungen ist. Im großen und ganzen sind dabei zwei prinzipielle Probleme zu unterscheiden: dasjenige, was sich hauptsächlich im «Osten» abspielt – wobei dieser Osten schon in Europa anfängt –, und dasjenige, was sich in erster Stelle im Westen vorfindet, namentlich in Amerika. Das östliche Phänomen möchte ich beschreiben als das Problem der Ideologie. Wir haben es unter anderem zu tun mit all dem, was wir als Gegensätze im Mittleren Osten kennen, z.B. zwischen Muslime, Christen und Juden, mit Problemen zwischen Muslime untereinander (Schiiten und Sunniten), mit dem Problem der Sikhs in Indien, mit den Problemen des Marxismus in Rußland usw. Im Westen dreht sich alles um die Probleme der Ökonomie: Dollarwert, Aktien- und Zinsprobleme, aber auch um alles, was mit Preisen, Gehältern und Arbeitslosigkeit zusammenhängt. Es ist bemerkenswert, daß in den «östlichen» Gebieten sich in hohem Maße die Neigung zur Intoleranz entwickelt hat, während im Westen die Menschheit, könnte man sagen, unter dem Druck der Konkurrenz seufzt. Eine nächste Folge dieser beiden Tendenzen ist, daß man im Osten der Diktatur begegnet, während man im Westen es mit einer maßlosen Verstärkung des Egoismus zu tun hat.

Selbstverständlich sind Osten und Westen hier nur als prinzipielle Gegensätze erwähnt. Man findet auch bei uns noch vielfältige Schwierigkeiten zwischen religiösen Strömungen, während es ebenso klar ist,

* Der Beitrag wurde vor dem Umbruch 1989/90 im Osten Europas geschrieben; eine erweiterte Fassung ist 1989 unter dem Titel *Wie sich der Mensch bewegt* im Verlag Die Pforte, Basel, erschienen.

daß der ganze Osten von den monetären Problemen des Westens nicht unberührt bleibt. Trotzdem meine ich, daß man diese Gegensätze als typisch betrachten kann.

Man fühlt zu gleicher Zeit, daß etwas fehlt, was ungeheuer not tut: eine Mitte, etwas, wo Ost und West nicht zusammenprallen, sondern einander begegnen. Dasjenige, was dabei an den Tag kommen könnte, wäre ein soziales Bewußtsein. Natürlich wird jedermann sagen, daß er ein solches anstrebt, aber gerade die obige Charakterisierung der großen Gegensätze, die ohne «Mitte» aneinandergrenzen, macht deutlich, daß sie dafür keinen Raum schaffen, weder in der Welt noch in der menschlichen Seele.

Im Westen möchte man ganz sicherlich ebenfalls zu sozialen Verhältnissen kommen, doch die finanziellen Probleme sind derart vordringlich und zwingend geworden, daß sich das Soziale sozusagen verflüchtigt. Im Osten dagegen findet das Umgekehrte statt. Keiner der russischen Führer hat je zugegeben, daß es in Rußland eine Diktatur gibt. Er ist überzeugt vom Wert einer sozialistischen Gemeinschaft, vergißt aber, daß man diese nicht vorschreiben kann. Sie muß *entstehen* können.

Rudolf Steiner hat diese Probleme sehr oft besprochen und von vielen Seiten aus betrachtet. Ebenso oft aber hat er sie in Verbindung gebracht mit einem Problemgebiet, auf das wohl keiner von selbst so bald gekommen wäre. Er hat das Entstehen einer sozialen Gemeinschaft abhängig gemacht von der Überwindung der Theorie der sensiblen und motorischen Nerven. Im folgenden wollen wir uns mit diesem Problemfeld beschäftigen.

2. Das Rätsel der menschlichen Bewegung. Die allgemeine Auffassung

Manch einer wird einigermaßen überrascht sein zu hören, daß hier von einem Rätsel gesprochen wird. Man wird sagen, daß es natürlich unsere Muskeln sind, die unseren Leib bewegen. Muskeln können sich zusammenziehen, und sie sind mit unserem Skelett verbunden. Dasselbe ist tatsächlich fast ganz von Muskeln umgeben. Dadurch können wir, wenn wir unsere Muskeln anspannen, die Lage der Skelett-Teile zueinander verändern, d.h. wir können uns bewegen.

Die Frage, die daraus folgt, ist: Wie kommt dieses Zusammenziehen zustande? Schon vor vielen hundert Jahren hat man davon gesprochen, daß es sensible und motorische Nerven gebe. Die sensiblen verbinden unsere Sinnesorgane mit dem Gehirn (und dem Rückenmark). Sie heißen «afferent», d.h. «zum Gehirn hin». Durch die sogenannten motorischen Nerven werden, so sagt man, «Impulse» von Gehirn und Rükkenmark zum Muskel geschickt. Wenn sie gereizt werden, verursachen sie die Zusammenziehung des Muskels. Da für komplizierte Bewegungen unzählbar viele Muskelfasern andauernd einen stärkeren oder schwächeren Impuls zum Zusammenziehen empfangen müssen, muß die Art und Zahl dieser Impulse unvorstellbar groß und variabel sein. Wenn ein Mensch eine Bewegung machen will, schickt er, nach dieser Theorie, vom Gehirn Impulse über die Nerven zu den Muskeln. Sie gehen vom Zentrum zur Peripherie, sind also «efferent».

Man hat immer nach Beispielen gesucht, um derartige Hypothesen durch Experimente zu prüfen. Es war nicht schwer, solche glaubhaft zu machen. Es genügte der Versuch mit einem aufgehängten Froschmuskel, der auf der anderen Seite mit einem beweglichen Hebel verbunden war. Wenn man den efferenten Nerv dieses Muskels auf die eine oder andere Weise reizte, sei es elektrisch, mittels Kneifen, durch Hitze oder andere Eingriffe, trat ein Muskelschock auf, und der Hebel wurde nach oben gezogen.

Hiermit versuchte man in ganz einfacher Art zu zeigen, wie Bewegungen entstehen. Das Sich-Heben des Hebels nannte man eine «elementare Bewegung». Man lernt bei den sogenannten Reflexuntersuchungen eine ähnliche Erscheinung kennen. Der «Kniereflex» ist jedem bekannt: Wenn jemand seine Beine übereinanderschlägt, so daß das obere Bein lose baumelt, und man dann auf dessen Kniesehne (unterhalb der Kniescheibe) einen leichten Schlag gibt, «schießt» der Unterschenkel nach vorn.

Das Hinaufschnellen des Hebels, mit dem der Froschmuskel verbunden ist, wie auch das Nach-vorne-Schnellen des Unterschenkels bei dem Kniereflex werden also als solche elementare Bewegungen betrachtet. Alle Eigenbewegungen im normalen Leben von Mensch und Tier sollen auf diesem Prinzip beruhen, wenn auch zumeist ungemein komplizierter. Als Schlußfolgerung läßt sich aussprechen: Unsere Bewegungen werden demnach vom Gehirn dirigiert. Der Mensch erscheint als eine «Marionette» seines Gehirns oder, wenn man will, seines Kopfes. Mehrere Physiologen, die ich fragte, ob sie mit dieser Auffassung einverstanden seien, haben dies ohne weiteres bejaht. – Ein anderes starkes Argument für diese «Theorie» ist, daß, wenn der «motorische» Nerv durchgeschnitten ist, der Muskel sich nicht mehr zusammenziehen kann. Dadurch ist dann keine Bewegung mehr möglich: Wir haben es mit einer Lähmung zu tun.

Zur Beschreibung der Wahrnehmung, die über die sensiblen Nerven geht, muß noch die Frage hinzugefügt werden: Wie werden die Eindrücke, die durch die Nerven zu unserem Gehirn geleitet werden, dort zum Inhalt unseres Seelenlebens? Hierauf konnte die Naturwissenschaft bis jetzt keine Antwort geben. Auch wenn man fragt, wo die Verbindung liegt zwischen unserem Seelenleben und den Impulsen, die vom Gehirn aus zu den Muskeln gehen, wenn wir uns bewegen, bleibt die Naturwissenschaft die Antwort schuldig. In frühen Modellen vom Menschen, wo sie einst den Menschen als Industriepalast zu veranschaulichen versuchten, sah man dann auch im Gehirn eine Anzahl Personen, vor Schreibmaschinen sitzend, die Tastatur bespielen, wodurch die unterschiedlichsten Bewegungsimpulse zu den Muskeln geschickt wurden. Die Personen nahmen in dieser Abbildung die Stelle der menschlichen Seele ein.

3. Die Darstellungen Rudolf Steiners

Am Anfang dieses Jahrhunderts hat Rudolf Steiner dazu drei überraschende Äußerungen vertreten, indem er sagte:

1. daß es keine motorischen Nerven gäbe, sondern daß alle Nerven sensibel seien,

2. daß die Nerven, die zu den Muskeln gehen (also die «motorischen»), es möglich machten, daß der Mensch seinen Bewegungs-Stoffwechsel dumpf wahrnehme.

Was aber vielleicht noch viel mehr Erstaunen hervorruft, ist, daß Rudolf Steiner hinzufügt:

3. daß, ohne eine Korrektur des bisherigen Irrtums, die Menschheit nicht in der Lage sein werde, wirkliche soziale Gemeinschaften zu gründen.

Es wird notwendig sein, diese drei Punkte genauer zu betrachten, auch um zu verstehen, wie man anfangs geneigt war, die Bemerkungen Rudolf Steiners zu interpretieren. Nach der geltenden Auffassung wird durch die motorischen Nerven ein Reiz, ein Impuls zum Muskel geschickt. Nach Rudolf Steiner soll man aber jetzt denken, daß ein Eindruck von dem Muskel zum Gehirn geleitet wird, so wie es ja bei den sensiblen Nerven von den Sinnesorganen her der Fall ist. Man soll sich also vorstellen, daß der «Strom» im efferenten Nerv in umgekehrter Richtung, also auch afferent gedacht werden muß.

Den zweiten Punkt Rudolf Steiners wird man auf den ersten Blick so deuten müssen, daß der Mensch sich seiner Bewegungen dadurch bewußt ist, daß er erfährt, was sich in seinen Muskeln abspielt. Die Tatsache, daß, nachdem ein «motorischer» Nerv durchgeschnitten ist, der Muskel gelähmt ist, wäre also die Folge davon, daß man dann von seinen Bewegungen kein Bewußtsein mehr haben kann.

Ist das aber wahr? Sind wir uns wirklich unserer Bewegungen dadurch bewußt, daß wir merken, was sich in unseren Muskeln abspielt? Man wird vielleicht als Beispiel nehmen das Gefühl, das man hat, wenn man seine Muskeln beim Heben einer schweren Last anspannt. Man muß dabei aber nicht vergessen, daß diese Muskelspannung entsteht, weil man sich *nicht* frei bewegen kann! Wenn ich eine Mauer wegdrücken will, sind meine Muskeln aufs äußerste gespannt, doch es bewegt sich überhaupt nichts. Bei einer normalen, ungehinderten Bewegung sind wir uns eben gerade *nicht* dessen bewußt, was sich in unseren Muskeln abspielt!

Wodurch wissen wir, daß wir unsere Glieder bewegen? Wir können natürlich zum Beispiel sehen, daß wir uns bewegen. Um jedoch den eigentlichen Sitz dieser Wahrnehmung zu entdecken, muß man mit den Fingern einmal minimale Bewegungen machen. Ich habe dies oft von einem Vortragspublikum machen lassen und gefragt, wo man sich der Bewegung bewußt wird. Meistens dauerte es einige Zeit, bis plötzlich die Antwort kam: in unseren Gelenken. Gerade bei kleinen Fingerbewegungen kann man das sehr gut fühlen. Obgleich das, was sich rund um die Gelenke in den Sehnen, in den Kapseln, in der Haut usw. abspielt, selbstverständlich auch zum Bewußtwerden unserer Bewegungen beiträgt, können wir sagen, daß unsere Gelenke der bevorzugte Sitz sind von dem, was man den Bewegungssinn nennen kann.

Wie ist es nun mit der Behauptung, daß wir gelähmt sein würden, wenn wir uns unserer Bewegungen nicht mehr bewußt sind? Es gibt Rückenmarkskrankheiten, bei denen man diese Eindrücke aus den Gelenken nicht bekommen kann (z.B. Tabes dorsalis). Menschen, die an diesen Krankheiten leiden, spüren ihre Gelenke nicht. Sie können sich aber trotzdem bewegen. Dadurch, daß ihnen jenes Wahrnehmen fehlt, machen sie viel zu große, schlotternde Bewegungen, die sie andauernd mit den Augen, dem Tastsinn usw. kontrollieren müssen. In der Medizin spricht man hier von Ataxie und Dysmetrie. Hieraus folgt, daß wir, auch wenn wir selbst kein Bewußtsein von unseren Bewegungen haben, doch fähig sind, uns zu bewegen, also nicht wirklich gelähmt sind! Die Tatsache, daß wir, wie vorhin schon gesagt wurde, gelähmt sind, wenn der sogenannte motorische Nerv (den ich im folgenden als Muskelnerv bezeichnen werde) durchgeschnitten ist, wird also nicht befriedigend erklärt dadurch, daß man sagt: Dann können wir unsere Bewegungen nicht mehr wahrnehmen! Es muß aber doch ausdrücklich darauf hingewiesen werden, daß es sich bis jetzt um eine bestimmte Interpretation der Mitteilungen Rudolf Steiners handelte. Man ging davon aus, daß motorische Nerven nur dann als sensibel bezeichnet werden können, wenn sie afferente Nerven in Bezug auf unser *Gehirn* sind.

Steiner fordert uns auf, mit der üblichen Vorstellung zu brechen, die davon ausgeht, daß unsere Muskeln durch sogenannte «motorische» Impulse von Nerven zur Kontraktion gebracht werden.

Seine These, es gäbe keine motorischen Nerven, soll hier der Ausgangspunkt einer neuen Betrachtung der menschlichen Bewegung sein. Es ist unsere Aufgabe, jetzt die Frage zu beantworten, wie die Muskeln dann wohl zur Kontraktion gebracht werden. Auf die eine oder andere Art muß doch eine Verbindung zwischen mir und meinen Muskeln bestehen.

Darüber sind verschiedene Gedanken geäußert worden. Es wurde zum Beispiel gesagt, daß die Verbindung der Seele, des «Ich», von dem letztlich der Bewegungsimpuls doch ausgehen muß, mit den Muskeln nicht über die Nerven, sondern über die Wärme gehe. Doch auch wenn wir davon ausgehen, daß wir unsere Muskeln durch das Medium der Wärme zur Kontraktion brächten, was haben wir dann gewonnen? Wir haben gesagt, daß der Mensch in der alten Vorstellung eine Marionette seines zentralen Nervensystems sei. In dieser neuen Vorstellung ist er das aber genauso, nur müssen wir nun für Nervensystem das Wort «Wärme» gebrauchen. Ob wir aber dadurch viel weiter gekommen sind, ist die Frage. Wie die Kontraktion des Muskels dabei zustandekommt, ist dadurch noch nicht erklärt.

Man hat auch gesagt, daß die künstliche Reizung eines Nervs, um den Muskel zum Zusammenziehen zu bringen, etwas durchaus Unnatürliches sei, das im normalen Leben nicht vorkomme. Man hat sogar gesagt, daß der Strom sich nach zwei Seiten hin fortsetze, wenn man den Nerv elektrisch reize. Dabei hat man aber nur das Problem zur Seite geschoben. Wenn man nämlich mit noch so viel unnatürlichen Methoden den Nerven reizt, ändert sich nichts an der Frage: Warum zuckt der Muskel zusammen? Und außerdem: Wie weit hängt dies alles zusammen mit der Lösung der zwischenmenschlichen, sozialen Probleme? Wir haben einen neuen Quell zu suchen für die Ursache der Muskelkontraktion, wodurch unsere Bewegungen entstehen sollen.

4. Bewegung und Empfindung im Tierreich

Nun will ich versuchen, dieselben Fragestellungen auf neue Art zu betrachten. Wir können uns z.B. fragen: Wenn in einem halbdunklen Raum etwas irgendwo auf dem Boden liegt, wie kann ich wissen, ob es ein Tier ist? Sicherlich durch Berühren. Wenn es sich dann bewegt, schließt man zuerst einmal sogleich daraus, daß es ein Tier ist.

Warum bewegt sich das Tier? Wohl weil es etwas gemerkt hat. Wodurch weiß ich, daß es etwas gemerkt hat? Weil es sich bewegt. Nur das Wahrnehmen und das Bewegen des Tieres kann ich unmittelbar nachfühlen und feststellen. Was sich aber zwischen dem Wahrnehmen und dem Bewegen des Tieres abspielt, entgeht mir. Oder vielleicht doch nicht ganz?

Wenn ich einem Hund auf seinen Schwanz trete, warum jault er dann auf? Beinahe jeder antwortet spontan: Weil es ihm weh tut. Dies besagt, daß wir uns in das, was ein Tier fühlt, doch bis zu einem gewissen Grade einfühlen können. Wir können aus diesem Einzelfall die allgemeine Erfahrung ableiten: Tierische Bewegungen sind immer mit einem Wahrnehmen, mit einem Spüren verknüpft. Man könnte hier von einem «Urphänomen des Tierischen» sprechen.

Nehmen wir an, daß wir im Garten mit einem Spaten unglücklicherweise einen Regenwurm durchschnitten haben. Beide Teile des Tieres fangen daraufhin an, sich heftig zu ringeln, besonders der hintere Teil. Warum winden sie sich? Wenn man sagen würde, weil der Wurm Schmerzen hat, muß ich darauf hinweisen, daß das Wort «Wurm» im Singular für den hinteren Teil nicht mehr gilt. Dieser ist nur ein Stückchen vom Wurm und noch dazu ohne Kopf. Trotzdem fühlt wohl jeder, daß man nicht sagen kann: Also hat es keine Empfindung. Das Gesetz, daß tierische Bewegungen immer mit Wahrnehmungen, also Empfindungen verbunden sind, gilt auch hier. Daß der Schmerz qualitativ der gleiche sei wie bei einem Hund, ist sicher nicht zu bejahen; doch ist es wohl berechtigt zu sagen, daß in dem abgetrennten Wurmstück «empfunden» wird, was auch für den vorderen Teil gilt.

In meinen Kinderjahren wurde Fisch noch vom Fischhändler auf der Straße verkauft. Auf seinem Wagen lagen immer auch lebendige Aale im Sand. Wir schauten als Kinder oft zu, wenn er von einem Aal nach einem geschickten Schnitt die Haut abzog und ihn dann in Stücke zerteilte. An jedem Stück sah man dann deutlich, wie es «zuckte». Woher dieses Zucken, dieses Zittern? Doch wohl, weil empfunden wurde. Dieses Zittern waren «letzte Zuckungen». Aus der Erfahrung, daß Tierbewegungen immer mit Empfindung verbunden sind, kann man schließen: Wie die Pflanze ein lebendiges Wesen ist und wie auch ein Teil einer Pflanze noch leben kann, so ist nicht nur ein ganzes Tier ein «empfindendes Wesen», sondern auch ein Teil eines Tieres hat, solange es noch nicht tot ist, «Empfindungen».

Die Beispiele Regenwurm und Aal können durch das Beispiel von dem Muskel, der sich zusammenzog, als wir ihn reizten, ergänzt werden. Warum zieht sich jeder Muskel zusammen? Wir haben es hier mit genau demselben Phänomen zu tun wie bei dem durchgeschnittenen Wurm und dem zerteilten Aal: Es wird wahrgenommen, es wird gespürt. Man hat es, wie gesagt, mit «letzten Zuckungen» zu tun! Von dem Augenblick an, wo wir das entdecken, ist die Zusammenziehung des Muskels die Reaktion auf eine Wahrnehmung. Wenn aber der Muskel wahrnimmt, dann ist der Muskelnerv ein sensibler Nerv, und zwar des Muskels, nicht von «uns». Diese Nerven sind tatsächlich afferent, aber in Beziehung zum Muskel! Es ist also überhaupt nicht wahr, daß es notwendig ist, den «Strom» im Nerv, wie ursprünglich gedacht wurde, in umgekehrter Richtung zu suchen. Wir stehen damit vor einer völlig neuen Situation. Wir werden sehen, wohin sie uns führt.

Einerseits bin ich ein Wesen, das mittels seiner sensiblen Nerven Wahrnehmungen hat; andererseits entdecke ich, daß in meinem Körper ein «Muskelmensch» lebt, der auch seine Nerven und Empfindungen hat, zu dem ich mit der bewußten Seite meines Wesens nur keinen Zugang habe! Die Zweiheit «Selbstbewußtes Wesen» und «Muskelwesen» weist auf zwei Welten in mir: Ich bin selbst ein wahrnehmendes Wesen und besitze ein Muskelsystem mit gleichfalls eigener Wahrnehmung. Es gibt dann aber auch nur sensible Nerven! Durch die eine Sorte nehme ich wahr, durch die andere nimmt «mein Muskelmensch» wahr.

5. Deplazieren und Bewegen

Wir müssen jetzt auf einen anderen Teil des beschriebenen Experimentes zurückkommen, wo man durch das Reizen eines Nerven einen Muskel zur Kontraktion brachte, nämlich auf den damit verbundenen Hebel, der emporgehoben wurde. Dieses Emporheben wurde als eine «elementare Bewegung» bezeichnet. Aber dieser Ausdruck beruht auf einer falschen Interpretation des Wahrgenommenen. Es ist nämlich nicht korrekt, wenn man sagt, daß der Hebel durch den Muskel nach oben *bewegt wird*. Er wird nach oben «gezuckt». Es ist irreführend, hier von einer echten menschlichen oder tierischen Bewegung zu sprechen. Es findet keine Bewegung im eigentlichen Sinn statt: Es handelt sich hier um eine *Deplazierung*. Der Hebel wird durch den Muskel ruckartig, zuckend nach oben gezogen.

Beim Kniereflex wird auch von einer «elementaren Bewegung» gesprochen. Es ist wohl ohne weiteres deutlich, daß auch hier nur ein Deplazieren stattfindet. Das eigentümliche Gefühl der Machtlosigkeit, das wir dabei erleben, weist gerade darauf hin, daß man nicht von einer Bewegung sprechen kann.

Natürlich muß nun die Frage gestellt werden: Ist Deplazieren und Bewegen denn nicht dasselbe? Keinesfalls. Etwas *wird* deplaziert, etwas bewegt *sich*. Das *Ergebnis* einer Bewegung kann man natürlich eine Deplazierung nennen, aber deshalb ist eine Deplazierung noch keine Bewegung! Was Bewegung dann wohl ist, möchte ich am folgenden Beispiel illustrieren.

Wenn wir auf einen Tisch einen Kreis zeichnen und irgendwo auf diese Kreislinie ein Steinchen legen und dann jemanden bitten, mit einem Hämmerchen dieses Steinchen genau entlang der Linie zu stoßen, wäre das möglich? Natürlich nicht. Durch einen Stoß mit einem Hämmerchen kann das Steinchen immer nur in einer geraden Linie verschoben werden. Macht man die Stöße auch noch so klein, man kann der Linie des Kreises doch nie exakt folgen. Die Verschiebungen bleiben immer geradlinig. Man hat hier im Bild das gleiche vor sich, wie wenn man sich die menschliche Bewegung aus unendlich vielen Deplazierungen aufgebaut denkt, die durch ebenso viele Muskelzukkungen verursacht sein sollen.

Wie könnte man das Steinchen wirklich genau der Kreislinie entlang bewegen? Dadurch, daß man es selbst anfaßt! Indem wir dies aussprechen, erfassen wir eine völlig neue Dimension. Wir haben es nicht mehr mit Hammer und Verschieben zu tun, sondern mit Hand und Bewegung und können jetzt sagen: *Eine Bewegung ist eine Gebärde, aus der eine Handlung geboren werden kann.* Nicht die Muskelkontraktionen – auch nicht unendlich kleine – bewegen meine Hand. Ich selber bewege sie.

Wenn ich nun einen schwereren Stein nehme, werde ich ihn dann auch noch der Kreislinie entlang bewegen können? Natürlich – solange ich genügend Kraft habe, ihn zu heben. Je schwerer er aber wird, um so mehr Kraft werde ich dafür aufwenden müssen und um so mehr werde ich meine Muskeln benötigen. Hier haben wir es mit einer Eigenschaft der Muskeln zu tun, der bisher wenig Aufmerksamkeit geschenkt wurde. Muskeln haben vor allem mit *Kraft* zu tun! Zu einer Bewegung, die gegen größeren Widerstand erfolgt, ist mehr Muskelkraft nötig. Was ist Kraft? Wo kommt sie her? Irgendwo aus dem Verborgenen tritt sie auf und kann uns mit staunender Ehrfurcht erfüllen.

Wenn ich nun keinen Stein bewege, sondern nur mit meiner Hand eine Bewegung in der Luft mache, habe ich es genauso mit etwas zu tun, das ich aus der Schwere heben muß. Mein Arm ist ja selbst ein schweres Gebilde. Wenn ich ihn im täglichen Leben bewege, spüre ich jedoch unter normalen Umständen kaum etwas von seinem Gewicht. Deshalb kann ich ihn bewegen, so wie ich den Stein bewegen konnte. Eine «wirkliche Bewegung» des Steins war nicht möglich durch Hammerstöße. Sie war nur möglich, indem ich es anfaßte. Eine Bewegung des Armes ist gleichfalls nicht möglich durch Muskelkontraktion. Sie ist nur möglich, wenn ich meinen Arm selbst bewege. Die Muskeln aber schenken mir die Kraft, diese Bewegungen, die zugleich Gebärden sind, ausführen zu können. Sie heben meinen Arm aus der Schwere herauf. Damit ich etwas bewegen kann, müssen meine Muskeln dann aber in jedem Moment meinem Arm mir sozusagen «anbieten». Sie dienen mir.

6. Wie können wir unseren Körper bewegen?

Es sei dazu an ein lebensvolles Beispiel angeknüpft. In meiner Jugend wurde meistens recht anders getanzt als heute. Man tanzte *miteinander*, man hielt einander fest beim Tanzen eines Foxtrott, eines Tango, vor allem bei einem Walzer. Damals hatte der männliche Partner die Führung, der weibliche folgte. Diejenigen Damen wurden am meisten zum Tanz aufgefordert, die so «leicht» tanzten, daß man sie einfach nicht fühlte. «Sie folgen so gut», sagten die Herren von ihnen.

Worauf beruhte dieses Folgen? Darauf, daß sie auf jede, auch auf die kleinste Richtungsveränderung des Partners reagierten. Man kann sagen: Sie haben die Absicht dem anderen «abgelauscht». Man fühlte sie nicht, im Gegensatz zu denjenigen, die nicht so folgen konnten und wie Blei waren!

Es ist nun noch ein kleiner Schritt nötig, um das Rätsel der menschlichen Bewegung in einem ganz neuen Licht zu sehen. So wie man mit seinem Partner durch den Ballsaal tanzt, so tanzt man tatsächlich fortwährend mit seinem Skelett! Man muß sich dabei das Skelett umgeben von dem ganzen Muskelsystem vorstellen. Warum fühle ich die Schwere meines Skelettes nicht? Weil meine Muskeln es aus der Schwere heraufheben!

Wir können den schon erwähnten Satz, daß meine Muskeln mir meinen Arm anbieten, jetzt verfolgen, indem wir sagen: Meine Muskeln «bieten» mir bei jeder Bewegung mein Skelett (meinen Leib) «an». Wir tanzen mit unserem Skelett durchs Leben. Wenn man das Skelett als Bild des Todes anschaut, könnte man dann den Satz so weiterführen: «Wir tanzen mit dem Tod – bis der Tod mit uns tanzt.» Das letztere haben die Künstler der Renaissance im «Totentanz» veranschaulicht.

Meine Muskeln können mir mein Skelett aber nur dadurch anbieten, daß sie fortwährend auf mich «hören». Sie müssen also auf die eine oder andere Weise so mit mir verbunden sein, daß sie auf mich hören können. Diese Verbindung stellen die Muskel-Nerven dar, durch die der «Muskelmensch» über Rückenmark und Gehirn mit mir verbunden ist.

In welchem Verhältnis dieses zentrale Nervensystem zum bewußten Seelenleben steht, ist noch ein Problem für sich. Vorläufig genügt es zu sagen, daß Nerven immer der Wahrnehmung dienen, sei es, daß ich als bewußter Mensch wahrnehme, sei es, daß meine Muskeln wahrnehmen. Wir kommen so zu dem überraschenden Gedanken, daß ich in meinem Wesen über einen zweiten Menschen verfüge, den wir «Muskelmensch» genannt haben, der ein selbständiges Leben in mir führt, der auf meine Bewegungen hört und der mir, während ich mich bewege, in jedem Moment meinen Leib zur Verfügung stellt. Er dient mir hilfreich.

Die Tatsache, daß der Muskel durch das Durchschneiden des Muskel-Nerven gelähmt wird, ist durch diesen Gedankengang nun auch gut zu begreifen. Meine Muskeln sind dadurch ja nicht mehr in der Lage, «auf mich zu hören». Sie können mir also nicht mehr «dienen». Deshalb sagt man auch, wenn man müde wird nach schwerer Arbeit: Meine Muskeln verweigern ihren Dienst. Dann fange ich aber auch an, meine Muskeln zu spüren! Das ist oben schon angedeutet worden: Sobald man seine Muskeln spürt, wird das Bewegen schwerer. Das heißt, daß das Eigenleben des Muskelmenschen gehemmt wird und die Muskeln anfangen, sich passiv als Teil meines Körpers zu verhalten.

7. Der Zusammenhang mit dem sozialen Leben

Von den zwei Gebieten «ich» und «meine Muskeln», die wir jetzt anfangen kennenzulernen, steht das eine wechselseitig im «Dienst» des anderen. Hier tritt eine Beziehung schon innerhalb der Menschenwesenheit auf, die tatsächlich in Zusammenhang gebracht werden kann mit dem Inbegriff des «sozialen Lebens». In einer wahren Gemeinschaft handelt es sich nämlich nicht darum, daß immer einer nur die Initiative unternimmt und der andere ihm dient, sondern daß für jeden Menschen gilt, daß er über beide Qualitäten verfügen muß, wenn er mit anderen zusammenarbeiten will. Ja, man könnte sogar sagen, daß sich dieses Verhältnis in jedem Gespräch offenbart in

Sprechen und Zuhören, d.h. in Führen und Folgen, die sich ja stets abwechseln.

Rudolf Steiner hat am Anfang des Jahrhunderts (1905) schon auf ein bestimmtes Gesetz hingewiesen, das er das «soziale Hauptgesetz» nannte: «Das Heil einer Gesamtheit von zusammenarbeitenden Menschen ist um so größer, je weniger der einzelne die Erträgnisse seiner Leistungen für sich beansprucht, das heißt, je mehr er von diesen Erträgnissen an seine Mitarbeiter abgibt, und je mehr seine eigenen Bedürfnisse nicht aus seinen Leistungen, sondern aus den Leistungen der anderen befriedigt werden.»

Inwieweit unser Thema in Beziehung zu den Problemen des sozialen Lebens steht, so wie sie sich im Laufe der letzten Jahrhunderte entwickelt haben, kann das Folgende noch verdeutlichen. In seinen *Kernpunkten der sozialen Frage* (1919) spricht Rudolf Steiner den Zusammenhang an zwischen der Dreigliederung des sozialen Organismus – Geistesleben, Rechtsleben und Wirtschaftsleben – und der Dreigliederung des physischen Leibes – Nerven-Sinnes-System, Rhythmisches System und Stoffwechsel-Gliedmaßen-System. Im allgemeinen neigt man leicht dazu zu denken, daß das Geistesleben mit dem Nerven-Sinnes-System (Denken), das Rechtsleben mit dem Rhythmischen System (Fühlen) und das Wirtschaftsleben mit dem Stoffwechsel-Gliedmaßen-System (Wollen) zusammenhangt. Rudolf Steiner jedoch vergleicht gerade das Wirtschaftsleben mit dem Nerven-Sinnes-System. Er sagt: «Dieses ökonomische Leben muß ein selbständiges Glied für sich innerhalb des sozialen Organismus sein, so relativ selbständig, wie das Nerven-Sinnes-System relativ selbständig ist. Zu tun hat es, dieses Wirtschaftsleben, mit all dem, was Warenproduktion, Warenzirkulation, Warenkonsum ist.» – Das Geistesleben wird dementsprechend in dieser Dreigliederung dem Stoffwechsel-Gliedmaßen-System angegliedert.

Wenn wir die Rolle der Wirtschaft in der gegenwärtigen Gesellschaft mit der des Nerven-Sinnes-Systems in unserem Körper vergleichen und wenn wir, wie allgemein angenommen, davon ausgehen, daß die Muskelnerven den Muskeln Befehle überbringen, dann werden wir allerdings heute zutreffende Parallelen entdecken. Oben ist der Ausdruck gebraucht worden, daß nach der Vorstellung der modernen Physiologie der Leib eine Marionette des Nerven-Sinnes-Systems ist. Wie steht es denn mit der Rolle der Wirtschaft in unserer heutigen Gesellschaft? Auf allen Gebieten, in der Kunst, im Schulwesen, in der Medizin, aber auch im Rechtswesen und in der Politik, kommen wir praktisch immer bei den Problemen der Wirtschaft an. Der Inhalt der einzelnen Gebiete hat natürlich nicht primär mit der Wirtschaft zu tun. Wenn es jedoch auf die physische Verwirklichung derselben ankommt, sind wir für die Ausführung aller Pläne von der Wirtschaft abhängig. Ist es nicht tatsächlich so, daß die heutige Gesellschaft mehr und mehr eine Marionette des Wirtschaftslebens zu werden droht?

Um dem entgegenzuwirken, wird aber nötig sein, daß auf dem Gebiet des sozialen Lebens entschieden andere Gedanken und Gefühle geboren werden. Und das geschieht schon, wenn ein Mensch über den Ursprung seiner Bewegungen so neu denkt, wie es hier beschrieben ist. Er wird dann seiner Gedanken- und Gefühlsrichtung eine ganz andere Wendung geben. Dazu gehört auch der Gedanke, daß der Muskelmensch in uns dem Nerven-Sinnes-Menschen *dient* und umgekehrt. Auch im sozialen Leben werden Wirtschafts- und Geistesleben in einem ähnlichen Verhältnis zueinander stehen müssen.

Im sozialen Leben stehen Wirtschaftsleben und Geistesleben sich gegenüber wie im Körper das Nerven-Sinnesleben und das Muskelleben. Man denkt aber noch immer, daß der Gliedmaßen-Mensch (das Muskel-System) eine Marionette des Kopfes sei. Dieser *Gedanke* ist falsch und muß korrigiert werden. Wir sind keine Marionetten unseres Kopfes. – Das Geistesleben ist noch eine Marionette des Wirtschaftslebens. Das stimmt, aber es sollte nicht so sein. Diese *Tatsache* muß korrigiert werden.

Eine solche Erneuerung unseres Denkens spricht nicht nur den Kopf, sondern ebenso unser Herz an und kann zu einem Quell der Besinnung und der Freude werden. Nun erst können die Bemerkungen Rudolf Steiners im rechten Licht gesehen werden. Zu verstehen, daß der Mensch erst dann fähig wird, ein soziales Leben aufzubauen, wenn er die Vorstellung von den «motorischen Nerven» überwunden haben wird, ist aber nicht eine Selbstverständlichkeit. Deshalb ist es wichtig, vor allem zu erkennen, wie wir durch den beschriebenen Gedankengang eine andere Sicht auf den Menschen als ganzen entwickeln können.

8. Wollen und Handeln

Im vorangegangenen wurde von einem Gebiet des menschlichen Leibes gesprochen, das voller Aktivität ist, von der wir aber nichts bewußt wahrnehmen. Es bezieht sich auf das, was sich in unseren Muskeln abspielt und was uns ermöglicht, daß wir uns bewegen können. Was ist hier aktiv? Zu welchem Element unseres Seelenlebens steht es in Beziehung? Wo spielt sich in uns etwas ab, von dem wir nichts wissen? Wir werden durch eine leicht nachprüfbare Darlegung Rudolf Steiners auf die Spur gebracht: Im Denken ist der Mensch wach, im Fühlen träumt er, und im Wollen schläft er.

Das letztere ist allerdings auf den ersten Blick etwas unbegreiflich. Wie oft während des Tages sagen wir: «Ich will» und schlafen doch bestimmt nicht, im Gegenteil. Dieses «Ich will» ist aber noch kein wirkliches Wollen! Wie überraschend es auch klingt: «Ich will» ist zunächst immer eine Vorstellung oder ein Wunsch und als solcher tatsächlich noch ein Teil des Gedanken- oder Gefühlslebens. Auf die Frage, was wirkliches Wollen wäre, gibt es meines Erachtens nur eine Antwort: Wirkliches Wollen zeigt sich erst im «Tun».

Man wird wahrscheinlich einwenden: Aber wie soll man dann verstehen, daß das Wollen schläft? Ich weiß doch, was ich tue. Sicherlich, aber man weiß nicht, *wie* man es tut; d.h. dasjenige, was sich in unseren Muskeln, Nerven usw., während wir tätig sind, abspielt, entgeht uns bewußtseinsmäßig völlig. Es ist schon darauf hingewiesen worden, daß wir dann ein wenig Bewußtsein von diesem Geschehen erhalten, wenn wir in diesem Tun behindert werden. Aber damit wird ja unsere Bewegungsmöglichkeit momentan gerade eingeschränkt!

Die Unkenntnis dessen, was sich in unseren Muskeln abspielt, ist identisch mit der Aussage: Im Wollen schläft der Mensch. Dies kann jedoch nur bedeuten, daß der Mensch sich dieses Wollens nicht bewußt ist. Wir haben es mit einem anderen «Ich» zu tun, als wenn wir die Worte «ich bin» aussprechen. Man könnte den vorher erwähnten Satz von Rudolf Steiner jetzt so formulieren: Der Mensch hat jeweils in seinem Denken, Fühlen und Wollen ein «waches Ich», ein «träumendes Ich» und ein «schlafendes Ich». Dieses «schlafende Ich» schläft aber nur in Beziehung zum «selbstbewußten Ich». In bezug auf etwas anderes schläft es bestimmt nicht, nämlich in bezug auf meine Bewegungen. Während ich mich bewege, ist dieses Ich äußerst aktiv.

Es «horcht» ja fortwährend auf meine Vorstellungen, es ge-horcht mir und bietet mir mein Skelett (meinen Leib) an.

Wir haben damit wieder den Punkt erreicht, von dem der Aufsatz ausging: Zu zeigen, daß Muskel-Nerven sensible Nerven sind. Es liegt nun auf der Hand zu fragen: Wie bemerken meine Muskeln meinen Wunsch, mich zu bewegen? Soweit wir uns der Eindrücke aus unserem Leib bewußt sind, haben wir es mit dem Teil unseres Nervensystems zu tun, das schon immer das sensible genannt wurde. Genauso müssen wir nun das, was früher das motorische Nerven-System genannt wurde, auch sensibel nennen. Dadurch kann sich unser «Muskelmensch» seiner Bewegungen in seiner Weise bewußt werden. Da dieses Muskel-Bewußtsein unbewußt letztlich auch zu mir gehört – wodurch wir das Recht haben, auch hier von einem «Ich» zu sprechen – , kann daraus geschlossen werden, daß der Satz «Durch die Muskel-Nerven haben wir Bewußtsein von unseren Bewegungen» vollkommen korrekt ist.

Man fragt sich, warum Rudolf Steiner dies nicht deutlicher gesagt hat. Die angestellte Betrachtung über das Rätsel der menschlichen Bewegung beantwortet diese Frage. Rudolf Steiner hat uns ja sehr oft auf ähnliche Art vor Rätsel gestellt. Es ging ihm nicht darum, uns ohne weiteres Tatsachen mitzuteilen, die wir als solche einfach in unsere Gedankenwelt neben all den anderen Erfahrungen des täglichen Lebens aufnehmen sollten. Es ging ihm um die eigene Anstrengung in der Bewußtseinsschulung.

Schon der Ausdruck «*Ich* bewege meinen Leib» – der den anderen Gedanken, daß «meine Gehirnimpulse über Muskelzuckungen meinen Leib bewegen» ersetzt – erzeugt eine andere Einstellung zu dem Bewegungsphänomen. Die Auffassung der Bewegung als einer bloßen Funktion der Muskeln, der motorischen Nerven usw. ist rein materialistisch. Man glaubte nur, die Bewegung dadurch «verständlicher» zu machen, daß man von dem genannten Muskel-Nerven-Präparat vom Frosch ausging.

Als oben von dieser Theorie die Rede war, ist dazu gesagt worden, daß die landläufigen Wissenschaften keine Antwort auf die Frage haben, wie die Vorstellung einer Handlung mit den Impulsen zusammenhängt, die vom Gehirn aus zu den Muskeln gehen müßten. Es wurde auch schon gesagt, daß dies genauso für die Frage gilt, wie die Sinneseindrücke durch die Nerven und das Gehirn letzten Endes zum

Inhalte meines Seelenlebens werden. Das stellt mich vor ein ganz neues Rätsel: Wie kann ich als geistiges Wesen, dessen Realität von mir ohne weiteres erfahren wird, einen materiellen Leib bewegen?

Ausgehend von der Realität des geistigen Wesens «Mensch» findet man in der beschriebenen Art vielleicht einen Zugang zu einer Lösung und außerdem zu dem Wert der sparsamen Bemerkungen Rudolf Steiners. Wer sich in seinem Leben sagt: «Nicht meine Muskeln, sondern ich selbst bewege meinen Leib»; «ich kann diesen Leib nur bewegen, wenn er der Schwere völlig enthoben ist»; «mein Muskelmensch hört fortwährend auf meine *Bewegungen*»; «nur weil er von diesen Bewegungen weiß, kann er mir dienen» – dem ist es möglich, ein wirklichkeitsgemäßes Erlebnis zu entwickeln für die Tatsache der menschlichen Bewegung.

Es gehört zu den tiefen, von der Anthroposophie aufgehellten Geheimnissen, daß mit dem so unbewußten Bereich der Herkunft menschlicher Bewegung die Wirksamkeit des individuellen biographischen Schicksalsverlaufes zusammenhängt. Meine Muskeln hören nämlich nicht nur auf die Bewegungsimpulse, die von meinem «bewußten Ich» ausgehen, sondern auch auf diejenigen, die aus einer ganz anderen Welt heraus mein Handeln in eine bestimmte Richtung lenken wollen. Da, wo wir merken, daß wir irgendwie zu Schicksalsbegegnungen geführt werden, die nur zu bestimmten Orten und Zeiten möglich waren, fragen wir uns, wie dies geschieht. Was ist es, das mich hinführt zu einer Stelle, wo ich jemandem schicksalshaft begegne oder mir Glück oder Unglück zustößt? Was ist es, das uns dann und wann ausrufen läßt: «Ausgerechnet hier und jetzt»? Wie oft sagen wir, wenn wir entdecken, daß ein anderer unerwartet denselben Menschen kennt, den wir kennen: «Ist die Welt doch klein!» Die Welt ist nicht klein, aber die Gruppe von Menschen, die zusammengehört und zusammengeführt wird, ist relativ klein! Viele Menschen haben eine Ahnung von der Realität karmischer, schicksalshafter Zusammenhänge. Also muß es eine Führung geben, von der wir oft nur hinterher etwas ahnen können, von der wir im alltäglichen Leben meist kein Bewußtsein haben. Etwas führt uns, aber dazu muß zwischen jenem Führenden und meinem Muskelmenschen eine, wenn auch geheimnisvolle, Verbindung bestehen, denn dieser bringt mich faktisch konkret im entscheidenden Moment, oft wie «schlafwandlerisch» oder «tagträumend», an den realen Ort, wo Schicksal geschieht. So wie mein Muskelmensch auf meine Bewegungsimpulse hört, so hört er auch auf die führenden Impulse meines Schicksals, meines Karmas.

In dem Vortragszyklus Rudolf Steiners des Jahres 1914 *Inneres Wesen des Menschen und Leben zwischen Tod und neuer Geburt* findet man den Satz, «daß der Mensch ... in seinem Muskelsystem sein kristallisiertes Karma trägt». Das ist sicher ein ungebräuchlicher Ausdruck, doch gerade daran kann man empfinden, wie schwer es ist, für die Realität der geistigen Welt adäquate Ausdrücke in der materiellen Welt zu finden, die einigermaßen dasjenige wiedergeben können, was gemeint ist.

Dieses Neue ist das Entdecken eines zweiten Menschen in uns. Was tun *wir* bei der Bewegung? Wir stellen vor, wir bilden, wir formen. Unsere Muskeln dienen, hören, helfen. Formen hängt mit unserem Haupt zusammen, helfen mit unseren Muskeln. In der Hilfe steckt der Wille. Im Haupt steckt unser Bewußtsein. Der Wille schenkt die Kraft der Begeisterung.

Damit kommen wir zurück auf unser sozialpolitisches Problem vom Anfang: Amerika und mit ihm der «Westen» sind der Quell des Formenden im sozialen Leben der heutigen Menschheit. Der «Osten» ist der Quell des Wollens, der Wärme, des Feuers.

Im menschlichen Körper haben wir es gleicherweise mit den zwei verschiedenen, gegensätzlichen Welten zu tun. Indem wir uns von ihnen durchdringen lassen, begegnen sie sich in der Mitte, im menschlichen «Gemüt». In ähnlicher Art würde eine Mitte geschaffen werden können in der Welt. Die Vermittlung der Gegensätze führt zu der Dreiheit: Formen, helfen und dankbar sein. Soziales Bewußtsein ist unzertrennlich verbunden mit Dankbarkeit. Um dieses zu entwickeln, muß sich aber zuerst etwas ändern in unserer Vorstellung von der Nervenorganisation des Menschen selber. Und andererseits gilt: Das hier Beschriebene ist wertlos, wenn wir nicht einen Ruck bekommen in dem Moment, wo wir uns bewußt werden eines sonst unbewußten Teiles unseres Wesens, das uns dient. Beim Bewegen hat man es immer zu tun mit einem Formenden und mit einem Helfenden, deren Gemeinsamkeit wir als Bewegungsfreude dankbar erleben.

Literatur

Mees, L.F.C. (1975): Über das Problem der sensiblen und motorischen Nerven, in: *Beiträge zu einer Erweiterung der Heilkunst,* Jg. 28, H.3, S. 89-98. Stuttgart.

– (1989): *Wie sich der Mensch bewegt,* Basel.

Steiner, R. (1905): Geisteswissenschaft und soziale Frage, in: *Luzifer-Gnosis, grundlegende Aufsätze zur Anthroposophie,* GA 34, Dornach 1960.

– (1914): *Inneres Wesen der Menschen und Leben zwischen Tod und neuer Geburt* (Vortrag vom 9.4.1914), GA 153, Dornach 1978.

– (1919): *Die Kernpunkte der sozialen Frage in den Lebensnotwendigkeiten der Gegenwart und Zukunft,* GA 23, Dornach 1976.

GEORG VON ARNIM

Die Bedeutung der Bewegung in der Heilpädagogik

I.

1. Die Bewegung als Bild des kindlichen Seelenlebens

Bewegungsübungen und Bewegungsschulung machen einen wesentlichen und grundlegenden Teil der heilpädagogischen Arbeit aus. In dem Bewegungsablauf eines Seelenpflege-bedürftigen Kindes haben wir denjenigen Bereich vor uns, der die meisten Möglichkeiten des therapeutischen Eingreifens in sich trägt. Insofern sich die Motorik eines behinderten Kindes wandelt, hat es einen wirklichen Fortschritt in seiner Entwicklung gemacht.

Karl König hat einmal (1971) bemerkt, daß es nicht schwerfallen würde, ein «Lehrbuch der Heilpädagogik ganz allein vom Gesichtspunkt der motorischen Störungen her zu schreiben». Man würde in den meisten Fällen dem Kern des abwegigen Verhaltens damit sehr nahekommen. Nach Königs Auffassung gibt es kaum eine Entwicklungs- und Inkarnationsstörung, die sich nicht auch in Abwegigkeiten der Motorik äußert. Aus der heilpädagogischen Erfahrung heraus kann man dieser Meinung nur zustimmen.

In der Bewegung und ihren Entwicklungsstufen haben wir ein unvergleichliches Bild des kindlichen Seelenlebens vor uns. Es offenbart sich darin die den Leib allmählich ergreifende präexistente Individualität. Neben den Reifungsstufen der kindlichen Gestalt ist es gerade die Entwicklung der Bewegung, von der man sagen kann: Sie bringt eigentlich die Tatsache der Vorgeburtlichkeit des Menschen und den Prozeß der Verleiblichung des aus dem Vorgeburtlichen sich hereinlebenden Seelen-Geist-Wesens, die Inkarnation, zur unmittelbaren Anschauung. Woher, wenn nicht aus präexistenten Zuständen und im Zusammenhang mit der Reinkarnation des Menschen sollten sonst die Kräfte stammen, die zur Entwicklung der unverwechselbaren Individualmotorik jedes Menschen führen? Denn darauf zielt ja alle Bewegung in ihren verschiedenen Entwicklungsstufen hin: daß sich in ihr das Ich-Wesen des Menschen zur Erscheinung bringen wird.

In diesem Prozeß spiegeln sich aber auch alle Hemmnisse und Einseitigkeiten, alle seelischen und leiblichen Störungen, die heilpädagogische Hilfe für ein Kind erforderlich machen. Die Begriffe *Bewegungsstörung* und *Inkarnationsstörung* kann man synonym gebrauchen.

Allerdings ist es erforderlich, den Begriff der Bewegungsstörung weit genug zu fassen. Im Sinne einer heilpädgogischen Betrachtungsweise kann es sich dabei nicht nur um Körperbehinderungen, Lähmungen, spastische Zustände und ähnliches handeln. Vielmehr muß man sagen, daß jegliche Form der Verhaltensstörung mit einer Bewegungsstörung im hier gemeinten Sinne verbunden ist. Der Gesichtspunkt, auf den es ankommt, liegt darin, ob die Motorik einen genügenden Grad der Individualisierung und die nötige Plastizität erreicht, um das sich in den Leib hereinlebende seelisch-geistige Wesen des Kindes voll zur Erscheinung zu bringen. Oft ist es deutlich, daß die Verhältnisse des Leibes eine harmonische Motorik nicht zulassen. Ebenso häufig sind es aber auch bei intaktem motorischem System Abwegigkeiten des Verhaltens, die sich in der Bewegung ausdrücken. Seelisch-leibliche Zustände sind in dieser Beziehung unauflösbar ineinander verwoben. Immer handelt es sich aber darum, daß die Individualität, das «Ich», die Bewegung nicht so gestalten kann, wie es eigentlich seinem Wesen entspräche.

Angesichts dieser Gegebenheit ist es für den heilpädagogischen Prozeß von großer Bedeutung, eine Empfindung davon zu haben, wie Bewegung entsteht, welchem Antrieb sie überhaupt entspringt. Wie bilden sich die einzelnen Formen der Bewegung aus? Was erlebt das Kind an seiner Bewegung; wie wirkt sie auf das Seelenleben zurück? Können wir bei immer wieder erneuter Beobachtung der einzelnen Bewegungsabläufe Rudolf Steiners so oft wiederholten Hinweis der Bewegungsentstehung als unmittelbaren Willensprozeß erkennen lernen?

2. *Bewegungsform und Sinnesprozeß*

Die Bewegung ist stets gleichzeitig Ausdruck unseres Verhältnisses zur Welt und unseres individuellen Wesens. Die Sinne vermitteln Bilder der Welt. Durch die Bewegung wird die Welt in ihrem Sein erlebt.

Jedes Sinneserlebnis ruft das mehr oder weniger bewußte Urteil hervor, daß etwas, das wir wahrnehmen, wirklich vorhanden ist, existiert. Rudolf Steiner hat durch seine auf zwölf Sinne erweiterte Sinneslehre deutlich gemacht, worin die Grundlagen dieses existentiellen Urteils zu suchen sind. Sie liegen darin, daß bei jeder Wahrnehmung mehrere, mindestens zwei Sinne beteiligt sind: «Nun liegt, wenn der Mensch einem Sinnes-Objekte gegenübersteht, die Sache so, daß er niemals bloß durch *einen* Sinn einen Eindruck erhält, sondern außerdem immer noch durch *wenigstens einen anderen* aus der Reihe der oben angeführten. Die Beziehung zu *einem* Sinne tritt mit besonderer Schärfe in das gewöhnliche Bewußtsein; die andere bleibt *dumpfer.* Es besteht aber zwischen den Sinnen der Unterschied, daß eine Anzahl derselben die Beziehung zur Außenwelt mehr als eine äußerliche erleben läßt; die andere mehr als etwas, was mit dem Eigen-Sein in engster Verknüpfung ist. Sinne, die mit dem Eigen-Sein in engster Verknüpfung sich befinden, sind zum Beispiel der Gleichgewichtssinn, der Bewegungssinn, der Lebenssinn, ja auch der Tastsinn. In den Wahrnehmungen solcher Sinne gegenüber der Außenwelt wird stets das eigene Sein dumpf mitempfunden. Ja, man kann sagen, es tritt eine Dumpfheit des bewußten Wahrnehmens eben deshalb ein, weil die Beziehung nach außen von dem Erleben des Eigen-Seins übertönt wird. Ereignet sich zum Beispiel, daß ein Gegenstand *gesehen* wird, und zugleich der Gleichgewichtssinn einen Eindruck vermittelt, so wird scharf wahrgenommen das Gesehene. Dieses Gesehene führt zu der Vorstellung des Gegenstandes. Das Erlebnis durch den Gleichgewichtssinn bleibt als Wahrnehmung dumpf; jedoch es lebt auf in dem Urteile: ‹das Gesehene ist› oder ‹es ist das Gesehene›» (Steiner 1917, Kap. IV.5 Über die wirkliche Grundlage der intentionalen Beziehung). Es ist interessant, daß Rudolf Steiner in diesem Zusammenhang von einer «Doppelbeziehung» spricht, obwohl uns der Vorgang doch als ein einheitlicher erscheint. Die bewußtseinsdumpfe, leibliche Komponente dieser Doppelbeziehung ist es, die das Wirklichkeitserleben ausmacht. Dennoch handelt es sich um ein bewußtes Urteil.

Dieser Tatbestand ist heilpädagogisch von großem Interesse, da man annehmen muß, daß diese «Doppelbeziehungen» sich erst im Laufe der Kindheit entwickeln und auch unvollständig bleiben können. In den modernen Lerntheorien ist die große Bedeutung der Assoziationen zwischen den Sinnen verschiedentlich bemerkt worden (Ayres).

Sie werden für «die bedeutendste Quelle der höheren adaptiven Fähigkeiten beim Menschen» gehalten. Es wird auch auf ihren Entwicklungscharakter hingewiesen. «Bei Kindern folgt die intersensorische Integration einer Entwicklungssequenz, wobei der größte Teil der Funktionsreifung vor dem achten Lebensjahr abläuft» (Ayres 1979).

Diese Beobachtungen bewegen sich aber im Rahmen einer konventionellen Sinneslehre. Der entscheidende Gesichtspunkt der Doppelbeziehung im Sinne des oben angeführten Zitates Rudolf Steiners kommt deshalb nicht genügend zum Tragen, denn gerade in der Verbindung zwischen dem bewußtseinsdumpferen, Realität vermittelnden und dem wacheren, bildvermittelnden Sinne liegt der wesentliche Gesichtspunkt. Kommt diese Verbindung entwicklungsmäßig nicht genügend zustande, können sehr schwankende Bewußtseinszustände auftreten.

Die Art und Weise, wie die Welt in der Bewegung erlebt wird, beruht nicht auf einem Urteil, sondern auf einem unmittelbaren Seinserleben. Dieses hebt sich allerdings nicht, wie das durch die Sinne geformte Urteil, ins Bewußtsein, sondern bleibt unbewußt. Dasjenige, was in der Bewegung unbewußt bleibt, aber auf sehr eingreifende Weise das unmittelbare Seinserleben vermittelt, ist der ganze Bereich des Willens. «Von dem Willen, wie er, sagen wir, in einer Armbewegung, in einer Beinbewegung lebt, wissen wir nicht mehr, als wir von dem wissen, was sich abspielt zwischen dem Einschlafen und Aufwachen» (Steiner GA 207, 15.10.1921). Wenn also die Willensprozesse als solche auch nicht in das Bewußtsein hereinreichen, so bestimmt ihre Existenz doch weitgehend das Seelenleben des Kindes. Gerade beim Vorliegen von ausgeprägteren Bewegungsstörungen und pathologischen Bewegungsformen kann man beobachten, wie sehr sich das unmittelbar in der Bewegung vollzogene Erleben der Welt von dem durch die Sinne gebildeten Urteil unterscheidet. Wir werden das noch mehr im Einzelnen betrachten. Die Motorik zu einem geeigneten und aufnahmefähigen Instrument des Welterlebens selber zu machen, ist eines der Grundanliegen der Heilpädagogik.

Dem widerspricht nicht die enge, unauflösbare Verbindung von Bewegung und Sinnesprozessen. Das Sinnesleben des Kindes wird immer erst eine Verlebendigung durch die Entfaltung der Motorik erfahren; ebenso wie die Reifung der Motorik natürlich von der Entfaltung der Sinnesvorgänge abhängt. Dieses Verhältnis zwischen Sinneswahrnehmung und Bewegung gründet sich aber darauf, daß es sich einmal um das ins Bewußtsein hereinreichende Urteil über das wirkliche Existieren des Wahrgenommenen und das andere Mal um das in einer dem Schlaf entsprechenden Bewußtseinslage erlebte Sein der Welt handelt.

3. Eine Grundeigenschaft der Motorik

Rudolf Steiner hat einmal als eine Grundeigenschaft der Motorik charakterisiert, daß der Mensch durch sie danach strebt, die Welt im weitesten Sinne nachzuahmen. Das ist im Zusammenhang mit der menschlichen Gestalt zu sehen. Die Gliedmaßen sind mehr der Welt zugewandt, der Kopf mehr dem einzelnen Menschen selbst. «Wozu werden dann also die Gliedmaßen besonders neigen? Sie werden zur Welt neigen, in der der Mensch sich bewegt und selbst seine Stellung immerfort verändert. Sie werden zur Bewegung der Welt Beziehung haben. Fassen Sie das gut auf: die Gliedmaßen haben Beziehung zur Bewegung der Welt; indem wir in der Welt herumgehen, indem wir handelnd auftreten in der Welt, sind wir der Mensch der Gliedmaßen» (GA 293, 28.8.1919). Und etwas später: «Es geht geradezu unsere Absicht als Mensch darauf hin, die Bewegung der Welt durch unsere Gliedmaßen nachzuahmen, aufzunehmen» (GA 293, 1.9.1919). Die Gestaltung unseres Bewegungsapparates ist Ausdruck der Nachahmungsfähigkeit des Menschen gegenüber der Welt.

Diese Erscheinung, daß der Mensch danach strebt, in seiner Bewegung die Welt nachzuahmen, soll nun den Ausgangspunkt für die folgenden Betrachtungen darstellen. Man kann sie nämlich als Urphänomen aller Bewegungsvorgänge überhaupt ansehen. Bewegung erscheint uns dabei in zweifacher Beziehung: Auf der einen Seite ist es das Nachahmen der Welt im weitesten Sinne, auf der anderen Seite die Individualisierung des Nachgeahmten. In diesem Spannungsfeld läuft alles Bewegungsgeschehen ab.

Rudolf Steiner hat bei zahlreichen Gelegenheiten hervorgehoben, daß die Nerven ihrer wahren Natur nach von einheitlichem Charakter sind und allein eine wahrnehmende Funktion haben. Unterstellen wir das, so können sie nicht die Verursacher der Bewegung sein. Sie würden auch nicht den Nachahmungscharakter, der der Bewegung zugrunde liegt, verständlich zu machen vermögen. Die Bezeichnung bestimmter Nerven als «motorische» soll ja zum Ausdruck bringen, daß die Gestalt und Form der Bewegungsabläufe ihren Ursprung nur innerleiblich, das heißt eben im «motorischen» Nerven haben. Das aber gerade ist so nicht der Fall. Wir haben das enge Verhältnis zwischen Sinneswahrnehmung und Bewegung hervorgehoben, wie es auch Viktor von Weizsäcker (1940) in seinem Gestaltkreis dargestellt hat. Die eigentliche Gestaltung der Bewegung beruht aber nicht nur auf der Verbindung mit der Sinneswahrnehmung, sondern eben auch auf der unmittelbaren Beziehung der Bewegung zur Welt.

Wo finden wir dann das eigentliche, die Bewegung verursachende Prinzip, das sowohl die innerhalb des Leibes als auch die in den Umweltverhältnissen liegenden Kräfte bewegungsgestaltend verbindet? Die Frage der seelischen leibübergreifenden Prozesse ist von grundlegender Bedeutung für das Verständnis einiger fundamentaler menschlicher Seinszustände, wie etwa der Sinnesprozesse, des Schlafes und eben der Bewegung.

Wenn wir das bisher Gesagte zusammenfassen, dann kann das vielleicht durch einen Vergleich geschehen. Die Doppelnatur der Bewegung läßt sich vergleichen mit dem Hören und Sprechen. Im übertragenen Sinne enthält jede menschliche Bewegung diese beiden Elemente gleichzeitig in sich. Es ist sehr aufschlußreich, die motorischen Nachahmungsvorgänge bildlich gesprochen mit Gehörsvorgängen zu vergleichen. Ein Kind kann in diesem übertragenen Sinne bewegungsmäßig sehr «feinhörig» sein, oder es können die verschiedensten Formen der Wahrnehmungsstörung vorliegen, so wie im Hören die Störungen eben von der Schwerhörigkeit bis zur Seelentaubheit reichen können. Vergleichbare Zustände kann man in bezug auf die Nachahmungsvorgänge des Bewegungsgeschehens erkennen. So, um diesen Vergleich noch etwas weiterzuführen, wie die Sprachentwicklung grundlegend von der Hörfähigkeit und der feinen Differenzierung des Gehörten abhängt, so kommt eine genügende Individualisierung der Bewegung, die voller Ausdruck des Seelenwesens des betreffenden Kindes sein kann, eben nur zustande, wenn die Bewegung vergleichsweise nicht schwerhörig oder seelentaub ist.

Überall dort, wo Entwicklungsstörungen vorliegen, neigt die Motorik dazu, undifferenzierte Züge anzunehmen. Wir sahen schon, daß damit stets eine gewisse Einengung in der Erscheinungsweise der Individualität verbunden ist. Entweder treten in der Bewegung dann gruppenhafte Züge auf, so wie es zum Beispiel ganz auffällig bei einer Halbseitenlähmung der Fall ist. – Aber auch die Motorik der Kinder, die an einem Down-Syndrom leiden, hat etwas Gruppenhaftes. Ebenso zeigen autistische Kinder mit Bewegungszwängen häufig ähnliche Züge in ihrer Motorik. Mit diesen wenigen Beispielen soll nur auf den eigentümlichen Gegensatz zwischen Individualmotorik und Gruppenmotorik hingewiesen werden. – Oder die ungenügende Differenzierung der Motorik ist durch eine allgemeine Entwicklungsverzögerung bedingt, was natürlich auch häufig der Fall ist. Der wesentliche Gesichtspunkt ist, daß jede Einengung und Vereinseitigung der Bewegungsentwicklung eine Nachahmungsstörung bedeutet, sei es in bezug auf Menschen, sei es im Verhältnis des Kindes zur Welt der Dinge.

II.

4. Eine andere Art der Wahrnehmung

Wenn von Bewegung die Rede ist, so handelt es sich zunächst immer um Tätigkeit, Wirksamkeit in der Welt als Ausdruck der Person; kurz um einen aktiven Vollzug dessen, der sich bewegt. So kommt durch Bewegung stets etwas schlechthin Neues in die Welt. Wir haben aber gesehen, daß die Bewegung noch eine andere Seite hat, nämlich diejenige der Nachahmung. Es wird dabei nicht etwas äußerlich nachgemacht, sondern der geistige Kern des Nachgeahmten wirkt in das eigene Sein hinein. Das bedeutet, daß mit der Bewegung eine gewisse Wahrnehmung verbunden ist, die aber eben von ganz anderer Art ist als die Sinneswahrnehmung. Durch Bewegung wird etwas von der Welt erfahren, das auf andere Weise nicht erfahrbar wäre. Es besteht eine Beziehung zu Mensch und Umwelt, die noch einen anderen Charakter hat als es der Handlungsaspekt der Bewegung ist. Die gesunde Bewegung paßt gleichsam zu der umgebenden Welt wie der Schlüssel zum Schloß. In ihr schwingt die Umwelt mit; darin liegt die Quelle der vielfältigen Bewegungsgestalten, die die Fülle unserer Bewegungsabläufe ausmachen.

Eine Übergangsrolle spielt hier der innerhalb der Steinerschen Sinneslehre zu der Gruppe der sogenannten Leibessinne gehörige Eigenbewegungssinn. Rudolf Steiner hat in seiner *Allgemeinen Menschen-*

kunde (GA 293, 29.8.1919) bemerkt, daß zum Beispiel Formen nicht durch den Sehsinn allein, sondern durch die Verbindung von Sehsinn und Eigenbewegungssinn erkannt werden. Wir haben oben die dem zugrunde liegende «Doppelbeziehung» kennengelernt. Es ist also mit jedem Sehakt eine gewisse Bewegung der Augenmuskeln verbunden, die die wahrzunehmenden Formen nachvollzieht. So kommt die Wahrnehmung des von Steiner als Beispiel gewählten roten Kreises zustande. Das gilt offenbar auch für kompliziertere Wahrnehmungen. Es ist in diesem Zusammenhang sehr interessant, daß bei arbeitsphysiologischen Untersuchungen gefunden wurde, daß die Beobachtung einer arbeitenden Person entsprechende Tonusveränderungen in denselben Muskeln des Beobachters hervorruft, mit denen der Beobachtete arbeitet (Ulich 1974).

König sagt in seinem Aufsatz über den Eigenbewegungssinn (1971) mit dem Hinweis auf Rudolf Steiners Bemerkung in der *Allgemeinen Menschenkunde*: «Das willkürliche Muskelsystem ist nicht nur ein Beweger, sondern ein sehr feiner Resonator für alle Form- und Bewegungsabläufe der Außenwelt». Der Muskel ist nach Königs Meinung gleichzeitig ein Beweger und ein Empfinder, ein Tätigkeits- und ein Sinnes-Organ. Das heißt also, der Bewegungsmensch in uns ist durch den Eigenbewegungssinn gemeinsam mit verschiedenen anderen Sinnen, besonders dem Sehsinn – aber auch das Richtungshören gehört zum Beispiel hierher –, der Wahrnehmer aller Formen und alles Gestalteten, das uns umgibt. Damit ist seine Wahrnehmungsfähigkeit aber nicht erschöpft. Es wird durch die Motorik auch menschlich Inhaltliches aufgenommen. König deutet das eben noch an, wenn er von der Mimik und dem Lächeln spricht. Er sagt dazu: «Damit können wir den Eigenbewegungssinn nun nicht allein zum Nachahmer von Gestalten und Figuren der Umwelt machen, sondern zum Imitator menschlicher Erlebnisse und Bezüge» (König 1971).

Das Mitschwingende, in gewisser Weise Resonanzartige der Bewegung reicht aber noch tiefer, überschreitet den Bereich des Eigenbewegungssinnes und wirkt unmittelbar in das leiblich-seelisch-geistige Erleben hinein. Es sind eben mit der Bewegung, insofern sie das Sein der Welt nachvollzieht, tiefgreifende existentielle Erlebnisse verbunden. Es handelt sich dabei nicht allein um die Form, sondern vielmehr um die «Innerlichkeit» des Nachvollzogenen, obwohl sich beides natürlich kaum trennen läßt.

Als besonders eindrucksvolles Beispiel betrachten wir zunächst die Nachahmungsphase in der kindlichen Entwicklung. Ihr liegen in ganz besonderer Weise Bewegungsvorgänge zugrunde. Rudolf Steiner hat der Nachahmung in den ersten Lebensjahren des Kindes eine außerordentlich große Bedeutung zugemessen. Sie greift tief in die leibliche und moralische Entwicklung des Kindes ein. Es handelt sich also nicht bloß darum, daß das Kind den Erwachsenen äußerlich nachmacht. Dieses dem Kind ja meist durchaus bewußte Nachmachen ist sehr wohl zu unterscheiden von dem mehr im unbewußten Willensbereich sich abspielende Nachahmen im Steinerschen Sinne.

5. *Die Entwwicklung der Bewegung im Kindesalter*

Man kann grob die Entwicklung der Bewegung im Kindesalter in drei Phasen einteilen: Am Anfang steht die überwiegende Reflexmotorik des jüngeren Säuglings. Diese geht über in die Nachahmungsmotorik, die ihrerseits schließlich zur Individualmotorik führt. Diese Einteilung wendet sich nicht so sehr an die einzelnen formalen Abläufe, sondern hat die Frage nach der Ich-Entwicklung, dem Erscheinen der Individualität, zur Grundlage. Die Reflexmotorik des Säuglings hat noch nichts Individuelles an sich, hat gewissermaßen menschheitlichen Charakter; die Nachahmungsmotorik ist bereits auf den Bezug zu den das Kind umgebenden Menschen beschränkt und hat insofern einen individuelleren Charakter. In der dritten Phase schließlich kündigt sich das Unverwechselbare der Individualmotorik an.

Bevor wir uns der Nachahmungsmotorik zuwenden, sollen einige Bemerkungen über die Reflexmotorik gemacht werden. Wir sagten, daß Bewegungsabläufe, die rein reflektorisch auftreten, noch jedes individuellen Charakters entbehren und man sie deshalb als menschheitlich bezeichnen kann. Die Motorik des Säuglings ist weitgehend von einigen tonischen und statischen Reflexen beherrscht. «Reflexe sind Selbststeuerungsvorgänge, welche die Stellung des Körpers im Raum und die Stellung der Glieder zueinander in jeder Phase von Haltung und Bewegung regulieren können» (Matthiass 1966).

Wir wollen aus der Vielzahl der Reflexe, mit Bezug auf die Beschreibung von Matthiass, die sogenannten tonischen Nackenreflexe herausgreifen. Sie treten symmetrisch und asymmetrisch auf. Ein sehr eigentümliches Bild bietet der asymmetrische tonische Nackenreflex. Eine aktive oder passive Drehung des Kopfes bewirkt eine Streckung des gesichtsseitigen und eine Beugung des hinterkopfseitigen Armes. Auslösend wirkt die Dehnung der Nackenmuskulatur. Es ist interessant, daß der Reflex auch umgekehrt ausgelöst werden kann, das heißt, daß durch eine Beugung des rechten Armes eine Kopfdrehung nach links und eine Streckung des linken Armes hervorgerufen wird. Der symmetrische tonische Nackenreflex wirkt in Rücken- und Bauchlage durch Beugung beziehungsweise Anheben des Kopfes in unterschiedlicher Weise auf Beugung und Streckung der Extremitäten.

Diese Reflexe spielen sich also ganz innerleiblich ab, verbinden Kopf und Gliedmaßen, aber nicht den Leib mit der Welt. Sie sind bei der Geburt vorhanden, dürfen aber nicht bestehen bleiben. Ist das der Fall, dann tritt das Krankheitsbild der spastischen Lähmung (infantile Cerebralparese) auf. Der asymmetrische tonische Nackenreflex beispielsweise ist bei gesunden Säuglingen nach dem vierten bis sechsten Monat nicht mehr nachzuweisen. «Bei Säuglingen mit infantiler Cerebralparese beherrscht der Reflex die Spontanmotorik stärker. Der Säugling mit infantiler Cerebralparese muß sich oft mit dem Reflex bewegen, der gesunde Säugling nicht. Er benutzt ihn, aber er ist nicht gezwungen, ihn zu benutzen. Der Cerebralparese-Säugling benutzt ihn, weil er nicht anders kann». (Matthiass 1966).

Wir haben also das eigentümliche Phänomen, daß beispielsweise der asymmetrische tonische Nackenreflex zu einem bestimmten Zeitpunkt abklingt. Mit dem Reiferwerden des Gehirns werden, wie man annimmt, hemmende Einflüsse auf ihn ausgeübt. Es ist aber nicht ganz durchsichtig, was sein Abklingen letzten Endes bewirkt. Wenn wir einmal hypothetisch denken, daß mit diesem Reflex und seinem merkwürdigen passageren Auftreten ältere menschheitliche Entwicklungsphasen in die Gegenwart hereinreichen könnten, dann erhebt sich besonders die Frage, warum ihr Bestehenbleiben zu so schweren Bewegungsstörungen führt, wie es das Bild der spastischen (cerebralen) Lähmung ist. Menschenkundlich, in bezug auf die Ich-Entwicklung, kommt man bei langjähriger Beobachtung davon betroffener Kinder zu folgendem Eindruck.

Rudolf Steiner beschreibt in seiner mit Ita Wegman (1925) herausgegeben Schrift *Grundlegendes für eine Erweiterung der Heilkunst* ein zu intensives Eingreifen des Seelischen und Geistigen in den Körper des Menschen als eine Form des Krankseins.

Er exemplifiziert das besonders anhand der Bewegung und dem Auftreten von Lähmungen. Bewegung kommt zwar zustande durch das unmittelbare Eingreifen von Astralleib und Ich-Organisation in den Körper, also in die Muskulatur der Gliedmaßen. Der Vorgang ist aber stets davon bedroht, daß sich dieses Eingreifen zu intensiv gestaltet; daß sich also diese Wesensglieder nicht rasch genug wieder aus der Muskulatur lösen können. Denn darin, nicht etwa in dem zu schwachen Eingreifen dieser Wesensglieder, liegt die Ursache der Lähmung. Ich zitiere einige Sätze aus der genannten Schrift: «Wieder stellen sich die Vorgänge des gesunden Bewegens eines Gliedes und die Lähmung in ihrer Verwandtschaft nebeneinander. Ja, man sieht es deutlich: die gesunde Bewegung ist eine angefangene Lähmung, die sogleich in ihrem Anfange wieder aufgehoben wird. – Man muß in dem Wesen des Krankseins eine intensive Verbindung des astralischen Leibes oder der Ich-Organisation mit dem physischen Organismus sehen. Aber diese Verbindung ist doch nur eine Verstärkung derjenigen, die in einer loseren Art im gesunden Zustande vorhanden ist. Auch das normale Eingreifen des astralischen Leibes und der Ich-Organisation in den menschlichen Körper sind eben nicht den gesunden Lebensvorgängen verwandt, sondern den kranken» (Kap. II, Warum erkrankt der Mensch?).

Alle Tonusstörungen bis hin zur voll ausgeprägten spastischen Lähmung haben ihre Ursache darin, daß die Durchdringung der Gliedmaßen und ihrer Muskulatur durch Astralleib und Ich-Organisation nicht locker genug sind; daß sie sich nicht so immer wieder lösen können, wie es notwendig wäre. Die therapeutischen Bemühungen richten sich letzten Endes auch darauf, diese Lockerung und Lösung wieder herbeizuführen.

Gerade dieses ist es, was sich bei Fortbestehen der tonischen Nakkenreflexe, besonders des asymmetrischen tonischen Nackenreflexes, zeigt. Ich-Organisation und Astralleib greifen zu heftig ein. Die erste, reflektorische Phase der kindlichen Bewegungsentwicklung mit ihrem menschheitlichen Charakter kann aber die Ich-Organisation noch nicht in sich hinein aufnehmen. Diese reflektorische Phase ist von solcher Art, daß Ich und Astralleib gleichsam von «außerhalb» an der Bewegungsentwicklung, an der Ordnung des ganzen reflektorischen

Bereiches während des ersten Lebensjahres arbeiten. Erst wenn das geschehen ist, können sie so weit immanent eingreifen, daß ungefähr das Gehen erreicht wird. Dieses Eingreifen und Sich-tiefer-Verbinden mit den Gliedmaßen kann dann aber eben so geschehen, daß mit jedem Bewegungsansatz sogleich die Lösung wieder gegeben ist.

Zusammenfassend können wir sagen: Vom Standpunkt der Ich-Entwicklung aus betrachtet, ist die erste reflektorische Phase der Bewegungsentwicklung dadurch gekennzeichnet, daß Ich-Organisation und Astralleib weitgehend von außen wirken. Wenn sie – physisch gesehen im Zusammenhang mit einer Gehirnschädigung – eine Bewegungsstruktur, die zum Abklingen bestimmt ist, nämlich zum Beispiel den asymmetrischen tonischen Nackenreflex, sozusagen unrechtmäßig ergreifen und so fortbestehen lassen, entsteht ein pathologischer Zustand.

6. *Die Nachahmungsmotorik*

Wenden wir uns nun der Entwicklungsphase der kindlichen Bewegung zu, die wesentlich von der Nachahmung bestimmt ist. Man kann hier den Begriff des Modells anwenden, wie ihn Rudolf Steiner in seinem *Heilpadagogischen Kurs* (GA 317) gebraucht. Er weist dort darauf hin, daß der vererbte Leib der sich inkarnierenden Individualität zunächst als Modell dient. Sie arbeitet durch die Kindheit hindurch mehr oder weniger intensiv daran, um ihn den eigenen Bedürfnissen immer besser anzupassen. Dieser Vorgang hat für die ganze Biographie des Menschen ein großes Gewicht, und ihn zu erfassen ist eine wesentliche heilpädagogische Aufgabe.

Etwas Ähnliches spielt sich ab, wenn das Kind die Entfaltung seiner Motorik durch die Nachahmung der es umgebenden Menschen vollzieht. Es ist offenbar nicht möglich, daß aus der Reflexmotorik unmittelbar und direkt sich die Individualmotorik entwickelt. Vielmehr gibt eben dieses «Modell», das der Erziehende in seiner Motorik gleichsam vor das Kind hinstellt, diesem die Möglichkeit, allmählich die nachgeahmte «Modell-Motorik» durch immer fortschreitende Änderung zu seiner eigenen zu machen. Es ist aber auch insofern damit eine weitere Stufe der Individualisierung gegeben, als der Nachahmungsvorgang gegenüber den Eltern schon einen sehr viel individuelleren Charakter hat, als das für die Reflexmotorik der Fall ist, die ja, wie wir gesehen haben, des Individuellen weitgehend entbehrt. Anders ausgedrückt bedeutet die Nachahmungsmotorik schon einen höheren Grad von «Verinnerlichung» der Ich-Organisation und des Astralleibes, gegenüber der Reflexmotorik. Aber immer noch ist die Verinnerlichung nicht ganz vollzogen

Daß die nachahmende Bewegungsphase gerade keine Äußerlichkeit darstellt, sondern, wie wir sagten, tief in das leibliche und moralische Wesen des Kindes eingreift, hat seine Ursache darin, daß in der kindlichen Bewegung der «außerleibliche Teil» noch ganz überwiegt, die Verinnerlichung, von der die Rede war, sich also noch ganz in den Anfängen befindet. Da die kindliche Seele sich in viel umfassenderer Weise, als das bei dem erwachsenen Menschen der Fall ist, über die Grenze des eigenen Leibes ausdehnt, kann auch viel mehr in die eigene nachahmende Bewegung aufgenommen werden als im späteren Leben. Rudolf Steiner (GA 310, 19.7.1924) bemerkt in bezug auf dieses Lebensalter: «Ich möchte sagen, die Seele des Kindes geht noch heraus in die Umgebung, erlebt die Umgebung intim mit, und zwar in einem viel stärkeren Zusammenhang, als im späteren Lebensalter.»

Wir müssen also denken, daß es im Wesen der Seele liegt, über den eigenen Leib hinaus sich ausdehnend, wie in einem Resonanzgeschehen, an der nachgeahmten Bewegung im geistigen Sinne in voller Realität teilzuhaben. Dabei wird diese, bildlich gesprochen, seelische Willenssubstanz in die eigenen Bewegungsvorgänge, auf den eigenen Stoffwechselprozeß übertragen. Daß dieses möglich ist, hängt mit der bestimmten leiblich-seelischen Konstitution dieses Lebensalters zusammen. Es zeigt aber mit aller Deutlichkeit, welchen Einfluß der außerleibliche Bereich nicht nur auf die Formung, sondern damit zugleich auf das Seelisch-Inhaltliche der Bewegung, so wie sie sich dann leiblich auslebt, haben kann. Es zeigt sich zudem, um das noch einmal zu erwähnen, von wie anderer Art die «Außenwirksamkeit» der Seele in dieser Entwicklungsphase ist, als das in dem Reflexalter der Fall war.

Alle diese beobachtbaren Vorgänge fügen sich in keiner Weise in die Vorstellung vom nervös-motorischen Teil der Bewegungsentstehung. Denn die Nachahmungsgestalt der Bewegung sowohl in ihrer sichtbaren Erscheinungsweise als auch in ihrem seelischen Gehalt kann doch keinesfalls erst im «motorischen» Teil des nervösen Ablaufes entstehen. Sowohl der Willensimpuls dazu und sein moralischer Charakter als auch das, was der nachahmenden Bewegung ihre Form und Gestalt gibt, liegt schon weit «davor», nämlich dort, wo der nachgeahmte Bewegungsablauf vor sich geht.

Durch die nachahmend vollzogenen Bewegungen geht also «Etwas», eine gestaltende und bildende Kraft, etwas Willensartiges, auf das Kind über. Dieses «Etwas», diese Kraft, könnte auf keine andere Weise sonst in der gleichen Art auf das Kind wirken. Ich möchte an dieser Stelle ein etwas ausführlicheres Zitat Rudolf Steiners zu dieser Frage einfügen. Er weist darauf hin, daß das Kind in der Zeit vor dem Zahnwechsel, in der besonders das kindliche Knochengerüst herausgestaltet wird, nur für gewisse Bereiche der umgebenden Außenwelt Interesse hat, aber nicht für alles:

«Es hat nur Interesse für das, was man nennen kann: Gesten, Gebärden, Bewegungsverhältnisse. Nun müssen Sie bedenken, daß ja das Bewußtsein des Kindes zuerst traumhaft, dämmerhaft ist, daß es ganz dumpf zuerst wahrnimmt, und erst allmählich lichtet sich das Wahrnehmungsvermögen. Aber im Wesentlichen bleibt es so, daß das Kind während der Zeit zwischen der Geburt und dem Zahnwechsel mit seiner Wahrnehmung an allem haftet, was Gesten, Gebärden, Bewegungsverhältnisse sind, und so daran haftet, daß es in dem Augenblick, wo es eine Bewegung wahrnimmt, den inneren Drang fühlt, sie nachzuahmen» (GA 310, 19.7.1924).

Es wird dann geschildert, welche Beobachtungen man bei der Bewegungsentwicklung eines Kindes anstellen kann. Diese Beobachtung ist von großer Wichtigkeit, denn darin, wie ein Kind sich bewegt, drückt sich seine «allerursprünglichste Lebensregung» aus. Und dann heißt es weiter: «Und in diesem Sich-Bewegen tritt sichtlich die Tendenz auf, an den anderen sich anzuschmiegen: Eine solche Bewegung so auszuführen, wie sie Vater oder Mutter oder die sonstigen Mitglieder der Familie ausführen. Das Nachahmungsprinzip tritt in der Geste, in der Gebärde zutage. Denn alle Gebärde ist als erstes in der menschlichen Entwicklung vorhanden, und die Gebärde setzt sich innerlich um in die besondere Einrichtung des menschlichen, physischen, seelischen und geistigen Organismus, und sie setzt sich um in die Sprache.» Dieses Prinzip wird mit großer Ausschließlichkeit geschildert, wenn weiter davon die Rede ist, daß das Kind bis zum Zahnwechsel nichts anderes aufnimmt als die Geste, also etwas Bewegungsmäßiges, und sich gegen alles andere abschließt.

«In der Zeit vom ersten bis siebten Jahr ist das Leben des Kindes in der Geste vorherrschend – aber Geste im weitesten Sinne, und Geste, die beim Kinde lebt in der Nachahmung. Das müssen wir in der Erziehung scharf berücksichtigen; denn eigentlich nimmt das Kind bis zum Zahnwechsel nichts anderes auf als die Geste, schließt sich ab gegen alles andere. Wenn wir zum Kinde sagen: Mache das so, mache jenes so, – so hört es das eigentlich nicht, beobachtet es nicht. Nur wenn wir uns selber hinstellen und es ihm vormachen, macht es das nach. Denn es arbeitet das Kind nach der Art, wie ich selber meine Finger bewege, oder schaut etwas nach der Art an, wie ich es anschaue, nicht nach dem, was ich ihm sage. Es macht alles nach. Das ist das Geheimnis der kindlichen Entwickelung in der Zeit bis zum Zahnwechsel, daß es ganz der Imitation lebt, ganz in der Nachahmung dessen, was ihm im allerumfassendsten Sinne äußerlich als Geste entgegentritt.»

Das ist dadurch möglich, daß die leib-seelische Konstitution des Kindes sich in der angedeuteten Weise von derjenigen des Jugendlichen oder Erwachsenen unterscheidet: «In dieser Zeit besteht nämlich ein gewisser innerer Zusammenhang zwischen dem Kinde und der Umgebung, der handelnden Umgebung, der sich später verliert» (GA 310, 19.7.1924).

Wir können hier anhand der kindlichen Entwicklung einen tiefen Blick auf das innere Wesen der Bewegungsvorgänge werfen. Im späteren Lebensalter ist das schwerer zu erkennen und zeigt sich nicht mehr so deutlich. Wir werden dann auch darauf hingewiesen, was diesem so außerordentlich stark wirksamen Nachahmungsdrang des Kindes oder, besser gesagt, der kindlichen Seele eigentlich zugrundeliegt. Dieses Verhältnis des Kindes zu Geste und Gebärde seiner Umgebung hat einen «naturhaft-religiösen Charakter». Das Kind kann sich dem gar nicht entziehen, sofern eben die Nachahmungsfähigkeit nicht aus irgendwelchen Gründen erschwert ist. Man erkennt, welch tiefgreifende Störung eine pathologische Einschränkung der Nachahmungsfähigkeit bedeutet. Es ist offensichtlich, daß diese Vorgänge die größte Bedeutung für den ganzen späteren Lebenslauf haben. Für unsere Betrachtung ist besonders interessant, wie sehr die Bewegung dazu veranlagt ist, aus der Umwelt, hier zunächst allein aus der menschlichen Umwelt, etwas aufzunehmen, was anders nicht erlangt werden kann. Das bedeutet gleichzeitig, daß das Kind dadurch den Einflüssen seiner Umgebung auf die tiefgreifendste Weise ausgesetzt ist.

Wieder muß man sagen, daß die Beziehung des Kindes zur Geste und Gebärde seiner Umgebung niemals diesen «naturhaft-religiösen» Charakter haben könnte – ohne den der Mensch ein asoziales, aber auch zur Individualität und Freiheit unfähiges Wesen würde –, wenn die Bewegung nur das Resultat der Vorgänge im sogenannten motorischen Teil der Nervenbahn wäre.

Wenn wir noch einmal fragen, worin denn dieser «gewisse innere Zusammenhang» des Kindes mit seiner handelnden Umgebung, der sich in dieser Stärke später verliert, wohl besteht, so ist es unverkennbar, daß es sich um einen seelisch-übersinnlichen Vorgang handelt. Man könnte es mit einer Art von Resonanzgeschehen vergleichen, das die nachahmende und die nachgeahmte Bewegung verbindet. Das Kind nimmt in seine Bewegung etwas Willenshaftes auf, das auf sein ganzes Wesen wirkt, aber von den Willensqualitäten bestimmt ist, die in der nachgeahmten Bewegung lebendig sind. Zum Beispiel schildert Rudolf Steiner an einer anderen Stelle (GA 306, 20.4.1923), wie auf diese Weise das Dankbarkeitsgefühl als eine allgemeine Seeleneigenschaft sich im Kind entwickeln kann. Es sind nicht bestimmte Handlungen und ihr äußerer Zweck, die im tieferen Sinne das Nachahmungsgeschehen ausmachen, es ist mehr die Empfänglichkeit des Kindes für sinnvolle Gebärden. Die Dinge wirken nicht als zweckgerichtete Handlungen; sie wirken als Gebärden. Auf diese Weise wird beispielsweise eben das Dankbarkeitsgefühl in dem Kinde zur Entwicklung gebracht, da der Erwachsene in der Willensqualität seiner Bewegungen, seiner sinnvollen Gebärden, etwas von Dankbarkeitsgefühl in sich trägt. Die nachahmende Bewegung ist also eigentlich, um bei diesem Beispiel zu bleiben, die einzige Art und Weise, auf die das Kind die seelische Kraft der Dankbarkeit aufzunehmen vermag. Natürlich spielen Sinnesprozesse dabei eine Rolle: Sehen, Hören, der Eigenbewegungssinn. Diese Sinnesprozesse als solche würden aber keinesfalls die Wirkung auf das Kind haben, die durch die nachahmende Bewegung hervorgerufen wird. Sie allein würden nicht den Zusammenhang zwischen dem Kind und seiner handelnden Umgebung in dem oben genannten Sinne begründen können.

III.

7. Seelenleben und Bewegungsstörungen des Kindes

Nun vermittelt aber auch das Bewegungserlebnis gegenüber der gegenständlichen Umgebung tiefgreifende Wirkungen auf das Lebensgefühl des Kindes. Ich möchte hier versuchen, etwas darzustellen, was ganz aus der heilpädagogischen Beobachtung pathologischer Bewegungsformen sich ergibt, aber als solches doch auch manches Licht auf das Bewegungsproblem überhaupt zu werfen vermag. Es zeigt sich nämlich eine eigentümliche Beziehung zwischen dem Seelenleben des im weitesten Sinne bewegungsgestörten Kindes und der Art der Bewegungsstörung. Das Urbildliche dabei liegt im Verhältnis zum Raum. Verliert sich das Kind in dem Raum oder verharrt es gleichsam in einem vorräumlichen Zustande?

Nehmen wir ein Kind mit einer spastischen Lähmung. Seine Bewegungsabläufe haben entsprechend der vorliegenden Form der Lähmung festgelegte Züge im Gangbild, in der Arm- und Handhaltung und so weiter. Dadurch ist die Bezogenheit auf die Gegenstandswelt, auf den Raum, mehr oder weniger stark eingeschränkt. Die Bewegung, beziehungsweise die Bewegungsintentionen sind zu stark leibgebunden, bleiben gleichsam im Leiblichen «stecken», können sich nicht genügend vom Leib ablösen. Die Erfahrung des Raumes bleibt unvollkommen.

Ein solches Kind findet nicht, sagen wir, den rechten Bewegungsablauf, um sich auf einen Stuhl zu setzen. Man hat den Eindruck, das Bewegungsgefühl spielt nicht zwischen dem Leib und dem Stuhl. Das Kind muß mühsam den Leib auf den Stuhl befördern, nicht nur aus mechanischen Gründen, sondern weil der Stuhl nicht in das Bewegungsgefühl eingeschlossen ist. Rein aus dem Bewegungsempfinden heraus entsteht nicht jene bestimmte Bezogenheit zwischen Stuhl und Leib, die notwendig ist, um sich in flüssiger Weise setzen zu können. Diese Bezogenheit beruht aber nicht nur auf dem visuellen Wahrnehmen, sondern ist Teil des «Bewegungsmenschen». Der Zusammenhang mit der Umwelt wird nicht erreicht, der dafür notwendige seelische Ausdehnungsvorgang tritt nicht ein. Er kann nicht eintreten, weil die Art der spastischen Bewegungsstörung dies nicht möglich macht.
 Das bedeutet, Ich-Organisation und Astralleib sind im Sinne des wei-

ter oben Gesagten so stark in den Leib beziehungsweise in die Gliedmaßen gebunden, daß ihre Lösung und den Leib übergreifende Ausdehnung nicht möglich ist. In dieser Ausweitung liegt aber gerade, wie wir noch sehen werden, das Raumerlebnis.

Es gibt dagegen andere Kinder, beispielsweise solche, die dem autistischen Formenkreis angehören, bei denen ganz gegensätzliche Verhältnisse vorliegen. Sie können sich durch eine besondere Geschicklichkeit auszeichnen. Ihr Bewegungsorganismus fließt so stark mit der Welt zusammen, daß das Abgrenzungserlebnis der eigenen Gestalt ungenügend bleibt. Sie verlieren sich im Bewegungsablauf in einem solchen Maße an die Welt, daß ein Aufrechterhalten des eigenen Gestaltgefühles kaum möglich macht, während das cerebral-paretische Kind dagegen gewissermaßen gefangen ist in dem Überbewußtsein der Starrheit seiner Gestalt. Die eigenartige Empfindlichkeit vieler autistischer Kinder für Änderungen in ihrer gegenständlichen Umwelt hat eben wohl ihre Ursache darin, daß die Umwelt nicht nur als solche, sondern ganz im Zusammenfließen mit der eigenen bewegten Leiblichkeit erlebt wird. Daraus werden dann alle möglichen Bewegungszwänge.

Sehr interessant ist in dieser Beziehung auch das Verhalten kleptomaner Kinder. Man hat den Eindruck, daß ihr Bewegungsorganismus in ganz besonderer Weise mit der Umwelt zusammenfließt. Ihre Gliedmaßen werden buchstäblich dort hingezogen, wo die zu entwendenden Dinge sich befinden, ohne daß dafür besondere Überlegungen nötig wären. Es grenzt manchmal geradezu ans Wunderbare, mit welcher buchstäblich schlafwandlerischen Sicherheit sie Geld oder andere Dinge finden und entwenden. Ebenso eindrucksvoll ist die Faszination autistischer Kinder für technische Geräusche und Maschinen, zum Beispiel einen laufenden Motor. Wieder hat man den Eindruck, daß nicht mehr deutlich unterschieden wird zwischen dem eigenen Leib- und Bewegungs-Erlebnis und dem – bildlich gesprochen – Zusammenfließen mit der betreffenden Maschine. Ich und Astralleib werden gleichsam aufgesaugt von der Welt, können ihr Eigenwesen nicht mit genügender Kraft aufrecht erhalten.

Man kann daran bemerken, daß das Bewegungsgeschehen in einer Art von Übergangsraum zwischen Leib und Welt vor sich geht; daß es weitgehend von der Gestaltung dieses Übergangsraumes mitbestimmt und -geformt ist. Bewegung ist so etwas wie ein Grenzphänomen, das sich zwischen Leib und Welt abspielt. Harmonische Individuation der Bewegung ist nur möglich, wenn eine Mittellage zwischen beiden Extremen immer wieder gefunden wird. Diese aber ist natürlich nicht meßbar, sondern nur beobachtbar.

Beide Abweichungsrichtungen von der gewissermaßen idealen Mittellage spiegeln sich auch in entsprechenden Veränderungen des kindlichen Seelenlebens. Zu stark leibverhaftete Bewegung bedeutet bei vielen davon betroffenen Kindern einen Mangel an Seinserfahrung, Lebenssicherheit und Urteilsfähigkeit, auch an Initiative. Das Verfangensein in der Welt dagegen erscheint mehr als Schwäche der Persönlichkeit, als Beeinträchtigung der menschlichen Beziehung, als ungenügendes Ich-Erleben, als sich Verlieren in der Welt. Der Mittelpunkt im eigenen Wesen kann nicht genügend gefunden werden.

Diese Gegebenheiten, die immer wieder zu beobachten sind, finden eine gewisse Erklärung, wenn wir eine grundlegende, öfters zitierte Darstellung Rudolf Steiners zur Hilfe nehmen. Sie beschreibt das gegensätzliche Verhältnis des Menschen zur Sinneswelt bezüglich Sinneswahrnehmung und Bewegung. Die Frage wird aufgeworfen, wie sich Sinneswahrnehmung im Zusammenhang mit der Nerventätigkeit auf der einen Seite und Bewegungsfähigheit, verbunden mit dem Wollen, andererseits in den Organismus einordnen: «In die Sinne erstreckt sich die Außenwelt wie in Golfen hinein in das Wesen des Organismus. Indem die Seele das im Sinne vor sich gehende Geschehen umspannt, nimmt sie nicht an einem inneren organischen Geschehen teil, sondern an der Fortsetzung des äußeren Geschehens in den Organismus hinein... Und in einem Bewegungsvorgang hat man es physisch auch nicht mit etwas zu tun, dessen Wesenhaftes innerhalb des Organismus liegt, sondern mit einer Wirksamkeit des Organismus in den Gleichgewichts- und Kräfteverhältnissen, in die der Organismus gegenüber der Außenwelt hineingestellt ist. Innerhalb des Organismus ist dem Wollen nur ein Stoffwechselvorgang zuzueignen; aber das durch diesen Vorgang ausgelöste Geschehen ist zugleich ein Wesenhaftes innerhalb der Gleichgewichts- und Kräfteverhältnisse der Außenwelt; und die Seele übergreift, indem sie sich wollend betätigt, den Bereich des Organismus und lebt mit ihrem Tun das Geschehen der Außenwelt mit» (GA 21, Kap. IV.6 Die physischen und die geistigen Abhängigkeiten der Menschen-Wesenheit). – Es folgt dann der Hinweis auf die fälschliche Gliederung der Nerven in sensorische und motorische. Eine solche Gliederung steht dem Verständnis dieser Verhältnisse durchaus entgegen.

Die angeführten Beobachtungen zeigen ganz deutlich, daß die Seele in sehr wechselndem Ausmaß «den Bereich des Organismus übergreift» und das Geschehen der Außenwelt mitlebt. Auf diesem Hintergrund ist es sehr zutreffend, wenn Poppelbaum (1950) sagt: «Aus den in die Haut eingeschlossenen Teilen des Menschen ist die Bewegung nicht zu begreifen.»

8. *Die Bewegung als Grenzphänomen der Seele*

E. Straus in seinem Buch *Vom Sinn der Sinne* kommt in dem Kapitel über den Zusammenhang des Empfindens und Sich-Bewegens auf die Frage der Grenzen zu sprechen. Er findet sie als Ausdruck der Beseeltheit eines Wesens, Mensch oder Tier, aber nicht bei einem anorganischen Gegenstand. Eine Metallkugel hat für ihn in diesem Sinne keine Grenzen, weil sie sich nicht als eine eigene Einheit zur Welt verhält. Tier und Mensch haben diese Grenzen, «aber nicht Kraft ihrer materiellen Natur als räumlich-dingliche Gegebenheit, sie haben sie nur als Beseelte. Als solche, das heißt als Sich-Empfindende und Sich-Bewegende, sind sie in einem Totalitätsverhältnis zur Welt» (Straus 1935). Insofern kann man bei ihnen von einer Grenze sprechen. Es ist sehr interessant, daß Straus die Frage der Grenze mit der Beseeltheit zusammenbringt. Er tut dies sowohl für die Sinnesempfindungen als auch für die Bewegung. Nicht die Haut ist die Grenze beseelter Wesen, sondern das, was in den Sinnesempfindungen und Bewegungen als «Totalitätsverhältnis zur Welt» immer wieder neu entfaltet wird. In bezug auf die Bewegung hebt Straus dann noch einmal ausdrücklich hervor, daß darin ein Wesen über seine Grenze hinausreicht. Ich zitiere diesen Satz wörtlich: «Das Totalitätsverhältnis ist ein potentielles. Es wird in den einzelnen Empfindungen aktualisiert und jeweilig begrenzt; im Sich-Bewegen dringt das Individuum über seine jeweiligen Grenzen hinaus, um sich in neue Grenzen eingeschlossen zu finden; von einem Jetzt gelangt es zu einem neuen Jetzt, von einem Hier zu einem anderen Hier. Hier und Jetzt gehören zu jeder Empfindung und zu jeder Bewegung. Das Hier und das Jetzt sind der Ausdruck der Aktualisierung, der Begrenzung und der Jeweiligkeit des Totalitätsverhältnisses» (Straus 1935).

Was das in aller Konkretheit wirklich bedeutet, daß das Individuum als ein Beseeltes im Bewegen über seine Grenzen hinausdringt, ist allerdings nur einsehbar, wenn man einen geisteswissenschaftlich verstandenen Begriff der Seele zugrunde legen kann. Es zeigt sich bei solchen Auseinandersetzungen immer wieder ganz deutlich, daß alles Verständnis der Bewegungsvorgänge abhängt von einer Einsicht in das Eigenwesen der Seele – im anthroposophischen Sinne des Astralleibes – in ihrem teils den Leib durchdringenden, teils den Leib übergreifenden Verhältnis zu diesem. Wenn oben von der Bewegung als Grenz-Phänomen die Rede war, so sollte damit gerade auf dieses leibdurchdringende, aber eben auch leibübergreifende Wesen der Seele hingedeutet werden.

In einer großen Anzahl von schriftlichen und mündlichen Darstellungen hat Rudolf Steiner die menschliche Seele so charakterisiert, daß wir sie als eine Bildung erkennen, die ein Sein in sich darstellt, die leibgebunden, aber auch leibfrei sein kann, das heißt sich in einem vielfältig wechselnden Leibverhältnis befindet. Urbildlich in dieser Beziehung ist der Rhythmus von Schlafen und Wachen. Hier ist es ganz deutlich, daß das Verhältnis der Seele zum Leib in einem ständigen Wechsel begriffen ist. Aufwachen und Einschlafen sind keine nur punktuellen Ereignisse, sondern solche, die lange vor dem erlebten Moment des Erwachens beziehungsweise des Einschlafens beginnen und sich danach auch fortsetzen, vertiefen. So ist das Verhältnis der Seele zum Leib niemals ein statisches, vielmehr befindet sie sich stets entweder in einem Einschlaf- oder Aufwachprozeß, das heißt in einem Leib-Lösungs- oder Leib-Bindungs-Vorgang. Was wir als Aufwachen oder Einschlafen empfinden, ist nur ein herausgehobener Teil des ganzen Geschehens.

Ähnliche Gegebenheiten, also kein statisches, sondern ein bewegliches Seele-Leib-Verhältnis, sollten auch in bezug auf die Bewegungsvorgänge erwogen werden. Ich meine damit, daß im Hinblick auf die wechselnde Grenze der Bewegungsvorgänge und auf den Teil der Bewegung, von dem Poppelbaum (1950) meint, daß er nicht aus den in der Haut eingeschlossenen Teilen des Menschen zu begreifen sei, ähnlich sich wandelnde Leib-Seele-Verhältnisse vorliegen werden, wie das, wenn auch in anderer Art, in bezug auf den Rhythmus von Schlafen und Wachen der Fall ist. Wir kommen also zu der Einsicht, daß die Seele sich in einem solchen Verhältnis zum Leib befindet, daß sie unter bestimmten Gegebenheiten die Vorgänge in den «Gleichgewichts- und Kräfteverhältnissen» der Umwelt mit vollziehen und diese dadurch gleichsam als ihre eigenen Inhalte erfahren und individualisieren kann.

Zwei Voraussetzungen, die sich menschenkundlich aus geisteswissenschaftlicher Sicht ergeben, scheinen das zu ermöglichen. Die eine besteht darin, daß die Seele nicht unmittelbar den materiellen Leib durchdringt, sondern allein durch Vermittlung des Bildekräfte-Leibes (Steiner 1904 und Poppelbaum 1952). Die Plastizität dieses letzteren ist notwendig, um die Voraussetzungen für die Beweglichkeit der Seele im hier gemeinten Sinne, für ihre «Elastizität» zu schaffen. Dabei sollen jene eigentümlichen Bildungen erwähnt werden, die als Phantomgliedmaßen bekannt geworden sind. Man meint damit die seit über hundert Jahren bekannte Tatsache, daß nach Verlust einer Gliedmaße die unbezweifelbare Empfindung bestehen bleibt, als sei sie dennoch weiter vorhanden. Diese physisch nicht vorhandenen, aber für den Betreffenden doch vorhandenen Gliedmaßen werden als Phantomgliedmaßen bezeichnet. Eine Reihe von diesbezüglichen Beobachtungen und Literaturhinweise wurden vom Verfasser an anderer Stelle (v. Arnim 1971) zusammengestellt. Das Wesentliche liegt aber in folgendem.

Zunächst ist es die fraglose Selbstverständlichkeit, mit der die Realität der Phantomgliedmaßen erlebt wird. Ein Konflikt darüber, daß etwas da und doch nicht da ist, tritt hier nicht auf. Das kommt sehr gut in der Bemerkung eines Amputierten zum Ausdruck, der in bezug auf die Möglichkeit eines solchen Widerspruches bei seiner Phantomhand nur sagte: «Die rechte Hand denkt sich eben nichts dabei.» Eine weitere Eigenschaft der Phantomgliedmaßen ist ihre Eigenbeweglichkeit, die darin besteht, daß sie sich ausdehnen oder in den Stumpf hinein zurückziehen, sich verkrampfen oder entspannen können. Die Gelenke werden als Orte besonders deutlicher Phantomerlebnisse beschrieben. Solche Veränderungen in der Ausdehnung der Phantome können sich allmählich entwickeln, aber auch durch eine «Berührung» momentan bewirkt werden. Schließlich haben sich anläßlich von Untersuchungen bei Frühamputationen und auch bei angeborenem Gliedmaßenmangel deutliche Beobachtungen darüber ergeben, daß die Phantome sich im Laufe der Kindheit entwickeln. Zum Beispiel beschrieb ein elfjähriges Mädchen mit angeborenem Mangel beider Unterarme und Hände die Entwicklung der Phantome mit sechs Jahren. Sie war auch in der Lage, ihre Phantomfinger beim Zählen zu benutzen (Poeck 1964).

Wie kann man diese Phänomene verstehen? Im allgemeinen wird angenommen, daß das Phantomerlebnis vom Nervensystem her an den Ort der betreffenden Gliedmaße «projiziert» wird. Das ist aber doch keine befriedigende Lösung. Ich möchte hier zwei Persönlichkeiten zu Wort kommen lassen, die sich über ein Jahrhundert hin von einem spirituellen Gesichtspunkt aus mit dieser Frage beschäftigt haben. Der eine ist der Heilpädagoge Karl König. Für ihn ist die Phantomgliedmaße ein «wahrhaft Wirkliches», das seine Grundlage im menschlichen Ätherleib hat. Er sagt: «Es ist jene übersinnliche Gliedmaße, die auch sonst das ‹normale› physische Bein oder den physischen Arm, Hand und Finger bewegt. Durch die Amputation wird ‹nur› die materielle Gliedmaße entfernt; die übersinnliche aber bleibt erhalten, falls sie schon völlig entwickelt ist. Ist das –wie bei kleinen Kindern – noch nicht der Fall, dann kann das Erlebnis des Phantoms bis zum Schulalter sistieren. Dann aber kommt es zur ‹Geburt› der Phantomarme und -hände» (König 1965).

Er weist also auf die eigentliche Bedeutung dieser Phantomgliedmaßen – wir könnten auch sagen Äthergliedmaßen – für den Bewegungsablauf der physischen Gliedmaßen hin.

Das Bewußtwerden der Phantomgliedmaßen nach Amputation oder bei angeborenem Gliedmaßenmangel ist gewissermaßen nur eine Nebenerscheinung. Ihre eigenliche Funktion haben sie gerade in der Durchdringung der physischen Gliedmaße und in der Vermittlung zwischen Astralleib und physischem Leib bei jedem Bewegungsablauf. Sie entwickeln sich auch, wie aus den erwähnten Beobachtungen hervorgeht, etwa so wie der Ätherleib, der sich am Ende des ersten Jahrsiebts aus der physischen Leiblichkeit herausformt, «geboren» wird. Meines Erachtens hängt die tiefgreifende Wirkung der Nachahmungsmotorik auch damit zusammen, daß physische und ätherische Gliedmaße noch inniger verbunden sind, als das im späteren Alter der Fall ist.

Die andere Persönlichkeit, die sich unter spirituellen Gesichtspunkten ziemlich genau hundert Jahre früher mit der Frage der Phantomgliedmaßen auseinandergesetzt hat, ist Georg Friedrich Daumer, der bekannte Lehrer Kaspar Hausers. Er sprach 1867 davon, daß jedes organische Gebilde eine Idee, ein Urbild zur Grundlage hat und daß erst dadurch die materielle Gestalt erscheinen kann. Diese Idee ist kein lebloser Schatten, sondern hat Leben und Dasein. Er fährt dann fort: «Die Idee, von der hier die Rede ist, muß schon ohnehin und von vornherein etwas zugleich Reales, Lebendiges sein; und wenn sie sich einen Leib im gemeinen Sinne des Wortes anschafft, so ist das ein zweiter, durch welchen sie nur ins Extrem der Äußerlichkeit übertritt. Daß außer dem letzteren noch ein anderer, innerer vorhanden ist, verrät sich auf die merkwürdigste Weise durch jene höchst sonderbaren und rätselhaften Empfindungen, die man ‹Integritätsgefühle› nennt und die unten zu besonderer Sprache kommen sollen. Menschen, die ein Glied verloren, haben doch noch das Gefühl, als besäßen sie daßelbe, ja sie leiden wohl sogar noch Schmerzen darin – Schmerzen zum Beispiel in einem abgenommenen Fuß, einem Gliede, das gar nicht mehr da ist! Das scheint der barste Unsinn zu sein, und doch ist es eine bekannte, unzweifelhafte Tatsache. Es kommt auch vor, daß Menschen, die schon von Geburt an verstümmelt sind, das ihnen fehlende Glied empfinden. Dies ist dieser innere Leib, dieses, schon ohne den äußeren, gewissermaßen leibliche Urbild des äußeren, sichtbaren Leibes.» Worauf Daumer in der Zeit des machtvoll heraufkommenden Materialismus gerade noch hindeuten konnte, ist durch die geisteswissenschaftliche Einsicht auf neue Weise verstehbar geworden.

Rudolf Steiner weist nun darauf hin, daß jeder physischen Bewegung eine Bewegung der ätherischen Gliedmaßen vorausgeht (GA 275, 29.12.1914). Strecke ich den Arm aus, um etwas zu ergreifen, so vollzieht sich diese Bewegung zunächst in dem ätherischen Arm, die physische Gliedmaße ist gewissermaßen in diese ätherische Bewegung eingebettet und wird erst «nachgezogen». Man kann an der Flüssigkeit und Geschicklichkeit, beziehungsweise dem Ungeschickten, Stockenden, Unharmonischen einer Bewegung diese Verhältnisse ganz gut beobachten. Rudolf Steiner erwähnt in diesem Zusammenhang nicht die Phantomgliedmaße; es ist aber sehr naheliegend, in diesen Vorgängen eine Funktion der Phantomgliedmaßen zu sehen. Daß sie im allgemeinen nur nach Amputation oder angeborenem Mangel der physischen Gliedmaßen wahrgenommen werden, heißt ja eben nicht, daß sie bei Vorhandensein der physischen Gliedmaße keine Funktion hätten. Wir haben schon hervorgehoben, daß im Gegenteil gerade dort ihre eigentliche Funktion zu suchen ist. Die Phantom- oder Äther-Gliedmaße ist also, können wir sagen, die erste Stufe der Auflockerung der Leibesgrenze. Es sind übrigens dieselben Kräfte, die dem Kind zur Aufrechte verhelfen, die es in die Leichte heben, wenn es laufen lernt.

Es besteht weiterhin ein Zusammenhang der Bewegung mit der Zeit. In den Äthergliedmaßen ist enthalten die Kraft des passenden zeitlichen Ablaufes für eine bestimmte Geste oder Bewegung. Jede Bewegung trägt die ihr eigentümliche Zeit in sich. In ihr entfaltet sie sich, wie eine Pflanze sich im Wachstum entfaltet. Der Ätherleib ist der Bereich im Menschen, der die Kraft zu zeitlichen Gestaltungen in sich trägt. Rudolf Steiner hat ihn ja auch als Zeitenleib bezeichnet. Er hat als solcher die Plastizität, um die Bewegungsgestalten aufzunehmen, die der Wirksamkeit der Seele, des Astralleibes, entstammen. Alle Bewegungsabläufe sind in besonderer Weise Ausdruck des Zusammenhanges zwischen Ätherleib und Astralleib. Die Qualität der plastischen, in sich ständig veränderbaren, sich ausdehnenden oder zusammenziehenden ätherischen Gliedmaße, so wie wir das von den Beschreibungen der Phantomgliedmaße kennen, ist unabdingbar als Vermittler zwischen der physischen Gliedmaße und der Bewegungsimpulsierung, die von der Seele ausgeht. Die Bewegung erhält durch die Wirksamkeit der ätherischen Kräfte ihre Flüssigkeit, durch die Wirksamkeit der Seele ihre Form. Bezüglich der Wirksamkeit der ätherischen Gliedmaße muß man sagen: Die Bewegung wird dadurch nicht in einen gewissermaßen vorgegebenen zeitlichen Ablauf gebracht, sondern mit jeder Bewegung entsteht durch diese überhaupt das zeitliche Element der Bewegung. Die Bewegung ist in dieser Beziehung ständig entstehende Zeit, ist ein unmittelbarer Werdevorgang.

Wäre das nicht der Fall, so würde die Bewegung immer in der Gefahr sein, zur Haltung oder sogar im Sinne des oben Gesagten zur Lähmung zu erstarren. Das wäre eben auch bei einer «motorischen» Nervenwirkung der Fall. Alle krampfartigen Störungen der Bewegung beruhen in dieser Beziehung darauf, daß die ätherische Wirkung zu schwach ist und der Bewegungsfluß, gewissermaßen die Zeitgestalt der Bewegung, nicht genügend zustande kommen kann – unberührt davon, was sonst die jeweilige Ursache einer solchen Bewegungsstörung sein mag.

Aus der heilpädagogischen Praxis kann man sagen, daß die Bewegung nicht nur in krampfartigen Zuständen, in diesem Sinne «erstarren» und ihren Zeitfluß verlieren kann. Vielmehr gibt es auch mannigfaltigste Bewegungszwänge, bei denen man es mit dem gleichen

Grundproblem zu tun hat. Zum Beispiel sind autoaggressive Verhaltensstörungen mit Beißzwängen bekannt, bei denen ganz merkwürdige «starre» Bewegungsabläufe der Hände zum Mund auftreten (Lesch-Nyhan-Syndrom); oder der Zwang, jeden Menschen, der in die Nähe kommt, mit dem Finger anzutippen; oder etwas wegzuwerfen und vieles Ähnliches mehr. Dann kann in der Bewegung der starre, gewissermaßen aus der Werdezeit herausgenommene Ablauf nicht aufgelöst werden. Ganz allgemein können wir sagen: In der Bewegung spielen stets zwei Prinzipien ineinander, ein formgebendes und ein den Bewegungsfluß, im Sinne einer aus sich heraus stets neu entstehenden Zeit, in Ganghaltendes. Anthroposophisch ausgedrückt, handelt es sich um das Verhältnis von Astralleib und Ätherleib. Dieses Verhältnis ist außerordentlich bestimmend für die Art des ganzen Bewegungsablaufes.

Es sei hier noch erwähnt, das Beuytendijk (1956) in seinem Buch über die menschliche Haltung und Bewegung in dem Kapitel über die vitale Zeit folgende Bemerkung macht: «Zwischen der Dauer und der Form einer Bewegung gibt es einen funktionellen Zusammenhang. Wenn die Geschwindigkeit sich verändert, so verändert sich die Form und umgekehrt.» Als Beispiel wird die Handschrift erwähnt, aber auch die Fortbewegung eines Hundes oder Pferdes. Für uns sind besonders die menschlichen Verhältnisse im Hinblick auf die Entwicklung der Individualmotorik bedeutungsvoll. Denn in dem Zusammenspiel von Form und Zeit liegt eine der Quellen zur Ausreifung der unverwechselbaren menschlichen Individualmotorik. Es kann hier vielleicht noch erwähnt werden, daß Karl König, den das Bewegungsproblem tiefgreifend beschäftigt hat, in seinem Handexemplar des Beuytendijkschen Buches zu der zitierten Stelle die Randbemerkung gesetzt hat: *Hier liegt ein Urphänomen der Bewegung vor.*

9. *Bewußtseinsstufen in der Verbindung des Seelischen mit dem Leiblichen*

Die andere der zwei Voraussetzungen, von denen oben im Zusammenhang mit dem Wirken der Gleichgewichts- und Kräfteverhältnisse der Umwelt auf die Bewegung die Rede war, ist schwieriger zu erfassen. Sie steht im Zusammenhang mit den unterschiedlichen Bewußtseinsstufen, die der verschiedenen Verbindung des Seelischen mit dem

Leiblichen eigen sind. In dem bereits zitierten Buch *Von Seelenrätseln* (1917) hat Rudolf Steiner diese Verhältnisse dargelegt. Wir haben gesehen, daß die Seele, indem sie sich wollend betätigt, den Bereich des Organismus übergreift und mit ihrem Tun das Geschehen der Außenwelt miterfährt. Diese Feststellung muß zusammen gesehen werden mit der vorausgehenden Zuordnung der drei Bereiche des Seelenlebens, des Denkens, Fühlens und Wollens, zu den drei leiblichen Bereichen, dem Nerven-Sinnes-System, den rhythmischen Vorgängen (besonders des Atmens) und den Stoffwechselvorgängen. Darin liegt gerade die grundlegende Klärung der Tatsache, daß der Leib-Seele-Zusammenhang nicht nur das Nervensystem betrifft, sondern die Gesamtheit unseres leiblichen Seins. Damit verbunden sind die drei unterschiedlichen Bewußtseinsstufen, die der Mensch in sich trägt. In Rudolf Steiners Formulierung: «Nun ist in der Seele ein vollbewußtes waches Erleben nur für das vom Nervensystem vermittelte Vorstellen vorhanden. Was durch den Atmungsrhythmus vermittelt wird, das lebt im gewöhnlichen Bewußtsein in jener Stärke, welche die Traumvorstellungen haben. Dazu gehört alles Gefühlsartige, auch alle Affekte, alle Leidenschaften und so weiter. Das Wollen, das auf Stoffwechselvorgänge gestützt ist, wird in keinem höheren Grade bewußt erlebt als in jenem ganz dumpfen, der im Schlaf vorhanden ist» (Steiner 1917).

Diese Einsicht ist für das Bewegungsverständnis unentbehrlich. Rudolf Steiner vergleicht das Verhältnis, in dem sich das Erlebnis des Vorstellens zu demjenigen des Wollens befindet, mit einer farbigen Fläche, innerhalb derer sich ein schwarzes Feld befindet. Das Wollen entspricht gewissermaßen dem «Nicht Vorstellen», ausgedrückt durch das schwarze Feld innerhalb des farbigen Vorstellungsfeldes. Dieses Nicht-Vorstellen wird dann verglichen mit dem Erleben der Unterbrechungen des bewußten Lebenslaufes durch die im Schlaf zugebrachte Zeit. «Aus diesen verschiedenen Arten des bewußten Erlebens ergibt sich die Mannigfaltigkeit des seelischen Erfahrens im Vorstellen, Fühlen und Wollen».

Das Mitleben des Geschehens der Außenwelt in der wollenden Betätigung der Seele ist also ein Vorgang, der sich in einem Bewußtsein vollzieht, das mit dem Schlaf verglichen werden muß. Wir hatten anfangs schon einmal eine entsprechende Bemerkung Rudolf Steiners zitiert, wollen sie hier aber noch einmal wiederholen: «Von dem Willen, wie er in einer Armbewegung, in einer Beinbewegung lebt, wissen wir nicht mehr, als wir von dem wissen, was sich abspielt zwischen dem Einschlafen und dem Aufwachen» (GA 207, 15.10.1921). Wir haben in der Vorstellung von der Bewegung, die wir machen wollen, also in etwa das Erlebnis, das dem Einschlafen entspricht, und mit der Vorstellung der vollzogenen Bewegung das entsprechende des Aufwachens. Etwas überspitzt könnte man sagen: Die eigentliche Bewegung nehmen wir überhaupt gar nicht wahr – oder höchstens in einer ganz ins Imaginative gehenden Weise –, sondern was wir wahrnehmen, ist nur eine Folge von Haltungen, die uns als Bewegung erscheint.

Schlafbewußtsein bedeutet aber, daß eine andere Bindung, ein anderes, gelösteres Verhältnis zwischen Seele und Leib besteht, als das im vollen Wachbewußtsein der Fall ist. So wie im Nachtschlaf die Seele sich «weitet» und an geistigen Vorgängen teilhat, von denen sie im intensiv leibgebundenen Wachzustande getrennt ist, so bedeutet eben Schlafbewußtsein in bezug auf die Willens- und Bewegungsvorgänge auch eine Erweiterung über den Leib hinaus. Schlafbewußtsein und Begrenzung der Seele auf den Leib wäre ein Widerspruch in sich.

Das Verständnis dieser Gegebenheiten läßt sich nochmals vertiefen durch eine grundlegende Darstellung, die sich im *Heilpädagogischen Kurs* (GA 317) findet. Es handelt sich um die Schilderung der zweifachen Erscheinungsweise des Ich im Zusammenhang mit der menschlichen Gestalt. In *Von Seelenrätseln* sind mit der dort geschilderten Drei-gliederung des leiblich-seelischen Zusammenhanges die Voraussetzungen für das im *Heilpadagogischen Kurs* Mitgeteilte gegeben. Rudolf Steiner geht hier zunächst von der möglichen Vorstellung einer räumlich-gestaltbezogenen Anordnung der Wesensglieder aus. Diese könnte, mit dem Ich beginnend, entweder zentrifugal sein oder auch zentripetal. Man kommt so zu der Vorstellung, daß das Ich zum einen ein reines Innenerlebnis ist, dann folgen Astralleib, Ätherleib, physischer Leib als seine Hüllen. Oder das Ich ist reines Außenerlebnis, und die Reihenfolge ist dann umgekehrt. Die zweifache Erscheinung des Ich hat also entsprechende Folgen für die anderen menschlichen Wesensglieder oder Hüllen in bezug auf unsere Gestalt. Nun ist es offensichtlich, daß das Innenerlebnis des Ich dem Kopf, das Außenerlebnis den Gliedmaßen zugeordnet ist. Der mittlere rhythmische Bereich stellt einen Übergang dar. Wir tragen also, mit den Worten Rudolf Steiners, «vermittelt durch den mittleren Teil des rhythmischen

Organismus eigentlich zwei vollständig polarisch entgegengesetzte Wesenheiten in uns».

Diese menschenkundlichen Gegebenheiten sind eine wesentliche Grundlage unseres Gedächtnisses. Die Eindrücke, die im Kopfbereich durch die Sinne aufgenommen werden, «haben ihre Spiegelbilder in der Stoffwechsel-Gliedmaßen-Organisation». Sie verschwinden dann aus dem Kopfbereich, bestehen aber fort in der Stoffwechsel-Gliedmaßen-Organisation, dort aber unbewußt oder eben in jenem Zustand, den wir als Vergessen bezeichnen. Es muß also immer in Betracht gezogen werden, daß der Kopfbereich derjenige des Bewußtseins und der Vorstellungsbildung ist; wogegen wir den Stoffwechsel-Gliedmaßen-Bereich als Willensbereich in uns tragen, bezüglich dessen wir ja schon erwähnt haben, daß er dem Schlafbewußtsein entspricht. Die zentrifugale Anordnung der Wesensglieder im Kopfbereich, ausgehend von dem Innenerlebnis des Ich, ist also die dem Wach-Bewußtsein entsprechende; die zentripetale Anordnung, für die Gliedmaßen ausgehend von dem Außenerlebnis des Ich, die dem Schlafbewußtsein entsprechende. In bezug auf das Gedächtnis wurden diese Verhältnisse schon einmal eingehender erörtert (v. Arnim 1974).

In dieser Darstellung des *Heilpädagogischen Kursus* ist eine wesentliche Aussage über Bewegungsvorgänge enthalten, wenn auch in der Beschreibung nicht direkt auf die Bewegung hingewiesen wird. Man kann aber doch daraus eine grundlegende Tatsache im Hinblick auf das Zustandekommen der Bewegung entnehmen. Ich meine damit die Gegebenheit, daß Ich und Astralleib nicht unmittelbar «in» der Gliedmaße ihren Platz haben, wie das in dem bewußtseins-bildenden Kopfpol der Fall ist, sondern, in dem hier gemeinten Sinne, gewissermaßen die Gliedmaße von außen «umspielen». Ich möchte noch einmal die Formulierung Rudolf Steiners in bezug auf die Anordnung der Wesensglieder im Stoffwechsel-Gliedmaßen-Bereich hier anführen: «Dagegen im Stoffwechsel-Gliedmaßen-System haben Sie die Sache so, daß eigentlich überall außen in der Wärme- und Drucksinnlichkeit des Organismus, überall außen vibriert das Ich, und vom Ich ausgehend vibriert nach innen der Astralleib, dann weiter drinnen wird es ätherisch, und in den Röhrenknochen wird es physisch nach innen» (GA 317, 30.6.1924).

Daß Ich und Astralleib außen in der Wärme- und Drucksinnlichkeit vibrieren, kann für das Bewegungsproblem ja nur bedeuten, daß Bewegung eigentlich gar nicht möglich wäre, daß der Zusammenhang mit der Welt verloren ginge, daß die Bewegung gewissermaßen erstarren würde, wenn im Stoffwechsel-Gliedmaßen-Bereich Ich und Astralleib so angeordnet wären, daß sie «innen» ihre Wirksamkeit zu entfalten hätten. Ich erwähnte schon, daß allen krampfartigen Erscheinungen im Bewegungsorganismus eine zu starke Wirkung des Astralleibes im Physischen zugrunde liegt. Das heißt hier aber nichts anderes, als daß der Astralleib zu sehr «innen» wirksam ist, daß damit sozusagen auch ein «falsches» Bewußtsein in den Gliedmaßen entsteht. Es bedeutet ebenso, daß der Ätherleib dann seine Aufgaben nicht in richtiger Weise erfüllen kann; wir könnten auch sagen, der Ätherleib kann durch die dann zu starke Wirkung des Formprozesses den harmonischen Bewegungsfluß nicht mehr möglich machen. Für die ganze Auffassung der Bewegungsvorgänge ist dies ein sehr sprechendes und lebendiges Bild: Ich und Astralleib, die Gliedmaße umgebend, sie auf der einen Seite dadurch immer wieder hinführend in die Bewegungsvorgänge der Welt, auf der anderen Seite sie individualisierend. In diesen Vorgängen finden wir eine wesentliche Quelle der Entstehung der Individualmotorik. Sie ist Ausdruck der für jeden Menschen anderen Gegebenheiten von Ich und Astralleib, so wie sie um die Gliedmaße wirken.

Ich möchte hier noch einmal hinweisen auf die früher erwähnte Äußerung Rudolf Steiners, daß jede gesunde Bewegung eine angefangene Lähmung ist, die sogleich in ihrem Anfang wieder aufgehoben wird. Dadurch, daß Ich- und Astralleib «außen» gelegen sind, kann bei jedem neuen Bewegungsansatz sogleich wieder die «Lockerung» eintreten, die notwendig ist, damit keine Lähmung aus der angefangenen Bewegung wird. Das wäre nämlich sogleich der Fall, wenn die genannten Wesensglieder zu sehr Innen-Charakter annähmen. Die Neigung dazu ist bei pathologischen Bewegungsformen sehr häufig vorhanden.

Wenn die Vorstellung von der zweifachen Konstitution des Ich und seiner Wirksamkeit in der Bewegung auch eine schwierige ist, so ist sie für das Bewegungsverständnis überhaupt doch sehr erhellend. Denn dadurch wird jener Zusammenhang zwischen der Bewegung als Willensvorgang im Stoffwechsel und der Bewegung als Teil der Welt hergestellt. Seele und Ich wirken im Muskelstoffwechsel und in der Welt zugleich. Das mit der Bewegung verbundene Seins-Erlebnis, das wir eingangs dem aus der Sinneswahrnehmung hervorgehenden Urteil gegenüber gestellt haben, entspringt der Wirksamkeit des «Außen-Ich». Dieses ist es, das auch zusammen mit dem Astralleib den Bewegungsraum, den wir als Grenzbereich zwischen Leib und Welt bezeichnet haben, aufbaut. Von seiner Kraft hängt es ab, wie harmonisch oder wie einseitig und ungenügend individualisiert die Bewegung schließlich sich formt.

Hier begegnen wir auch einem Phänomen von großer sozialer Bedeutung. Man kann nämlich beobachten, daß gerade die Fähigkeit zur Nachahmung sehr davon bestimmt ist, wie jenes Ich und der Astralleib, die die Gliedmaßen von außen umgeben, konstituiert sind. Wenn sie, wie wir das schon für Kinder mit autistischen Verhaltenszügen erwähnt haben, zu sehr mit der Welt zusammenfließen, von ihr aufgesaugt werden, gelingt die Nachahmung nicht oder nur ungenügend. Hellmut Klimm (1981) hat der Schwäche dieses peripheren Ich eine wesentliche Bedeutung für das autistische Verhalten beigemessen. Wir haben in dem Verhältnis zwischen Nachahmungsfähigkeit und Hingezogensein in die Gegenstandswelt eine sehr eigentümliche, aber höchst eindrucksvolle Erscheinung vor uns. Ein Junge geht beispielsweise völlig auf in dem mechanischen Ordnen der Gegenstände seiner unmittelbaren Umwelt. Der Zugang zu den Menschen seiner Umgebung ist ihm verschlossen. Er kann sie nicht einmal anschauen. Die Motorik ist dementsprechend einförmig und ausdrucksarm.

Man sieht, wie die bewußte Ich-Vorstellung, die «innen» im Haupte erlebt wird, einem unbewußten, aber das Seins-Gefühl tragenden Ich-Erlebnis «außerhalb» der Gliedmaßen gegenübersteht. Das Auftreten der Ersteren ist zu einem wesentlichen Teil von der Art des Letzteren bestimmt. Mit anderen Worten, wie der Bewegungsraum von Ich und Astralleib gestaltet wird, ist bezeichnend für das Bewußtsein.

Nach allem bisher Gesagten ist es undenkbar, daß die Funktion des peripheren Ich und Astralleibes durch einen Nervenprozeß (motorische Nerven) hervorgerufen sein könnte. Diese Wesensglieder wirken aus der ihnen innewohnenden Kraft unmittelbar in die Muskulatur der Gliedmaßen. Was der motorische Nerv wahrnimmt, ist der schicksalhafte Bewegungsimpuls; nicht die Form der Bewegung, sondern was sie für den sich Bewegenden bedeutet – wenn diese Wahrnehmung auch weitgehend unbewußt bleibt. Deswegen war ja die wahrnehmungvermittelnde Natur der efferenten Nerven fast gar nicht bemerkt worden.

IV.

10. Die Funktion der Synapsen bei der Bewegung

Rudolf Steiner hat im gleichen Jahre, in dem die grundlegende Darstellung über den einheitlichen wahrnehmenden Charakter des Nervensystems in *Von Seelenrätseln* (1917) erstmalig in Buchform erschienen ist, in einem Vortrag (GA 179, 2.12.1917) diese Dinge noch einmal ausführlich dargelegt. Wir wenden uns dieser Darstellung zu, insofern sie als eine Erläuterung zu den bisher betrachteten Phänomenen genommen werden kann. Sie leitet auch hin zu wichtigen sozialen Aspekten des Bewegungsgeschehens.

Es wird dabei insbesondere deutlich, welche große Bedeutung eine wahre Nervenlehre und ein geisteswissenschaftliches Verständnis der Bewegung für das ganze allgemeine zivilisatorische Leben haben. Diese Fragen greifen auch tief in die menschliche Selbsterkenntnis, das heißt in das Verständnis des Menschseins im allgemeinen ein. Es zeigt sich, daß Bewegung nicht nur Lokomotion im äußeren Sinne bedeutet, sondern daß jeder Bewegungsvorgang hinreicht in jenes Gebiet, das wir geisteswissenschaftlich als die den Menschen umgebende geistige Welt betrachten.

Rudolf Steiner geht in dem genannten Vortrag vom 2. Dezember 1917 von einem ganz einfachen Schema aus: Wahrnehmender, afferenter Nerv – Synapse – efferenter, «motorischer» Nerv (siehe Zeichnung). Er wendet sich zunächst scharf gegen die Vorstellung, an der

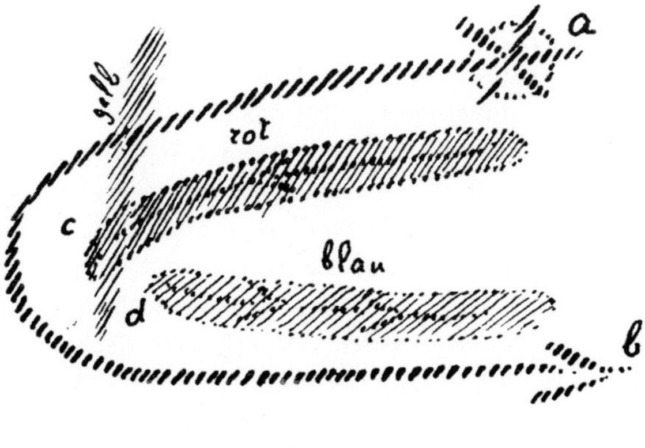

Synapse könnte die intendierte Bewegung auf den «motorischen» Nerven übergehen und durch diesen auf die Muskulatur übertragen werden. Vielmehr wird der Bewegungsimpuls schon am Beginn des afferenten Nervenabschnittes mit der Vorstellung, die sich dort bildet, verbunden.

Wenn ich also beispielsweise einen Apfel sehe und die Hand ausstrecke, um ihn vom Baum zu pflücken, so ist gleichsam schon in dem Apfel enthalten der Bewegungsablauf, der von der Hand vollzogen werden muß, um ihn zu pflücken. Es werden also schon am Apfel Vorstellungs- und Bewegungsimpuls etwas sozusagen Einheitliches. «Wenn ich eine Hand bewege, dadurch veranlaßt, daß ein äußerer Sinneseindruck auf mich gemacht worden ist, dann liegt der Impuls, daß diese Hand bewegt wird, schon vereinigt mit der Seele, mit dem Sinneseindruck, schematisch dargestellt, bereits hier» (GA 179, 2.12.1917). «Hier» bezieht sich auf die Zeichnung, die Rudolf Steiner machte, und meint den Ort des Sinneseindruckes. Dieses Geschehen wird einheitlich in der gesamten Nervenbahn, das heißt prä- und postsynaptisch wahrnehmend «gespiegelt»; in Rudolf Steiners Worten: «Wenn ein Willensimpuls stattfindet, lebt das Seelische schon befruchtet bei *a*, und geht durch den ganzen unterworfenen Nervenweg durch.» *a* ist in der Zeichnung eben der Ort des Sinneseindruckes. Wie der Bewegungsimpuls unmittelbar in die Muskulatur eingreift, entzieht sich dem Bewußtsein, denn was in der Nervenbahn sich abspielt, ist ja nur eine gewissermaßen gespiegelte Wahrnehmung des Geschehens, nicht die Veranlassung der Bewegung.

Ich möchte hier eine Einschiebung machen bezüglich der Wirksamkeit des Astralleibes und dabei das Gestalthafte einer gesunden Bewegung erwähnen. Jede Bewegung hat einen Anfang und ein Ende; was immer ich tue, etwas nehme, weglege, eine Gebärde ausführe, stets zeigt sich für den einzelnen Bewegungsablauf eine Gestalt. Wenn das nicht der Fall ist, handelt es sich um einen pathologischen Zustand. Wie und wo entstehen die Bewegungsgestalten? Es ist eine Wirksamkeit des Astralleibes. Rudolf Steiner vergleicht diese Tätigkeit des Astralleibes mit den bekannten Chladnischen Klangfiguren (GA 124 7.3.1911). Staub auf einer Metallplatte formt sich zu bestimmten Figuren, wenn die Platte mit einem Violinbogen gestrichen wird. So ist der Astralleib von einer äußerlich nicht wahrnehmbaren Klangkraft durchsetzt, die die Bewegungsfiguren, die Gestalt unserer Bewegungsabläufe hervorruft. Das geschieht, indem der Astralleib unmittelbar den Muskel durchdringt: «Etwas wie eine Art Musikalisches durchdringt unseren Astralleib, und der Ausdruck dieser Tonentwicklung ist die Muskelbewegung.» Ob es sich um einen Reflex, eine Arbeitsbewegung oder um eine freie Geste handelt, immer ist der Astralleib mehr oder weniger zusammen mit der Ich-Organisation in diesem Sinne gestaltend wirksam.

Kehren wir zu unserem Beispiel zurück, so bildet der Astralleib an dem Apfel die entsprechende Bewegungsgestalt, die aber eben nicht entlang der Nervenbahn geleitet wird, sondern auf eine Weise, die sich unserem Bewußtsein entzieht, unmittelbar in den Muskel eingreift. Man hat den Eindruck, daß es sich um eine Art von Parallelvorgang handelt: Das unmittelbare Wirken des Astralleibes und die das Geschehen spiegelnde Wahrnehmung in der Nervenbahn. Es zeigt sich hier übrigens noch einmal deutlich die Nachahmungstendenz der Bewegung gegenüber der Welt, die wir eingangs erwähnten. Es ist auch zu sagen, daß der Sinnesvorgang, etwa des Sehens, nicht genügen würde, um die Bewegungsgestalt im Astralleib zur Entstehung zu bringen. Der Sinnesvorgang allein ist dazu nicht befähigt, sondern es bedarf der gestalt-bildenden, im verhüllten Musikalischen enthaltenen Kraft des Astralleibes.

Wir sagten, wie der Bewegungsimpuls beziehungsweise die Bewegungsgestalt in den Muskel eingreift, entzieht sich unserem Bewußtsein. Es geschieht nicht auf dem Nervenwege. Ein hier von Rudolf Steiner erwähntes Phänomen ist aber sehr bedeutsam, nämlich daß die wahrnehmende Nervenleitung unterschiedliche Bewußtseinsstufen beinhaltet, das heißt, die Stärke der Wahrnehmung ist verschieden in dem prä-synaptischen und post-synaptischen Abschnitt. «Wenn wir eine Vorstellung mit einem Willensimpuls zusammen formen in *a* (siehe Zeichnung), so wird dieser Impuls von *a* aus weitergeleitet. Indem er von *c* auf *d* (die Synapse) überspringt, schwächt sich das Ganze so ab für unser Bewußtsein, für unser bewußtes Erleben, daß wir das Weitere, was wir nun in uns erleben, die Erhebung der Hand und so weiter, nur mit der geringen Intensität des Bewußtseins erleben, die wir sonst auch im Schlaf haben. Wir sehen das Wollen erst wiederum, wenn die Hand sich bewegt, wenn wir wieder von einer anderen Seite her eine Sensation haben» (GA 179, 2.12.1917). Rudolf Steiner wiederholt dann noch einmal, daß wir eigentlich nur mit demjenigen Teil unseres Wesens, welcher vor den Synapsen liegt, wachen; was dahinterliegt, also der post-synaptische Teil wird von uns «verschlafen». Jetzt folgt eine entscheidende Formulierung, die dem ganzen Bewegungsproblem erst das volle Gewicht gibt: «... und alles dasjenige, was nun unter der Nervenunterbrechungsstelle liegt, wird von der geistigen Welt heraus direkt gebildet, geschaffen.»

Die Offenheit gegenüber der geistigen Welt, die der Mensch in sich trägt, wenn ihm das auch nicht immer bewußt wird, wäre nicht vorhanden, wenn der post-synaptische Bereich von einem motorischen Nerven bestimmt würde, anstatt von der geistigen Welt heraus direkt gebildet zu sein. Es ist hier auch erkenntlich, daß die Wahrnehmung des Bewegungsgeschehens in seinem inneren Ablauf durch den efferenten Nerven nicht ein Sinnesvorgang sein kann, denn es handelt sich nicht um das Wahrnehmungsfeld eines der Sinne, sondern um einen Bereich, der direkt aus der geistigen Welt heraus gebildet wurde. Allerdings reichen die Folgen dessen, was sich hier abspielt, besonders wenn es sich um pathologische Zustände handelt – denken wir an die Zwangsbewegungen oder die spastischen Lähmungen – auf mittelbare Weise ja ins Bewußtsein herein.

Es hat sich uns also noch von einer anderen Seite gezeigt, was das bedeutet, daß, wie wir eingangs zitierten, unsere Absicht als Mensch geradezu darauf hingeht, die Bewegung der Welt durch unsere Gliedmaßen nachzuahmen. Des Weiteren zeigt sich uns an der Betrachtung des post-synaptischen Nervenabschnittes, in welcher Weise pathologische Bewegungsformen in das eingangs erwähnte Seinserleben eingreifen können.

Unter den vielfältigen Funktionen der Synapsen wollen wir schließlich zwei erwähnen, die menschenkundlich besonders hervortreten. Einmal ist es das Verhältnis der menschlichen Individualität zu ihrer Bewegung. Wodurch kommt die Empfindung zustande: Ich bewege mich? Was macht es, daß ich die Bewegung als meine erlebe? Hier sind es diese Unterbrechungen des Nervensystems, die bewirken, daß der Mensch in das ganze Geschehen seiner Bewegung gewissermaßen mit seinem Ich hineinreicht und insofern sich die Bewegung in der Welt vollzieht, auch teil an dieser hat. Rudolf Steiner hebt hervor, daß der Bewegungsablauf «ein Naturvorgang» wäre, ohne daß wir «dabei wären», wenn die Nerven ein geschlossenes System ohne Synapsen wären. Dabei ist es sicher ganz unterschiedlich, in welchem Grad wir «dabei» sind. Es ist naheliegend zu denken, daß etwa bei einem Reflex wir bewußtseinsmäßig weniger dabei sind als bei einer sehr bewußt vollzogenen individuellen Geste. Andererseits ist das Verhältnis der menschlichen Wesenheit zu den Synapsen bei den Reflexen sicher ein viel festliegenderes als etwa bei individuellen Gesten. Überhaupt verhalten sich bewußte Handlungen in dieser Beziehung wohl anders als weniger bewußte oder unbewußte. Bei den Vorgängen, die als Konditionierung bekanntgeworden sind, handelt es sich darum, daß die betreffende menschliche Individualität gleichsam bis zu einem gewissen Grade aus den Nervenunterbrechungen herausgeschoben wird und dort persönlichkeitsfremde unindividuelle Verhaltensweisen eingefügt werden. Man möchte sagen, der Mensch der Gegenwart muß, bildlich gesprochen, über seine Synapsen wachen. Denn dort ist in gewisser Weise seine Freiheit begründet.

11. Die Quelle der Individualisierungskraft der Bewegung

Rudolf Steiner geht nun noch einen Schritt weiter, der sich ganz folgerichtig aus dem bisherigen ergibt, indem er von einer im Menschen gelegenen Grenze spricht. Diese Grenze liegt zwischen dem Erleben in der physischen Welt und dem Erleben aus einer höheren Welt heraus. Sie ist in zwei Schichten vorhanden: Physisch wird sie gebildet durch die Gesamtheit der Unterbrechungen, die im Nervensystem enthalten sind. Man könnte sie geradezu aufzeichnen, wenn man alle Synapsen verbinden würde. Seelisch ist es die Schwelle zwischen dem wachen Bewußtsein des Vorstellungslebens und dem mehr unterbewußt bleibenden Willens- und Gefühlsleben. Man darf allerdings dabei nicht an ein aus dem Bewußtsein «verdrängtes» Unbewußtes denken, sondern an das Fühlen und Wollen, das seiner inneren Natur nach einen anderen Bewußtseinsgrad hat als das Denken.

Der Einsicht in diese im Menschen gelegenen Grenzen muß man große Bedeutung für unser Selbsterleben zumessen. Sie ist letzten Endes die Grundlage dafür, daß sich der Mensch überhaupt als ein geistiges Wesen empfinden kann. Es zeigt sich hier schon, daß die Nervenlehre durchaus über nur physiologische Fragen hinausgeht und weitreichende soziale und zivilisatorische Konsequenzen hat. Trüge der Mensch diese Grenze nicht in sich, könnte er keine Sicherheit über das Vorhandensein einer geistigen Welt gewinnen. Allerdings darf das nicht nur eine theoretische Einsicht bleiben, sondern muß Teil des eigenen Gestalterlebens werden. Wenn eingangs davon die Rede war, daß in der Bewegung das Sein der Welt unmittelbar erlebt wird, im Gegensatz zur beurteilenden Sinneswahrnehmung, dann hatte ich auch diese Gegebenheiten im Auge.

Wir sprachen weiter einleitend davon, daß die Bewegung ihrem inneren Wesen nach danach strebt, individuell zu werden und alles Gruppenhafte zu überwinden. Dem dienen auch, wie wir gesehen haben, bestimmte Stufen in der Bewegungsentwicklung des Kindes. Jetzt können wir sagen: Die Quelle für die Individualisierungskraft der Bewegung ist dort gelegen, wo «direkt aus der geistigen Welt heraus gebildet und geschaffen wird». Das ist es auch, was der sogenannte motorische Nerv wahrnimmt: nicht die äußere Form der Bewegung und ihre Stellung im Raum, wie sie in den Bereich des Eigenbewegungssinnes fällt, sondern das, was als geistige Kraft und moralische Absicht in dem sich bewegenden Muskel zur Erscheinung kommen will. Hier finden wir auch jene Wirksamkeiten von Ich und Astralleib wieder, die wir in der Darstellung des *Heilpädagogischen Kurses* als «von außen» die Gliedmaßen umgebend kennengelernt haben. Denn dieses «von außen» bedeutet ja nichts weiter, als das unmittelbar aufzunehmen, was eben aus der geistigen Welt heraus «direkt gebildet und geschaffen» wird. Daß der Mensch seine moralischen Intuitionen im Sinne von Rudolf Steiners *Philosophie der Freiheit* verwirklichen kann, hat hierin seine Ursache. Einen Nerven als Verursacher der Bewegung anzusehen bedeutet eigentlich nicht mehr und nicht weniger, als den Menschen von den Quellen seiner Kreativität, seiner Individualisierungskraft, seinem Schicksal, mit anderen Worten, von der geistigen Welt abzuschneiden.

Das wahre Anliegen der Heilpädagogik richtet sich darauf, wo immer dieses Geschehen, so wie es sich im Bewegungsbild des Seelenpflegebedürftigen Kindes offenbart, gestört ist, die Hilfe zu geben, die zu geben möglich ist.

Literatur

Arnim, G. von (1974): Vergessen und Erinnern, in: *Zum Heilpädagogischen Kurs Rudolf Steiners* (Heilpädagogik aus anthroposophischer Menschenkunde Bd. 1) Stuttgart [2]1981.
– (1971): Körperschema und Leibessinne, in: Karl König, *Sinnesentwicklung und Leiberfahrung. Heilpädagogische Gesichtspunkte zur Sinneslehre Rudolf Steiners* (Heilpädagogik aus anthroposophischer Menschenkunde Bd. 5) Stuttgart [3]1986.

Ayres, A.J. (1979): *Lernstörungen*, Heidelberg.

Beuytendijk, F.J.J. (1956): *Allgemeine Theorie der menschlichen Haltung und Bewegung*, Berlin.

Daumer, G. Fr. (1867): *Das Geisterreich in Glauben, Vorstellung, Sage und Wirklichkeit*, Dresden.

Klimm, H. (1981): Beobachtungen und Erwägungen beim Autismus, in: *Der frühkindliche Autismus als Entwicklungsstörung*, (Heilpädagogik aus anthroposophischer Menschenkunde Bd. 6) Stuttgart.

König, K. (1965): Die Wissenschaft an der Schwelle, in: *Die Drei* 35, H. 6: 385-392, Stuttgart.
– (1971): *Sinnesentwicklung und Leiberfahrung. Heilpädagogische Gesichtspunkte zur Sinneslehre Rudolf Steiners* (Heilpädagogik aus anthroposophischer Menschenkunde Bd. 5) Stuttgart [3]1986.

Matthiass, H. (1966) :*Untersuchungstechnik und Diagnose der infantilen Zerebralparese im Säuglings- und Kindesalter*, Stuttgart.

Poeck, K.(1964): Phantoms following amputation in early childhood and in congenital absence of limbs, in: *Cortex*, Vol. I, S. 296.

Poppelbaum, H. (1950): Warum nannte Rudolf Steiner sensible und motorische Nerven wesensgleich? in: *Beitrag der Geisteswissenschaft zur Erweiterung der Heilkunst. Ein anthroposophisch-medizinisches Jahrbuch Bd. 1*, Dornach-Basel. Nachdruck im Dokumentarischen Anhang, Teil 2 des vorliegenden Werkes.
– (1952): Begriff und Wirkungsweise des Ätherleibes. In: *Beitrag der Geisteswissenschaft zur Erweiterung der Heilkunst*, Bd. 3, Dornach. Nachdruck in: *Errscheinungsformen des Ätherischen* (Beiträge zur Anthroposophie Bd. 1), hrsg. von J. Bockemühl, Stuttgart [2]1985.

Steiner, R. (1894): *Die Philosophie der Freiheit*, (GA 4) Dornach 1978.
– (1904): *Theosophie. Einführung in übersinnliche Welterkenntnis und Menschenbestimmung*, (GA 9) Dornach 1978.

– (1917): *Von Seelenrätseln*, (GA 21) Dornach 1983. I
– (GA124): *Exkurse in das Gebiet des Markus-Evangeliums*. Dreizehn Vorträge vom 17. Oktober 1910 bis 10. Juni 1911, Dornach 1963.
– (GA 179): *Geschichtliche Notwendigkeit und Freiheit.* Acht Vorträge vom 2. bis 22. Dezember 1917, Dornach 1977.
– (GA 207): *Anthroposophie als Kosmosophie,* 1. Teil. Elf Vorträge vom 23. September bis 16. Oktober 1921, Dornach 1981.
– (GA 275): *Kunst im Lichte der Mysterienweisheit.* Acht Vorträge vom 28. Dezember 1914 bis 4. Januar 1915, Dornach 1980.
– (GA 293): *Allgemeine Menschenkunde als Grundlage der Pädagogik*. Vierzehn Vorträge vom 21. August bis 5. September 1919, Dornach 1980.
– (GA 306): *Die pädagogische Praxis vom Gesichtspunkte geisteswissenschaftlicher Menschenerkenntnis.* Acht Vorträge vom 15. bis 22. April 1923, Dornach 1982.
– (GA 310): *Der pädagogische Wert der Menschenerkenntnis und der Kulturwert der Pädagogik*. Zehn Vorträge vom 17. bis 24. Juli 1924, Dornach 1965.
– (GA 317): *Heilpädagogischer Kurs.* Zwölf Vorträge vom 25. Juni bis 7. Juli 1924, Dornach 1979.

Steiner, R. und Wegman, I. (1925): *Grundlegendes für eine Erweiterung der Heilkunst nach geisteswissenschaftlichen Erkenntnissen*, (GA 27) Dornach 1984.

Straus, E. (1916): *Vom Sinn der Sinne,* Berlin 1935.

Ulich, E. (1974): Über verschiedene Formen des Trainings für das Erlernen und Wiedererlernen psychomotorischer Fähigkeiten, in: *Die Rehabilitation* 13, H. 2.

Weizsäcker, V. von (1940): *Der Gestaltkreis,* Stuttgart

Zum Rätsel des Ich

Aus einem Vortrag Rudolf Steiners vom 16. 7. 1921 (GA 205)

«Nun müssen wir in einer andern, ich möchte sagen, viel bewußteren Weise wiederum auf diese Dinge zurückkommen. Wir müssen uns zum Beispiel klarwerden, daß wir Menschen mit unserem Ich uns von allen Tieren unterscheiden. Unser Ich ist ja für die weitaus meisten Menschen heute noch ein sehr schlafendes Organ. Wenn man glaubt, das Ich wache sehr stark, so irrt man sich eigentlich. Denn in dem Willen – das habe ich Ihnen schon auseinandergesetzt – schläft der Mensch eigentlich ja auch, und indem das Ich sich willentlich betätigt, haben wir es zu tun nicht mit etwas, was als Ich vor uns steht, sondern vielmehr mit etwas, was so vor uns steht, wie eigentlich die Nacht vor uns steht. Wir rechnen, obwohl die Nacht dunkel ist, ja auch mit der Nacht in unserem Leben. Wenn Sie wirklich zurückschauen auf Ihr Leben, dann besteht es nicht nur aus demjenigen, was taghell war, sondern es besteht auch aus den Nächten. Aber sie sind gewissermaßen immer ausgestrichen aus dem Zeitenverlaufe. Ähnlich ist es mit unserem Ich. Unser Ich ist für das gewöhnliche Bewußtsein eigentlich dadurch bemerkbar, daß es für das Bewußtsein nicht da ist; es ist schon da, aber für das Bewußtsein ist es nicht da. Es fehlt einem etwas an der Stelle, und daher sieht man das Ich. Es ist wirklich so, wie wenn man eine weiße Wand hat und eine Stelle nicht mit Weiß bestrichen hat; dann sieht man das Schwarze. Und so sieht man als das Ausgelöschte eigentlich unser Ich im gewöhnlichen Bewußtsein. Und so ist es auch während des Wachens: das Ich ist eigentlich zunächst immer schlafend; aber es scheint durch als Schlafendes durch die Gedanken, die Vorstellungen und durch die Gefühle, und daher wird das Ich auch im gewöhnlichen Bewußtsein wahrgenommen, das heißt, es wird vermeint, daß es wahrgenommen werde. Wir können also sagen: Unser Ich wird eigentlich zunächst nicht unmittelbar wahrgenommen.

Nun glaubt eine vorurteilsvolle Psychologie, Seelenlehre, daß dieses Ich eigentlich im Menschen drinnensitzt; da, wo seine Muskeln sind, sein Fleisch ist, seine Knochen sind und so weiter, da sei auch das Ich drinnen. Wenn man das Leben nur ein wenig überschauen würde, so würde man sehr bald wahrnehmen, daß es nicht so ist. Aber es ist schwer, eine solche Überlegung heute vor die Menschen hinzubringen. Ich habe es im Jahre 1911 schon versucht in meinem Vortrage auf dem Philosophenkongreß in Bologna. Aber diesen Vortrag hat ja bis heute keiner noch verstanden. Ich habe da versucht zu zeigen, wie es eigentlich mit dem Ich ist. Dieses Ich liegt eigentlich in jeder Wahrnehmung, das liegt eigentlich in alldem, was Eindruck auf uns macht. Nicht da drinnen in meinem Fleische und in meinen Knochen liegt das Ich, sondern in demjenigen, was ich durch meine Augen wahrnehmen kann. Wenn Sie irgendwo eine rote Blume sehen: in Ihrem Ich, in Ihrem ganzen Erleben, das Sie ja haben, indem Sie an das Rot hingegeben sind, können Sie ja das Rot von der Blume nicht trennen. Mit alldem haben Sie ja zugleich das Ich gegeben, das Ich ist ja verbunden mit Ihrem Seeleninhalt. Aber Ihr Seeleninhalt, der ist doch nicht in Ihren Knochen! Ihren Seeleninhalt, den breiten Sie doch aus im ganzen Raume. Also dieses Ich, das ist noch weniger als die Luft in Ihnen, die Sie eben einatmen, noch weniger als die Luft, die vorher in Ihnen war. Dieses Ich ist ja verbunden mit jeder Wahrnehmung und mit alldem, was eigentlich im Grunde genommen außer Ihnen ist. Es betätigt sich nur im Inneren, weil es aus dem Wahrnehmen die Kräfte hineinschickt. Und ferner ist das Ich noch verbunden mit etwas anderem: Sie brauchen nur zu gehen, das heißt, Ihren Willen zu entwikkeln. Da allerdings geht Ihr Ich mit, beziehungsweise das Ich nimmt an der Bewegung teil, und ob Sie langsam schleichen, ob Sie laufen, ob Sie im Kiebitzschritt sich bewegen oder irgendwie sich drehen und dergleichen, ob Sie tanzen oder springen, das Ich macht alles das mit. Alles was an Betätigung von Ihnen ausgeht, macht das Ich mit. Aber das ist ja auch nicht in Ihnen. Denken Sie, es nimmt Sie doch mit. Wenn Sie einen Reigen tanzen – glauben Sie, der Reigen ist in Ihnen? Der hätte ja gar nicht Platz in Ihnen! Wie hätte der Platz? Aber das Ich ist dabei, das Ich macht den Reigen mit. Also in Ihren Wahrnehmungen und in Ihrer Betätigung, da sitzt das Ich. Aber das ist eigentlich gar nie in Ihnen im vollen Sinne des Wortes, etwa so, wie Ihr Magen in Ihnen ist, sondern das ist eigentlich immer etwas, dieses Ich, was im Grunde außerhalb Ihrer ist. Es ist ebenso außerhalb des Kopfes, wie es außerhalb der Beine ist, nur daß es im Gehen sich sehr stark beteiligt an den Bewegungen, welche die Beine machen. Das Ich ist wirklich sehr stark beteiligt an der Bewegung, welche die Beine machen. Der Kopf aber, der ist an dem Ich weniger beteiligt.»

WOLFGANG SCHAD

Das Nervensystem und die übersinnliche Organisation des Menschen

1. Einleitung

Wir leben nicht nur in einer pluralistischen Gesellschaft, sondern auch in einem Pluralismus der heutigen Wissenschaftsfelder. Und doch ist heute praktisch jeder, der nur etwas mit naturwissenschaftlich orientierter Bildung in Berührung gekommen ist – und wer wäre es nicht? – der Überzeugung, daß für das Leib-Seele-Verständnis des Menschen das Nervensystem eine zentrale Rolle spielt. Dabei bildet die Unterscheidung von leiblich-materieller Erfahrung und innerseelischem Tableau die wie selbstverständlich getroffene Voraussetzung. Denn für das heutige Bewußtsein läßt sich in jeder sinnlichen Wahrnehmung das gegebene Objekt von dem wahrnehmenden Subjekt unterscheiden. Was so auch am Menschen sinnlich objektivierbar ist, bezeichnen wir als seine Körperlichkeit. Wo aber das Subjekt nach sich selbst fragt und sich in der Selbsterkenntnis zu objektivieren beginnt, hebt sich schon die Unterscheidung von Subjekt und Objekt inhaltlich auf, denn: wie könnte das Subjekt zugleich sein Objekt sein? Das Innewerden des eigenen Ich trifft auf keine Gegenständlichkeit, die sinnesvermittelt ist, sondern ist die erste übersinnliche Erfahrung, die jeder Mensch vollziehen kann. Damit eröffnet sich aber zugleich um so drastischer die alte und neue Frage, wie die übersinnliche Organisation mit der körperlichen zusammenhängt.

Viele Antworten zu dieser Frage haben seit Beginn der Neuzeit besonders auf das Nervensystem hingezielt. Zwar hat schon der Schüler des Pythagoras, Alkmaion von Kroton um 520 v. Chr. wohl als erster vermutet, daß «im Gehirn die höchste und entscheidende Kraft der Seele wurzelt» (Oeser u. Seitelberger 1988), und zahlreiche Denker der erwachten Verstandeskultur von Plato (*Timaios* I,16) bis Leonardo da Vinci haben daran angeschlossen. Aber erst der in der Goethezeit bekannte Hirnforscher Franz Josef Gall (1758 – 1828) hat dann um 1809 als erster nachweisen können, daß der grauen Substanz im Großhirnmantel ein wesentlicher Anteil für die Aufrechterhaltung des normalen wachen Tagesbewußtseins zukommt. Auf der Suche nach einem leiblichen Sitz der seelischen Subjektivität wird so heute in weiten Kreisen das Nervensystem und insbesondere das Zentrum desselben, das Gehirn, angesprochen. Das geschieht weiterhin, auch wenn die Zentrenlehre der Hirnfunktionen durch die Hirnfelderlehre abgelöst worden ist und die mehr historisch begründete Überschätzung des Zentralnervensystems einer stärkeren Einschätzung der Bedeutung der peripheren Organsysteme gewichen ist (Birbaumer u. Schmidt 1990). Hinzu kommt, daß im naturwissenschaftlichen Menschenbild der Begriff der Seele durchgängig eliminiert worden ist. Die Selbsterfahrung des Subjektes ist allerdings durch noch so schlüssige Konstrukte, es gebe dasselbe als ein individuelles Ich gar nicht, keineswegs zu eliminieren gewesen, da die Selbstwahrnehmung kein Konstrukt ist, sondern alle Eigenschaften einer Erfahrung besitzt, die ein Gegebenes bemerkt, auch wenn sich dieses nicht einer Subjekt-Objekt-Trennung unterwerfen läßt (Feigl 1973; zur Computermaschinentheorie des Gehirns siehe die klare Kritik von Bernhard Hassenstein 1965).

Nun kann relativ leicht eingesehen werden, daß eine Anschauung, der Mensch als seelisch-geistiges Wesen sei nur über sein Zentralnervensystem mit seiner Leiblichkeit in Verbindung, zu einer hochgradigen Verarmung und damit Verkümmerung des menschlichen Selbstverständnisses führt. Die Leibentfremdung unserer Zivilisation und ihre Prävalenz für bloße Intellektualität sind die sichtbaren Folgen. Erich Fromm bezeichnete sie als Nekrophilie: das Leben wird auf die Anschauung formalisierbarer Mechanismen reduziert, und danach wird gehandelt. Die Gefühlspolarisierung in Lust und Frust und die Handlungspolarisierung in selbstbezogene Aggressivität und antriebslose Lethargie ergeben sich daraus stringent. Habe doch danach das Subjekt nie direkt mit seinem Leib und der Welt zu tun, sondern nur indirekt über das «Telegraphenamt» Nervensystem. Direkt kenne es bestenfalls nur sich selber. Der geistverachtende Materialismus schlägt so leicht in einen weltvernachlässigenden Solipsismus um – und umgekehrt.

Rudolf Steiners noch lange nicht eingeholte Leistung war es, auf diese sich ja schon länger abzeichnende Entwicklung nicht mit moralisierenden Forderungen zu reagieren, sondern die Quelle dafür in einem naturwissenschaftlichen Denkmodell zu identifizieren und es zu kennzeichnen: das Modell des Nervensystems als eines automatischen Funktionskreises von Wahrnehmen und Handeln: die Theorie von dem Dualismus der sensitiven und der motorischen Nerven.

In den pädagogischen Vorträgen, die Rudolf Steiner vor den Volksschullehrern der Kantone Basel-Stadt und Basel-Land im Jahre 1920 hielt (GA 301*), setzte er schon im 2. Vortrag mit für ihn ungewöhnlich scharfer Polemik den neurologisch wohl nicht gerade vorgebildeten Zuhörern das Thema drastisch vor. Er führte dabei dieses Denkmodell auf die Erfindung und Einrichtung des Telegraphen zurück: «Wäre die Telegraphie nicht da, so hätte man auch dieses Bild nicht gefunden.» Das hat sich zwar nicht bestätigt. Die Lehre von der Dualität der Wahrnehmungs- und Bewegungsnerven läßt sich historisch weit zurückverfolgen, nämlich bis Aristoteles (siehe die beiden ersten Beiträge dieses Buches). Den Vergleich der Nerven mit Telegraphendrähten hatten um 1850/1851 nahezu gleichzeitig Helmholtz und Du Bois-Reymond gezogen, nachdem ersterer erstmals die Leitungsgeschwindigkeit von Nerven bestimmen konnte (Koenigsberger 1902). Die folgenreiche Relevanz des daran geknüpften psycho-physiologischen Modells für den ganzen Umfang des sozialen Verständnisses ist aber gegeben, was Steiner seinen Zuhörern verdeutlichte mit den Worten: «Sehen Sie, wir würden ja wirklich geistig-seelisch als Menschen sehr voneinander getrennt sein, wenn wir geistig-seelisch so einander gegenüberstünden, daß wir eigentlich alles Fühlen und Wollen durch unsere Nerven in unserem Innern entwickelten und der ganze Mensch in seine Haut abgeschlossen gedacht werden müßte. Da wird das Seelische sehr isoliert. Und ich möchte sagen: So fühlen sich heute die Menschen, und ein getreues Abbild dieses Fühlens ist der antisoziale und immer antisozialer werdende Zustand Europas.» Es ist heute am Ende dieses von offenen und verdeckten Kriegen geschüttelten Jahrhunderts noch um vieles naheliegender, diese Diagnose zu teilen.

* Die Titel der in diesem Beitrag mit Bibliographie-Nummer der Gesamtausgabe (GA) angeführten Werke Rudolf Steiners sind am Ende dieses Bandes zusammengestellt, die entsprechenden Stellen aus diesen Werken im Dokumentarischen Anhangsband.

Solange – unverhohlen gesprochen – der Mensch vermeint, allein innen in seiner Schädelkalotte sich zu befinden und mittels der Verkabelung seines Leibes erst diesen Leib und die außerleibliche Welt mittelbar zu bemerken und so auch nur mittelbar in ihr tätig sein zu können, solange er in dieser abgeschotteten weltentfremdeten *black box* sich denkt, solange wird er auch in seinem Autismus weiter zunehmen. Die Grenze zwischen der ihm gesunderweise nötigen Weltdistanz als einer ersten Voraussetzung seiner individuellen Freiheit und andererseits seinen zunehmend autistischen Verhaltensweisen wird damit immer gleitender. – Nochmals: das alles ist nicht allzu schwer einzusehen und zu überschauen. Weit schwieriger ist die Aufgabenstellung, die Verquickung des Leib-Seele-Problems mit der Nerventheorie auf wissenschaftlichem Boden aufzudecken und zu wirklichkeitsnäheren und damit heilsameren Lösungen zu kommen. Vieles ist dazu in den vorausgegangenen Artikeln erneut beigetragen worden. Es sei hiermit versucht, einiges an möglichem Resumée zu ziehen und weitere Vorschläge zu machen.

In diesem Band ist vielfach dargestellt worden, welche Amputation das menschliche Selbstverständnis in seiner Umfänglichkeit erfährt, wenn dasselbe im Inneren des Leibes räumlich lokalisiert und einzig dort gesehen wird. Auf der anderen Seite wird der nach seiner gesamtheitlichen Existenz fragende Mensch nie den Verdacht loswerden, daß seine sinnlich gegebene Organisation in irgendeiner Weise seinem übersinnlichen Vermögen entspricht. Wie aber sind diese Entsprechungen beschaffen?

Dieses alte Leib-Seele-Problem kann mit allen bisher damit gemachten Erfahrungen auf das Ergebnis gebracht werden, daß seine Lösung nie im Gegenständlich-Räumlichen vorgefunden werden kann, weil die eine Hälfte des Problems, das Seelische, prinzipiell unräumlich ist. Christian Morgenstern ironisierte diese Frage mit dem köstlichen Gedicht «Wieviel Engel passen auf eine Kirchturmspitze?», die er spitzbübisch mit «keiner» ebenso wie mit «alle», beantwortete, also als sinnlos charakterisierte. Aber auch das Umgekehrte gilt: Das Leib-Seele-Problem ist nicht auf der inner-seelischen Beobachtungsebene lösbar, weil diese prinzipiell unräumlich ist und die Leibesdimension nicht erreichen kann. Hier führt die Descartes'sche Unterscheidung von res extensa und res cogitans einsehbar prinzipiell nicht weiter.

 Nun ist aber jeder Mensch faktisch der lebende Zusammenhang beider Existenzweisen. Den Zusammenhang muß es also in der Wirklichkeit geben. Zwar nicht die Reflexion, aber die Erfahrung spricht dafür. Die verbindende Qualität, jene Brücke, muß, wenn sie nicht im Räumlichen und auch nicht im Seelischen vorfindbar ist, deshalb selbst ein *Un*räumliches sein und zugleich ein *Un*bewußtes. Die Brücke läßt sich also erst einmal nur mit dem umschreiben, was sie nicht ist. Dadurch wird aber auch verständlich, warum das Leib-Seele-Problem so lange unlösbar blieb: weil man nur Negativmerkmale für die Brücke fand.

Kann die Qualität der Brücke auch positiv erfahren und sprachlich beschrieben werden? Ja: es ist die Seinsebene der Zeit. Das ist inzwischen mehrfach bemerkt worden (siehe z. B. von Uslar 1973). Wir folgen hier der eigenen Erfahrung. Jedes leiblich lebende und beseelte Wesen kann es dadurch sein, daß es außer der Raumgestalt und der seelischen Konfiguration eine Zeitgestalt besitzt, die eine relativ eigenständige biologische Autonomie darlebt, sich in allen geordneten Stoffwechselprozessen rhythmisch-zyklisch äußert und die wir im allgemeinen Sprachgebrauch schon immer «das Leben» nennen. Die lebendige Zeitgestalt, anthroposophisch «Zeitleib», «Lebensleib» oder «Ätherleib» genannt, ist das faktische Bindeglied, das weder dem Gegenstandsbewußtsein noch der inneren Seelenbeobachtung völlig zugänglich ist und doch existiert. Von der Gegenstandsseite her haben sich die biologischen Wissenschaften in der Chronobiologie mit der neuerdings reichen Ausweitung der Forschung auf die Zeitgestalten der Organismen genähert (siehe die Arbeiten von G. Hildebrandt). Von der seelischen Beobachtung her hat in der medizinischen Untersuchung psychogener Organkrankheiten die Tiefenpsychologie und die Psychosomatik dieses sogenannte «Unbewußte der Seele» zu erfassen versucht. Die anthroposophische Forschung des Ätherischen versucht nicht nur von den Grenzgebieten, dem räumlichen oder seelischen Substrat aus, sondern innerhalb des Ätherischen selbst adäquate Methoden zu entwickeln. Ergebnisse sind um so mehr vorhanden, je mehr der Ätherleib selbst beim Forscher als Denkorgan benutzt wird (Schad 1985). Gleiches kann nur von Gleichem erkannt werden.

Diese Präambel sollte so den Methodenraum abstecken, innerhalb dessen die weiteren Ausführungen eingebettet sind. Sie werden vorwiegend beide Grenzflächen des lebendigen Zusammenhanges der übersinnlichen Organisation mit dem Nervensystem berühren, um gegen Ende den monistischen Zusammenschluß anzudeuten.

2. *Zum Stand der Neurologie und zur Fragestellung*

Heute ist weitgehend gesichert, daß in praktisch allen Nerven, die selbst ja immer Bündel aus vielen Neuriten darstellen, sowohl zentripetale (afferente) wie zentrifugale (efferente) Fasern vorkommen. Über die Richtungen der Erregungsleitungen kann es keinen Streit mehr geben, da sie mit Meßgeräten objektivierbar sind. Für die Wahrnehmung der Gliedmaßenbewegung stehen dem Eigenbewegungssinn eigene sensible Fasern zur Verfügung, die nicht die efferenten Fasern sind. Es ist also erst einmal nötig, daß das sprachliche Mißverständnis ausgeräumt wird, welches durch die vereinfachende Namengebung erzeugt worden ist. Können doch in vielen als sensitiv benannten Nerven ebenso efferente Leitungen nachgewiesen werden, wie in den sogenannten motorischen Nerven sensitive Fasern vorliegen. Für die übliche Namengebung ist *das Mengenverhältnis* beider Leitungsrichtungen zuständig. Der Nerv ist also meistens eine Mischung beider Leitungsrichtungen, wenn man nur genau genug untersucht. So befindet sich im afferenten Hörnerv das efferente Rasmussen-Bündel (Tractus olivo-cochlearis), über das die Reizschwelle beim Hören selektiv reguliert wird (mündl. Mitteilung Hensel). Auch beim Sehen tritt je nach Aufmerksamkeit eine Änderung der Netzhaut in der Empfindlichkeit ein. Umgekehrt gibt es – wie wir heute wissen – sogar in den motorischen Endplatten der quergestreiften Muskulatur zentripetale Fasern (die γ-Fasern, siehe den Beitrag von Buchanan). Es ist eben ein allgemeines Prinzip des Organismus, daß im lebendig gestalteten Teil selbst immer auch schon das Gesamt anzutreffen ist. Warum auch nicht? Es nutzt also nichts, um Steiners Vorschlägen scheinbar entgegenzukommen, in motorisch genannten Nerven zentripetale Leitungsvorgänge nachzuweisen und die zentrifugalen zu leugnen. Letztere sind damit nicht aus der Welt geschafft und nicht aus der Welt zu schaffen. Was meinte dann Steiner, wenn er die efferenten Nerven nicht für motorische hielt?

Die dualen Leitungsrichtungen erkennt Rudolf Steiner ausdrücklich an: «Wir haben zunächst den menschlichen Organismus. Wir verfolgen die zentripetalen und die zentrifugalen, die sogenannten sensitiven und motorischen Nerven. Ja, dieser Tatbestand ergibt sich. Ich kann diese Gründe voll würdigen...» (GA 319). Für alle weiteren Überlegungen können wir naturwissenschaftlich und anthroposophisch gleicherweise davon ausgehen, daß die physischen Leitungsrichtungen im Nervensystem dual sind.

Rudolf Steiners ganzes Anliegen ist aber nun, diesen objektgegebenen Tatsachen nicht zugleich den psychologischen Dualismus von Sinneswahrnehmung und Handlungswillen zu unterlegen. Blicken wir noch einmal zurück. Das Bell-Magendiesche Votum – das geht aus den bisherigen Beiträgen hervor – schloß die seit der Spätantike über den Arabismus und die Renaissance tradierte Lehre von der Doppelnatur der Nerven im frühen 19. Jahrhundert durch Experimente an das morphologisch-anatomische Substrat an: Die hinteren Nervenwurzeln des Rückenmarks vermittelten die Wahrnehmungen von allen Rumpf- und Gliedmaßenorganen, die vorderen Nervenwurzeln den Willen zur Bewegung in der ausführenden Muskulatur der Peripherie. Bell sprach direkt von «voluntary muscles» (1826, siehe S. 60 in diesem Band). Danach bilden beide Nervenarten, die sensitiven wie die motorischen, zusammen einen Funktionskreis (Reflexbogen), der über das Zentralorgan (z. B. Rückenmark oder Gehirn) vermittelt ist.

Sieht man sich heute nach der vorhandenen Sachlage um, so ist festzustellen, daß dieses noch recht einfache Schema feiner differenziert worden ist. Die wichtigsten gesicherten Aussagen dazu sind:

1. Jeder Nerv ist ein Bündel zahlreicher Nervenfasern (Neuriten), unter denen sich zumeist sowohl «sensitive» wie «motorische» Fasern befinden. Wird ein Nerv als «sensitiv» oder «motorisch» bezeichnet, so besagt dies, daß er «überwiegend sensitive» oder «überwiegend motorische» Fasern enthält.

2. Jeder einzelne Neurit kann in beide Richtungen, zentralwärts oder peripherwärts Erregungen (Elektropotentialschwankungen) leiten. Die endgültige Leitungsrichtung im Nerv bestimmen *zwischen* den Neuronen die Synapsen als eindeutige «Gleichrichter» durch den einsinnigen Transmitterfluß in ihnen.

3. Vorwiegend in eine Richtung leitende Fasern können umgestimmt werden, wenn z.B. durch operative Amputation, Verpflanzung oder Neuverknüpfung der Zusammenhang zwischen peripheren Erfolgsorganen und zentralnervöser Vermittlung geändert wird. Es besteht eine hohe Plastizität des Gesamtsystems, da hier nicht ein monokausaler Determinismus herrscht, sondern eine Restitutionspotenz, die für die Rehabilitation Nervengeschädigter hochrelevant ist. Immer

muß es dabei wieder zur Ausbildung des vollen Funktionsbogens von zentripetal und zentrifugal leitenden Nervensubstraten kommen.

4. Der methodischen Mißlichkeit, naturwissenschaftlich dem räumlichen Nervensubstrat seelische Qualitäten zu unterlegen, hat die Nervenphysiologie vorzubeugen versucht. Sie ersetzte die Ausdrücke «sensitiv» und «motorisch» durch die neutraleren Bezeichnungen «afferent» und «efferent», um die psychologische Interpretation zu vermeiden. Aber auch hierin steckt immer noch ein psychologisierender Begriffsrest, denn afferent (= hinführend zu) und efferent (= herausführend von) setzt immer noch ein subjektangebundenes, seelisch verarbeitendes Zentrum räumlich voraus. Die mit der Verhaltensforschung zusammenarbeitenden Neurophysiologen, z. B. der Lorenz-Schule, haben deshalb hausintern die Ausdrücke «afferent» und «efferent» mit «Reizstrom-abwärts» und «Reizstrom-aufwärts» ersetzt. Alles Seelische gilt in diesem Modell als «black box». Damit steht für den fachlich sich beschränkenden Neurophysiologen das von Steiner aufgeworfene Problem gar nicht mehr zur Debatte, sondern ist per Prämisse ausgeklammert. Das Problem eines «Willensnerven» gibt es im strengen naturwissenschaftlichen Diskurs heute genau genommen nicht mehr: Der Neurologe untersucht sein Substrat ohne Annahme eines Seelischen und meint, der Psychologe möge sich um das letztere kümmern. Das Leib-Seele-Problem gilt als metarational.

Was besagen nun diese vier «Verfeinerungen» des Bell-Magendieschen Theorems, der Lex Belliana, für das anthropologisch-anthroposophische Gespräch?

Zu 1: In der ursprünglich zu einfachen anatomischen Formulierung ist es nicht zu halten. In seiner funktionellen Aussage, daß Bewegung nur möglich ist, wenn zentripetale und zentrifugale Leitungsrichtungen nervlich zusammenarbeiten, gilt es weiterhin ohne Abstriche. Wer noch immer diesen anthropologischen Sachverhalt bedauert, hat nicht bemerkt, daß hier gar nicht das anthroposophische Problem liegt. Die dualen Leitungsrichtungen erkannte ja Steiner ausdrücklich an. Er nahm nirgends Anstoß an den physiologischen Daten, also an den empirisch gemessenen Leitungsrichtungen. Warum sollte er auch? Er nimmt allein Anstoß an der naiven psychologischen Interpretation, der Sitz der Seele oder der Eingriff des Seelischen läge allein im Zentralnervensystem. – Das heißt aber, daß alle experimentellen Belege, ein sogenannter motorischer Nerv könne auch umgekehrt – zum Zentrum hin – leiten, zum anthroposophisch anstehenden Problem nichts Wesentliches beitragen können, sondern sie würden auch nur das cartesianische Paradigma, das Ich greife mittels des Gehirnes (Descartes vermutete die Zirbeldrüse) in den Leib ein, in verfeinerter Form zementieren. Die häufig zitierten Versuche von Bethe, Boeke, Weiss und neuerdings Borowski (siehe die Beiträge von Poppelbaum und Kienle im Dokumentarischen Anhangsband und Kranich in diesem Band) erweitern zwar unsere Kenntnis des morphologischen Substrates erheblich, besagen aber für den Einbezug der psychologischen Fragestellung erst etwas, wenn der cartesianische Ansatz vom gehirngebundenen Ich durchbrochen wird.

Zu 2: Versuche an einzelnen Nerven oder Neuriten zwischen den Synapsen besagen nichts für die Frage der Leitungsrichtung, da beide Richtungen möglich sind. Erst die synaptische Einbettung der Neuriten ist für die eindeutige Richtung wesentlich.

Zu 3: Die Fähigkeit im Nervensystem, sich bei krankhaften oder künstlichen Insulten funktionell auch in der Leitungsrichtung umzubauen, ist eine bedeutsame Entdeckung. Diese funktionelle Plastizität (Koehler 1933) widerspricht dem mechanistischen Maschinenschema des Nervensystems, besagt aber nichts gegen das Diktum, daß zur sinnvollen Bewegung immer beide nervalen Leitungsrichtungen aufeinander eingestellt sein müssen, ja stellt vermutlich diese Voraussetzung notfalls wieder her.

Zu 4: Es ist zu begrüßen, daß die Neurophysiologie von der unbekümmerten Gleichsetzung, der zentripetal leitende Nerv diene der seelischen Wahrnehmung und der zentrifugal leitende Nerv dem seelischen Willen, Abstand genommen hat. Es ist methodisch sauber, unterschwellige, nur sprachlich verbreitete Hypothesen nicht unreflektiert zu dulden. Von der rein naturwissenschaftlichen Physiologie her steht jedenfalls einem Neuansatz in der psychologischen Interpretation nichts im Wege, da der alte Ansatz methodisch ausgeklammert worden ist. – Allerdings wird im Lehrbetrieb von Hochschule, Schule und besonders popularisierter Wissenschaft trotzdem die alte verkürzte Leib-Seele-Version noch immer flächendeckend auf dem Meinungsmarkt gehandelt und hat weiterhin ihre äußerst fragwürdigen gesellschaftlichen Wirkungen. Das anthroposophische Anliegen ist – wie beim erkenntnistheoretisch sauber arbeitenden Physiologen –, beide Bereiche der quantifizierbaren Erscheinungen und der seelischen Evidenz zuerst gründlich auseinanderzuhalten und mit jeweils eigenen Methodiken getrennt zu bearbeiten. Dann erst ist eine wirklichkeitsnahe Ergänzung beider Ergebnisse wissenschaftlich möglich. Am unseligsten sind die verfrühten Kurzschlüsse, wie es eben die alte Lex Belliana selber ist.

Steiner folgt auch in dieser Frage weder einem platten Monismus noch einem platten Dualismus, sondern nutzt letzteren als methodische Vorklärung, um dadurch zu einem inhaltvollen Monismus des Menschen kommen zu können:

«Innerhalb der Naturforschung wird man mit Recht sich immer wehren gegen ein Einmischen rein spiritueller Gesichtspunkte ... Will man erkennen, nach welchen Gesetzen das Spiegelbild entsteht, so ist man an die Gesetze des Spiegels gewiesen. Von diesem hängt es ab, *wie* der Beschauer sich spiegelt. Es geschieht in verschiedener Art, ob man einen Planspiegel, einen konvexen oder einen konkaven Spiegel hat ... Und Geistesforschung wäre dann als der Weg zu denken, sich in das Wesen dessen einzuleben, was sich spiegelt. Selbstverständlich bleibt dann die gemeinsame Grundlage der Gesetze des physischen Organismus und jener des Übersinnlichen hinter dem Gegensatz: ‹Wesen und Spiegel› liegen. Doch ist dies gewiß kein Nachteil für die Praxis der wissenschaftlichen Betrachtungsweise nach den beiden Seiten hin» (Steiner 1911a, S. 140f.).

Die psychologische Überbewertung des Nervensystems und insbesondere des Zentralnervensystems hat wissenschaftshistorisch früh zu einer Gliederung in ein «Animalisches Nervensystem» und ein «Vegetatives Nervensystem» geführt. Bichat sprach so als erster 1807 von der Teilung des Nervensystems in je einen Teil «pour la vie animale et la vie organique». Nur dem ersteren erkannte man eine wie auch immer geartete Beseelung zu, letzterem nur die Anbindung an die «pflanzenhaften» Vorgänge der vitalen Absicherungen. Steiner hat mehrfach den Vorschlag gemacht, diese dualistische Einteilung durch eine Dreigliederung des gesamten Nervensystems zu ersetzen. Dadurch bleiben zwar die Gegensätze im Blick, aber sie stehen sich dann nicht mehr nur gegenüber, sondern die Übergänglichkeit wird zugleich sichtbarer. Die Differenzierungsmöglichkeiten fördern die Wirklichkeitsnähe. So finden sich im 2. Vortrag der *Allgemeinen Menschenkunde* (Steiner 1919a) und in seinem letzten, gemeinsam mit I. Wegman verfaßten Buch (1925) entsprechende Vorschläge. Unabhängig davon findet sich bei L. R. Müller (1950) eine gleiche Neugliederung in das – wie er es nannte – «Umweltnervensystem», «myostatische Nervensystem» und «Lebensnervensystem». Von Johannes Rohen sind diese und Steiners Ansätze weiter ausgearbeitet und 1971 erstmals lehrbuchmäßig dargestellt worden. Damit ist eine überschaubarere, weil die Fakten besser ordnende Ausgangslage gegeben, deren Wert sich auch für unsere Fragestellung eignen wird. Geht es bei unserem Nervenproblem doch nicht nur um die neurale Beteiligung an der Gliedmaßenbewegung, sondern um den Gesamtkomplex des Nervensystems im Leib-Seele-Zusammenhang. Wir referieren hier die wichtigsten Charakteristika der von Rohen entworfenen Dreigliederung des menschlichen Gesamtnervensystems:

Die Entwicklung des Gehirnes ist ontogenetisch wie phylogenetisch von zunehmender *Konzentration* bestimmt. Die neurale Verarbeitung geschieht damit morphologisch und funktionell immer weiter weg von den Sinnes- und Erfolgsorganen im sich abschließenden Eigenraum der Schädelkalotte. Die physiologische Verwendungsfähigkeit dieses Organs zum Aufbau einer innerseelischen Bewußtseinswelt durch das Vorstellungsvermögen ist darin schon phänomenologisch offensichtlich. – Dem vegetativen Nervensystem hingegen eignet die morphologische *Dezentralisation*; Nervennetze (Plexus) umspinnen und durchziehen die innervierten Organe vor Ort. Auch hier ist die Nervenstruktur der morphologische, ja geradezu physiognomische Ausdruck des seelischen Vermögens; nun eines solchen, das sich mit den Organfunktionen hochgradig identifiziert, dadurch zu keiner Distanznahme fähig ist und somit unbewußt bleibt. – Für das dazwischen stehende Rückenmark ist die *metamer-segmentale Gliederung* die räumlich-rhythmisierte Grundfigur. Es begleitet zumindest einen Teil des Rumpfes und findet doch zu einer gewissen, wenn auch «in die Länge» gezogenen Konzentration. Auch der paarige Grenzstrang des Sympathicus als einem Kontaktorgan vom Vegetativum zum Rückenmark gliedert sich teilweise diesem Formprinzip ein. Die einschlägige Passage bei Rohen lautet:

«Im Kopfgebiet ist das Nervengewebe am stärksten konzentriert Hier überwiegen die integrativen und assoziativen Schaltvorgänge, wodurch das Zentralnervensystem wichtige Kontrollfunktionen ausüben kann. Die aus den großen Sinnesorganen einlaufenden (afferenten) Erregungen stehen im Vordergrund. Sie werden bewußt erlebbar, evtl. über längere Zeitabschnitte gespeichert (Erinnerung) und innerhalb des Gesamtnervensystems vielseitig verarbeitet.

Im Rückenmarksbereich überwiegen die reflektorischen Schaltungen. Die einlaufenden (afferenten) Erregungen werden mehr oder weniger automatisch durch unmittelbare Reaktionen (Efferenzen) beantwortet. Der Reflex- oder Leitungsbogen, d.h. der segmentbezogene «Funktionskreis» zwischen ein- und auslaufenden Erregungen, beherrscht das Bild. Diese Anordnungen nehmen eine gewisse Mittelstellung zwischen den oben definierten peripheren und zentralen Bereichen ein. Im Gesamtsystem spielen sie eine vermittelnde Rolle. Das Rückenmark ist außerdem auch ein Durchgangsort für die langen Leitungsbahnen und eine Umschaltstation zwischen dem zentralen und peripheren Nervensystem.

Im peripheren Gebiet (vegetatives oder autonomes Nervensystem) endlich dominiert morphologisch die ganglionäre Geflechtstruktur. Im Gegensatz zum Gehirn mit seinen auf engem Raum konzentrierten Kernkomplexen herrscht peripher mehr eine organbezogene Dezentralisierung der nervösen Masse vor. Die peripheren Fasergeflechte bekommen einen unmittelbaren Kontakt mit dem Gewebe selbst. Die steuernden (efferenten) Funktionen (Regelung der Organ- und Zelltätigkeit) stehen gemeinsam mit den hormonalen Prozessen des Körpers im Vordergrund. Die Tätigkeit dieses Bereiches bleibt weitgehend im Unbewußten» (Rohen 1978).

	Entwicklungs-tendenzen	Morphologische Struktur	Dominierende Funktion	Psychophysische Seite
Kopfbereich ZNS Sensorium	Konzentration	Kerne (Nuclei)	Integration (Afferenzen)	Bewußte Erlebnisfähigkeit
Rückenmark Sensomotorik	Segmentation	Metamere Gliederung	Reflektorische Kreisprozesse	Reflexe
Vegetatives Nervensystem Vegetativum	Dezentralisation	Ganglien und Plexus	Viszerale Steuerungen (Efferenzen)	Unbewußte Abläufe

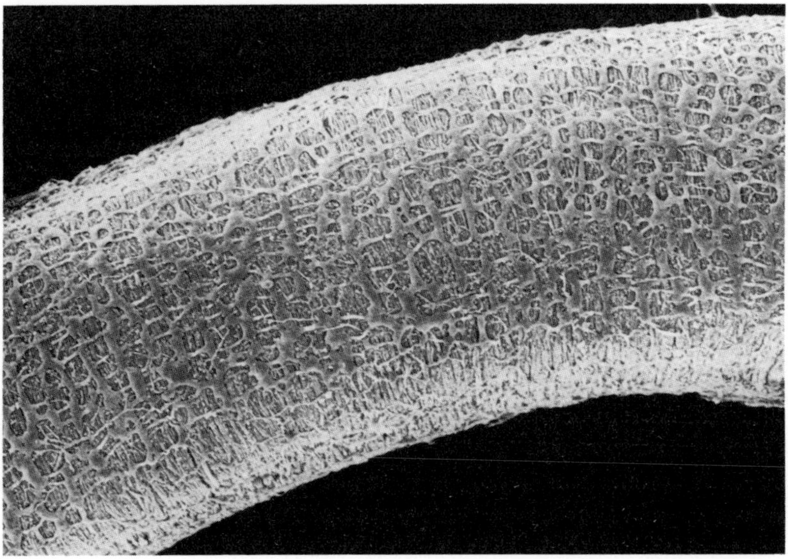

Abb. 1: Das dichte Netz vegetativer Nervengeflechte schmiegt sich hier engstens der Dickdarmwandung der Maus an. Elektronenmikroskopische Aufnahme, 74 x (aus Fujita/Tanaka/Tokunaga 1986).

Was uns an dieser Neugliederung des gesamten Nervensystems wichtig erscheint, ist, daß eine differenzierte, unterschiedliche Ordnung der Afferenzen und Efferenzen vom Organismus selbst ausgesprochen wird. Im Kopfbereich überwiegen die Afferenzen. Man spricht deswegen vom Gehirn auch als dem «Sensorium». Im Vegetativum hingegen finden wir die umgekehrte Relation vor: die Efferenzen haben hier das funktionelle Übergewicht. Die sensorischen Auslöser sind gering, die Erregungsbildung erfolgt vielfach spontan und «autonom», z.B. aus stabilisierten endogenen Organrhythmen heraus. Das Rückenmark hingegen bringt es zu einem erstaunlich ausgewogenen Funktionsverhältnis von Afferenzen und Efferenzen. Zwar sind die einlaufenden Nervenfasern der hinteren Wurzeln zahlreicher als die efferent austretenden Fasern der vorderen Wurzeln; funktionell aber arbeiten beide Bereiche ausgewogen zusammen. Deshalb eigneten sich die Rückenmarksfunktionen zur Entdeckung und Beschreibung des klassischen Reflexbogens auch am besten. Nur wird er hin zum Zentralpol (Gehirn) und zur Dezentralisation (Vegetativum) charakteristisch verschoben. Der Leitungsbogen aus Afferenzen und Efferenzen bildet zwar jedesmal einen vollständigen «Funktionskreis», der nicht nur im Rückenmarksbereich, sondern auch im Vegetativum und Zentralnervensystem anzutreffen ist, jedoch zumeist jeweils sehr verschieden gewichtet.

Damit aber kommen wir zu der für unser Thema so interessanten Frage: Wenn im Sensorium die Afferenzen überwiegen, welche Aufgaben haben dann gerade dort noch die Efferenzen? Und umgekehrt: Welche Aufgaben haben die unterrepräsentierten Afferenzen im Vegetativum?

Für das Sensorium sei zum Beispiel der Pupillenreflex genannt. Bei erhöhtem Lichtreiz reagiert die Irismuskulatur bekanntlich mit einer Kontraktion, zu der intakte efferente Fasern ihre Leistung beisteuern. Die Pupille verkleinert sich. Dadurch wird die Wahrnehmung vor zu großer Grelligkeit geschützt und so gemildert. Die beteiligten Efferenzen sind also im wesentlichen zur Verbesserung der Wahrnehmung im Sinne einer besseren Erträglichkeit, also zur Optimierung der Afferenz tätig.

Im vegetativen Bereich sind autonome Leistungen wie z. B. die rhythmische Schwingung vieler unbewußter Organfunktionen im 24-Stunden-Rhythmus über sensorische Vorgänge durch den täglichen Sonnenrhythmus, sprich die Eigenumdrehung der Erde, als Zeitgeber optimiert. Als freilaufender Rhythmus im Bunker-Versuch schwingt er ansonsten bei der Mehrzahl der Versuchspersonen im 25-Stunden-Rhythmus (autonomer Mondtag). So wie die Efferenzen im Sensorium den sensorischen Vorgang optimieren, so werden im Vegetativum die hier an sich recht autonomen Leistungen durch Afferenzen z. B. an das Tagesgeschehen angeschlossen und so funktionell optimiert.

Wir blicken damit in eine reich differenzierte, aber überschaubare Funktionsordnung, die unserem Problem eine neue Gesprächsebene gibt. Das Problem der sogenannten motorischen Nerven stellt sich nun nicht mehr in einfacher, sondern in *dreifacher* Form. Die adäquaten Fragen können nun gezielter gestellt werden: Wie hängen Wahrnehmen und Bewegen im unbewußten Bereich der inneren Organe etwa der Bauchhöhle zusammen? Wie ist der Zusammenhang von Wahrnehmen und Bewegen über die Rückenmarksorganisation gestaltet? Und wie stellt sich das Problem von Wahrnehmen und Bewegen in den seelisch bewußt werdenden Funktionen, die über Rükkenmarksreflexe hinausreichen und das Großhirn instrumental benötigen? Entsprechend verschieden müssen die Antworten aussehen. Erst durch eine solche Differenzierung kann man eine bessere Aufhellung des komplexen Problems erwarten.

Indem das Gehirn den gesamten Organismus in zentralisierter Form selbst wiederum repräsentiert, finden sich in ihm alle drei Funktionsbereiche aufs neue vor. Ausgewogene Reflexbögen für die Bewegungskoordination konzentrieren sich zusätzlich im Kleinhirn. Stamm- und Nachhirn arbeiten eng mit dem Vegetativum zusammen. Das Großhirn erst ist das eigentliche Sensorium mit den überwiegenden Afferenzen, dessen Efferenzen die Wahrnehmungsvorgänge vorwiegend zu optimieren helfen. Natürlich repräsentiert wiederum das Großhirn selber in vielfacher Weise den ganzen Organismus (Mountcastle 1988).

Die Dreigliederung des Nervensystems ist keine Dreiteilung. Es ist für den Organismus als solchen konstitutiv, daß in jedem Teil zugleich das Ganze des Organismus ebenfalls anwesend ist, nur funktionsgemäß abgewandelt. Sowohl die Abstimmmung aller Organe aufeinander als auch ihre hierarchische Unter- und Zuordnung zueinander sind ja darin begründet. Das Spezifische jedes lebenden Organismus, eine holistische Autonomie zu besitzen, die ebenso in sich gegliedert ist, wie der einzelne Organismus selbst wiederum nur organhaftes Glied im Umgebungszusammenhang ist, diesen logischen Widerspruch löst eben jeder Organismus, und diese Lösung nennen wir seit eh und je schon immer schlicht: das Leben. Auch die in sich wieder hierarchische Ordnung der Dreigliedrigkeit des Nervensystems ist davon beredter Ausdruck.

3. Der Antagonismus von Stoffwechsel und Bewußtsein

Es geht wie bei jeder Behandlung des Leib-Seele-Zusammenhanges immer auch um die Frage, ob nur das Zentralnervensystem oder die gesamte Leiblichkeit des Menschen mit allen Organen durchseelt ist. Erkenntnistheoretisch gibt es keinen Grund, warum dem Gehirn hierzu ein Monopol zustehen soll. Wenn es mit dem Seelenleben zu tun haben soll, dann könnte das auch für alle anderen Organe entsprechend ihrer jeweiligen Physiologie gelten. Wenn jedoch jedem physiologischen Substrat die Beseelung prinzipiell abgesprochen wird, dann muß das aber auch für das Gehirn gelten. Warum wird trotzdem gerne dem Zentralnervensystem eine Sonderrolle in der Beseelungsfrage zugestanden?

Gerade das hat Steiner beschäftigt. In der 6. «skizzenhaften Erweiterung» der Schrift *Von Seelenrätseln* (1917) machte er deutlich, daß die Theorie, nur das Nervensystem sei der leibliche Träger der Seele, davon herrührt, daß solche einflußreichen Philosophen wie Johann Friedrich Herbart und Theodor Ziehen im 19. Jahrhundert dem Seelenleben allein nur dasjenige zuerkannten, was im *vorstellenden Bewußtsein* auftaucht. «Gefühl» und «Wille» sind bei ihnen nur *vorgestelltes* Gefühl und *vorgestellter* Wille, also nur «Färbungen», bloße Attribute des vorstellenden Bewußtseins. Schränkt man das Seelenleben nur auf den wach reflektierenden Teil ein, so ist, wie entsprechende Bewußtseinsausfälle z.B. bei Hirnverletzungen zeigen, natürlich allein das Nervensystem der Träger des Seelenlebens. Darauf beruht verständlicherweise die landläufige Ansicht vom Monopol des Gehirns auf Beseelung.

Daß alle drei Seelenfähigkeiten von Vorstellen, Fühlen und Wollen untereinander gleichwertige, eigenständige Tätigkeiten sind, beschrieb 1775 als erster der Kieler Philosoph Johann Nikolaus Tetens (1736 – 1807). Kant schloß sich an ihn an und sprach 1793 und noch ausführlicher 1798 vom «Erkenntnisvermögen», dem «Gefühl der Lust und Unlust» und dem «Begehrungsvermögen», wobei keines von dem anderen ableitbar sei. Die unbefangene Beobachtung und Anerkennung der mit diesen Seelentätigkeiten verbundenen drei verschiedenen Helligkeitsgrade des menschlichen Bewußtseins als bewußte, träumendhalbbewußte und unbewußte, dabei dumpf umso wirksameren Regungen ergeben dann auch ein anderes Verhältnis zum Leib-Seele-Problem. Seit Anfang 1917 führte Rudolf Steiner zuerst in Vorträgen, dann in *Von Seelenrätseln* aus, daß der leibliche Träger des normalen Wachbewußtseins selbstverständlich die Nerventätigkeit ist, daß aber die leibliche Grundlage aller Gefühlserlebnisse hingegen alle rhythmischen Abläufe im gesamten Organismus sind und – daß der leibliche Träger des unbewußten Willensvermögens durchweg alle aufbauenden physiologischen Stoffwechselvorgänge (auch der damit verbundene Energiewechsel) sind. Das ist im anthroposophischen Wissenschaftsraum längst zum Allgemeingut geworden und hat sich in der Lebenspraxis als sehr viel fruchtbarer erwiesen als die vorgenannten Paradigmata.

Wenige geraffte Bemerkungen als Erfahrungs- und Begriffshilfe seien angeschlossen. Natürlich hat das Nervensystem auch mit dem Gefühlsleben zu tun, aber – soweit es nicht selbst Rhythmen, Stoff- und Energiewechsel besitzt – mehr mit der Bewußtmachung, also mit der bewußtseinsmäßig schon in die Distanz gehenden Vorstellung von den eigenen Gefühlen, gegenüber dem völlig spontanen Fühlen selber. Das primär reine Gefühl wirkt engstens mit der fortwährenden Abwandlung der Rhythmen besonders von Atmung und Pulsschlag zusammen. Jede Gefühlsnuance ändert meßbar jeden Herzschlag und die Atemtiefe. Und bei dem Einwand, diese Funktionen seien doch auch durch Nerven vermittelt, ist die Beobachtung auf deren Mitrhythmen zu richten, die sie darin zu Mitbeteiligten der rhythmischen Gesamtorganisation machen.

Schwerer ist der Zusammenhang zwischen Wille und Stoffwechsel zu verfolgen, weil ersterer faktisch rein unbewußt ist und nicht – wie es so oft geschieht – verwechselt werden darf mit dem, was man zu wollen sich nur vorstellt. Wir rühren vielmehr erst dann an ein Zentrum des Willens, wenn wir z.B. beachten, was wir in uns unbewußt permanent als Lebenswillen tragen. Jeder Arzt weiß empirisch, daß in lebensbedrohlichen Krankheitslagen die starke Kraft oder das Nachlassen des Lebenswillens im Patienten seine Stoffwechselphysiologie entscheidend mitbestimmen kann. Die Psychosomatik der ins Unbewußte verdrängten und gerade dadurch erst physiologisch wirksamen Seelenhaltungen hat hier ja ihr reiches Beobachtungs- und Therapiefeld.

Wichtig ist die für die weitere Darstellung einzuhaltende Stringenz: Nur das am Nerv ist leibliche Grundlage des vorstellenden Bewußtseins, was nicht rhythmisch und nicht Stoffwechsel bzw. Energiewechsel im Nervensystem ist. Diese sind insofern also ebenfalls auch Träger von Gefühl und Wille. (Der Beitrag von Otto Wolff in diesem Band hat das gleiche herausgearbeitet.) Wird der Wille aber nur an den Stoff- und Energiewechsel des motorischen Nerven gebunden, so wird übersehen, daß die eigentliche Domäne der physiologischen Wirkungen des unbewußten Seelenlebens in den humoralen Vorgängen des Blut- und Lymphsystems, also z.B. auch der hormonalen und immunologischen Gleichgewichte liegt. Was psychologisch dem efferenten Nerven als den «Willensbahnen» in einer plump-materialistischen Leib-Seele-Theorie zugeschrieben worden ist, erfüllen laut einem Vorschlag Steiners viel besser «die Blutbahnen» (1919a, 2. Vortrag), schon gerade deshalb, weil ihre Funktionen der wachen seelischen Beeinflussung viel ferner bleiben.

Damit konzentriert sich das Ausgangsproblem auf die entscheidende Frage: Was sind die efferenten («motorischen») Nerven in ihrer Nervenfunktion, insoweit sie nicht Träger rhythmischer Stoffwechsel- und Energievorgänge sind? Achtet man nur auf diese, so ist zwar eine automatische Informationsweitergabe zu verfolgen, aber kein Einblick zu gewinnen, wodurch letztere gegebenenfalls seelisch relevant wird.

Eine weitere Vorstellungshürde, die zu nehmen ist, um an den Denkansatz Steiners über die Wirklichkeit des Leib-Seele-Verhältnisses heranzukommen, ist die Ablösung des Begriffes «Nerventätigkeit» von ausschließlich dem, was nur in den Nervenzellen geschieht:

«Die leiblichen Vorgänge im Nervensystem, welche dem Vorstellen die Grundlage geben, sind physiologisch schwer zu fassen. Denn, wo Nerventätigkeit stattfindet, da ist Vorstellen des gewöhnlichen Bewußtseins vorhanden. Der Satz gilt aber auch umgekehrt: wo nicht vorgestellt wird, da kann nie Nerventätigkeit gefunden werden, sondern nur Stoffwechseltätigkeit im Nerven, und andeutungsweise rhythmisches Geschehen» (1917a, S. 156f.).

Grundlage des Vorstellens ist also eine «Nerventätigkeit», die nicht im Biochemismus der Nervenzelle besteht und auch nicht in den rhythmischen Abfolgen ihrer Aktionspotentiale. Was aber ist dann noch Nerventätigkeit? Das kann physiologisch nur negativ umschrieben werden: nämlich das, was keine physiologische Aktivität mehr zeigt:

«Die Physiologie wird nie zu Begriffen kommen, die für die Nervenlehre wirklichkeitsgemäß sind, solange sie nicht einsieht, daß die wahrhaftige Nerventätigkeit überhaupt nicht Gegenstand der physiologischen Sinnesbeobachtung sein kann» (1917a, S. 157).

Jegliche Versuche, physiologische Nervenvorgänge als Inhaltliches von psychischen Vorstellungsleistungen zu deuten, sind demnach fruchtlos. Was liefert hierzu das Experiment? Am EEG ist gut ablesbar, ob der Proband sich im Schlafzustand befindet oder wacht, ob er vor sich hin träumt oder sich in voller Aufmerksamkeit auf etwas konzentriert. Man kann damit aber nicht ermitteln, *was* er gerade denkt, vorstellt oder träumt, sondern nur, *daß* er z.B. denkt oder vor sich hin träumt. Nicht die Bewußtseinsinhalte, sondern die gefühlsmäßige Tiefenschicht der jeweiligen Bewußtseinsqualität zeichnet sich in der Rhythmik der jeweils auftretenden und auch kombinierten α-, β-, ϑ-Wellen etc. ab (von Baumgarten 1981). Im Tiefschlaf sind die dafür charakteristischen δ-Wellen deutlich niederfrequenter als die anderen und mit größerem Amplitudenausschlag versehen, worin sie sich den trophotropen Rhythmen nähern (Hildebrandt 1984). Die Nervenrhythmen sind leibliche Grundlage für die gefühlsmäßige Grundbefindlichkeit des Bewußtseins; der allgemeine Nervenstoffwechsel ist Grundlage für den Willen, ähnlich wie in verstärkter Form bei allen übrigen Stoffwechselvorgängen im Organismus. Die Frage bleibt offen, was dann «Nerventätigkeit» im Sinne Steiners ist, wenn unter ihr die leibliche Grundlage allein des wachen Vorstellens gemeint ist. Steiner kennzeichnet sie folgendermaßen:

«Was im Nervenleben *nicht* sinnlich beobachtbar ist, wovon aber das Sinnesgemäße die Notwendigkeit seines Vorhandenseins ergibt und auch die Eigenheit seiner Wirksamkeit, das ist Nerventätigkeit» (1917a, S. 157).

Diese Nerventätigkeit ist demnach nicht sinnenfällig. Und doch sei das ihr Sinnesgemäße vorfindbar. Was ist es dann? Wir haben wachbewußt einsatzfähige Organe und dem seelischen Direktzugriff unzugängliche, unbewußte Organe in uns. Beide Organgruppen sind innerviert, aber verschieden. Ein Vergleich der meisten Nerven des Zentralnervensystems mit den vegetativen Nerven gibt einen ersten möglichen Hinweis: letztere besitzen keine Markscheiden. Auch erstere sind erst für eine beabsichtigte Leistung einsatzbereit, wenn in der frühkindlichen Entwicklung die Markscheidenreifung weit genug gediehen ist (Morell u. Norton 1980). Diese «Schwannschen Scheiden» bestehen stofflich zum größeren Teil aus fettartigen Verbindungen von auffällig kristalloider Struktur (Rohen 1978). Einmal gebildet, sind sie hochgradig dem laufenden Stoffwechsel entzogen, ja sogar in Hungerzeiten vorerst nicht angreifbar, eben hungerfest. Werden sie künstlich durch fettlösliche Substanzen in den Stoffkreislauf wieder einbezogen, so schwindet das Bewußtsein. Darauf beruht bekanntlich die Wirkung der alten klassischen Narkosemittel Chloroform, Äther,

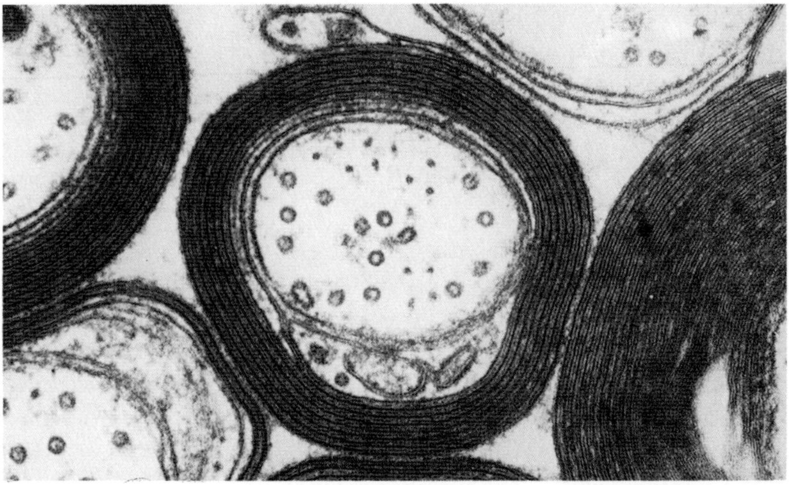

Abb. 2: Querschnitt durch myelinisierte Nervenfasern. Der Neurit erhält durch die zahlreichen Umwickelungen abgeflachter Schwannscher Zellen seine hungerfeste Markscheide. Elektronenmikroskopische Aufnahme, 150 000 x (aus Morell und Norton 1980).

Lachgas etc. Den vegetativen Nerven fehlen diese Fetthüllen prinzipiell. Sie arbeiten dadurch unbeeinflußbar vom momentanen Tagesbewußtsein. Die weißen Substanzen im Zentralnervensystem hingegen nehmen anteilsmäßig umso mehr zu, je höher ein Tier innerhalb der Wirbeltierreihe evoluiert ist. Beim Menschen bestehen 40 % des Gehirns aus weißem Material (Morell und Norton 1980).

Grundlage der Bewußtwerdung ist also nicht der Stoffwechsel etwa der Neuronen, sondern dessen Minimierung in den Schwannschen Scheiden ihrer Neuriten. Das *Nicht-Vorhandensein* von Stoffwechsel ist tatsächlich die organische Voraussetzung für die Bewußtseinspräsenz. Das lebende Neuron des Zentralnervensystems, z.B. in der grauen Substanz der Hirnrinde, hat nur insoweit Anteil daran, als auch es Anteil an den Entvitalisierungsfunktionen hat. Dafür lassen sich eine Reihe von Kriterien aufzählen. Zum einen: die Ermüdung durch das Bewußtsein selbst. Dauerwachen ist nicht möglich. Die Regeneration des ZNS im Schlaf ist unumgänglich. Schlafentzug ist eine der schlimmsten politischen Foltermethoden, weil er an den Rand des physiologischen Zusammenbruchs führt. Die vorwiegend oder völlig vegetativ innervierten Organe hingegen arbeiten ermüdungslos, z.B. der Darmtrakt und dessen Anhangsdrüsen wie Leber, Pankreas oder die Blutgefäße etc. samt ihrer vegetativen Innervationen.

Für das ZNS ist des weiteren die geringe Überlebenszeit nach Drosselung der Blutzufuhr charakteristisch. Die Gewebe einer abgebundenen Gliedmaße können noch nach einer Stunde ohne bleibende Schädigung sich voll normalisieren, das Großhirn nur innerhalb drei bis maximal fünf Minuten, wenn nicht künstlich durch eine physiologisch gehaltene Unterkühlung der Leichnamsbildungsprozeß um ein weniges aufgehalten werden kann.

Ebenso dürfen wir den endgültigen Verlust der Mitosefähigkeit der Nervenzellen im Laufe des ersten Lebensjahres als Ergebnis einer physiologischen Entvitalisierung des ZNS auffassen. Für das vegetative Nervensystem hingegen ist heute sicher, daß nach Bedarf lebenslang Zellvermehrung möglich ist (Rohen, mündl. Mitteilung).

Sprechend ist auch ein Vergleich der neurologischen Anbindung der Organe des Geruchssinnes und Lichtsinnes an das Gehirn, worauf Gisbert Husemann aufmerksam machte. Bekanntlich haben wir erhebliche Schwierigkeiten, Gerüche eindeutig zu beschreiben; der Unterschied von Lavendelgeruch und Nelkengeruch ist zwar eindeutig, aber nicht mit begrifflichen Attributen zu bestimmen. Hingegen sind die Inhalte der Augenwahrnehmung begrifflich und das heißt ja bewußtseinsklar leicht und reichhaltig zu differenzieren und zu bezeichnen. Interessant ist nun eben, daß das Riechepithel in der obersten Nasenmuschel mit primären Sinneszellen (Nervenzellen mit Sinnesfunktionen) besetzt ist, die zu den zugehörigen Projektionsfeldern im Riechhirn nur über einen einzigen Synapsensprung gelangen. Tast- und Wärmesinn verfügen zwischen ihren Rezeptoren und den zugehörigen Hirnfeldern über zwei Synapsendurchgänge pro Leitung. Für die neuronale Ableitung der einzelnen Lichtsinneszellen des Auges liegen zwei Synapsendurchgänge schon in der Netzhaut vor, an die sich ein weiterer im Corpus geniculatum im Gehirn anschließt. Wir treffen zwischen den Sehzellen in der Netzhaut und der Sehrinde im Hinterhauptslappen also auf insgesamt drei Synapsen, und das heißt, auf Erregungsleitungsräume außerhalb der lebenden Nervenzellen, denn die Synapsen sind interzelluläre Spalträume. Je mehr Synapsen in die Weiterleitung neuronaler Erregungen eingeschaltet sind, desto

Abb. 3: Der Aufbau der Netzhaut im Auge. Zwischen die Schicht der lichtempfindlichen Stäbchen bzw. Zäpfchen und die ableitenden Fasern des Nervus opticus sind die bipolaren und weitere Retinazellen eingegliedert. In den Synapsen zwischen den lichtempfindlichen und bipolaren Netzhautzellen findet die Reizleitung durch den Wegfall von Transmittersubstanzen statt (aus Gregory 1966).

größer sind also die Freiheitsgrade in der seelischen Verwendung. So liegt ja auch der größte Synapsenreichtum durch die ungeheuer zahlreiche interneuronale Vernetzung in der Hirnrinde selbst.

Hinzu kommt noch für die Augenwahrnehmung, daß in der ersten Synapsenschicht zwischen den lichtempfindlichen Rezeptorzellen (Stäbchen und Zäpfchen) und den sich anschließenden bipolaren Schaltzellen in der Retina die Reizleitung nun gerade nicht durch die

Übergabe von Transmitterstoffen stattfindet, sondern durch den Stopp des Transmitterflusses: «The receptors release the transmitter in the dark and release reduces with illumination» (Kaneko u. Shimazaki 1976). Das intermittierende Aussetzen des Stoffwechsels bei Belichtung beinhaltet selbst schon die Informationsweitergabe. Die Reizleitung geschieht hier also durch einen «negativen Reiz». In dem besonders vom Wachbewußtsein benutzten Sinnesorgan Auge liegt bei der Lichtwahrnehmung eine Zurückstellung des Stoffflusses in der ersten der drei aufeinanderfolgenden Synapsen vor. Poggio und Koch (1987) konnten zeigen, daß auch für das Bewegungssehen die Hemmungsvorgänge in der Retina mindestens so wichtig sind wie der positive Signalfluß. Daß negative Reize gleicherweise informativ sein können wie physiologisch positive, erfährt der Leser im Lesen gerade selbst. Denn die schwarzgedruckten Buchstaben dieser Zeilen bedeuten ja einen Ausfall an Belichtung für das Auge, während die lichtabstrahlende weiße Papierfläche nur als Hintergrundskontrast beteiligt ist.

Wesentlich für die bewußtseinsbegünstigende negative «Nerventätigkeit» im Sinne Steiners und in den Ergebnissen der Physiologie ist also mehr das «Nichtgeschehen» als das Geschehen innerhalb der Nervenzellen und in ihrer direkten nächsten Umgebung. Die stoffwechselarmen Nervenfette der Markscheiden sind dafür das auffälligste Beispiel. Deshalb ist auch die weiße Substanz des ZNS mehr als die graue Substanz organische Unterlage des Bewußtseins. Die graue Substanz der Großhirnrinde ist als ein beim Menschen besonders großflächig gefaltetes Riesenganglion schon mehr ein Ernährungsorgan des Gehirnes und damit nur indirekt bewußtseinsvermittelnd (1919a). «Nerventätigkeit» im Sinne Steiners als leibliche Grundlage des Bewußtseins ist in allen Organprozessen vorhanden, wo physiologische Zurücknahme geschieht. Sie kulminiert nur in den Markscheiden der weißen Nervensubstanz als einem beherrschten Todesprozeß und wird von Steiner deshalb «Nerventätigkeit» genannt – gemeint aber ist damit von ihm der Hang zur physiologischen Untätigkeit.

Ein beredter Hinweis für die massive Elimination der weißen Substanz aus dem allgemeinen Stoffwechselgeschehen ist die Entdeckung von Man und Mitarbeitern (1983), daß die Chiralität der beteiligten Aminosäuren mit zunehmendem Alter razematisch wird. Die vom Leben gebildete Asparaginsäure tritt immer in der L-Form auf. Einmal entstanden, wandelt sie sich in der weißen Substanz bei gleichbleibender Temperatur mit konstanter Halbwertszeit teilweise in die physiologisch untaugliche D-Asparaginsäure um. Es handelt sich dabei also um einen rein anorganischen Prozeß in Richtung hin zum Gleichgewichtszustand des optisch inaktiven Razemates (1:1). Der Vorgang ist außerhalb des lebendigen Stoffwechsels nur temperaturabhängig. Bei Warmblütlern, wie es der Mensch ist, kann man deshalb aus dem zunehmenden Anteil der D-Form das Alter annähernd bestimmen. Ganz ähnlich liegen die Verhältnisse bei den Proteinen im inneren Kern der Augenlinse und der Zahnsubstanz. Ihre Asparaginsäure wird ebenfalls, einmal gebildet, nicht mehr vom Lebensprozeß ausgewechselt. In der grauen Nervensubstanz hingegen findet keine lineare Zunahme des unphysiologischen Antipoden der Asparaginssäure statt; jene ist also permanent sehr viel stoffwechselaktiver als die weiße Substanz, so z.B. in allen vegetativen Nerven.

Wenn Stoffwechselverlust und Bewußtseinsbildung zusammenhängen, so müßten auch andere Organbereiche, die verstärkt in Abbauvorgänge involviert sind, Rückwirkungen auf die Bewußtseinslage haben. Ist dem so? Zum einen fällt der Blick auf die Exkretionstätigkeit der Niere. Psychische Konzentration oder gar hellwache Aufregung wirken bekanntlich rasch harntreibend. Ja schon der Anstieg der Harnsäure-Konzentration im Blut als Folge erhöhten Abbaustoffwechsels der Zellkernpurine führt zu erhöhter Wachheit. Wir simulieren diesen Vorgang durch Einnahme von chemisch so nah verwandten Verbindungen wie Coffein und Theobromin im Bohnenkaffee und Schwarzen Tee. Verfrühte Ausfällung der leicht kristallisierenden Harnsäure in den Lymphräumen der Gelenke erzeugt die Gicht und ist früher in intellektuellen Berufen als «Gelehrtenkrankheit» betrachtet worden. Daß heute Gicht schon im Jugendalter auftritt, kennzeichnet die physiologischen Rückwirkungen unserer intellektualistischen Gesellschaftsstruktur. Untersuchungen des Harnsäurespiegels im Blut bei verschiedenen Berufssparten ergaben ein ähnliches Bild. Besonders den Ehrgeiz und das Karrieredenken herausfordernde Berufe bewirken erhöhten Harnsäure-Blutspiegel (Müller und Brooks 1967).

Ein massiver Mineralisierungsvorgang im menschlichen Organismus ist die Calzifizierung des Skeletts. Die Bedeutung der Ausbildung der härtesten Substanz, der Zähne, für das Aufwachen zu frei verfügbaren Vorstellungen und Erinnerungen als Grundlage der Einschulungsreife ist nicht nur von der anthroposophischen Pädagogik bemerkt worden, sondern auch amerikanischen empirischen Untersuchungen nicht entgangen (Ilg und Ames 1965, Silvestro 1977, Silvestro und Baust 1978). Dabei ist die Ausbildung der härtesten Zahnsubstanz, das sind die Schmelzkappen (Zahnkronen) des zweiten Gebisses, besonders hervorstechend. Der Zahnstellungswechsel (von den nachhinkenden dritten Molaren abgesehen) läuft normalerweise vom 7. bis zum 14. Lebensjahr. Faktisch aber werden alle Zahnkronen des Dauergebisses schon bis zum 7. Lebensjahr unsichtbar hinter dem Zahnfleisch normalerweise fertig gebildet (wieder mit Ausnahme von M_3, den Weisheitszähnen). Mit der Ausbildung der härtesten Zahnsubstanz, und das sind die Kronen, ist jene psychische Veränderung korreliert, die die Schulreife konstituiert (Schad 1986). Übrigens ist die Schmelzbildung der Zahnkronen bei allen heutigen und fossilen Menschenformen durchweg härter als bei allen Affenformen, auch als bei den Menschenaffen.

Sind nicht nur die Nervenfettscheiden, die Harnsäure- und Zahnbildung, sondern auch die Calzifikation der Knochen ein bewußtseinsstützender Vorgang? Eine Entvitalisierung ist sie in jedem Fall. Das neben Calziumkarbonat überwiegend gebildete Calziumhydroxilphosphat zeigt in der Röntgenstrukturanalyse seinen charakteristischen anorganischen Kristallgitterbau. Hier herrschen die Gesetze der Mineralwelt. Wohl wird eine Knochenamputation nicht die zur Reflexion befähigte Bewußtseinslage eingreifend verändern. Und doch bemerken wir, daß nach jedem Bildungsschub des Gesamtskelettes eine Zeit vergleichsweise erhöhter Bewußtseinsleistungen erfolgt: so nach dem ersten Gestaltwandel mit 5 – 7 Jahren (Schulreife), nach dem pubertären Wachstumsschub (kritikfähige Urteilsreife) und mit dem endgültigen Abschluß des Skelettwachstums Anfang der 20er Jahre (Mündigkeitsreife). Hier haben wir es nicht nur mit dem zunehmenden analytischen Denken zu tun – das ist gebunden an die zunehmende Hirnreifung –, sondern mit einer Zunahme findiger, synthetischer Bewußtseinsleistungen.

Daß gerade auch ein reicher aktiver Einsatz des Gliedmaßenskelettes oft besondere Denkqualitäten erschließt, ist bei unbefangener Selbstbeobachtung deutlich, wenn man eine Zeitlang die Hilfe der Verkehrsmittel durch die eigene Körperbewegung ersetzt. Helmholtz und Gauß haben schon im letzten Jahrhundert bemerkt, daß sie beim

Gehen und Wandern ihre besten Einfälle hatten und erst anschließend die Reflexion einzusetzen brauchten (Copei 1960). Und auch das Sprachgefühl sagte schon immer: ich ver-stehe und be-greife etwas (statt: ich ver-hirne oder be-hirne etwas), oder spricht vom Gedanken-«Gang». Hier ist das bewegungsfähige Skelett als Denkorgan angesprochen. Und doch muß hier sehr viel genauer beobachtet werden, was vorliegt, um nicht bloße Etymologie zu betreiben.

Beachten wir die vergleichbaren Phänomene und sehen dann auf den immanenten Zusammenhang. Beschreiben wir zuerst die Bewußtseinsseite. Es gibt jenes Denkbewußtsein, das formale Strukturen sucht und entwirft und ihnen dann eine größtmögliche Geltung verschaffen möchte. Der Hang zur Abstraktion und zu ihrer möglichst weitreichenden Generalisierung und Pauschalierung ist charakteristisch. Möglichst viele Weltinhalte mit möglichst wenigen Gesetzen abzudecken, diese Denkökonomie gilt als vorbildlich. Ziel ist, die Erfahrungswelt durch Modelle mit einer solchen Allgemeingültigkeit zu ersetzen, daß dieselben wenn möglich nur noch wenig geändert zu werden brauchen. Die verwendeten Begriffe werden als verallgemeinertes Abbild begrenzter Erfahrung aufgefaßt, wobei ihr Geltungsrahmen opportunistisch abgegrenzt, nämlich «zweckmäßig» definiert wird. Schwieriger hingegen ist es, von den einmal gefaßten Systemen sich wieder zu lösen; sie haben stark bewußtseinsprägende, festlegende Wirkungen.

Anders die Qualitäten des schöpferisch-intuitiven Denkens. Es hat nicht minder klare, ja aufhellende, mehr Einsicht als logischen Zwang vermittelnde Inhalte. Nur entfalten dieselben ein Eigenleben, in welchem sie sich selbst abwandeln, erweitern oder gar in sinnvollere Kehrtwendungen übergehen können. Dieses Denken als solches ist jederzeit bereit, das formulierte Ergebnis wieder einzuschmelzen und bald in noch wirklichkeitsnähere und gedankenklarere Formen umzugießen. Nicht die bleibend definierte Position, sondern das an der Erfahrung gerne veränderte Vorgehen wird geistig gelebt.

Emotional werden beide polar erlebt: Im ersten Falle geben definierte Begriffe Halt und Sicherheit, bringen aber gegenüber den behandelten Weltinhalten den bewußt akzeptierten Wirklichkeitsabstand mit prinzipiell bloßer Wahrscheinlichkeit ein; wir denken in Modellen, wohl wissend, daß sie nicht die Wirklichkeit erfassen (Reduktionismus). Im zweiten Fall bleiben die Begriffe ähnlich den Weltinhalten wandlungsfähiger und schmiegen sich deshalb der Wirklichkeit besser an. Sie sind deshalb auch praxisfähiger; nur geben sie dem Bewußtsein keinen bleibenden Halt und sind arbeitsaufwendiger. Kant spräche im ersten Fall von Verstand, im zweiten von Vernunft. Wir wollen beide Denkweisen nicht gegeneinander ausspielen, sondern darauf aufmerksam machen, daß wir im fruchtbaren wissenschaftlichen Arbeiten beide gebrauchen, ja benötigen. Nur wer eine von beiden allein vertritt, leugnet die ergänzende Wirkung der anderen und verpaßt das Wesentliche der fruchtbaren Spannung.

Diese fruchtbare Spannung führt uns nun im naturhaften Vorbild die eigene Leiblichkeit vor. So finden sich für beide Fähigkeiten gleicherweise und doch verschiedene leibliche Grundlagen. Leibliche Denkorgane finden wir zum einen im Gehirn in Form der durch Lernen geprägten Vernetzungs-Strukturen vor, die, ähnlich den einmal gebildeten Nervenfetten, sich auffällig – hungerfest – stabilisieren. Zum anderen aber haben wir im Rumpf-Gliedmaßen-Skelett ein physiologisches Substrat, das zwar in seinem Mineralanteil kristallin gestaltet ist, aber sehr viel rascher als die Nervenfette in die Blutflüssigkeit rückresorbierbar ist, um an anderer Stelle erneut, besser, funktionstüchtiger auskristallisiert zu werden. So herrscht ja in den Bälk- chen-Strukturen des Knochenschwammes im Rumpf-Gliedmaßen-Bereich ein permanenter Abbau, Aufbau und Umbau vor, der sich nach der Verwendung und Beanspruchung im praktischen Tätigkeitsfeld richtet. Unnötige Knochenstrukturen, einmal abgebaut, werden nicht wieder gebildet. Hier ist jegliche Form Mitergebnis der Funktion.

Indem so beide Ebenen ins Auge gefaßt werden, die Denkbeobachtung im eigenen Bewußtsein einerseits und andererseits die physiologische Betrachtung der mehr entvitalisierten Organe, wird ihr jeweiliger Zusammenhang physiognomisch deutlich. Verstandesleistungen sind Großhirn-gebunden, das Vernunftvermögen hängt intim mit dem funktionellen Einsatz des Rumpf-Gliedmaßen-Skelettes zusammen. Wir wären kaum selbst ohne die Fingerzeige Steiners darauf verfallen (siehe z.B. 1924a, S. 113/114). Einmal bemerkt, erweisen sie sich als wissenschaftlich und lebenspraktisch überaus fruchtbar (Schad 1989, Schad und Suchantke 1990). Die menschlichen Gliedmaßen sind nicht nur räumliche Fortbewegungsorgane, sondern – bei realistischer Beobachtung – ebenso Intuitionsorgane.

Man kann sich der zweiten, wirklichkeitsnäheren, wenn auch sicherheitsärmeren Denkweise gerade dadurch bedienen, daß man sich der eingeschliffenen Denkgewohnheiten begibt, alle Bewußtseinsleistungen organologisch allein an die Neurone anschließen zu wollen. Es gilt ja auch das Umgekehrte, daß es zahllose Leistungen im Nervensystem gibt, die gar kein Bewußtseinskorrelat haben. Man denke nur an die Farb-, Form- und Dingkonstanz der Gegenstände im Wahrnehmungsfeld unserer Sinne bei verschiedener farbiger Beleuchtung und Perspektive – eine hochkomplexe «Verrechnungs»–Leistung ohne Bewußtseinsbeteiligung (Lorenz 1968). Von Baumgarten (1981) schreibt: «Auch wissen wir noch sehr wenig, fast nichts, von den spezifischen elektrischen, biochemischen und elektronenoptischen strukturellen Eigenschaften bewußtseinsaktiver Neuronen und Neuronenverbände.» Lorenz erwähnt, daß es eher die relativ einfachen, ja vereinfachten Nervenleistungen sind, die für das Wachbewußtsein in Frage kommen. Psychische Bewußtseinsleistungen und physiologisch hochwertige Stoffwechselleistungen sind also Antagonisten. Erstere sind eben nicht das Ergebnis letzterer, wie der Vulgärmaterialismus besonders seit Ernst Haeckel immer noch glaubt. Sein einstiger, viel unbekannter gebliebene Kollege in Jena, der Psychologe Carl Fortlage (1869), hingegen sah wohl als erster den hier herausgestellten und sich immer deutlicher abzeichnenden antagonistischen Zusammenhang:

«Das Bewußtsein gehört zu denjenigen Naturprozessen, welche die Kraft, wodurch sie existieren, durch ihre Existenz aufzehren ... Der ursprüngliche und erste Zustand unseres Organismus ist nicht das Wachen, sondern der Schlaf. Denn vor der Geburt, wo die Lebenskräfte erst den Leib noch zu bilden haben, schläft der Mensch fortwährend, und das neugeborene Kind schläft ebenfalls den größten Teil seiner Zeit. Auch die Genesung von Wunden und Krankheit, wobei es gilt, die Lebenskräfte neu zu sammeln und zu stärken, sie wird am besten und zumeist im schlafenden Zustande vollbracht ... Nur insofern wir schlafen also, leben wir; sofern wir wachen, beginnen wir zu sterben, indem wir mehr Lebenskraft ausgeben, als einnehmen. Und dennoch gilt uns nur diese Verschwendung unseres Lebens als das wahre Leben, und ein bloßer gar nicht zum Bewußtsein kommender Schlaf ist nichts und elend. Das bloße Leben, welches nichts weiter hat, als nur sich selbst, verachten wir. Denn der Anfang unseres Sterbens und nur dieser allein ist uns das wahre Leben. So paradox dies auch klingen mag, so ist es doch nichts weiter, als eine einfache Tatsache der Physiologie.»

4. Zur geistigen und seelischen Konstitution des Menschen

Alle leibliche Beschreibung des Nervensystems kann auf ihrer Beobachtungsebene nicht von sich aus die seelische Einbindung vorfinden. Die Ursache dafür liegt in der seelischen Haltung selbst, die wir dann einnehmen, wenn wir das Wachbewußtsein allein an sinnliche Gegenstände knüpfen, was ja zumeist der Fall ist, z.B. bei der bloß deskriptiven Untersuchung des Nervensystems selbst. Die Psychologie hat in verschiedenen ihrer Schulen aber selbst entdeckt, daß die seelisch-geistige Seite des Menschen nicht mit den Inhalten seines alltäglichen Wachbewußtseins ausgeschöpft ist. Seit Carl Gustav Carus (1846), den man neuerdings den eigentlichen Vater der Tiefenpsychologie nennt, kennt die Psychologie auch die Tatsache der unbewußten Psyche. Alle Helligkeitsstufen dazwischen erlebt die Seele schon im Aufwachen und Einschlafen und manche noch im «Tagträumen». Nun ist es für unsere weitere Betrachtung wichtig, daß wir die verschiedenartigen Bewußtseinserfahrungen in der Selbstbegegnung innerhalb des eigenen Bewußtseinstableaus ebenso differenziert beachten wie vorher die sinnesvermittelten. Jenem Bereich müssen wir uns im folgenden zuwenden, um uns über die psychologischen Voraussetzungen für eine Neufassung des Leib-Seele-Problems einige empirische Grundlagen seelischer Erfahrung zuzulegen. Denn die differenzierte Kenntnis der seelischen Organisation können wir für das naive Bewußtsein ebensowenig voraussetzen wie die der leibgegebenen Nervenorganisation. Das anthroposophische Studium gibt dazu wesentliche Aufschlüsse.

Unser normales Ichbewußtsein im Tagesablauf beruht weitgehend auf einem gewohnten Selbstumgang, der seine Sicherheit aus der Kontinuität des Gedächtnisses bezieht. Selbstwertgefühl und Selbstwertbewußtsein hängen daran, welche Erfolgs- oder Mißerfolgserlebnisse in der kürzlichen oder gesamten Biographie gemacht worden sind, soweit sie sich im Alltagsbewußtsein spiegeln. Jeden Morgen im Aufwachen sind wir uns sicher, ununterbrochen der gleiche Mensch – trotz des Unterbruches des Bewußtseins im Schlaf – gewesen zu sein, weil wir uns an die eigene Existenz vom gestrigen Tag erinnern können. Wie anders das Selbstbewußtsein geartet ist, wenn diese Erinnerungsfähigkeit noch nicht da ist oder nicht mehr da ist, erleben wir am kleinen Kind in den allerersten Lebensjahren und am ganz alten Menschen, wenn die hohe Vergreisung eintritt und erst die Kurzzeit-, dann die Langzeiterinnerung schwindet. Es tritt dann wieder ein solches spontanes Verschmelzen mit der Umgebung auf, daß alles zur strömenden Gegenwart wird. Die Hingabe an den Augenblick dominiert. Die Wahrnehmungen haben das Übergewicht vor den Vorstellungen. Das eigene Ich lebt nicht im Selbstbemerken, sondern allein in der Weltbegegnung. So können wir deutlich unterscheiden zwischen der Selbstvorstellung des eigenen Ich und der seelischen Weltzuwendung des Ich bei weitgehender oder völliger Selbstvergessenheit.

Diese beiden Haltungen des menschlichen Ich sind aber auch im Alltag des seiner selbst mächtigen Erwachsenen in reicher Abwechslung vorhanden. Selbst im wachesten Bereich seelischer Tätigkeit, wie z. B. im wissenschaftlichen Denken, läßt sich beides beobachten. Einerseits ist der Denker sich seines Subjektbewußtseins sicher, andererseits besteht im Augenblick des fruchtbaren Einfalles, der lösenden Intuition, des gedankenschöpferischen Augenblickes eine momentane vollkommene Selbstvergessenheit des Finders: eines der Kennzeichen, daß das Ich im Inhalt des Gesuchten lebt und sich solange selbst vergißt. Erst im sofortigen Nachhinein eines echten schöpferischen Augenblickes wird sich das kontrollierende Bewußtsein seiner selbst wieder ansichtig, ohne jedoch noch die fruchtbare Dichte der Verschmelzung mit dem Inhalt zugleich weiterhin haben zu können. Nur ein Abbild dieser Erfahrung, eben das Erinnerbare, das davon Vorstellbare, bleibt zurück und zur Verfügung. Die Nachbetrachtung ergibt aber auch, daß zwischen diesen beiden Tätigkeiten des denkenden Ich eben dieses Ich unterscheiden kann. Im letzteren Zustand identifiziert sich das Ich subjektbezogen mit sich selbst und kennt nur sich selbst sicher, im ersteren Zustand ist das Ich geistig mit dem Wahrheitsgehalt außerhalb seines bisherigen Wissensumfanges aktiv darinnen, ist also – selbstvergessen – Weltinhalt geworden, natürlich ohne als tätiges Ich aufzuhören, im Gegenteil: es ist ja hoch kreativ. Dabei spielt es keine wesentliche Rolle, ob dieses kreative Verwachsen mit dem, was man vorher noch nicht hatte, im Zuge einer Sinneswahrnehmung geschieht («anschauende Urteilskraft» im Sinne Goethes) oder unabhängig davon («reines Denken» im Sinne Steiners). Ichbewußtsein und produktive Ich-Aktivität sind also in jedem Falle zwei durchaus polar verschiedene Erfahrungen des Ich, und es bedarf nur etwas näherer Selbstbeobachtung, um zu bemerken, daß ersteres ein Sekundärphänomen des zweiten ist. Ohne nicht erst selbst aktiv zu sein, könnte sich das Ich auch im Spiegel der Selbstreflexion nicht selbst vorfinden, weil es dann nichts zu spiegeln gäbe. Auch im frühen Kindesalter geht die Weltoffenheit dem Ichbewußtsein immer voraus.

Unsere Aufgabe ist nun nicht nur die innerseelische Beobachtung, sondern die Aufdeckung ihres Zusammenhanges mit ihren leiblichen Grundlagen. Die gespiegelte Ich-Vorstellung des eigenen Subjektseins ist an das leibliche Instrument der Stirnlappen des Großhirns gebunden. Läsionen in diesem Bereich führen zum Verlust des eigenen Identitätsbewußtseins (nicht des Ich! denn beides ist ja zweierlei). – Der andere Zustand des Ich zeigt durch seine Erfahrungsqualitäten hingegen an, daß der fruchtbare Moment zwar voll erfahren werden kann, damit jedoch noch nicht sogleich die bleibende Verfügbarkeit über das Gefundene gesichert ist. Es wird oft ebenso leicht wieder vergessen wie gewonnen. Es gehört zu seinen Kennzeichen, daß nachträglich extra, in deutlich anderer Art, der Weg ins Sagbare und Erinnerbare gefunden werden muß. Das sind allgemeine Grenzerfahrungen der Ichtätigkeit, die kennzeichnen, daß im schöpferischen Augenblick die Spiegelfunktion des Gehirnes fehlt. Es deutet sich darin ein Moment der Leibunabhängigkeit an, in dem sowohl das Zeiterleben wie auch die Raumerfahrung stark verschoben sein können. Die zumeist sofort danach einsetzende Vorstellungskontrolle bietet dann die unverwechselbar andere, «sekundär» genannte Qualität an (Copei 1969). Rudolf Steiner nannte diesen auffälligen Tatbestand ein wichtiges Merkmal der Geist-Wahrnehmung (1917a, S. 142). Denn daß wir das schöpferisch-findige Denken als eine geistige Tätigkeit bezeichnen – an diesem Sprachgebrauch halten wir fest.

Die Grenzerfahrungen des kontrollierenden Bewußtseins weisen auf das Beschriebene selbst hin. So gehört es zur verbreiteten Lebenserfahrung, daß im Überschlafen von Problemen, die im Tagesbewußtsein nicht lösbar waren, nach dem Aufwachen Versatilität und Findigkeit gleichsam wie schon vollzogen erfahren werden und der rettende Einfall wie einfach da ist. Die seelisch-geistige Organisation hat im hirnunabhängigen Zustand des Schlafes eher die Möglichkeit gehabt, unbewußt die Lösung zu antizipieren. Das aber bekanntlich zumeist nur, wenn das tagbewußte Ich die Probleme so aktiv bewegt und bearbeitet hat, daß sie den Menschen «bis in den Schlaf verfolgen», um dort vom sich seiner selbst unbewußten Ich produktiv weitergebracht zu werden.

Es ist dazu nötig, zwischen Merkfähigkeit, Gedächtnis und Erinnerung zu unterscheiden. Mit ersterem meinen wir die Aufnahmefähigkeit in den Bereich des Behaltbaren, mit dem zweiten den unbewußten Fundus gemachter Erfahrungen, mit der dritten Bezeichnung die Rekapitulation derselben erneut im Bewußtsein. Eine Gehirnerschütterung wirkt sich bekanntlich störend auf die Erinnerungsfähigkeit aus, die retrograd (zeitlich rückschreitend) etwa bei einem Unfall eintritt. Nach voller Rekonvaleszens aber kann auch dieser Erfahrungsausschnitt wieder erinnert werden; es lag also eine Erinnerungsstörung, keine Gedächtnisstörung vor (Springer u. Deutsch 1987)). Die Erinnerungsfähigkeit ist an das physische Gehirn gebunden, das Gedächtnis an den Gesamtzusammenhang der Lebensorganisation, anthroposophisch gesprochen, an den *Ätherleib*. Und in diesem letzteren Bereich, der ja weder subjektiv noch objektiv, sondern auch hier brückenbildend ist, findet die schöpferische Intuition, vom Ich erarbeitet, statt. Schon eingangs sprachen wir von der Brücke der Zeitgestalten, und so kennzeichnete Steiner den Lebens- oder Ätherleib als den Zeitleib des Menschen.

Einmal darauf aufmerksam geworden, kann jeder Mensch entdekken, daß er viel mehr Einfälle hat, als er gewöhnlich vermeint; er muß sich nur darin schulen, dieselben auch in die gehirngebundene Erinnerbarkeit einzubinden. Es wird ja im entscheidenden Moment des Einfalles immer erlebt, daß trotz starker eigener Geistaktivität man den Einfall nicht selbst produziert, sondern er dem eigenen Bewußtseinstableau weltgegeben zukommt, eben «einfällt», «einleuchtet», eine «Eingebung» ist. Der Gedankeninhalt «denkt in mir aus sich selbst heraus», ist die Erfahrungsqualität. Das denkende Ich erlebt sich nicht in den bekannten Grenzen des Subjektes, sondern weltgegeben bereichert. Es lebt selbst in dem Geistgehalt, der mehr ist als es selbst: im Weltgehalt. Schon Hegel z.B. hat diesen Sachverhalt ausführlich charakterisiert (siehe Litt 1953).

Bei Steiner ist diese vorgenommene Unterscheidung in der Einschätzung des menschlichen Ich der zentrale Angelpunkt seiner Ausführungen in dem im Jahr 1911 gehaltenen Vortrag auf dem philosophischen Kongreß in Bologna (*Die psychologischen Grundlagen und die erkenntnistheoretische Stellung der Anthroposophie*). Die entscheidende Stelle lautet:

«Es soll der Einfachheit halber zunächst hier auf den Inhalt der Weltgesetzlichkeit verwiesen werden, insofern dieser in mathematischen Begriffen und Formeln ausdrückbar ist. Der innere gesetzmäßige Zusammenhang der mathematischen Formeln wird innerhalb des Bewußtseins gewonnen und dann auf die empirischen Tatbestände angewendet. Nun ist kein auffindbarer Unterschied zwischen dem, was im Bewußtsein als mathematischer Begriff lebt, wenn dieses Bewußtsein *seinen* Inhalt auf einen empirischen Tatbestand bezieht; oder wenn es diesen mathematischen Begriff in rein mathematischem abgezogenen Denken sich vergegenwärtigt. Das heißt aber doch nichts anderes als: das Ich steht mit seiner mathematischen Vorstellung nicht außerhalb der transzendent mathematischen Gesetzmäßigkeit der Dinge, sondern innerhalb. Und man wird deshalb zu einer besseren Vorstellung über das ‹Ich› erkenntnistheoretisch gelangen,wenn man es nicht innerhalb der Leibesorganisation befindlich vorstellt, und die Eindrücke ihm ‹von außen› geben läßt; sondern wenn man das ‹Ich› in die Gesetzmäßigkeit der Dinge selbst verlegt, und in der Leibesorganisation nur etwas wie einen Spiegel sieht, welcher das außer dem Leibe liegende Weben des Ich im Transzendenten dem Ich durch die organische Leibestätigkeit zurückspiegelt. Hat man sich einmal für das mathematische Denken mit dem Gedanken vertraut gemacht, daß das ‹Ich› nicht im Leibe ist, sondern außerhalb desselben und die organische Leibestätigkeit nur den lebendigen Spiegel vorstellt, aus dem das im Transzendenten liegende Leben des ‹Ich› gespiegelt wird, so kann man diesen Gedanken auch erkenntnistheoretisch begreiflich finden für alles, was im Bewußtseinshorizonte auftritt» (1911a, S. 139).

An dem am klarsten zu beschreibenden Erkenntnisvorgang, dem des mathematischen Denkens, wird beobachtet, daß ihm unverändert der gleiche Wahrheitswert zukommt, gleichgültig, ob er auf die empirische Welt anwendbar ist oder ob er im von aller Sinnlichkeit abstrahierenden, mathematisierenden Bewußtsein gefunden wird. In seinem zugehörigen Autoreferat stellt Steiner das Ergebnis nochmals heraus:

«Der Redner macht dann noch darauf aufmerksam, wie die Theorie der Wissenschaft gegenwärtig einer so geschilderten Seelenentwickelung nicht zustimmen könne, weil sie von vornherein das ‹Ich› des Menschen in die leibliche Innenwelt verlegt. Doch wird eine Erkenntnistheorie der Zukunft anerkennen, daß das Ich in Wahrheit schon in der geistigen Außenwelt liegt und das gewöhnliche Ich nur als sein Abbild in die Leibesorganisation hineinspiegelt» (1911a, S. 153f., siehe auch Steiner 1914).

Diese Unterscheidung von aktualem Ich im Weltinhalt und gespiegeltem Ichbild in der Anbindung an das Gehirn, und damit an die Leiblichkeit ist heute jedem bei einiger Selbstwahrnehmung möglich zu konstatieren. Es geht um die Unterscheidung, die den Menschen vor der Illusion befreit, nur das zu sein, was er sich von sich bloß vorstellt. Denn der Selbsttäuschungen gerade auf diesem Gebiete gibt es bekanntlich viele. Goethe mit seinem untrüglichen Gespür für die Spannweite des menschlichen Seelenlebens schrieb es einst dem noch jungen Arthur Schopenhauer ins Stammbuch:

> Willst du dich deines Wertes freuen,
> So mußt der Welt du Wert verleihen.

Schon in den dreißiger Jahren hatte Viktor von Weizsäcker die Weltpräsenz des menschlichen Ich bemerkt, das seine Handlungen ebenso aus dem primären Weltkontakt bezieht wie aus den sekundär im zentrischen Ichbewußtsein auftauchenden Wahrnehmungen (siehe auch den Beitrag von Georg von Arnim in diesem Band sowie Schad 1986).

An dem das ganze Werk Steiners durchziehenden Ansatz des sowohl weltinhaltlichen wie leibgespiegelten Ich hat innerhalb des anthroposophischen Wissenschaftsraumes schon früh Carl Unger (1910) weitergearbeitet. Er spricht von beiden Ichaspekten als dem «Nicht-Ich» und dem «Ich». Sein Denkblick ist dabei auf das wechselnde Verhältnis zwischen beiden gerichtet. Vom leibgebundenen, selbstbezogenen Ichbewußtsein aus kann die Objektivierung der Welt, ihre Vergegenständlichung betrieben werden. Das ist die alltägliche und in den sinnesgebundenen Formen von Wissenschaft geübte und übliche Einstellung des «gegenständlichen Bewußtseins». – Wo und wie tritt das weltverwachsene Ich (das Ungersche «Nicht-Ich») in seine Erkenntnisrechte mit ein? Ich und Nicht-Ich sind gleicherweise beteiligt, ja im vollen Gleichgewicht in der «imaginativen Erkenntnis», anthroposophisch bezeichnet. Hierin wird zur tableauartigen Überschau, zur

Bild-Imago, was das gegenständliche Bewußtsein im logischen Nacheinander nur ausschnitthaft erkundet hat. Mit der dritten Erfahrung, daß das Nicht-Ich im Erkenntnisvollzug vorherrscht und das Ich nur allein noch den dafür offenen Bewußtseinsboden einbringt, kennzeichnet Unger die «inspirierte Erkenntnis». Die Gedanken geben nach ihren eigenen Inhalten dem Bewußtsein ihre gegenseitige Zusammengehörigkeit vor.

Noch ein weiterer Schritt der Selbstaufklärung ist nötig, um bei unserer Fragestellung nach dem grundsätzlichen Zusammenhang des Seelisch-Geistigen mit dem Physisch-Leiblichen von ersterem mehr als nur diffuse Anmutungen zu haben. Die unverwechselbare und unersetzbare Einmaligkeitsnatur dessen, was jeder Mensch als sich selbst, als sein Ich kennt, ist erst dann ganz ernst genommen, wenn wir darauf verzichten können, irgendwelche Attribute von ihm zu beschreiben. Denn sonst ließe es sich auf etwas zurückführen, was nicht einmalig, sondern generalisierend vergleichbar ist, wie es alle begrifflich erfaßten Attribute sind; das aber widerspräche der unteilbaren Natur des Ich. – Andererseits finden sich im seelischen Vermögen der Individualität reiche Qualitäten, die sie mit anderen Menschen gemeinsam oder zumindest vergleichbar hat. Solche Attribute sind aber nur Akzidentien des menschlichen Ich und machen z.B. seine seelische Handlungsfähigkeit aus, sind seine seelischen Organe. Diese seelische Organisation aber erfährt das Ich eben nicht als sein unmittelbares Selbst, sondern als sein intim-schicksalshaft ihm zugehöriges, mittelbares Seelengewand. Die konstatierbare Erblichkeit gewisser seelischer Eigenschaften, sowie deren Prägungen durch Umwelt und Erziehung gehören neben vielem anderen hierher. Diese Quasi-Seelenleiblichkeit wird in der Anthroposophie unter der Bezeichnung *Empfindungsleib, Seelenleib* oder *Astralleib* zusammengefaßt.

Selten, aber doch in zentralen Darstellungen der anthroposophischen Menschenkunde schilderte Rudolf Steiner nun eine ähnliche Doppelnatur für den Astralleib, wie sie oben für das Ich berührt wurde. Schon bei seiner ersten Darstellung der menschlichen Wesensglieder überhaupt (Steiner 1904) wird der Begriff des Astralleibs so eingeführt, daß er teils zum Ätherleib zugehörig aufgefaßt wird, zum anderen Teil ein Stück der durch-ichten Empfindungsseele sei. Damit reicht der Empfindungsleib über die biologische Existenz des Lebensleibes hinaus und bindet doch zugleich das Seelenleben der

Empfindungsseele an jene an. Bei aller sprachlichen Schwierigkeit, Seelisches in Sagbares zu übersetzen, klingt darin schon die Doppelnatur des Astralischen an.

1913 geht Rudolf Steiner aber über diese Darstellung hinaus und schildert den Astralleib als ein primär rein geistiges Wesen, das auch während des Erdenlebens des Menschen noch völliges Glied der geistigen Welt bleibt. Es existiert geistig aufgehoben in der kosmischen Ordnung der Welt. Deshalb sei auch der aus der mittelalterlichen Tradition stammende Ausdruck «Astralleib» = Sternenleib dafür berechtigt. Wie ist nun Rudolf Steiners nähere Schilderung dieses Wesensgliedes? Was von diesem geistigen Seelenglied an der biologischen Leibesorganisation, also am Ätherleib und physischen Leib, aufscheint, erscheint uns im Leben an uns selber oder an den Mitmenschen als die Fülle der seelischen Eigenschaften. Und nun erfolgt die gewichtige Unterscheidung: Das aber sei nicht der wahre Astralleib selber, sondern nur sein Widerschein im Ätherleib und physischen Leib. Der «niedrige» Astralleib verhält sich darin polar zum wahren Astralleib, daß dieser weltgemäß sich ordnet, jener aber sich oftmals gegen die Weltgegebenheiten zu stellen vermag und in der emotionalen Aufrechterhaltung der persönlichen Subjektivität sein eigenes Leben entfaltet:

«Einer Geistesanschauung, welche nur die Bilder des übersinnlichen Bewußtseins hinnimmt und ihre Bedeutung nicht richtig zu verstehen vermag, kann es leicht geschehen, daß der astralische Einschlag des physischen und des ätherischen Leibes als der eigentliche astralische Leib genommen wird. Doch ist dieser ‹astralische Leib› gerade das Glied in der menschlichen Wesenheit, welches in seiner Wirksamkeit sich gegen die Gesetzmäßigkeit richtet, die dem Menschen in der Weltordnung wahrhaft zukommt. – ... es wird sich in den späteren Aphorismen dieser Schrift zeigen, daß auch das ‹Ich›, welches der Mensch in seinem gewöhnlichen Leben als seine Wesenheit anspricht, nicht das ‹wahre Ich› ist, sondern die Spiegelung des ‹wahren Ich› in der physisch-sinnlichen Welt» (1913a, S. 40f., siehe auch Steiner 1912b u. 1924b).

Eine tiefergreifende Selbst- und Menschenerkenntnis nicht nur des Ich, sondern auch der akzidentiellen Seelenorganisation bringt jeweils ein Doppeltes zum Vorschein: Ich und Astralleib, also – allgemein gesprochen – die geistige und seelische Existenz des Menschen, sind zu einem Teil mit der naturhaften, biologischen Leibesorganisation verbunden und erfahren und vollziehen in diesem Sinn allmorgendlich im Hier und Jetzt ihre *incarnatio*, auch indem sie sich mit Hilfe des Gehirnes als dem Bewußtseinsspiegelorgan ins Tagesbewußtsein hineinspiegeln. Zum anderen aber findet sich ihre wahre autochthone Existenz allein im Geistgehalt der Welt selber vor. Das ist gewöhnlich mehr im nächtlichen als im wachenden Zustand der Fall, wird aber auch am Tage in den herausgehobenen Momenten schöpferischer Tätigkeit bewußt erfahrbar. Erst dann und nur dadurch ist der Mensch nicht in sinnloser Weise ein in seinem Leibe, respektive Gehirn, weltfremd isolierter Zuschauer, sondern existentiell ein volles Mitglied des Weltgeschehens; und das auch dann, wenn er davon in seinem bürgerlichen Bewußtsein nichts weiß. Sowohl in seiner Ichnatur wie in seinem Empfindungsleib ist der Mensch also zum einen leibgebunden, ein isoliertes Eigenwesen, und ebenso, wenn er sich nur recht versteht, ein leibunabhängiges Umweltwesen.

Es ist ungewohnt, ein gleichsam morphologisches Denken in den Bereich seelisch-geistiger Erfahrung einzubringen. Oder wer es tut, ist es hinwiederum zumeist nicht gewohnt, Anatomie und Physiologie in ihren Einzelheiten kennenzulernen. Wird aber beides gekannt, so kann umfänglicher gefragt und erwartet werden, ob und wie die Leibesorganisation zur sprechenden Physiognomie, zum weitgehenden Ausdruck eben dieser seelisch-geistigen Organisation werden kann.

5. Das Nervensystem und die übersinnliche Organisation des Menschen

Es ist die Bewußtseinsleistung der naturwissenschaftlichen Methodik, uns über einen naiven Realismus hinausgebracht zu haben. So ist es ein ebenso wichtiger Schritt der Anthroposophie, uns über die naive Vorstellung eines zentrischen Ich, wie sie Descartes mit seinem «Cogito, ergo sum» festgeschrieben hat, aufgeklärt zu haben. Die heutigen französischen Tiefenpsychologen haben gleicherweise die Unzulänglichkeit des cartesianischen Ansatzes bemerkt (Kirchhoff 1980, Lacan 1973). Es geht hier nicht darum, die historische Notwendigkeit zu schmälern, mit Hilfe des cartesianischen Zweifels endlich das Erkenntnisvermögen von allen Traditionen freigekämpft zu haben. Aber das historisch einmal Notwendige ist noch nicht das auf Dauer Hilfreiche. Konrad Lorenz hat 1980 ganz richtig bemerkt, daß die Unfähigkeit, nicht nur dem Mitmenschen, sondern auch der seelischen Präsenz des Tieres menschlich gerecht zu werden (er denkt dabei an das verbreitete Elend hochtechnisierter Tierhaltung), unzulässig mit dem solipsistischen Modell entschuldigt wird, man könne «wissenschaftlich» ja prinzipiell nie wissen, was in einem Tiere seelisch vorgehe. Der Mensch – so Lorenz – habe eben doch die Fähigkeit zur «Du-Evidenz», sonst «gehört er in die psychiatrische Klinik wegen Schwäche der Du-Evidenz». Nur leider wehrte er sich erst im Alter gegen die üblichen Gutachten seiner zahlreichen Schüler aus der Verhaltensforschung, welche heute jedem Gericht testieren, daß man nie wissen könne, ob sich ein Tier im Batterie-Käfig wohlfühle oder nicht. Lorenz dazu:

«Der sogenannte Solipsismus, die Annahme, daß nur man selbst existiere, die ganze Welt aber, einschließlich aller Mitmenschen, nur ein Traum sei, kann logisch nicht widerlegt werden. Dennoch aber gibt es keinen Menschen, er sei denn völlig verrückt, der überzeugter Solipsist wäre ... Vielleicht am härtesten von diesen, im wahrsten Sinne, unmenschlichen Einstellung betroffen sind zunächst unsere Nutztiere, ebenso aber, was viel gefährlicher ist, die Kinder unserer Zivilisation. Es ist scheinbar ein weiter Schritt, der von grausam gemästeten Kälbern zu wohlgefütterten, aber seelisch verwahrlosten Wohlstandskindern führt, die geistige Grundhaltung aber, die den Verbrechen gegen Tiere wie gegen Kinder zugrunde liegt, ist genau dieselbe»(Lorenz 1980).

Dem temperamentvollen Votum von Lorenz können wir zustimmen. Nur – der Solipsismus kann durchaus mit wissenschaftlichen Mitteln enttarnt werden. Zwar natürlich nicht mit innenweltlicher Logik. Aber sie kann nie ein Einwand gegen Wirklichkeit sein, wenn diese empirisch erfahrbar ist. Auf die geistige Empirik von Ich und Empfindungsleiblichkeit haben wir bei uns selbst und ebenso bei Steiner, Unger, von Weizsäcker u.a. aufmerksam gemacht. In solchen Grenzerfahrungen liegt die jedem nachvollziehbare Vorarbeit für die methodische Ergänzung der rationalistischen Aufklärung vor. Indem Descartes die Aufklärung über die klare Erforschbarkeit der uns umgebenden Welt durch das Mittel der Vergegenständlichung in der Subjekt-Objekt-Trennung durchgesetzt hatte, blieb die Aufklärung jedoch gegenüber dem Subjekt selbst unfertig. Im Totalzweifel Descartes' wird dem Subjekt zuerst einmal allein die erste Realität zuerkannt und damit das prinzipielle Übergewicht über die Welt. Die umfängliche Selbstbeobachtung jedes Ich von sich in seinem Weltzusammenhang vervollständigt aber erst die Aufklärung und gibt der Welt ihren Wert zurück. Das Ich bemerkt nun erst, daß es sich der Welt verdankt, weil es letztlich in ihr ist. Die sozialen Folgen dieses Selbstvollzuges im Bewußtsein können nun aber auch in ihrer ungeheuren, heilsamen Tragweite von jedem sofort überblickt werden. Man denke nur an die brennende Ökologiefrage.

Karl Ballmer hat schon 1953 darauf hingewiesen, daß die anthroposophische Auflichtung des Doppelaspektes des Ich die sinnvolle Grundlage für die Lösung der psychologischen Problematik der sogenannten motorischen Nerven ist. Nur hatte er sein Anliegen in einer solchen Polemik vorgebracht, daß das Gesprächsfeld vergällt war. Der vorliegende Band hat deshalb das erklärte Ziel, nicht die endgültigen Lösungen bieten zu wollen, sondern das Gesprächsterrain zugänglich zu machen.

Vorhaben und Inhalt sind also gar nicht zu trennen. Das bedeutet aber, daß wir mit dem Problem – und es geht um das existentiellste Problem: um das von Ich und Welt – vorsichtig, ja «sozial» umzugehen haben. Das gegenständliche Bewußtsein findet sich und die Welt als getrennt, ja als inkommensurabel vor. Damit ist aber auch eindeutig, daß aus ihm heraus allein, bei noch so viel «Innerlichkeit» im Seelischen und noch so viel «objektiver» Faktenforschung im Räumlichen, das Steinersche Problem der motorischen Nerven nicht einmal im Ansatz gesehen, geschweige gelöst werden kann.

Begibt man sich nun in der von Unger geschilderten Weise auf die imaginative, «physiognomische» Bewußtseinsebene, so treten Ich und Welt durchaus in die gegenseitige Ergänzung ein. Es schließen sich dann die zahlreichen, auf beiden Feldern eingehend gemachten differenzierten Erfahrungen eindrücklich zusammen:

Nicht nur in der Ichnatur des Menschen, sondern auch in der mit den höheren Tieren gemeinsamen Seelenkonfiguration, im Astralleib, sind wir beidesmal auf eine Doppelhaftigkeit gestoßen: Das wahre Ich ist Mitglied des Geistgehaltes der Welt, das Alltags-Ich ist leibgebundenes Selbstbewußtsein; der wahre Astralleib ist Geistwesen im Geistkosmos, der «scheinbare» Astralleib ist der Widerschein am physischen Leib und Lebensleib. Die gesamte seelisch-geistige Organisation des Menschen ist also dual-polarisch: inkarnativ-leibgebunden und, in für das leibgebundene Bewußtsein (aber nur für es) schwer zu fassender Weise, Weltinhalt selber.

Eben diese duale Polarität durchzieht offensichtlich die gesamte Nervenorganisation des Menschen und (in entsprechend abgewandelter Form) die der höheren Tiere. Dem zusammenschauenden Blick ergänzt sich der physiologische und morphologische Leitungsdualismus durch die übersinnliche Organisation: Dem sich am Gehirn bewußt werdenden Tages-Ich, das durch die hohe Autonomisierung des menschlichen Leibes, besonders des Großhirnes, weltentfremdet lebt, wird die von seinem Bewußtsein getrennte Außenwelt durch die zentripetalen, zu ihm afferent hinführenden Nerven vermittelt. Es ist dem im Ich punktuell aufscheinenden Tagesbewußtsein schon immer evident gewesen, daß die psychologische Deutung, diese Nerven dienten der seelischen Wahrnehmung, sachgerecht ist. Die sind schon immer in der Nervenlehre die *sensiblen* oder *sensitiven* Nerven.

Dem sich in der Welt vorfindenden Ich, das den Solipsismus empirisch überwindet, wird mehr der eigene Leib zur Außenwelt als die Weltfülle selber. Rudolf Steiner gebraucht für dieses Umwelt-Ich das Bild nicht eines punktuellen Zentrums, sondern einer hohlen Kugel (1919a, 10. Vortrag), das sein Volumen im Umkreis besitzt. Dieses Sphären-Ich ist im liebevollen Inter-esse selbstvergessen «zwischen», «unter» und «in» den Dingen in Wirklichkeit anwesend und reicht so weit, wie der Mensch hingebungsvoll interessefähig ist. Außerordentlich viel geschieht davon nicht nur im Wachbewußtsein, sondern besonders auch im träumenden und tief-unbewußten existentiellen Verbundensein mit anderem, eben im Urvertrauen zur Welt in der schlafdunklen Willenssphäre. Rückt diese unbewußte höhere Ichsphäre ins Bewußtsein, wie in herausgehobenen oder gar außerordentlichen Lebensaugenblicken, so wird wie von außen auf den Leib geblickt. Die durch Moody bekannt gewordenen Erfahrungen z.B. klinisch toter Patienten, die reanimiert wurden, enthalten solche Grenzerlebnisse. Rudolf Steiner schildert diesen Erfahrungsbereich für den, der ihn im Leben kennt, so, daß er den Leib wie von außen her, und nicht mehr von «innen» her, bewegt und führt (1906, 1914 und 1921).

Dieses Vermögen hat aber auch schon jeder Mensch während des allgemeinen Tagesbewußtseins, nur nicht in diesem, sondern in dem ihm unbewußten Dauerschlafzustand seiner Willensorganisation. Damit ist nicht das gemeint, was wir uns zu wollen vornehmen, sondern was uns letztendlich befähigt, etwas einfach zu tun. Wir bewegen den Stoffwechsel und die Muskulatur nicht von «innen» (also vom Gehirn) her, sondern geistig von außen. Das heißt, im peripheren Erfolgsorgan selber ist ihr seelisch-geistiger Eingriff. Dorthin aber leiten alle zentrifugalen, efferenten Nerven. Sie sind also in dieser Hinsicht auch *hinführende* Nerven zum «Außenmenschen». Ihre so geartete *«Afferenz»* wird erst ansichtig im Bewußtwerden für den weltinhaltlichen Anteil des wahren Ich und des wahren Astralleibes. Für die übersinnliche seelisch-geistige Organisation sind die zur Peripherie (im umfassenden Sinne) leitenden Nerventätigkeiten Grundlage der normalerweise unbewußten Wahrnehmungsfähigkeiten des geistig «sphärischen» Menschen. Er nimmt, selbst «Weltinnenraum», in geradezu umgestülpter Weise nun als eine eingestülpte Außenwelt den weitgehend entvitalisierten Anteil seiner leiblichen Gegebenheiten wahr: so die mehrfach miniaturisierte Repräsentanz des ganzen Menschen im Zentralnervensystem, insbesondere im Großhirnbereich, von der ja die zentrifugale Nervenorganisation ausgeht. Aber wie das übliche zentrische Bewußtsein nicht nur zur starren, naturgesetzlichen Seite der toten Welt seinen Interessenbezug hat, sondern doch auch zu der ihm so unbegreiflichen Welt des Lebendigen in der äußeren Natur, so wird das umkreishaft tätige Ich ein besonderes Interesse nicht nur an den stoffwechselverarmten Organstrukturen, sondern an den Stoffwechselvorgängen des Leibes selbst eine umso größere Zuwendung vollziehen. Das geschieht gerade im nächtlichen Aufbau des sich regenerierenden Leibes durch das schlafende Ich und den schlafenden Astralleib über das *vegetative Nervensystem*. So wird auch erstmals verständlich, warum gerade bei diesem die Efferenzen organologisch bei weitem überwiegen. Sie sind die hinführenden «Afferenzen» zu der im allgemeinen unbewußten, machtvollen Willensorganisation des eigentlichen, autonomen Seelisch-Geistigen von uns. Ihm sind die organologischen Efferenzen sensitive Organe. Sie überwiegen im Vegetativum.

Steiner schilderte etwas davon 1917 in Vorträgen, in welchen er sich erstmals über die Dreigliederung des menschlichen Organismus äußerte:

«Und da zeigt sich uns bei einer durchgreifenden geistigen Beobachtung, daß dasjenige, was wir das Ich des Menschen nennen, tatsächlich, so wie der Mensch ist zwischen Geburt und Tod, gebunden ist – so grotesk es klingt, aber die Wahrheiten sind gewöhnlich verschieden von dem, was das Trivialbewußtsein sich vorstellt –, leiblich gebunden ist an dasjenige, was wir Unterleib nennen. Das Ich ist gebunden an die niedrigste Leiblichkeit des Menschen, und diese schläft fortwährend. Unser Ich, das kommt uns als solches in seiner Wahrheit, in seiner wirklichen Wesenheit ebensowenig zum Bewußtsein, wie uns die Vorgänge unserer Verdauung zum Bewußtsein kommen. Wir sehen oder nehmen unser Ich eigentlich niemals wahr, weder im Schlafe, wo wir überhaupt bewußtlos sind im normalen Zustand, noch im Wachen, denn das Ich schläft auch während des Wachens. Das wirkliche Ich kommt nicht ins Bewußtsein herein, sondern nur der Begriff, die Vorstellung, die wird heraufgespiegelt. Dagegen in der Zeit vom Einschlafen bis zum Aufwachen, da kommt wirklich dieses Ich zu sich selber, nur wird der Mensch im normalen tiefen Schlafe nichts davon wissen, weil er eben noch unbewußt ist während des Erdenzustandes in diesem tiefen Schlafe» (etwas gekürzt, 1917b).

Wir hatten im 2. Unterkapitel dieses Beitrages herausgestellt, daß das Problem der dualen Leitungsrichtung der Nerven nicht in einfacher Weise, sondern in dreifach unterschiedlicher Weise vom Organismus dargestellt wird. Wir kamen dazu anhand der unterschiedlichen Nervenbereiche des Vegetativum (Eingeweide-Nervensystem), der Sensomotorik (über das Rückenmark vermittelt) und des Sensoriums (Gehirn). Dann waren wir zu der doppelbödigen sowohl seelischen wie geistigen Konstitution des Menschen und der ihr deutlich entsprechenden dualen Reizleitung im neuralen Substrat gelangt: *Die zentripetalen Leitungsrichtungen stehen sensitiv dem zentrierten Seelenleben zur Verfügung, die zentrifugalen dem weltverwachsenen.* Nun werden wir darauf aufmerksam, daß letzteres mit den vegetativen, unbewußten Stoffwechselabläufen in engster Verbindung steht.

Charakteristischerweise liegen die neuralen Verhältnisse der dualen Leitungsrichtungen im Großhirn umgekehrt. Die Efferenzen treten bei Auszählung aller abschätzbar beteiligten Nervenfasern zahlenmäßig zurück; die Afferenzen, z.B. der Einlauf aller Fernsinne, Hautsinne, Muskel-, Sehnen-, Gelenksinne etc. überwiegen, weshalb Rohen (1984) vom Großhirn als dem Sensorium spricht. Viele hirnvermittelte Funktionen, die wir als Denken bezeichnen, sind bei näherem Zusehen weitgehend Sinnesleistungen: so die Gestaltwahrnehmungen, der

Lautsinn (nicht Hörsinn!) und das Erfassen mitgeteilter Bedeutungen im Sinne des Gedankensinnes (Steiner 1980).

Wir haben im 4. Unterkapitel zwischen dem produktiven Denken im schöpferischen Einfall und dem sich seiner selbst bewußt werdenden, sich kontrollierenden, erinnerungsfähigen Denken unterschieden. Letzteres ist sicher gehirngebunden. Ersteres hängt von der geistigen Weltoffenheit ab. Wir haben davon gesprochen, daß jede in die Welt eingreifende Handlung den realen Weltkontakt verstärkt. So ist der Bewegungsmensch mehr als der Kopfmensch als leibliches Intuitionsorgan tauglich. Achtet man allein auf die Intuitionen, welche sicher nicht nachschaffend, bloß reproduzierend, sondern produktiv sind, so wird deutlich, daß ihr Sinngehalt nicht vom zentrischen Ich erzeugt, sondern vom sich aufschließenden Sachgehalt gegeben wird. Die Gehirnleistung ist nur, die bewußt verfügbare Fixierung derselben in Sprache und Gedächtnis zu erreichen.

Daß nicht das abgekapselte Selbst, sondern das dem Ich zufließende Andere und doch Vertraute erfahren werden kann, ist aber nicht nur in der Qualität intuitiven Erkennens der Fall, sondern verwirklicht sich in jeder weltgerechten Handlung – auch wenn man sie erst im Nachhinein ermißt. Aber gilt das nicht letztlich für jede unserer Tätigkeiten, daß wir erst im Rückblick, in der Reflexion ganz bemerken, was wir getan haben? Die Vorausplanung jeder Handlung ist eine Hilfestellung, und doch ist der Tathergang bei unbefangener Rechenschaft immer anders geworden als vorher vorgestellt. Wäre das nicht der Fall – und wieviel an möglichst abgesicherter Voraussage wird heute organisiert –, so wären wir nicht mehr bereit, aus unseren Handlungen zu lernen. Daher der hohe Grad an ungewollter Inhumanität des heutigen Zivilisationsgetriebes.

Wird jedoch vermehrt bemerkt, daß jede Handlung, ob bewußt oder nicht, intuitionsverwandt ist, so werden sich auch allmählich die Motive des Handelns verändern. Nicht mehr die eigenen Vorstellungen und Intentionen stehen dann im Vordergrund, sondern die Motive speisen sich frei gewollt aus der Bedürftigkeit des Umkreises. Nicht die beabsichtigte Selbstverwirklichung, sondern die Bedürfnisse des Anderen werden moralinfrei zur Veranlassung der geliebten Handlung, welche durch eine noch viel menschlichere «Art der Selbstverwirklichung» wie zurückgegeben, schicksalsartig beschenkt wird. Substantielles Schicksal gestaltet sich ja nicht nur aus der Kopfplanung heraus, wie es ebensowenig nur passiv erlitten wird, sondern kann in der freien Welt- und Schicksalsannahme zum erhöhten Aktivum werden, in dem sich Ich und Weltgeschehen einigen. Jeder gute Psychiater weiß davon. Wird mit der Welt nur gehadert oder kann Schicksal aktiv angenommen werden? Goethe versuchte etwas davon der Lebensgefährtin Wilhelm Meisters in den Mund zu legen, die über sich selbst jedoch ihren Oheim zitiert. Der Humor erzeugt die vollkommene zwischenmenschliche Verschränkung:

«Bei solchen Gelegenheiten pflegte er meist über mich zu scherzen und zu sagen: Natalien kann man bei Leibesleben selig preisen, da ihre Natur nichts fordert, als was die Welt wünscht und braucht.»

Der Mensch: ein sich nicht nur aus seinem Inneren, sondern – je mehr er Mensch ist – ein sich frei aus seinem Umkreis motivierendes Wesen.

Nun wird erst verständlich, warum die psychologische Deutung der motorischen Nerven als den eigentlichen «Willensnerven» im Denken Steiners auf so massive Vorbehalte stieß. Sonst wäre das Wesen des menschlichen Ich als ein prinzipiell von der Um- und Mitwelt Ausgeschlossenes allein im abgekapseltsten Teil des menschlichen Leibes, im Gehirn, vorhanden. «The lonely crowd» Riesmans, die Massengesellschaft, in welcher der trotzdem vereinsamte Einzelne mit der Angst vor noch mehr zwischenmenschlicher Anonymität dahinlebt, ist längst das sichtbare Ergebnis davon. Steiners Analyse ist schon nach dem ersten Weltkrieg deutlich:

«Sehen Sie, wir würden ja wirklich geistig-seelisch als Menschen sehr voneinander getrennt sein, wenn wir geistig-seelisch so einander gegenüberstünden, daß wir eigentlich alles Fühlen und Wollen durch unsere Nerven in unserem Innern entwickelten und der ganze Mensch in seiner Haut abgeschlossen gedacht werden müßte. Da wird das Seelische sehr isoliert. Und ich möchte sagen: So fühlen sich heute die Menschen, und ein getreues Abbild dieses Fühlens ist der antisozial und immer antisozialer werdende Zustand Europas» (GA 301).

Das soziale Erkenntnisanliegen Steiners besteht eben nicht darin, moralische Thesen zu verbreiten, denn das ist in praxi bekanntlich nutzlos, sondern die Gedankenkonstrukte zu identifizieren und offenzulegen, aus denen sich sozial-unfähige Einstellungen historisch speisen. Damit aber wird deutlich, daß nicht das physiologische Faktenfeld der Neurologie zur Debatte steht, denn dieses Faktenfeld steht, sondern die Aufklärung über die Ichnatur und die seelische Gestaltung des Menschen und ihrer vielseitigen Wechselverhältnisse mit der Leibesorganisation. Wer zentripetale Leitungsrichtungen der «motorisch» genannten Nerven zu beweisen versucht, um damit ihre von Steiner ausgesprochene Wahrnehmungsfunktion zu stützen, sieht nicht, daß er damit das Anliegen Steiners geradewegs unterläuft. Denn er bindet weiterhin den Zugriff des vollen Ich theoretisch an das Zentralnervensystem. Er denkt diesen Gedanken natürlich auch gehirngebunden im gegenständlichen Vorstellen, also bewußtseinsmäßig verengt. Dann würde schon die Zweiweltentheorie des bekannten Neurologen Eccles hinreichen. Eccles übernimmt von Popper zwar eine Dreiweltentheorie. Was Popper als dritte Welt des objektiven Geistes dabei bezeichnet, ist aber nur die materiell kodifizierte Tradition («Welt 2 in Welt 1»; siehe Eccles 1987). Dieser anerkennt durchaus das Ich als die geistige Instanz, die aber allein in die Gehirnvorgänge einzugreifen in der Lage ist. Eccles' Denken steht hierbei auf dem Standpunkt eines persönlich vertretenen Katholizismus, trägt aber nichts zum viel gründlicher ansetzenden Anliegen Steiners bei. Das heißt nicht, daß die Anthroposophie diese Eingriffsmöglichkeit des Ich in die Gehirnfunktionen ablehnen würde. Sie beginnt aber erst da, wo die Einschränkung dieser gehirngebundenen Ichvorstellung bemerkt wird und das volle Tätigkeitsfeld des menschlichen Ich noch ganz wo anders gefunden wird: nämlich mehr in der Welt selber als in den Nervenzentren. Denn diese haben, insoweit sie entvitalisierend wirksam sind, für das Ich nur Spiegelungswert.

Anthroposophische Medizin, Heilpädagogik und Pädagogik kommen nicht ohne die skizzierte Erweiterung des Ichverständnisses aus, sonst würden sie katholifizieren, was ebensowenig sozial weiterhülfe wie das Gegenteil: den mechanistischen Positivismus und Reduktionismus als alleinigen Diskussionsboden für das anstehende Thema einzunehmen. Letztere verlieren damit ebenso den Menschen wie der agnostische Dualismus, der Immanenz und Transzendenz nicht in ihrer Verbindung kennt.

Nimmt man Rudolf Steiner beim Wort, daß die Nerventätigkeit in seinem Sinne, als Grundlage des Bewußtseins, nicht als physiologische Aktivität zu beobachten ist, sondern mit der Herablähmung derselben zu tun hat, und daß jeder Stoffwechsel seelisch mit Willensvollzügen zu tun hat, so darf man sagen, daß schon jeder Nerv, gleichgültig ob afferent oder efferent, beide Seiten in sich birgt. Der efferente Nerv hat ja auch z. B. für den Muskel nachweislich ernährende, trophische Funktionen ebenso wie der afferente Nerv für die angelaufenen Rindenfelder im Gehirn (Van der Loos 1988). Muskel oder auch Rindenfeld atrophieren sonst mit der Zeit. Die elektrischen Aktionsströme im Nerven sieht Steiner selbst eng mit Willensvorgängen verbunden:

«Und das Auftreten der physiologischen Elektrizität bei gewissen niederen Tieren, das ist nur ein sich an einer bestimmten Stelle der Natur äußerndes Symptom für eine sonst nicht bemerkbare, aber allgemeine Erscheinung: Überall, wo Wille durch den Stoffwechsel wirkt, wirkt ein den äußeren elektrischen und magnetischen Erscheinungen Ähnliches» (1920).

Der Nerv ist Träger von organgebundenem Willen, insoweit auch er Stoffwechselaufbau enthält; er ist Träger des Bewußtseins, insofern er unter abbauender Herablähmung steht. Selbst bei den Blutbahnen, die Steiner als die eigentlichen leiblichen Willenswerkzeuge bezeichnet, sind Nerventätigkeiten in Form der sie umspinnenden vegetativen Innervationen vorhanden; wie es auch in der weißen Substanz des Großhirns kein Neuron ohne einen Rest an Stoffwechsel gibt. Der Versuch, eine «chemisch reine» Trennung beider Gegensätze zu erkunden, ist unangemessen.

Wenn wir so unsere einteilenden Begriffe nicht als Skalpelle zum Durchschneiden der Wirklichkeit benutzen, sondern als Tastorgane für die Wirklichkeit, so können wir sagen: Alle Nerven haben die Möglichkeit, Empfindung *und* Wille, Wahrnehmen *und* Handeln zu vermitteln. Ist doch auch der Wahrnehmungsvorgang über die Sinnesorgane nicht ohne die psychische, zumindest unterschwellige Bereitschaft möglich, etwas erfahren zu *wollen*. Dann kann auch ebenso den «Handlungsnerven» Wahrnehmungsfähigkeit im psychischen Bereich zugesprochen werden.

Man beachte, was es für die Abklärung unseres Themas bedeutet, wenn wir ins Auge fassen, daß der oft genannte Gegensatz von Wahrnehmen und Handeln psychisch gesehen gar nicht so groß zu sein braucht, daß er ein völliger Gegensatz zwischen passiver Aufnahme und aktiver Reaktion wäre: Im Wahrnehmen seelisch intentional voll zuzugreifen, ist ein eminent aktiver Vorgang, der, solange wir die

Wahrnehmungsinhalte nicht sogleich zu Vorstellungen abfangen, einen hohen Willenseinsatz fordert. Man braucht sich nur an einen lohnenden Museumsbesuch zu erinnern. Leibvermittelte Wahrnehmungen sind, wenn sie nicht nur physiologische Apperzeption bleiben, immer von Wille durchtränkt. Die Sprache hält z. B. für das Sehen eine ganze Steigerungsskala bereit: anstarren – glotzen – betrachten – sehen – beobachten – erspähen – anschauen – gewahren.

So wie es keine sinnvolle Wahrnehmung ohne Willenstätigkeit gibt, so auch keine gewollte leibliche Handlung ohne Wahrnehmung. Jede Körperbewegung wird von reichen, wenn auch zumeist dumpfen Wahrnehmungen begleitet. Darum sind Taube taubstumm und Gliedmaßentaube gelähmt. Für die Leistungen des Vegetativums müssen wir deshalb auch nach den zugehörigen Wahrnehmungen fragen.

Wir haben es also mit kompliziert ineinander verwobenen Funktionskreisen zu tun. Hinzu kommen noch die unterschiedlichen Sprachebenen. «Nerventätigkeit» im stoffwechselaktiven Sinne wirkt auf Dauer auch vitalisierend (man denke an den Muskelschwund als Restschaden einer Poliomyelitis). «Nerventätigkeit» im Steinerschen Sprachgebrauch spricht die entvitalisierenden Vorgänge im Nervensystem an. Der Übersicht halber ist es wohl hilfreich, die physiologischen und die psychischen Vorgänge sich für die polaren Nervensysteme im Menschen erst einmal getrennt zu verdeutlichen und dann die Arbeitsweise im Rückenmarkssystem einzuschätzen. Aber nicht nur das ist im Auge zu behalten. Es ist dabei auch zu beachten, ob die seelisch-geistigen Tätigkeiten von Wahrnehmen und Handeln vom weltentfremdeten oder weltverwachsenen Anteil des menschlichen Ich her gesehen und verstanden werden. Damit fassen wir das bisher Vorgebrachte in einem ersten Entwurf zusammen. Dabei bedeutet «Z» Nervenzentrum und «P» peripheres Organ innerhalb des jeweiligen neuralen Funktionskreises.

Vom zentrischen Ich her gesehen:

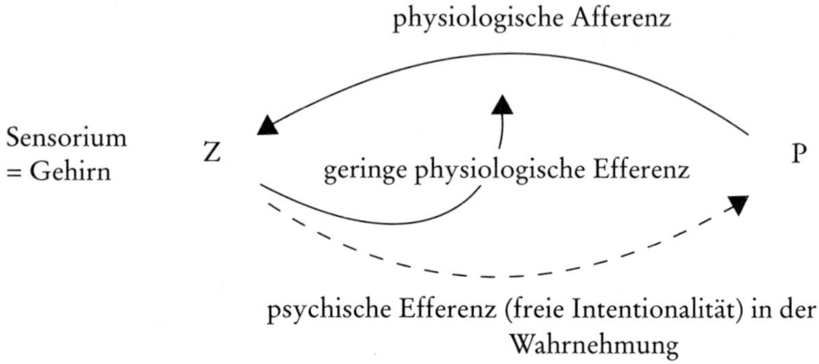

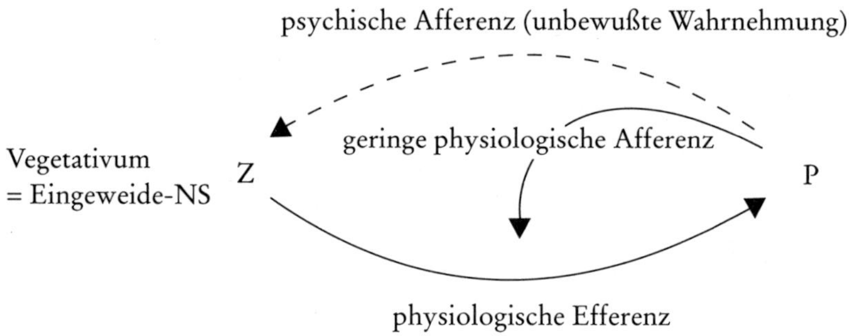

Im Gehirn laufen die physiologischen Afferenzen der meisten Sinnesorgane zusammen. Die geringe physiologische Efferenz optimiert reflektorisch die Funktion jener. Die seelische Beteiligung in der willentlichen Aufmerksamkeitsintentionalität an der Sinneswahrnehmung ergänzt die physiologische Efferenz in freier Weise, so daß der sonst ungleichgewichtige Funktionskreis ausgewogen wird. Die seelische Aktivität vervollständigt geradezu das leibliche Substrat.

Im vegetativen Nervensystem herrscht die physiologische Efferenz z.B. in der vielfach spontanen Biorhythmik vor, begleitet von der unbewußten Willensbereitschaft der leibgebundenen Psyche als ihrem durchgängigen Lebenswillen. Ist letzterer verunsichert, so treten die psychosomatischen Dysregulationen auf: charakteristischerweise nicht im Gehirn, sondern gehäuft in den Oberbauchorganen (Magen, Duodenum, Galle, Pankreas, Colon). – Die physiologischen Afferenzen sind an den hier enggekoppelten Reflexen vielfältig beteiligt, doch oftmals nicht allein zuständig. Welche Afferenzen lösen etwa im Hormonstoffwechsel z.B. den Beginn einer Geburt aus? Die nur modulierende Beteiligung von afferent vermittelten Zeitgebern stabilisierter, endogener Organrhythmen ist der Chronobiologie reich bekannt. Ebenso die langfristige physiologische Wirkung tiefenpsychologisch relevanter, unbewußt aufgenommener oder ins Unbewußte verdrängter Wahrnehmungen. Sie betreffen den leibgebundenen, inkarnierten Anteil des unbewußten Ich. Wieder ergänzt das psychische Vermögen die unausgewogenen physiologischen Verhältnisse wesentlich.

Die damit angesprochenen Gegebenheiten sind noch am leichtesten verfolgbar, sind wir doch gewohnt, von der Zentrik unseres Ich her zu denken. Wie wir schon zu zeigen versucht haben, ist aber das Leib-Seele-Verhältnis ebenso vom erweiterten Ichverständnis her mitzuerfassen. Es führt dann zu einem erweiterten Einbezug der physiologischen Organisation etwa in der folgenden Weise:

Vom peripheren Ich her gesehen:

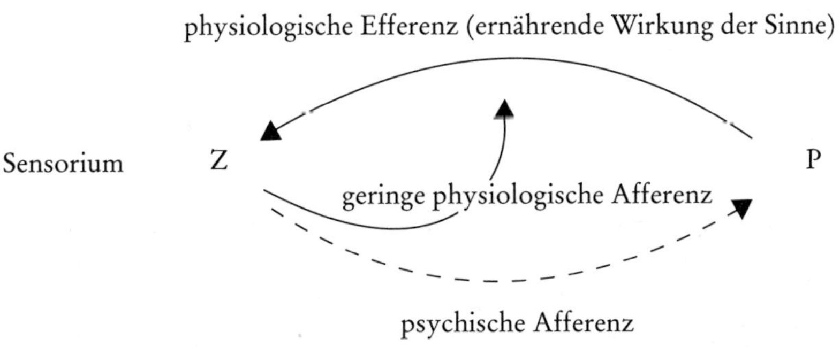

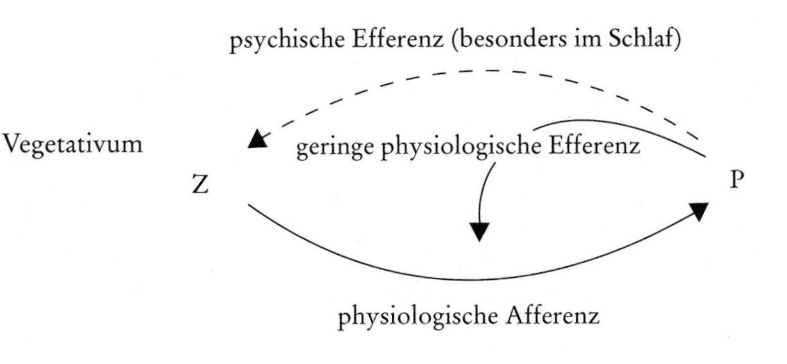

Das Hauptansatzgebiet des weltverbundenen Ichbereiches ist der vom vegetativen Nervensystem vorzüglich innervierte Organbereich. Was an reichen Efferenzen hier physiologisch aktiv ist, bedeutet in seinen auch vorhandenen entvitalisierenden Anteilen die physiologische *Afferenz* für das von der funktionellen Peripherie her eingreifende höhere Ich. Es betätigt so eine Leibwahrnehmung vom Umkreis her. Der Leib wird hierbei in der Weise zu einer Art Außenwelt, wie es die sogenannte Außenwelt außerhalb des Leibes für das zentrisch sich erlebende Ich in selbstverständlicher Weise ist. Hier gilt ganz der Vorschlag Steiners, daß die «motorischen Nerven» in Wirklichkeit sensitive Nerven sind.

Die sonst als vegetative Afferenzen aufgefaßten Leitungsfasern werden nun als physiologische Efferenzen ersichtlich. Ihnen stehen starke, besonders im Schlaf wirksame, übersinnliche Regulationen zur Seite, die aus ihrer weltumfänglichen Einbettung jene harmonische Ordnung einbringen, die die morgendliche Erfrischung, ja jede Art von konstitutioneller Regeneration des Organismus ermöglicht. Davon liegt ein reicher anthroposophischer Kenntnisbereich vor, der hier nur angerührt werden soll (Steiner 1913a, S. 87).

Der Gehirnbereich ist vom peripheren Ich-Anteil noch schwerer zu erfassen. Aber auch hier dürfen wir davon ausgehen, daß das, was vom zentrischen Ich her als afferente Nerven deklariert wird, für das periphere Ich zu efferenten Organen wird. Gerade in dem Ausmaße, wie wir in der aktiven Sinneswahrnehmung selbst weltverwachsen werden, erfährt die beteiligte Nervenorganisation eine Belebung und Erfrischung, die den umgekehrt wirksamen, physiologisch aufbauenden Willen zeigt, den jedes offene Weltinteresse erzeugt. Hier treffen wir auf eine ernährende Wirkung durch die Sinne; etwas, von dem Steiner angelegentlich gesprochen hat (1924c, S. 87/88).

Was uns als physiologische Efferenz im Sensorium bisher galt, ist nun auf seine Afferenz hin zum «Welt-Ich» zugleich denkbar geworden. Was dieses wahrnehmen wird, ist die eingestülpte Außenwelt: das den Todesprozessen so nahe stehende Gehirn insbesondere in seiner weißen Substanz. Seine entvitalisierenden Prozesse sind das zu seiner vollen Außenwelt gewordene Gegenüber, das uns normalerweise völlig unbewußt bleibt. Die Schilderungen reanimierter klinisch Verstorbener, die ihrem Leib wie von außen zusehen, enthalten etwas davon (Moody 1977). Auch hier wird in Zukunft der

Umgang mit den intimeren Schilderungen der Anthroposophie weiterhelfen.

Sensorium und Vegetativum im Vergleich zeigen jedesmal, daß die maximale Möglichkeit zur funktionellen Trennung zwischen Wahrnehmen und Handeln durch das vom Großhirn vermittelte Vorstellungsleben gegeben ist. Dieser Dualismus ist in den vom Vegetativum beherrschten Bauchhöhlenorganen am geringsten, weil hier der Hiatus am schwächsten ist. Zentrum und Peripherie sind schon räumlich mit nur kurzen Abständen über das Erfolgsorgan hin weitgehend diffus verteilt. Die anatomische Morphologie entspricht eng den psychischen Korrelaten.

Gehen wir nun zur Betrachtung der Senso-Motorik des Rückenmarks über, so ist zu fordern, daß beide am Sensorium und Vegetativum aufgezeigten Ordnungen in beidseitiger Annäherung soweit verfolgt werden können, daß der komplementäre Ausgleich auch hier ersichtlich wird. Die Verknüpfung des Rückenmarks mit dem Cortex des Gehirns und dessen Einfluß auf die Rückenmarksbahnungen sind ebenso gegeben wie die Anknüpfung an den Sympathicus-Grenzstrang des Vegetativum. Wir kommen darauf in der Schlußbetrachtung zurück.

Bei all diesen Betrachtungen blieb bisher die Frage offen, wo und wie denn nun genau die übersinnliche in die leibliche Organisation eingreift. Tragen wir noch einmal die dafür wichtigen, schon genannten Ergebnisse zusammen. Der im Nervensystem auffindbare räumliche Leitungsdualismus steht nicht in erster Linie im Zusammenhang mit dem Scheindualismus von Wahrnehmen und Wollen, sondern mit der Doppelnatur des leibgebundenen und weltverbundenen Ich. Diese Doppelnatur kennzeichnet ebenso den übersinnlichen Empfindungsleib, weshalb wir ähnliche Verhältnisse beim höheren Tier vorfinden. Zentrifugale und zentripetale Leitungen sind Organe der inkarnierten und der exkarnierten Seiten sowohl der seelisch-emotionalen wie auch der geistigen Existenz. Die Bewußtwerdung durch Vorstellungen geschieht überall da, wo nicht physischer Aufbau, sondern Abbau vorkommt. Beide Vorgänge gehören zu jedem Stoffwechselfunktionskreis, doch finden sich vielfältige Präponderanzen. Die Nervenzellen selber stehen mehr im Stoffwechsel, ihre Markscheiden mehr im zur Ruhe gekommenen Abbau; die graue Nervensubstanz mehr im Aufbau, die weiße mehr im Abbau; die intrazellulären Vorgänge mehr im Aufbau, die extrazellulären, z.B. in den Synapsen, mehr im Abbau. Das Vegetativum als Ganzes steht den Aufbauleistungen näher, das Großhirn mehr dem Abbau. Bei all diesen räumlichen Aspekten wird damit aber deutlich, daß ihr zeitliches Verhalten maßgeblich ist. So sind die physiologischen Elektropotentialschwankungen der Nerven-Aktionsströme unentwegt von wechselnder Polarisation und Depolarisation bestimmt. In der Polarisation werden durch Ionenwanderungen gegen das energetische Gefälle elektrische Spannungen aufgebaut, bei der Depolarisation fällt die Spannung wieder zusammen. In der Polarisation können wir nach allem Gesagten die Mitbeteiligung des organgebundenen Willens erkennen, in der Depolarisation die Grundlage des ans Nervensystem gebundenen bewußten Vorstellens. Nicht ein einzelner Ort (das wäre die Morgensternsche Kirchturmspitze) ist das Geschehen, sondern die ganze Hierarchie wechselseitig ineinandergreifender Auf- und Abbauvorgänge auf molekularer, organell-artiger, zellulärer, zellkomplexhafter, organhafter, Organsysteme umgreifender Ebenen, ja des ganzen Organismus und seiner Einbettung in das Weltgeschehen. Wir bemerken: Hier ist die Lokalisationssuche verfehlt, sondern entscheidend werden die Zeitvorgänge. Was entlang der Nerven geleitet wird, sind Rhythmen: Spannungsfrequenzen, die vielseitig nach Veranlassung moduliert werden. Erst das Instrumentarium der Chronobiologie wird den engeren Leib-Seele-Zusammenhang beschreiben können. Bei Steiner selbst finden wir dazu die ersten Hinweise, indem er auf die Brücke rhythmisierter Zeit, auf das Wesen des Musikalischen, das auch in der Organik des Nervensystem da ist, aufmerksam zu machen versuchte:

«Was den Muskel in Bewegung bringt, was irgendeine Bewegung des Muskels hervorruft, das hängt zusammen mit dem Astralleib, und zwar so, daß im Astralleib selber zur Bewegung des Muskels eine Art Tonentwicklung, eine Art Schallentwicklung stattfindet. Etwas wie eine Art Musikalisches durchdringt unsern Astralleib, und der Ausdruck dieser Tonentwicklung ist die Muskelbewegung ... Ganz trivial können sich die Menschen davon überzeugen, wenn sie den Bizeps, den Oberarmmuskel, recht anspannen und ihn dann ans Ohr bringen: wenn sie sich einige Übung dafür aneignen, nur den Muskel recht anspannen und den Daumen anlegen, dann können sie den Ton hören. Es soll das kein Beweis sein, sondern nur etwas, wodurch man trivial illustrieren kann, was damit gemeint ist. – So sind wir musikalisch durchdrungen und leben es aus in unseren Muskelbewegungen. Und daß wir etwas von unseren Muskelbewegungen kennen, dazu haben wir die motorischen Nerven, wie man sie unrichtig nennt.»

Dabei ist nur zu beachten, daß es im Ansatz um die Mitwirkung des weltinhaltlichen, unbewußten Astralleibes geht:

«Es wird gar nicht viel Zeit dazu gehören, so werden die Menschen es einsehen, daß der Muskel allerdings nicht in Bewegung gebracht wird durch Nerven, sondern daß er in Bewegung kommt durch unseren astralischen Leib, und zwar durch das in unserem Astralleibe, was in diesem zunächst nicht unmittelbar so wahrgenommen wird, wie es ist. Denn das ist ein Gesetz, daß das, was wirken soll, nicht unmittelbar wahrgenommen wird» (1911c).

Wie stehen dazu die neueren Versuche von Walter, Kornhuber und Deecke? (Näheres dazu siehe bei Kranich in diesem Band.) Kurz vor beabsichtigten Fingerbewegungen konnte an der Großhirnrinde der Versuchspersonen das Anschwellen von Bereitschaftspotentialen gemessen werden. Sie engen sich dann flächenmäßig auf den zuständigen motorischen Cortex im Gyrus praecentralis ein, woraufhin dann die Fingerbewegung erfolgen kann. Dabei handelt es sich um Abläufe, die unter Beteiligung von wachen Vorstellungen und ebenso bewußtem Vorsatz und Entschluß vom Gehirn zum muskulären Erfolgsorgan reichen. Ist also doch der bewußte Vorsatz der erste Anreger der zur Handlung führenden cerebralen Bereitschaftspotentiale? Die Zeitmessungen von Hans Helmut Kornhuber ergaben, daß die zum Bewußtsein kommende Entscheidung nach dem Beginn der physiologischen Einleitung des Potentialaufbaues erst da ist, und zwar mindestens eine Drittelsekunde später. Diese Ergebnisse bestätigen, was schon die anthroposophische Seelenkunde aufgedeckt hat: daß der Quell des Willens nicht im sich bewußt werdenden Tagesbewußtsein liegt – wir betrieben sonst nur eine Vorstellungspsychologie –, sondern unabhängig davon eine autonome seelische Kraft ist. Das normale Bewußtsein hinkt diesen wahren, physiologisch wirksamen Willensvorgängen immer hinterher.

Wozu dann aber überhaupt noch die Bewußtwerdung? Sie kann in die physiologische und psychologische Handlungsbereitschaft intervenieren und den begonnenen Anlauf stoppen. In der Ablähmung der erst dumpf angelegten Handlungsmöglichkeit liegt die Freiheit des Normalbewußtseins, nicht in ihrer Veranlassung. Sprechen wir innerhalb dieses abgeschatteten Tagesbewußtseins von unserem «freien Willen», so wird dabei gewöhnlich nur auf die trivialen Formen von Absicht, Vorsatz und Entschluß geblickt, die wir im Alltagsbewußtsein benutzen, nicht auf die viel machtvolleren Instanzen von Wunsch, Vorsatz und Entschluß, welche in jenem unbewußten «zweiten Menschen» wirksam sind, den Steiner (1919a, 4. Vortrag) und auch die Tiefenpsychologen kennen. Es handelt sich ersichtlich nur um jene im Tagesbewußtsein sich abspielenden Vorgänge, die die bloßen Spiegelbilder jener Tiefenschichten sind. Ohne Frage gibt es diesen Handlungsverlauf – sogar in reicher Fülle. Indem wir vielfach von vorgestellten Wünschen und Intentionen ausgehen, «dressiert sich der Intellekt den Willen» (Steiner 1919a, 11. Vortrag). Die bekannten Folgen sind die weltfremden Handlungen, im innenweltlichen Selbstbezug ausgedacht, voller Überzeugung ausgeführt und doch neben der Weltwirklichkeit liegend.

Wer im motorischen Cortex das Ich als ein «willentlich» Eingreifendes vermutet, hat Recht, aber nur für die Abbilder seines Ich und Astralleibes und vertritt damit weiterhin einen Cartesianismus, der nur statt der Zirbeldrüse eben andere Stellen des Gehirns, besonders den motorischen Cortex des Stirnhirnes als Ich-Instrument sieht. Das ist zwar der Fall, nur besteht die Selbsttäuschung, man habe mit dem vollen eigenen Ich und Astralleib zu tun. Hier liegt eine besondere Schwierigkeit im Grundsätzlichen unseres Problems: Wir kennen uns im allgemeinen nur im Spiegelbild. Die Möglichkeit der Spiegelung gibt uns die Möglichkeit der Freiheit, eben auch der Isolation von der Weltwirklichkeit. Nur – was machen wir mit der gewonnenen Freiheit? Steiners Anliegen ist, sie für den Weltzusammenhang einzusetzen. Dazu muß das Spiegelbewußtsein durchbrochen werden. Darum geht es bei der anthroposophischen Interpretation des Nervensystems.

Ein näherer Blick ins Tierreich zeigt, daß die dem Menschen so geläufige Kluft zwischen Wahrnehmen und Handeln sich erst im evolutiven Geschehen herausgebildet hat. Im niederen Tierreich, unter den wirbellosen Tieren, finden sich vielfältig Organe, die Sinnes- und Bewegungsfunktionen engstens zusammenschließen. Manche Heuschrecken haben ihr Trommelfell samt Gehörorgan im Schienbein, manche Schmetterlinge ihre Geschmacksorgane an den Spitzen der Vorderbeine, und die Tastantennen der Krebse sind umgewandelte

Gliedmaßen. Suchantke (1983, S. 81) spricht deshalb von einem regelrechten «Sinnes-Gliedmaßen-System» im Insektenreich. Alle Gliedertiere bilden ein strickleiterartiges Bauchmark aus: das Nervensystem ist noch engstens den den Bodenkontakt wahrnehmenden Sinnesfeldern angeschlossen. Fast alles geschieht hier so reflektorisch, wie bei uns nur im vegetativen Nervensystem. – Erst mit der völligen Umpolung von Vorne und Hinten (Neumünder) und Oben und Unten (Rückenmarkstiere) kommt es zur Ausbildung der höheren Tierwelt und damit zu den Wirbeltieren. Das nun erst voll von der Anlage her zentralisierte Nervensystem geht auf räumliche und funktionelle Distanz zum Bodenkontakt (bei m aufgerichteten Menschen am meisten) und schließt sich in Knochenröhren (Wirbelkanal) und Knochenkapseln (der Schädelkalotte) vom Umweltzugang zunehmend ab. Zwischen Afferenzen und Efferenzen werden soviele Zwischenvorgänge gelegt, daß organologisch die Freiheitsgrade zwischen Wahrnehmung und Bewegung immer mehr ausgebaut werden. Dieser evolutiv erworbene Hiatus ist beim heutigen Menschen die konstitutive Voraussetzung seines überlegten freien Handelns. Aber zwischen Wahrnehmung, subjektiver Vornahme und objektiver Bewegung bleibt jener dem naiven Tagesbewußtsein unzugängliche Dunkelraum, den es aufzuschließen gilt.

Zu den früher vorgebrachten Lösungsversuchen sei noch erwähnt, daß es sinnlos ist, den efferenten Fasern der motorischen Nerven zentrengerichtete Leitungsfunktionen zuschreiben zu wollen. Wie sollte man dann die zentrengerichtete Leitung der Afferenzen unserer Sinnesorgane beurteilen – auch entgegengesetzt? Die Efferenzen, z.B. zu den quergestreiften Muskeln, kommen als sensitive Nerven des Lebenssinnes ebensowenig in Frage. Nach den Darstellungen Steiners über das psychische Tableau des Lebenssinnes ist derselbe für Leibwahrnehmungen zuständig, die leicht bemerkbar hochgradig über das vegetative Nervensystem verlaufen, nicht aber über Efferenzen des Zentralnervensystems: Sich gesund oder krank, wohl oder übel, ausgeschlafen oder schlafensmüde zu fühlen, sind Vermittlungen des Vegetativums, die uns erst in sekundärer Verarbeitung im Tagesbewußtsein über afferente Nerven zum Zentralnervensystem weitergereicht werden. Die Efferenzen des ZNS haben mit dem Lebenssinn direkt nichts zu tun.

6. Schlußbetrachtung

Damit treten wir in die Schlußfrage ein. Ist denn nicht auch die hier vorgebrachte anthroposophische Darstellung letztlich doch ein Hinweis auf die dualistische Grundnatur des Menschen? Wenn die Duplizitätstheorie des Nervensystems von räumlicher Afferenz und Efferenz physiologisch unbestreitbar ist, wenn die übersinnliche Natur des Seelenleibes in einem inkarnierten und einem exkarnierten Anteil vorliegt und wenn der Geistkern des Menschen, sein Ich, sich selbst sowohl als ein selbstbezogenes Ich wie andererseits auch als ein sozialfähiges Ich bemerkt, spricht das nicht letztlich alles für die Gespaltenheit des Menschen durch und durch? Das kann die schmerzliche Selbsterkenntnis nur bestätigen. Und schon die Tatsache, daß Selbsterkenntnis wohl immer schmerzlich ist, zeigt jene immer vorhandene Spaltung der menschlichen Wesenheit an.

Doch die Weisheit des Organismus spricht schon morphologisch auch davon, daß der Mensch nicht nur ein zwiespältiges Wesen ist. In der gesamten Nervenorganisation stellen sich das Stammhirn und Rückenmark zwischen das Großhirn und Vegetativum. Wir haben davon gesprochen, daß hier zentripetale und zentrifugale Leitungsrichtungen, also «beide Afferenzen», zueinander im Gleichgewicht stehen. Für die übersinnliche Organisation legt die leibliche Ordnung nahe, daß hier die beiden so entgegengesetzten Seiten zumindestens des Astralleibes sich nähern, ergänzen, gegenseitig aufhelfen können.

Aber damit tritt auch eine eigentümliche Gefährdung der menschlichen Dimensionen auf. Diese beruht ja erst einmal auf dem Hiatus von Subjekt und Objekt, Selbstbezug und Weltbezug, weil erst darin der Freiheitsraum sich bilden kann. Die prägnante Polarisierung zwischen Großhirnausbildung und Vegetativum nahm in der Evolutionsreihe dauernd zu und ist im Menschen extrem. In den Rückenmarksreflexen erscheint sie hingegen weitgehend aufgehoben. Sieht man sich hier nach dem biologischen Optimum um, so sind es die Dinosaurier des Erdmittelalters, deren gewaltige Dominanz des Rückenmarks sogar noch am fossilen Skelett abzulesen ist. Schon die Körperlänge bis zu 25 m wird bei diesen Riesenechsen weitestgehend von der Wirbelsäule und einem entsprechenden, äußerst langen Rückenmarkstrang geliefert. Der Schädel ist extrem klein, das Gehirn darin oft nur walnußgroß. Die neurale Koordination des Riesenleibes erfolgt fast vollständig über das Rückenmark. Es ist dafür in der Lendenregion zu einem «Rückenmarksgehirn» (Lendenhirn) so aufgeschwollen, daß allein im Knochenkanal eines Lendenwirbels der ganze Schädel leicht Platz finden würde. Diese Reflexkolosse sind leibgewordene Gier vereinseitigter Rückenmarksdominanz. Eine Apotheose der seelischen Bereiche der Rückenmarksfunktionen des Menschen führt, wie z.B. bei den immer wieder reaktivierten Kundalini-Bräuchen überlebter orientalischer Psychoströmungen, nur zur Anregung der Emotionalität und schaltet damit die Selbstkontrolle durch den klaren Kopf aus.

In der Evolution des Menschen hat gerade mit der Aufrichtung der Wirbelsäule eine Einschränkung der Rückenmarksfunktionen eingesetzt. Der Beckenbau und die Beinregion verstärkten sich im Zuge der neuen Bewegungsart. Das Ende des Rückenmarks reicht nur noch bis in die obere Lendenregion herab, und sein oberer Bereich wurde zunehmend von der Großhirnausbildung des nun frei getragenen Kopfes überformt. Der Schwanz fehlt schon den höchststehenden Affen. Was am menschlichen Embryo als Schwanz erscheint, ist nicht dem Tierschwanz homolog: Wie das Gehirn, so prescht in der 4. und 5. Woche auch das Neuralrohr der Entwicklung der anderen Organe so voraus, daß sein Ende, nur von wenig Hüllgewebe umgeben, aus der Rumpfplastik herausragt. Es verkürzt sich in der 6. Woche (Blechschmidt 1982) und wird anschließend von der Lenden und Beckenregion überwachsen. Der Schwanz ist beim jeweiligen Tier eine Zusatzbildung.

Eine qualitativ gesteigerte Vermittlung zwischen der Polarisierung von Großhirn und Vegetativum leben in ganz anderer Weise, nämlich im zeitlichen Geschehen, die zentralen rhythmischen Organe vor: die Atmungstätigkeit und der Herzschlag. In der Lungenatmung greifen willkürliche, über das Zentralnervensystem vermittelte Leistungen der quergestreiften Muskulatur (Zwischenrippen-, Zwerchfell-, Bauchdecken-Muskulatur) ebenso ein wie die über die Medulla des obersten Rückenmarks laufenden Reflexbögen; hinzu kommt die völlig unbewußte, vegetative Mitbeteiligung der glattmuskulären Umhüllung des Bronchialbaumes. Daß sie zur Zusammenarbeit integriert werden, hängt mit jenen aneinander sich permanent aneinander anschließenden, reflektorischen Vorgängen zusammen, die neurophysiologisch als Kettenreflexe bezeichnet werden: Die Einatmung löst reflektorisch die Ausatmung aus – und die Ausatmung die Einatmung, so daß die volle Auslage selbst ihre Rückführung in den sich umkehrenden Vorgang mitveranlaßt. Solche Kettenreflexe sind im seelischen Bereich oft von dumpf-traumhaften Gefühlen begleitet.

Ihren Gipfel erreichen die Kettenreflexe in der Herztätigkeit. Hier liegen besondere, nur dem Herzen zukommende Gestaltungen vor. Die Muskulatur, in allen Aderwandungen rein glattfaserig, wird im Herzen schwach quergestreift. Dabei liegt ein Zustand *zwischen* zellularer und plasmodialer Feinstruktur vor (Schad 1971), wie ihn sonst kein Muskel und erst recht kein Nerv besitzt. Das Herz schlägt sogar unabhängig vom Vegetativum und Zentralnervensystem, etwa bei Unterbrechung der neuralen Verbindungen zum Sympathikus und Vagus, weiter: es hat ein autonomes Nervensystem. Dessen Reizleitung geschieht zum erheblichen Teil nicht so sehr über Neurone, sondern über Herzmuskelzellen selber, die sich für diese Funktion zum Teil zu den «Hisschen Bündeln» umbauen. Die Kettenreflexe werden hier also nicht so sehr neuronal als durch die Bewegungselemente, durch die Muskelfasern selbst betätigt. Wahrnehmen und Handeln sind im Herzen organologisch dadurch sehr viel näher gerückt, ja teilweise identisch geworden, anders als in allen anderen die Wahrnehmungen und das Handeln zusammenschließenden Funktionskreisen des Organismus. Indem die Hisschen Bündel ihre Kontraktilität verloren haben, deuten sie Entvitalisierungsqualitäten an, die sie der Wahrnehmung und deren Reizleitung näher bringen als die Herzmuskelfasern selber. Beide Gewebe befinden sich in engster Annäherung.

Gibt es eine ähnlich vollkommene, organologische Identität von Wahrnehmen und Bewegen? Ja, interessanterweise in der Embryonalentwicklung der Sauropsiden: der Echsen und Vögel. Schon der Begründer der Embryologie, der Balte Carl Ernst von Baer, berichtete 1828, daß das Küken im Ei rhythmische Schaukelbewegungen erfährt. Im durchscheinenden Licht sind sie vom 5. bis zum 8. Bebrütungstag gut zu sehen. Remak berichtete 1854, daß es sich dabei um Eigenbewegungen der Fruchtblase (des Amnions) handelt. Verzár (1908) fand sternförmig verzweigte, glatte Muskelzellen, deren Kontraktionen peristaltisch über das Amnion hinweg laufen und den Embryo schaukelnd wiegen. Die Amnionrhythmik vollführt in der frühen Kükenentwicklung im Mittel 15 Kontraktionen pro Minute, zugleich schlägt das embryonale Herz 240mal pro Minute; die Abstimmung ist also

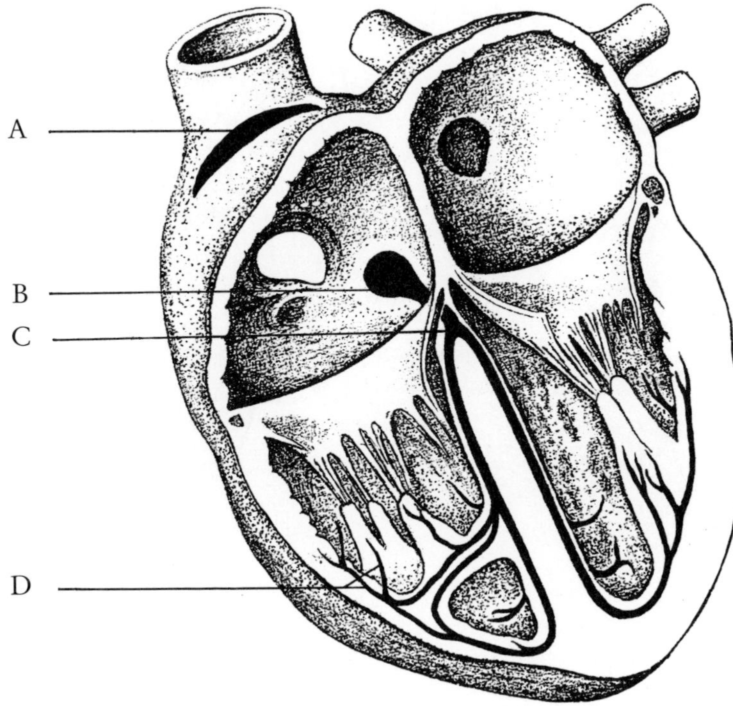

Abb. 4: Blick in den rückwärtigen Teil des menschlichen Herzens. A Sinusknoten, B Atrioventrikular-Knoten, C Hissches Bündel, D Purkinjesche Fasern. Zwischen dem Sinusknoten und Atrioventrikular-Knoten geschieht die interne Reizleitung in der rechten Vorhofwandung rein muskulär, zwischen dem Atrioventrikular-Knoten und der Kammermuskulatur durch abgewandelte, selbst nicht mehr kontraktile Herzmuskelfasern. Sie reichen als Hissches Bündel über einen rechten und linken Ast in die Purkinjeschen Fasern beider Kammern (nach Rohen 1984).

1 : 16, vier Oktaven. Dieses Amnionschaukeln gibt es nur bei Kriechtieren und Vögeln, nicht bei Säugetieren und Mensch, wo es wahrscheinlich durch zarte Uteruskontraktionen ersetzt wird.

Das Bedeutsame der Amnionrhythmik ist, daß es sich dabei um eine muskuläre Motorik ohne irgendeine Beteiligung von Nerven handelt.

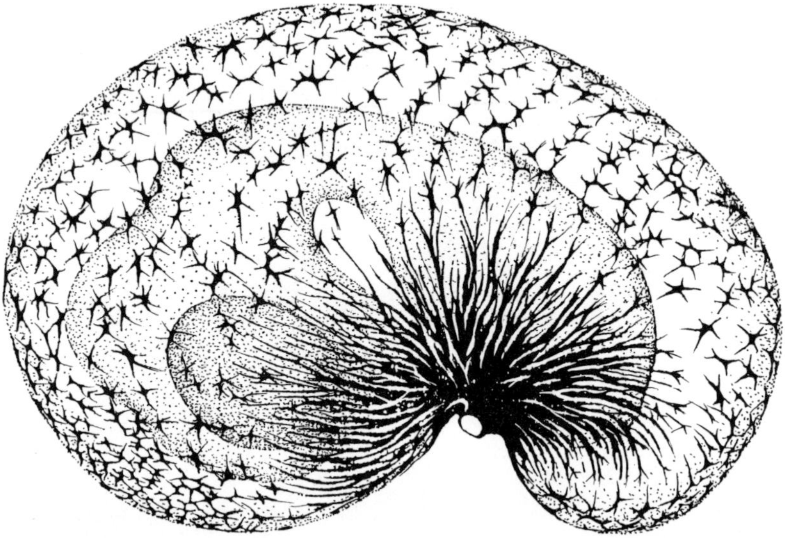

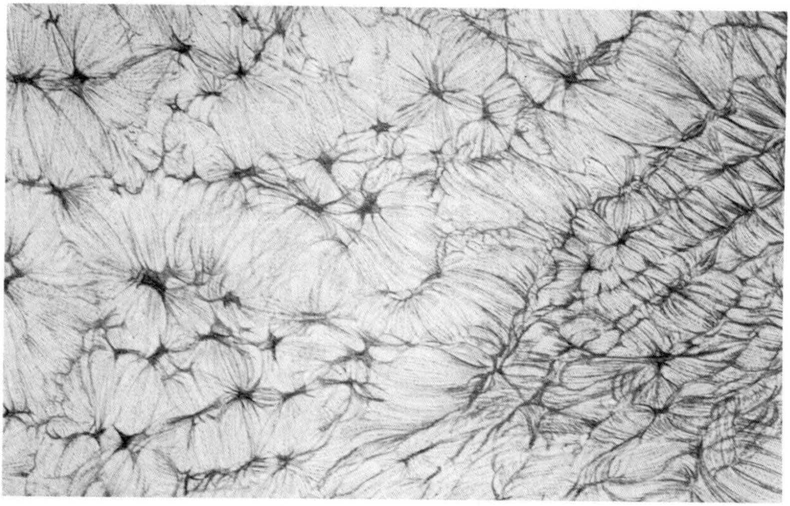

Abb. 5a/5b: Oben das glattfaserige, syncytiale Muskelsystem der Amnionblase des Hühnchenembryo. Bündelung des Muskelgeflechtes zum Nabelschnuransatz hin. Vom Embryo schimmert die dunkle Pigmentschicht der großen Augenanlage am auffälligsten durch (halbschematisch).
Darunter das Amnionmuskelgeflecht des Hühnchenembryo vom 10. Bebrütungstag in der Ausschnittvergrößerung. Die sternförmigen Muskelzellen bündeln sich in Längsrichtung zum Nabelschnuransatz hin (aus Bautzmann u. Schröder 1953).

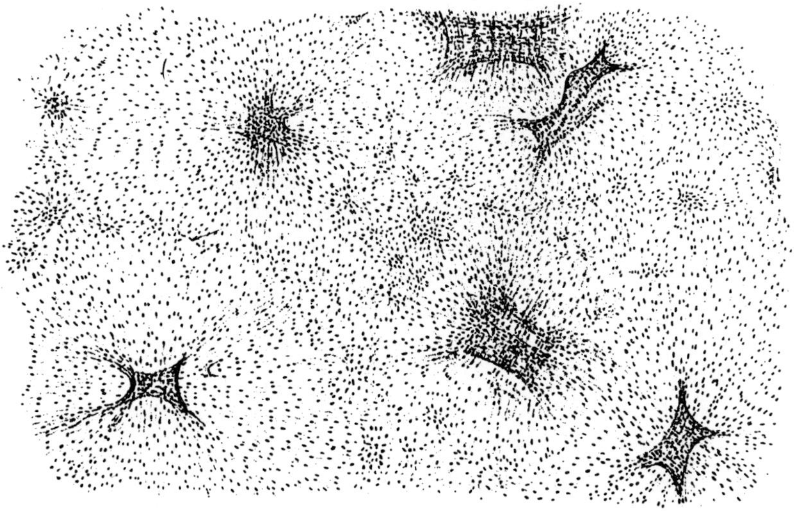

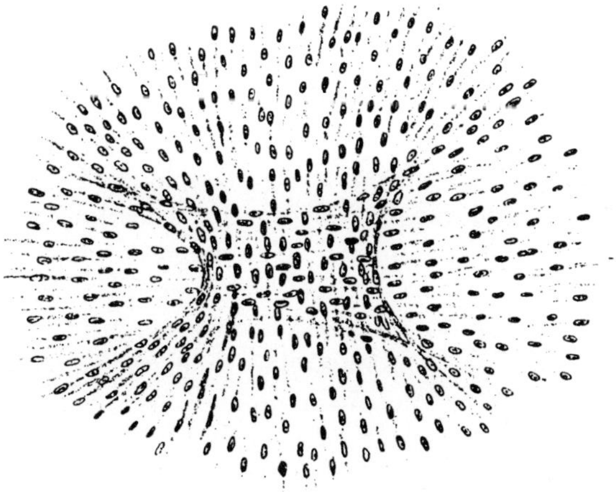

Abb.6a/6b: Histologischer Feinbau des Hühnchen-Amnions. Die glatten Muskelzellen zeigen eine Hyperbelscharen-artige Anordnung (aus Verzar 1908, Tafel 14).

Nicht einmal vegetative Innervierungen waren im Elektronenmikroskop auffindbar (Bautzmann et al. 1960a). Das Amnion ist, wie alle Embryonalhüllen, nervenfrei. Und doch betätigt es seinen Stoffwechsel (es bildet das Fruchtwasser) und die rhythmischen Bewegungen. Trotz fehlender Nervenbeteiligung ist ein dem Elektrokardiogramm entsprechendes Elektroamniogramm ableitbar. Die Reizleitung geschieht hier durch die Amnionmuskelzellen und das sie umgebende Bindegewebe selber. Tatsächlich ist die Feinstruktur der Amnionmuskulatur der Vögel nur mit den Frühstadien der Herzmuskulatur vergleichbar: sie ist ein glattmuskuläres Syncytium (Bautzmann 1960b, S. 311). Bewegung ist also nicht notwendigerweise immer mit Nervenversorgung verbunden.

Am ehesten kommt im Menschen diesen Verhältnissen wohl noch das Herz nahe. Damit zeigt der Organismus von sich aus, daß der Mensch eben doch nicht insgesamt dualistisch gespalten ist. Die Gegensätze von zentrifugaler und zentripetaler Nervenleitung sind da, die Gegensätze von zentralisiertem und dezentralisiertem Nervensystem (Hirn und Vegetativum) ebenso. Beide Gegensatzpaare sind, wie wir gesehen haben, eng aufeinander bezogen. Und doch gibt es manches, was sich in Lunge und Herz und noch mehr zwischen Lunge und Herz abspielt, was sich im rhythmischen Wechsel von Kettenreflexen regulativ vermittelnd einfindet. Unsere Gedankenformen können sich selbst davon belehren lassen. Nicht ein schlichter Monismus und auch nicht ein bloßer Dualismus macht die menschliche Organisation aus, sondern ein dauernd aktiver Vollzug, den vorhandenen Dualismus *integrativ* einzubeziehen. Auch in den Dreigliederungstendenzen des Nervensystems bemerkten wir einen dynamischen Monismus, der die Vielfalt nicht ohne die Fähigkeit zur Gemeinsamkeit läßt.

Eine daran sich selbst anschließende Tiefenfrage des menschlichen Selbstverständnisses ist nun nicht minder: Gilt diese Weisheit des Leibes auch für die Rätselnatur des menschlichen Ich? Steht es sich hierin nicht selbst viel zu nah, um sich umfänglich klar genug sehen zu können? Was ist uns hierbei wirklich möglich? Versucht sich das Ich voll anzusehen, so findet es ein reines Nichts, ein vollkommenes Dunkel (Steiner 1922, S. 73f.; 1919b, 1921 und 1923b, siehe auch Kant 1781). Denn es erfährt sich nie im Anschauen, sondern in der Tätigkeit. Ist es sich mühend, ringend oder arbeitsfreudig tätig, dann achtet es nicht auf sich. Das Ich *ist* nur, wenn es *schafft*. Das Ich lebt nicht im

Sein, sondern im Werden. Zu verschwinden in der Vorstellung und zu werden im Willen, das ist seine Natur. Will es diesen Zwiespalt überwinden, so treten ebenso Gefahren wie hilfreichste Erfahrungen auf (Schad 1978). Es kann sich mißverstehen, und es kann sich geborgen finden. Selbstbezogenes und weltverwobenes Ich greifen hier ineinander und kommen zur sich gegenseitig ersetzenden Ergänzung. Das aber gelingt nie völlig aus dem Eigenvermögen des Ich heraus (Steiner 1912a). Hier geht die Anthroposophie in die Christologie über. –

Bei allen Gliedmaßenbewegungen aber haben wir es mit dem Zusammenwirken aller drei Nervensysteme zu tun. Im Durchblutungsvorgang ist das vegetative Nervensystem z.B. in der Innervierung aller Gefäßwände und damit in der Regulation von Durchblutung und Blutdruck anwesend. Die Grundreflexe und damit die fortwährende Bereitschaft zur Ausgleichsbewegung sind durch das Rückenmark, das Kleinhirn und die extrapyramidalen Areale präsent. Durch den Anschluß an den Großhirnkortex und die Pyramidenbahnen können die Reflexmuster wahlweise unterdrückt werden, wodurch wir die uns notwendigen Freiheitsgrade selbstentworfenen Handelns haben. Nur werden in dem aus Freiheit weltverwachsenen Handeln die Efferenzen zum Wahrnehmungsgeschehen und die Afferenzen zu einem Handlungsgeschehen an uns selbst, um weltgemäß zu werden. So liegt in der erweiterten Neuinterpretation des gesamten menschlichen Nervensystems auch eine der so notwendigen Voraussetzungen sozialen Vermögens. Denn nicht nur der Mitmensch, sondern die gesamte Umwelt ist inzwischen zu unserem Sozialpartner geworden.

Wir möchten mit einer Überlegung und einem Bild schließen. Die Beobachtung des tätigen Menschen sei vorausgeschickt. Es gibt alltäglich zahllose Vorstellungen, die wir nicht handelnd verwirklichen. Ja, gerade die mit besonders reichem Vorstellungsleben gesegneten Mitmenschen sind durchaus nicht die zupackendsten, sondern wissen allein zumeist nur besser, wie es andere machen müßten. Die Vermutung, die Absicht einer Handlung setze sich unmittelbar per se auch in die Handlung um, ist bei etwas Lebenserfahrung ein bald durchschauter trügerischer Kurzschluß. Wir produzieren fortwährend viel mehr Absichten, als wir in Taten umsetzen. – Was uns von der bloßen Vorstellung eines Handlungsablaufes zu ihm selbst bringt, ist immer zuerst einmal eine sympathische Regung für die Handlung, also ein ganz kurzes Gefühl, das «dafür» spricht. Es muß nur fähig sein, nicht Gefühl zu bleiben, sondern sich in Handlungsstärke zu verwandeln; das ist der Akt des Vorsatzes. Erst er führt gleichsam wie durch eine Art Ruck zum Entschluß, aus dem dann die gewollte Handlung entspringen kann. Zwischen Vorstellung und Handlung schieben sich so Wunsch, Vorsatz und Entschluß dazwischen. Nur zeigt die Selbstbeobachtung, daß diese seelischen Vorgänge so verlaufen, daß der größte Teil davon unreflektiert-unbewußt bleibt. Nur die vorausgegangene Vorstellung und die nachfolgende Wahrnehmung der Handlung fallen leicht ins Bewußtsein, weshalb dieses oft nur jene beiden bemerkt.

Wo ist das Ich zwischen Vorstellung und Tat? Zuerst einmal: nicht in der Selbstreflexion, sondern, im Ansatz noch am leichtesten beobachtbar, in der Liebe zur Tat: in dem von der Welt nahegelegten Motiv. Der Beweggrund des eigenen Handelns wird in Hingabe der Welt entnommen, nicht mehr nur der eigenen Vorstellung. Das geschieht – nur viel schwerer beobachtbar – auch bei der unangenehmen Handlung (Gefahr, Prüfung, Zwang). Auch hier ist trotz aller Antipathie noch ein Rest an Sympathie möglich, sonst ist die Tat nicht ausführbar, und wenn es auch nur die Sympathie zur Selbstüberwindung, Selbstbewährung, Opferbereitschaft oder allein noch der die Weiterexistenz bejahende Überlebenswille ist. Es wird zu etwas ja gesagt, was mehr als die selbstbezogene Vorstellung hergibt. Immer ist so die seelische Voraussetzung zum Handeln ein Über-sich-selbst-hinauskommen.

Das gilt sogar ebenso, wenn der Mensch – umgekehrt – ganz egozentrisch-selbstisch vorstellend in die Welt eingreift. Selbst wenn er zum Beispiel voller Jagdlust ein Tier schießt, kann er nicht allein vorstellungsgebunden handeln. Sich überstürzende Vorstellungen würden ihn sogar rasch verfehlt handeln lassen. Er muß wenigstens einen Moment von der geistesgegenwärtigen Identifikation mit der Situation, in der sich das Tier befindet, sein Handeln bestimmen lassen, um Handlungserfolg zu haben.

Was wir hier auf seelischer Ebene bei genauerer Aufmerksamkeit vorfinden, das weitet die Anthroposophie in die geistige Dimension aus. Sie macht darauf aufmerksam, daß Wunsch, Vorsatz und Entschluß in ihrer vollen Kraft, also unsere Willensfähigkeiten, fern des normalen Bewußtseins angeschlossen sind an das Gesamt der Welt, so daß wir keinen Muskel willentlich bewegen könnten, wenn nicht der ganze Kosmos mitbeteiligt wäre. In die Glasscheiben der blauen Südfenster des Goetheanum ließ Rudolf Steiner dieses Motiv eingravieren.

Nicht etwa nur die von Idealen bewegte Tat, sondern auch jede banalste, wie hier die eines Jägers, der auf einen Vogel schießt, bezieht den Kosmos mit ein. Der menschliche Wille durchläuft erst die gesamte kosmische Sphäre, bevor er von dort in den Bewegungsmenschen eingreifen kann, bei guten wie bei unguten Taten. Und mit welchen unserer Taten greifen wir denn nicht erst einmal störend in die Umwelt ein? Ein Wissen um diesen, vom sinnesgebundenen und gehirngebundenen Bewußtsein so selbstverständlich in Anspruch genommenen Bereich des zumeist Unbewußten, zeigt erst auf, welchen unaussprechbaren Vertrauensvorschuß der Mensch von der ihn tragenden Welt erhält. Das zu erkennen, bewirkt in uns, daß wir die kosmische Mitverantwortung unserer Taten freiheitlich übernehmen wollen – oder auch nicht. Wenn ja, so wird daraus das künftige soziale Vermögen entstehen.

Literatur

Baer, C. E. von (1828): *Über Entwicklungsgeschichte der Tiere. Beobachtungen und Reflexion.* S. 92. Königsberg.

Ballmer, K. (1953): *Briefwechsel über die motorischen Nerven.* Verlag Fornasella, Besazio/Schweiz.

Baumgarten, R. J.von (1981): Zur Physiologie des Bewußtseins und der Bewußtseinsstörungen. *Zeitschrift für Allgemeinmedizin,* Jg. 57, H. 31, S. 2099 - 2111, Stuttgart (Hippokrates).

Bautzmann, H. u. R. Schröder (1953): Studien zur funktionellen Histologie und Histogenese des Amnions beim Hühnchen und beim Menschen. *Zeitschrift für Anatomie und Entwicklungsgeschichte,* Bd. 117, S. 166 - 214.

Bautzmann, H. und R. Schröder (1958): Comparative studies on the histology and function of the anmion. *Acta anatomica*, Bd. 33, S. 38 – 49.

Bautzmann, H., W. Schmidt und P. Lemburg (1960a): Experimental electron- and light-microscopical studies on the function of the amnion-apparatus of the chick, the cat und man. *Anatomischer Anzeiger*, Bd. 108, H. 18/24, S. 305 – 310.

Bautzmann, H., R. Schröder und E. Dunker (1960b): Amniomotoric and rokking movements of the embryo (embryokinesis) in the hen's egg. *Anatomi-*

scher Anzeiger, Bd. 108, H. 18/24, S. 311. Siehe auch den 16mm-Film *«Das Amnionschaukeln des Hühnchens im Ei»*. Institut für den wissenschaftlichen Film Göttingen, Best.-Nr. W 85.

Birbaumer, N. und R. F. Schmidt (1990): *Biologische Psychologie*. Berlin, Heidelberg, New York (Springer).

Blechschmidt, E. (1982): *Die Erhaltung der Individualität. Fakten zur Humanembryologie.* S. 66 - 67. Neuhausen b. Stuttgart.

Carus, C. G. (1846): *Psyche. Zur Entwicklungsgeschichte der Seele.* Pforzheim.

Copei, Fr. (1969): *Der fruchtbare Moment im Bildungsprozeß.* Heidelberg.

Deecke, L., P. Scheid u. H. Kornhuber (1969): Distribution of readiness potential, pre-motion positivity and motor potential of the human cerebral cortex proceeding voluntary finger movement. *Experimental Brain Research,* Vol. 7, S. 158 ff.

Descartes, R. (1644): *Principia philosophiae*. Deutsch: *Die Prinzipien der Philosophie*. In: Philosophische Werke, übersetzt von Artur Buchenau. Philosophische Bibliothek, Bd. 28.

Eccles, J. C. (1987): *Gehirn und Seele. Erkenntnisse der Neurophysiologie.* München (Piper).

Feigl, H. (1973): Leib - Seele, kein Scheinproblem. In: Gadamer, H. G. u. P. Vogler (Hrg.): *Neue Anthropologie*, Bd. 5: Psychologische Anthropologie, S. 3 ff. Stuttgart (Thieme/dtv).

Fortlage, C. (1869): *Acht psychologische Vorträge.* 1. Vortrag: Über die Natur der Seele. Jena.

Fromm, E. (1974): *Anatomie der Destruktivität.* S. 320 - 321. Stuttgart (dva).

Fujita, T., K. Tanaka, u. J. Tokunaga (1986): *Zellen und Gewebe. Ein REM-Atlas für Mediziner und Biologen.* Stuttgart (G. Fischer).

Gall, Fr. J. (1979): *Franz Joseph Gall, Naturforscher und Anthropologe.* Ausgewählte Texte, eingel., übers. u. kommentiert von E. Lesky. S. 66. Bern, Stuttgart, Wien (Huber).

Gall, Fr. J. u. J. C. Spurzheim (1809): *Untersuchungen über die Anatomie des Nervensystems überhaupt und des Gehirns insbesondere.* Paris, Straßburg.

Goethe, J. W.: *Wilhelm Meisters Lehrjahre*. 2. Teil, 8. Buch, 5. Kapitel.

Gregory, R. L. (1966): *Auge und Gehirn. Zur Psychophysiologie des Sehens.* München (Kindler).

Hassenstein, B. (1965): *Biologische Kybernetik, eine elementare Einführung.* S. 134 – 138, Heidelberg (Quelle & Meyer).

Hegel, G. Fr. W. siehe Litt, Th.

Herbart, J. Fr. (1806): *Allgemeine Pädagogik*. 3. Buch, 4. Kapitel.

Hildebrandt, G. (1963): Störungen der rhythmischen Koordination und ihre balneotherapeutische Beeinflussung. *Zeitschrift für angewandte Bäder- u. Klimakunde*, Bd. 10, S. 402 - 420.

– (1984): Zur Physiologie des rhythmischen Systems. Abb. 3. *Erfahrungsheilkunde,* Jg. 33, H. 11, S. 776 – 788.

Husemann, Fr. (1921): Zur Frage der «motorischen Nerven». In: *Mitteilungen der Vereinigung anthroposophisch forschender Ärzte,* Nr. 2, Oktober 1921. Nachdruck in: *Ärzte-Rundbrief* (hrsg. von der Anthroposophischen Gesellschaft, Ärzte-Gruppe Stuttgart), Nr. 9/10, S. 15 - 20, Febr./März 1948.

Ilg, F. L. u. L. B. Ames (1965): *School readiness.* S. 236 ff. New York (Harper).

Kahle, W. (1976): Nervensystem und Sinnesorgane. In: Kahle et al.: *dtv-Atlas der Anatomie* Bd. 3. München.

Kaneko, A. u. H. Shimazaki (1976): Synaptic Transmission from Photoreceptors to the Second-Order Neurons in the Carp Retina. Aus: Zettler, F. u. R. Weiler (Hrg.): *Neural Principles in Vision* (Symposion München 1975). Berlin, Heidelberg, New York (Springer).

Kant, I. (1781): *Kritik der reinen Vernunft.* II. Teil, 1. Auflage, S. 384, 385. Werkausgabe Bd. IV, Darmstadt 1983.

– (1793): *Kritik der Urteilskraft.* 2. Auflage, S. XXIII. Werkausgabe Bd. X, Darmstadt 1983

– (1798): *Anthropologie in pragmatischer Hinsicht.* Werkausgabe Bd. XII, Darmstadt 1983.

Kirchhoff, B. (1980): Ich denke da, wo ich nicht bin. In: *Die Zeit,* Nr. 48, 28.11.1980, S. 49.

Koehler, O. (1933): Das Ganzheitsproblem in der Biologie. S. 158. *Schriften der Königsberger Gelehrten Gesellschaft*, Naturwiss. Klasse, Jg. 9, H. 7, S. 139 - 204. Halle/Saale (Niemeyer).

Koenigsberger, L. (1902): *Hermann von Helmholtz.* S. 130 - 131. Braunschweig (Vieweg).

Kornhuber, H. H. (1974): Cerebral Cortex, Cerebellum and Basal Ganglia: An introduction to their motor functions. In: Schmitt, F. O. u. F. G. Worden

(Hrg.): *The Neurosciences 3. Study Program.* MIT-Press, S. 268 ff. Cambridge/ Mass. u. London/England.

Kornhuber, H. H. u. L. Deecke (1965): Hirnpotentialänderungen bei Willkürbewegungen und passiven Bewegungen des Menschen. Bereitschaftspotential und re-afferente Potentiale. *Pflügers Archiv der gesamten Physiologie,* Bd. 284, S. 1 - 17.

Kranich, E. M. (1967): Elemente der Menschenerkenntnis III. *Erziehungskunst*, Jg. 31, H. 5, S. 149 - 159. Stuttgart.

Lacan, J. (1973): Das Spiegelstadium als Bildner der Ichfunktion. In: Ders. *Schriften* I, S. 61 ff., Olten, Freiburg i.Br.

Litt, Th. (1953): *Hegel. Versuch einer kritischen Erneuerung.* Kapitel: Menschliche Existenz und geistiger Gehalt. Heidelberg (Quelle & Meyer).

Lorenz, K. (1968): *Haben Tiere ein subjektives Erleben?* S. 24 - 26. München (Piper).

– (1980): «Tiere sind Gefühlsmenschen». *Der Spiegel*, Nr. 47, S. 251 - 264.

Man, E. H., M. E. Sandhouse, J. Burg u. G. H. Fischer (1983): Accumulation of D-Aspartic Acid with Age in the Human Brain. *Science*, Vol. 220, S. 1407 - 1408. Siehe auch *Frankfurter Allgemeine Zeitung* vom 15.12.1983.

Moody, R. A. (1977): *Leben nach dem Tod.* Reinbek (Rowohlt). Siehe auch *ADAC-Motorwelt*, H. 7, S. 8 – 11. München 1977.

Morell, P. u. W. T. Norton (1980): Myelin. *Spektrum der Wissenschaft*, H. 7, S. 13 - 22.

Mountcastle, V. (1988): in Rakic, P. u. W. Singer (Hrg.): *Dahlem Workshop on Neurobiology of the Neocortex*. Chichester. Siehe auch *Naturwiss. Rundschau,* Jg. 41, H. 3, S. 110/111.

Müller, E. F. und G. W. Brooks (1967): Harnsäure und Erfolgsstreben. *Bild der Wissenschaft*, H. 5, S. 402 – 408.

Müller, L. R. (1950): *Die Einteilung des Nervensystems nach seinen Leistungen.* Stuttgart (Thieme).

Oeser, E. und F. Seitelberger (1988): *Gehirn, Bewußtsein und Erkenntnis,* Darmstadt (Wiss. Buchgesellschaft).

Poggio, T. u. Chr. Koch (1987): Wie Synapsen Bewegung verrechnen. *Spektrum der Wissenschaft*, H. 7, S. 78 – 84.

Poppelbaum, H. (1932): Die Notwendigkeit neuer Vorstellungen von der Nervenfunktion. *Das Goetheanum*, Jg. 11, Nr. 29, S. 232 - 233. Nachdruck in:

Poppelbaum H.: *Menschengemäße Naturerkenntnis.* Basel 1942, S. 9 - 12 und im dokumentarischen Anhangsband zum vorliegenden Band.

– (1950): Warum nannte Rudolf Steiner sensible und motorische Nerven wesensgleich? *Der Beitrag der Geisteswissenschaft zur Erweiterung der Heilkunst – ein anthroposophisch-medizinisches Jahrbuch.* Bd. 1, S. 333 - 346. Dornach-Basel 1950. Nachdruck im dokumentarischen Anhangsband.

Remak, R. (1854): Die Zusammenziehung des Amnions. *Archiv für Anatomie, Physiologie und wissenschaftliche Medizin*, S. 369.

Riesman, D. (1982): *Die einsame Masse (The lonely crowd).* Reinbek (Rowohlt).

Rohen, J. (1978): *Funktionelle Anatomie des Nervensystems*, S. 54 ff. u. 79 ff. 1. Aufl. 1971 Stuttgart, New York (Schattauer).

– (1984): *Funktionelle Anatomie des Menschen.* S. 307. Stuttgart, New York (Schattauer).

Schad, W. (1971): *Säugetiere und Mensch. Zur Gestaltbiologie vom Gesichtspunkt der Dreigliederung.* S. 269, Anm. 9. Stuttgart (Freies Geistesleben).

– (1978): Das Problem der Mitte. *Mitteilungen aus der anthroposophischen Arbeit in Deutschland*, Jg. 32, H. 3 (Nr. 125), S. 185 - 194. Stuttgart.

– (1981): Zur Menschenkunde des Jugendalters – Vom Wesen des Astralleibes. In: *Zur Menschenkunde der Oberstufe – Gesammelte Aufsatze.* Manuskriptdruck der Pädagogischen Forschungsstelle beim Bund der Freien Waldorfschulen. Stuttgart.

– (1985): Das Denken in der Naturwissenschaft als ein Weg zum Ätherischen. In: Bockemühl, J. (Hrg.): *Erscheinungsformen des Ätherischen.* Stuttgart (Freies Geistesleben).

– (1986): *Erziehung ist Kunst – Pädagogik aus Anthroposophie.* Kapitel: Vom Rätsel des Ich. 2. Aufl. Stuttgart (Freies Geistesleben) 1991.

– (1989): Zur Organologie und Physiologie des Lernens – Aspekte einer pädagogischen Theorie des Leibes. In Lippitz, W. und Chr. Rittelmeyer (Hrg.): *Phänomene des Kinderlebens. Beispiele und methodische Probleme einer pädagogischen Phänomenologie.* Bad Heilbrunn (Klinkhardt).

Schad, W. und A. Suchantke (1990): Ökologische Krise und Waldorfpädagogik. Die Umweltproblematik als Denkfolge und Erziehungsaufgabe. In: Bohnsack, F. und E. M. Kranich (Hrg.): *Erziehungswissenschaft und Waldorfpädagogik.* Weinheim.

Silvestro, J. (1977): Second dentition and school readiness. *New York State Dental Journal*, Vol. 43, S. 155 ff. New York.

Silvestro, J. u. J. A. Baust (1978): The Use of Dental Development as a Measure of School Readiness. *Journal of Dentistry of Children*, S. 23 f.

Spitteler, C. (1986): *Meine frühesten Erlebnisse.* Zürich und München (Artemis).

Springer, S. P. u. G. Deutsch (1987): Linkes – rechtes Gehirn. Funktionelle Asymmetrie. S. 123. *Spektrum der Wissenschaft.* Heidelberg.

Steiner, R. (1904): *Theosophie. Einführung in übersinnliche Welterkenntnis und Menschenbestimmung.* 1. Kapitel. GA 9. Dornach 1987.

– (1906): Populärer Okkultismus, 14. Vortrag vom 11.7.1906. In: *Kosmogonie.* GA 94. Dornach 1979.

– (1911a): Die psychologischen Grundlagen und die erkenntnistheoretische Stellung der Anthroposophie. Vortrag auf dem 4. Internationalen Philosophie-Kongreß in Bologna am 8. 4. 1911. In: *Philosophie und Anthroposophie,* Gesammelte Aufsätze 1904 - 1918. Siehe insbesondere S. 139 ff. GA 35. Dornach 1984.

– (1911b): *Von Jesus zu Christus.* 8. Vortrag vom 12. 10. 1911. GA 131. Dornach 1988.

– (1911c): *Exkurse in das Gebiet des Markus-Evangeliums.* 8. Vortrag vom 7.3.1911. GA 124. Dornach 1963.

– (1912a): *Erfahrungen des Übersinnlichen.* Vortrag vom 16. 4. 1912. GA 143. Dornach 1983.

– (1912b): *Von der Initiation.* 4. Vortrag vom 28. 8. 1912. S. 75. GA 138. Dornach 1986.

– (1913a): *Die Schwelle der geistigen Welt. Aphoristische Ausführungen.* S. 37 ff. GA 17. Dornach 1987.

– (1913b): *Das Leben zwischen Tod und neuer Geburt im Verhältnis zu den kosmischen Tatsachen.* 8. Vortrag vom 11. 2. 1913. GA 141. Dornach 1983.

– (1914): *Okkultes Lesen und okkultes Hören.* 1. Vortrag vom 3. 10. 1914. GA 156. Dornach 1987.

– (1916): *Notwendigkeit und Freiheit im Weltgeschehen und im menschlichen Handeln.* 5. Vortrag vom 8. 2. 1916. GA 166. Dornach 1982.

– (1917a): *Von Seelenrätseln.* 1. Kapitel: Anthropologie und Anthroposophie. GA 21. Dornach 1983.

– (1917b): *Bausteine zu einer Erkenntnis des Mysteriums von Golgatha.* 5. Vortrag vom 6. 3. 1917. GA 175. Dornach 1982.

– (1919a): *Allgemeine Menschenkunde als Grundlage der Pädagogik.* 2. u. 10. Vortrag vom 22.8. und 1.9.1919. GA 293. Dornach 1980.

– (1919b): *Soziales Verständnis und geisteswissenschaftliche Erkenntnis.* 9. Vortrag vom 19.10.1919. GA 191. Dornach 1989.

– (1920): *Geisteswissenschaftliche Impulse zur Entwicklung der Physik.* 9. Vortrag vom 2. 1. 1920. GA 320, S. 161. Dornach 1987.

– (1921): *Menschenwerden, Weltenseele und Weltengeist.* 12. Vortrag vom 16.7.1921. GA 205, S. 219. Dornach 1987.

– (1922): Psychologische Aphorismen. In: *Der Goetheanum-Gedanke inmitten der Kulturkrisis der Gegenwart.* GA 36, S. 74. Dornach 1961.

– (1923a): *Menschenwesen, Menschenschicksal und Weltentwicklung.* 1. Vortrag vom 16. 5. 1923. GA 226. Dornach 1988.

– (1923b): *Initiationswissenschaft und Sternenerkenntnis.* Vortrag vom 2.9.1923 (London). GA 228. Dornach 1985.

– (1924a): *Meditative Betrachtungen und Anleitungen zur Vertiefung der Heilkunst.* 7. Vortrag vom 8.1.1924. GA 316. Dornach 1987.

– (1924b): *Anthroposophie. Eine Zusammenfassung nach einundzwanzig Jahren.* 5. Vortrag vom 2.2.1924. GA 234. Dornach 1981.

– (1924c): *Geisteswissenschaftliche Grundlagen zum Gedeihen der Landwirtschaft.* 4. Vortrag vom 12.6.1924. GA 327. Dornach 1984.

– (1924d): *Heilpädagogischer Kurs.* 2. und 11. Vortrag vom 26. und 28.6.1924. 2. Farbtafel. GA 317. Dornach 1985.

– (1980): *Zur Sinneslehre.* Ausgewählte Vorträge, hrg. von Chr. Lindenberg (Themen aus dem Gesamtwerk Bd. 3). Stuttgart (Freies Geistesleben).

– siehe ansonsten die im Anhangsband einbezogene Dokumentation.

Steiner, R. u. I. Wegman (1925): *Grundlegendes für eine Erweiterung der Heilkunst nach geisteswissenschaftlichen Erkenntnissen.* 6. Kapitel: Blut und Nerv. GA 27. Dornach 1984.

Suchantke, A. (1983): Die Buckelzirpen (Membracidae) und die Formensprache der Insekten. In: Schad, W. (Hrg.): *Goetheanistische Naturwissenschaft,* Bd. 3: Zoologie. S. 74 – 90. Stuttgart (Freies Geistesleben).

Tetens, J. N. (1775): *Über die allgemeine speculative Philosophie. Philosophi-*

sche Versuche über die menschliche Natur und ihre Existenz, Bd. 1. Bützow u. Wismar. Reprint Berlin 1913.

– (1777): *Philosophische Versuche über die menschliche Natur und ihre Entwicklung.* Leipzig.

Unger, C. (1910): Das Ich und das Werden des Menschen. In: *Die Grundlehren der Geisteswissenschaft auf erkenntnistheoretischer Grundlage.* Berlin (Philos.-Theos. Verlag). Wiederabdruck unter dem Titel *Die Grundlehren der Anthroposophie* in: *Schriften*, Bd. 1, S. 109 ff. Stuttgart 1964 (Freies Geistesleben).

Uslar, D. von (1973): Ontologische Voraussetzungen der Psychologie. In: Gadamer, H. G. u. P. Vogler: *Neue Anthropologie*, Bd. 5: Psychologische Anthropologie, S. 402 ff. Stuttgart (Thieme/dtv).

Van der Loos, H. (1988) nach M. P. Stryker in Rakic, P. u. W. Singer (Hrg.): *Dahlem Workshop on Neurobiology of the Neocortex.* Chichester. Siehe auch *Naturwiss. Rundschau*, Jg. 41, H. 2, S. 75.

Verzár, F. (1908): Über die Anordnung der glatten Muskelzellen im Amnion des Hühnchens. *Internationale Monatsschrift für Anatomie und Physiologie*, Bd. 24, S. 292 – 303.

Walter, W. G. (1964): Die Beziehung zwischen elektrischen Signalen der Erwartung im menschlichen Gehirn und der autonomen Funktion während instrumenteller und klassischer bedingter Reflexe. *Internat. Symposion über kortico-viscerale Physiologie und Pathologie.* Berlin.

Weizsäcker, V. von (1940): *Der Gestaltkreis. Theorie der Einheit von Wahrnehmen und Bewegen.* S. 121. Stuttgart.

Ziehen, Th. (1902): *Leitfaden der physiologischen Psychologie.* 15. Vorlesung. 6. Aufl. Jena.

– (1907): *Psychophysiologische Erkenntnistheorie.* 2. Aufl. Jena (Fischer).

Übersicht der Darstellungen Rudolf Steiners zu den «motorischen» Nerven in chronologischer Reihenfolge*

GA:

1.11.10 (Berlin):
115 *Anthroposophie, Psychosophie, Pneumatosophie*

7.3.11 (Berlin)
124 *Exkurse in das Gebiet des Markus-Evangeliums*

23.1.14 (Berlin)
151 *Der menschliche und der kosmische Gedanke*

5.8.16 (Dornach)
170 *Das Rätsel des Menschen. Die geistigen Hintergründe der Geschichte*

6.11.16 (Dornach)
172 *Das Karma des Berufes des Menschen in Anknüpfung an Goethes Leben*

15.3.17 (Berlin)
66 *Geist und Stoff, Leben und Tod*

Sept. 1917 (Berlin)
21 *Von Seelenrätseln IV/6*

2.12.17 (Dornach)
179 *Geschichtliche Notwendigkeit und Freiheit. Schicksalseinwirkungen aus der Welt der Toten*

* Die Darstellungen sind im Dokumentarischen Anhangsband in dieser Reihenfolge abgedruckt.

23.4.19 (Stuttgart)
192 *Geisteswissenschaftliche Behandlung sozialer und pädagogischer Fragen*

8.6.19 (Stuttgart)
192 *Geisteswissenschaftliche Behandlung sozialer und pädagogischer Fragen*

9.6.19 (Stuttgart)
192 *Geisteswissenschaftliche Behandlung sozialer und pädagogischer Fragen*

11.7.19 (Stuttgart)
330 *Neugestaltung des sozialen Organismus*

22.8.19 (Stuttgart)
293 *Allgemeine Menschenkunde als Grundlage der Pädagogik*

28.10.19 (Zürich)
332 a *Soziale Zukunft (Fragenbeantwortung zum 4. Vortrag)*

7.12.19 (Dornach)
194 *Die Sendung Michaels. Die Offenbarung der eigentlichen Geheimnisse des Menschenwesens*

12.12.19 (Dornach)
194 *Die Sendung Michaels. Die Offenbarung der eigentlichen Geheimnisse des Menschenwesens*

23.3.20 (Dornach)
312 *Geisteswissenschaft und Medizin*

9.4.20 (Dornach)
312 *Geisteswissenschaft und Medizin*

21.4.20 (Basel)
301 *Die Erneuerung der pädagogisch-didaktischen Kunst durch Geisteswissenschaft*

25.4.20 (Dornach)
201 *Entsprechungen zwischen Mikrokosmos und Makrokosmos. Der Mensch – eine Hieroglyphe des Weltalls*

1.5.20 (Dornach)
201 *Entsprechungen zwischen Mikrokosmos und Makrokosmos. Der Mensch – eine Hieroglyphe des Weltalls*

21.9.20 (Stuttgart)
302 a *Erziehung und Unterricht aus Menschenerkenntnis (Meditativ erarbeitete Menschenkunde)*

9.10.20 (Dornach)
314 *Physiologisch-Therapeutisches auf der Grundlage der Geisteswissenschaft – Zur Therapie und Hygiene*

8.1.21 (Stuttgart)
323 *Das Verhältnis der verschiedenen naturwissenschaftlichen Gebiete zur Astronomie*

14.4.21 (Dornach)
315 *Heileurythmie*

17.4.21 (Dornach)
313 *Geisteswissenschaftliche Gesichtspunkte zur Therapie*

2.7.21 (Dornach)
205 *Menschenwerden, Weltenseele und Weltengeist*

2.1.22 (Dornach)
303 *Die gesunde Entwickelung des Menschenwesens*

11.4.22 (Den Haag)
82 *Die Bedeutung der Anthroposophie im Geistesleben der Gegenwart*

28.10.22 (Stuttgart)
315 *Heileurythmie*

3.9.23 (London)
319 *Anthroposophische Menschenerkenntnis und Medizin*

2.10.23 (Wien)
319 *Anthroposophische Menschenerkenntnis und Medizin*

Über die Autoren

Bruno Sandkühler, geb. 1931 in Stuttgart. Schulbesuch in Klosterreichenbach, Dresden und Stuttgart, davon sechs Jahre Waldorfschule. Studium in Paris, Perugia, München und Freiburg (Romanistik, Anglistik, Orientalistik). Promotion über die frühen Kommentare zur Göttlichen Komödie Dantes. Aufbau eines Studienreiseunternehmens, mit ausgedehnten Reisen und kunsthistorischer Fotografie in Ägypten, Griechenland, Asien und Südamerika. 1969-1973 Seminare für Entwicklungshelfer, 1961-1969 und seit 1973 Waldorflehrer in Stuttgart. Buchveröffentlichungen, Zeitschriftenaufsätze und Übersetzungen auf den Gebieten der Romanistik, Mediävistik und Kunstgeschichte.

Irene Buchanan, geb. Bollig, geb. 1945 in Malsch. Besuch der Goetheschule in Pforzheim (1957-1965). Studium der Biologie und Geographie in Tübingen. Winter 1967/68 praktische Tätigkeit im Forschungslabor im Goetheanum. Wissenschaftliche Prüfung für das Lehramt an Gymnasien (1971), pädagogische Prüfung (1965). Promotion Tübingen 1974 über den Zusammenhang von Photoperiodismus und endogener Tagesrhythmik bei Pflanzen. Von 1975-1983 wissenschaftliche Tätigkeit an der Universität Tübingen, Glasgow und der TH Darmstadt. Seit 1983 Familienpause und freiberufliche wissenschaftliche und künstlerische Tätigkeit (Farbholzschnitte).

Hans-Jürgen Scheurle, geb. 1947 in Schwäbisch Gmünd. Besuch der Waldorfschulen in Heidenheim von 1956 bis 1960 und Ulm von 1964 bis 1965. Medizinstudium in München und Marburg. 1966-1983 Doktorand und wissenschaftlicher Mitarbeiter von Prof. Herbert Hensel am Institut für Physiologie der Universität Marburg. Promotion 1976 und Veröffentlichung zur Sinneslehre, 1984 *Die Gesamtsinnesorganisation.* 1975-1983 ärztliche Praxis in Marburg. 1983-1986 Geschäftsführer und wissenschaftlicher Leiter eines biologischen Heilmittelbetriebes in Bad Boll. Seit 1986 Leitender Arzt des Sanatoriums Sonneneck in Badenweiler.

Gerhard Gutland, geb. 1955 in Bochum. Dort Besuch des Goethe- und später des Albert-Einstein-Gymnasiums 1965-1974. Studium der Medizin in Düsseldorf 1974-1982. Promotion über das Thema: «Bewegung und motorischer Nerv». Weiterbildung zum Arzt für Innere Medizin in Goslar, Arlesheim und Herdecke 1982-1991.

Ernst-Michael Kranich, geb. 1929. Studium der Naturwissenschaften (Biologie, Paläontologie, Geologie und Chemie) in Tübingen. Promotion über ein morphologisches Thema. Mehrere Jahre Fachlehrer für den naturwissenschaftlichen Unterricht an einer Waldorfschule. Seit 1962 Leiter des Seminars für Waldorfpädagogik in Stuttgart, mit Lehrauftrag auf den Gebieten Anthropologie und Biologie. Veröffentlichungen: *Pädagogische Projekte und ihre Folgen, Die Formensprache der Pflanzen, Bäume und Planeten* (zusammen mit F. H. Julius), *Von der Gewißheit zur Wissenschaft der Evolution;* Abhandlungen zu anthropologischen Themen in Sammelwerken; zahlreiche Aufsätze zur Anthropologie und goetheanistischen Naturbetrachtung.

Otto Wolff, geb. 1921 in Glatz/Schles. Studium der Medizin und Chemie. Nach Promotion, biochemischen Arbeiten und klinischer Tätigkeit niedergelassen als praktischer Arzt und Schularzt. Danach langjährige Tätigkeit in der Heilmittelforschung und -entwicklung. Seit Jahren seminaristische Lehrtätigkeit in den meisten europäischen Ländern, Nord-, Mittel- und Südamerika, Südafrika. Vielfache Veröffentlichungen in Zeitschriften. Bücher: *Kampf der Kinderlähmung; Die Mistel in der Krebsbehandlung; Anthroposophisch orientierte Medizin und ihre Heilmittel;* Husemann/Wolff: *Das Bild des Menschen als Grundlage der Heilkunst,* Band I-III; *Heilmittel für typische Krankheiten.*

Leendert F. C. Mees, geb. 1902 in Amsterdam, Jugend und Studium mit Promition in Hilversum. Ab 1930 große Arztpraxis in Scheveningen. 1960 gründet er mit seiner Frau in Dreibergen die Privatklinik «de Maretak», später das Institut «Arta» für Drogensüchtige und 1968 die Schule für künstlerische Therapie «de Wervel». Ausgedehnte Vortragstätigkeit, zahlreiche Bücher: Hauptthemen Medizin, Mythologie und Anthroposophie. Gestorben 1990.

Georg von Arnim, geb. 1920 in Schlesien. Medizinstudium, Promotion und Fachausbildung für Kinderheilkunde. Einige Jahre klinische Tätigkeit und Arbeit in eigener Praxis, dann Hinwendung zur Heilpädagogik innerhalb der Camphill-Bewegung. Mitarbeiter von Karl König beim Aufbau des Camphill-Zentrums am Bodensee. Für eine Reihe von Jahren Leiter der Heimsonderschule Föhrenbühl. Besondere Interessengebiete: Bewegungs- und Sprachprobleme mehrfach behinderter Kinder. Einige Veröffentlichungen auf diesem Gebiet.

Wolfgang Schad, geb. 1935 in Biberach/Riß. Studium der Biologie, Chemie und Physik in Marburg und München, der Pädagogik in Göttingen. Lehrer an der Goetheschule-Freie Waldorfschule in Pforzheim 1962-1975. Seitdem am Seminar für Waldorfpädagogik, bei der Pädagogischen Forschungsstelle beim Bund der Freien Waldorfschulen und am Freien Hochschulkolleg in Stuttgart tätig. Veröffentlichungen: Zahlreiche Aufsätze in den *Elementen der Naturwissenschaft, die Drei, Erziehungskunst, Goetheanum* und in der Buchreihe *Goetheanistische Naturwissenschaft* über naturwissenschaftliche, menschenkundliche und pädagogische Themen. Buchveröffentlichung: *Säugetier und Mensch* (1971); *Die Vorgeburtlichkeit des Menschen* (1982); *Erziehung ist Kunst* (1986); mit Ekkehard Schweppenhäuser: *Blütenspaziergänge, Übungen im Naturbetrachten* (1975).